中国近代人物日记丛书

筹璚日记

上

温州市图书馆 编

陈光熙 点校

中华书局

图书在版编目(CIP)数据

符璋日记/温州市图书馆编;陈光熙点校. —北京:中华书局,
2018.2
(中国近代人物日记丛书)
ISBN 978-7-101-11497-3

Ⅰ.符… Ⅱ.①温…②陈… Ⅲ.符璋(1853~1929)–日记
Ⅳ.K827=6

中国版本图书馆 CIP 数据核字(2016)第 011635 号

书　　名	符璋日记(全三册)	
编　　者	温州市图书馆	
点 校 者	陈光熙	
丛 书 名	中国近代人物日记丛书	
责任编辑	张玉亮	
出版发行	中华书局	
	(北京市丰台区太平桥西里 38 号　100073)	
	http://www.zhbc.com.cn	
	E-mail:zhbc@zhbc.com.cn	
印　　刷	北京瑞古冠中印刷厂	
版　　次	2018 年 2 月北京第 1 版	
	2018 年 2 月北京第 1 次印刷	
规　　格	开本/850×1168 毫米　1/32	
	印张 42　插页 9　字数 950 千字	
印　　数	1-2000 册	
国际书号	ISBN 978-7-101-11497-3	
定　　价	148.00 元	

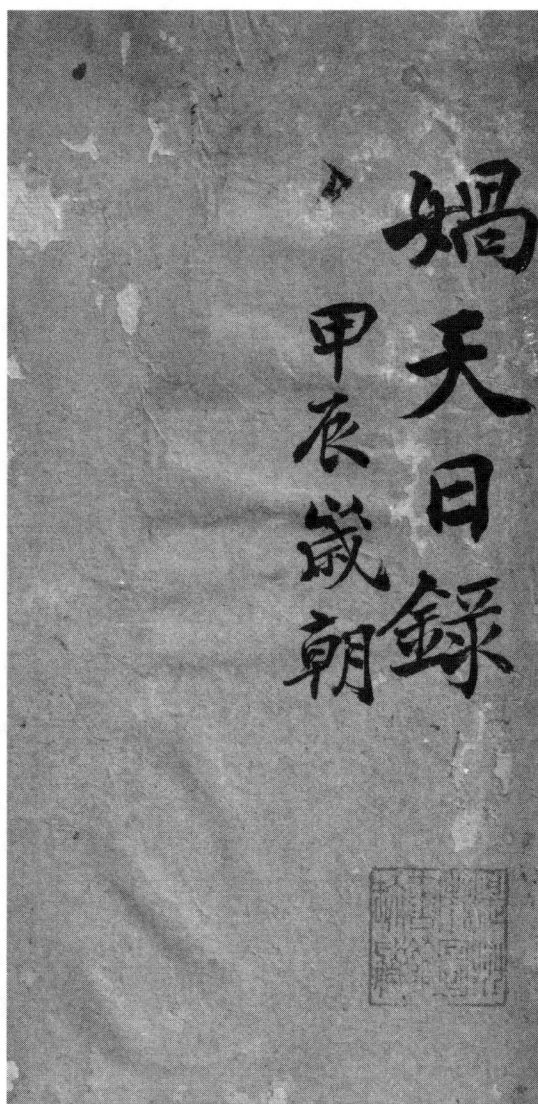

媧天日錄　甲辰歲朝

成于不同时期、命名各不相同的符璋日记（一）

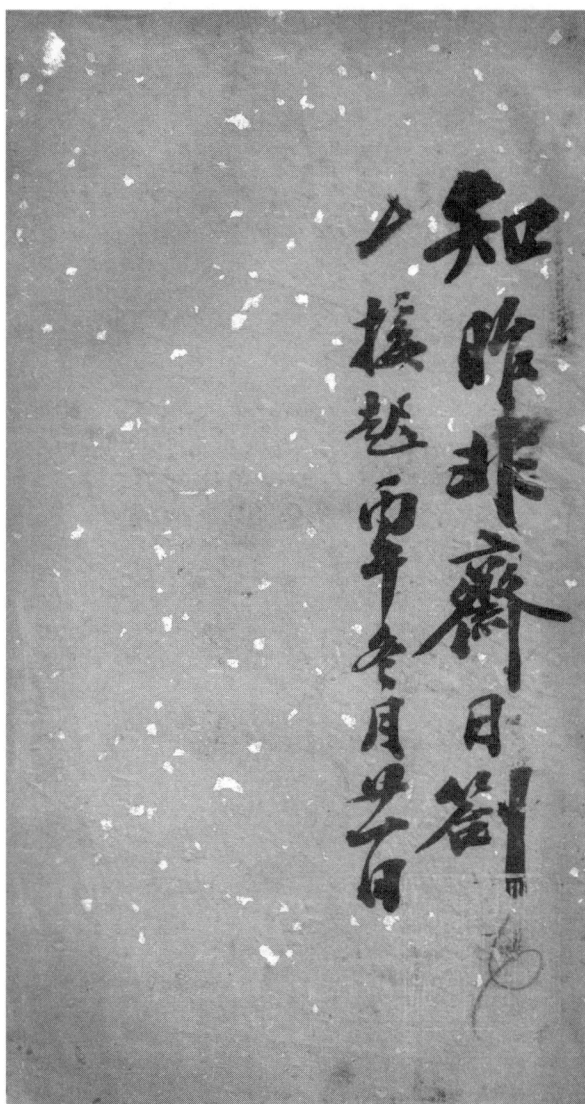

知非斋日记

少援越丙午冬月廿日

成于不同时期、命名各不相同的符璋日记（二）

成于不同时期、命名各不相同的符璋日记（三）

丁卯年稿

虞渊短暑此消磨一卷诗逾三百多
吟苦心肠譬楚越道污紫毁及邱轲
千金享帚尘方逊寸管死花涸奈何
我点强名丁卯集後江东号未曾讹
　　　戊辰仲春六四居士题

诗稿题记

文稿题记

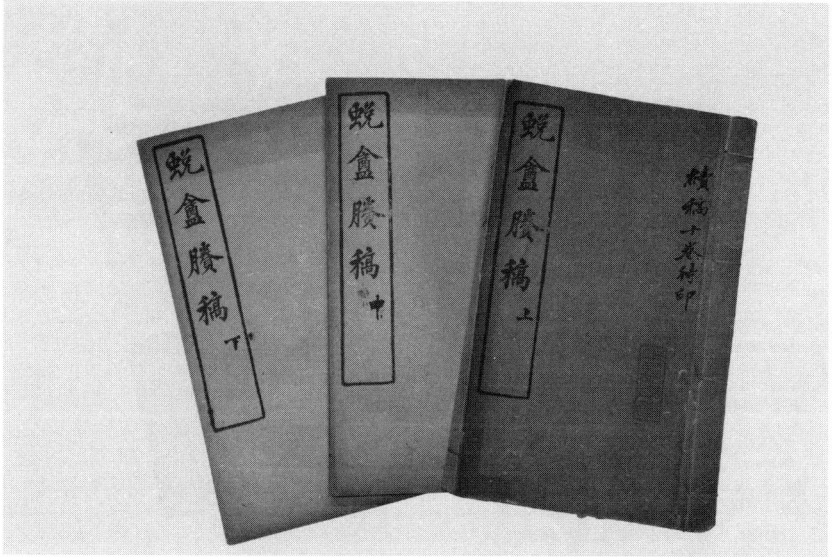

《蜕盦剩稿》书影 （民国三年铅印本）

衮篋中所得古近體詩約二千數百篇汰其少半存者編爲五
卷本不必存然亦何必不存爰付印人以代寫錄余少孤失學
余少孤失學本不知詩念先子　雪樵公以詩名道咸間久官
閩中閩士宗之奉爲盟主卓峰草堂一集長洲江弢叔先生湜
謂與藏園頡頏並傳其著錄於閩耆舊之編輯者如劉炯甫剌
史存仁所選之篤舊集與岷雲樓詩話林薌谿君昌彝所選
之敦舊集與射鷹樓詩話暨李香苹大令家瑞亭雲舘詩話而
揚州朱樓船大令寶善杭州譚仲脩大令獻時方在閩亦有合
選之本流傳至今尙有能道之者詩既爲吾家學不容自我而
亡遂竊效而爲之記趨庭時先子以兩餘新水綠對當對以

《蛻盦剩稿》序言

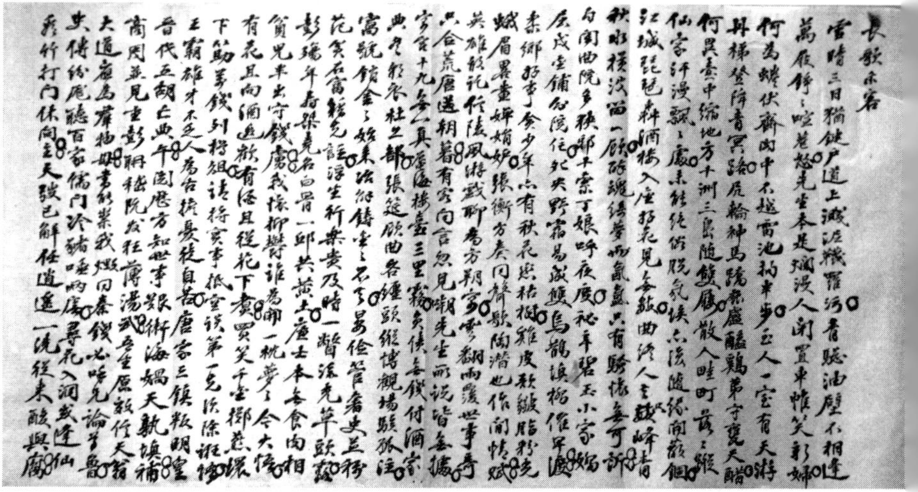

符璋诗作手迹

《中国近代人物日记丛书》出版说明

编辑出版《中国近代人物日记丛书》，旨在为学术界提供完备、可靠的基本资料。

日记体裁的特殊性，使其具有其他种类文献所不具备的史料价值。日记中的资料，有的为通行文献所不载，有的可与通行文献相互印证、补充，有的可以订正通行文献中的讹误。中国近代许多著名的历史人物都留有非常丰富的日记，较为著名的有晚清四大日记翁同龢《翁文恭公日记》、李慈铭《越缦堂日记》、王闿运《湘绮楼日记》、叶昌炽《缘督庐日记》等，都是具有较高史料价值、经常被学者征引的重要文献。

然而许多日记文献藏于图书馆、博物馆、研究机构或个人手中，学者访求不便。为此，系统发掘整理这类文献，是一项很有意义的工作。中华书局于二十世纪七十年代开始策划《中国近代人物日记丛书》，出版了多个品种，受到学术界的重视与好评，《翁同龢日记》、《郑孝胥日记》等至今仍是引用率较高的近代日记整理本。

新世纪以来，我们继承这一传统，加大近代人物日记的出版力度，试图通过进一步完善整理体例、新编更便利使用的索引、搜集更完备的附录资料等方式，使这套丛书发挥更大的作用，继续为学术研究贡献力量。

编好这套丛书，一定会遇到不少困难，但我们相信，在学术界、文博界和公私收藏机构与个人的大力支持下，这套有着悠久历史的基本文献丛书将会有更多更完备、精良的品种问世并传世。

中华书局编辑部

总　目

目　　录

前　　言

温州市图书馆藏符璋日记稿本 28 册,从光绪十九年(1893)至民国十八年(1929),各有题名,列表如次:

册次	题名	起讫时间	
		农历	公历
1	梦痕录 (梁梦留痕录)	癸巳年元旦 至十二月卅日	1893.2.17 ~ 1894.2.5
2	行程历	甲午年元旦至十二月三十日	1894.2.6 ~ 1895.1.25
3	娲天日录	甲辰年正月初一 至十二月廿九日	1904.2.16 ~ 1905.2.3
4	知昨非斋乙巳年行程历	乙巳年正月初一 至八月初五日	1905.2.4 ~ 1905.9.3
5	知昨非斋日札(一)	乙巳年八月初一 至丙午年二月十五日	1905.8.30 ~ 1906.3.9
6	知昨非斋日札(二)	丙午年十一月廿一日至 丁未年六月十五日	1907.1.5 ~ 1907.7.24
7	东行日札	戊申年十一月十二日 至十二月三十日	1908.12.5 ~ 1909.1.21
8	东游日札	己酉年正月初一 至闰二月廿九日	1909.1.22 ~ 1909.4.19
9	暖姝室日札(一)	己酉年三月初一日 至六月三十日	1909.4.20 ~ 1909.8.15

册次	题名	起讫时间	
		农历	公历
10	暖姝室日札（二）	己酉年七月初一日至 十二月三十日	1909.8.16～1910.2.9.
11	暖姝室日札（三）	庚戌年正月初一日 至六月初十日	1910.2.10～1910.7.16
12	暖姝室日札（四）	庚戌年六月十一日 至十二月廿九日	1910.7.17～1911.1.29
13	暖姝室日札（五）	辛亥正月初一日 至七月初十日	1911.1.30～1911.9.2
14	种瓜庐日札	壬子年七月初一日 至十二月三十日	1912.8.13～1913.2.5
15	蜕庵日札（一）	癸丑年八月初一日 至甲寅三月廿九日	1913.9.1～1914.4.24
16	蜕庵日札（二）	甲寅年四月初一日 至甲寅年十月十三日	1914.4.25～1914.11.29
17	黄嬭室日札（一）	乙卯年十二月初一日 至丙辰年十二月十九日	1916.1.5～1917.1.22
18	黄嬭室日札（二）	丁巳年正月初一日 至十二月廿九日	1917.2.23～1918.2.10
19	黄嬭室日札（三）	戊午年正月初一日 至十二月三十日	1918.2.11～1919.1.31
20	黄嬭室日历（四）	己未午正月初一日 至庚申年正月廿六日	1919.2.1～1920.3.16
21	黄嬭室日札（五）	庚申年正月初一日 至十二月三十日	1920.2.20～1921.2.7

续表

册次	题名	起讫时间	
		农历	公历
22	抚彗斿室日札	壬戌年八月初一日 至十二月三十日	1922.9.21～1923.2.15
23	蠹庸日札（一）	癸亥年正月初一日 至十二月三十日	1923.2.16～1924.2.4
24	蠹庸日札（二）	甲子年正月初一日 至十二月廿九日	1924.2.5～1925.1.23
25	蠹庸日札（三）	乙丑年正月初一日 至十二月三十日	1925.1.24～1926.2.12
26	翳彗斿斋日札（一）	丙寅年正月初一日 至十二月廿九日	1926.2.13～1927.2.1
27	翳彗斿斋日札（二）	丁卯年正月初一日 至十二月三十日	1927.2.2～1928.1.22
28	翳彗斿室日札	戊辰年正月初一日 至十二月三十日	1928.1.23～1929.2.9

　　以上日记，第二、三两册间缺九年，第五、六两册间缺九个月，第六、七两册间缺一年五个月，第十三、十四两册间缺一年又二十天，第十四、十五两册间缺七个月，第十五、十六两册间缺一年一个半月，第二十一、二十二两册间缺一年七个月，共缺约十五年半；第四、五两册间重复五天，第二十、二十一两册间重复二十六天；日记中偶有一二天残缺，大抵是作者卧床不起之时。

　　我到温州博物馆寻找符璋自传的时候，谢作拳先生告诉我，温博还藏有1929年符璋日记一册九个月，题为《翳彗主人斿室日札》，从己巳年正月初一日至九月初六日，即公元 1929 年 2 月 10 日至 10 月 8 日，与温图所藏第二十八册相衔接，也算意外收获。谢先生已先将这册日记录入电脑并提供电子文本，尤其令我感激。

瑞安玉海楼收藏《蠹佣日记摘存》一册，温州市图书馆有照片，系符璋手迹，封面题"戊己庚辛壬五年"，内容只有庚申、辛酉、壬戌三年，其中庚申年摘自《黄嬭室日札》，壬戌年一部分摘自《抚彗旂室日札》，另一部分应出自该年七月以前已散佚的日记，今将辛酉、壬戌两年未见于上述两册日记的摘存插入《黄嬭室日札》后。

符璋日记，据《梦痕录》封面有"第四册"、《行程历》封面有"第五册"推知前面还有三册，若一年装订一册，应当起自光绪十六年庚寅，一直写到临终前两天，前后共经历四十年；从散佚的部分日记有摘存可以看出写作不曾间断，现在残缺众多，原因是个谜团。

符璋字聘之，一字笑拈，号莠盦、蠹佣、偵叟、市隐、蜕盦、后江东生等。原籍江西宜黄，咸丰三年二月十四日（1853 年 3 月 23 日）生于福清，十二岁父亲去世，成年时家境更趋贫困，没有功名，亲旧劝他捐资作小官养家，迁居浙江。同治十一年（1872）任杭嘉湖道梁恭辰幕友，光绪八年（1882）任台州防营提督罗大春文案，后任提督杨歧珍文案兼幕宾。十一年因积劳保以府经历用。十九年任海门镇军赵永铭幕友，保浙江候补知县。二十九年，得罪台州官员，调往处州，任松阳知县，以"性情贪鄙，肆无忌惮"丢官，迁居温州。三十一年，出任广东水师提督李准幕僚，总办讲武学堂，荐入总督幕三年。宣统元年（1909）报捐四品顶戴花翎，引见回浙江，任温处道文案及统计科科长。三年署瑞安县知县，辛亥革命后留任民事长。民国元年辞职到江西，任九江交涉署秘书，历任宜春、虔南、广昌知事，因上书触忤巡按使戚扬和都督李纯被劾，遂生退意，离开政界。五年赴平阳任《县志》总纂。八年,老友章一山荐总办哈同爱俪园文牍,次年回温州过年,因日记中断,任期不详。十一年开始卖文为生,兼瓯海道咨议、瓯海关顾问与文献保存会文牍,后期还领过招商局津贴,并在家为青年授课。民国十三年八月初一日曾应聘任浙军郝国玺部秘书,十八日随军赴丽水,廿三日退回温州,从此没有再离开温州。十八年九月初八(1929年10月10日)逝世,享年77岁。

符璋生于清末,虽欲仕进,因厌恶"好谀恶直、党同伐异、妒贤嫉能、幸灾乐祸"的官场风气,郁郁寡欢,对封建统治很不满。入民国以后,新政权风雨飘摇,他又大失所望,往往称清代为"国朝",还用宣统年号,关心逊帝,同情遗老、八旗子弟,思想十分矛盾。在江西时接到同盟会与国民党并合的家书,可能是同盟会员。他在九江曾任国民党评议员,但对国民党活动并不热心,开会经常缺席,嘱撰《欢迎孙中山祝词》也是"不得已,为草一篇"。1913年饶虔生、陈紫星介绍他参加进步党,似乎赞成"取国家主义,建设强善政府;尊人民公意,拥护法赋自由;应世界大势,增进平和实利"的进步党主张,然而此后日记中没有再提到进步党的事。袁世凯当选大总统,各国正式承认,他认为是"第一可喜之事"。符璋对国民党派系林立,新机关叠床架屋,搜刮民脂,耗费国帑痛恨有加,早就指出蒋介石是右派,对他休弃发妻相当反感,1927年9月蒋介石去职,"其事固在意中,不料如是之速也"。

符璋嗜书如命,一生手不离卷,读书之多,当时温州推为第一。他买书也是舟车所至,必增卷帙,可惜阮囊羞涩,不但无法多买,连到手的也常常忍痛割爱。好在后来有了图书馆,常常一次就向籀园图书馆借上百本书。诗歌方面他偏爱唐杜甫、韩愈、白居易、温庭筠、李商隐,宋苏轼、陈师道、陈与义、刘克庄,清吴伟业、黄任、黄景仁、舒位；文章喜欢清侯方域、魏禧、袁枚、恽敬、包世臣、汪中、曾国藩，不喜欢桐城派；日记崇尚曾国藩、李慈铭、翁同龢和王闿运四家。符璋文思敏捷，诗钟经常夺冠，代作寿序被评为"友朋之最"，陈三立对他的诗赞不绝口，张宗祥比拟其文章以王仲瞿，这些评价绝非阿谀之辞。

符璋著作，见于日记已完成的有《知昨非集诗存》等三十三种，多未出版，拟撰的有《骈文举隅》等九种，拟编的有《国会公案》等九种，拟辑、拟抄、拟录的有《咏明妃近世〈无题〉七律》等十六种，拟选的有《吴王近体诗选》等十一种，可谓洋洋大观。

符璋日记行文简洁，除了天气情况、日干支、"竟日在营"、"××招饮"、收发函件等流水帐外，还保存了丰富的清末民初社会、历史资料。

日记记载的家事，有生老病死，子女上学、就业、婚嫁等；公事，有起草文件、出差办案、职务交接、浪人滋闹、平粜、弹压等；国事，有甲午战争、废除科举、更改币制、温州独立、五四运动、革命军北伐、"四一二"大屠杀等；天下事，如第一次世界大战、俄国革命、东京地震等。

日记对清末民初官场腐败黑暗多有揭露，其中有带头开门揖日寇的都统，制造冤案中饱私囊的知县，徇私纵放要犯无法无天的知府，帏薄不修臭名远扬的相国，不顾人民生命财产安全制造豆腐渣水利工程的同知等，活生生一部官场现形记。

民不聊生，刑事案件层出不穷。日记中盗窃案有商铺失窃，内监窃卖故宫文物，政府官员盗用总统印；抢劫粮食、商品、钱财、火车、轮船，绑架商人、官吏，直至绑票事无日不有，每夜没有五分钟不闻枪声；土匪猖獗，名目繁多，聚众成千上万，无恶不作，人民生活水深火热可见一斑。

战乱不已,兵患频仍,"助饷"动辄几万、几十万元。1924年闽浙战争,难民避入周宅祠巷法国天主堂二千馀人,合男女医院共有四千人,男女老幼如蚁,几无隙地,法国水兵巡守,架机关炮于大门,连道尹都避入简巷英国医院。一年内战直接、间接损失足以偿还所负外债而有馀。军人愿败不愿胜,胜未必升官,败尚可发财。连年征伐,符璋晚年三个孙子都在军队服役,其忧虑为何如哉!

符璋日记对苛捐杂税屡有鞭挞:鲁省地丁民国十四年已借至廿三年。河南怀庆向例每年纳钱粮两次,上年曾纳至八次之多,而今催缴第九次之锣声又锃锃鸣于四乡矣。湖南长沙杂捐名目有车捐、轿捐、旅馆捐、妓捐、筵席捐、茶馆桌捐、戏捐、孤儿院挨户捐、贫女院挨户捐、医院挨户捐、房捐、牌照捐、垃圾捐、煤炭捐、肥料捐、卷烟吸户捐,现又厉行登记捐及电灯市政捐。

符璋日记也记录了众多灾害。1904年丽水洪水,南明、括苍二城门高已灭顶;龙泉发蛟水,伤人千馀,城内民房、官衙墙壁多冲倒。1909年蓟州亢旱,饥民道毙者多,兼又疫症流行;甘肃三年不雨,奇荒,人相食。1925年大理地震巨灾,政府给恤一万元。1926年温州台风,妆楼下徐宅楼飞墙圮,幸未移居。温州火灾频仍,符家也曾数次历险,1919年只隔一屋,1924年近在咫尺。其他灾难如普济轮失事、江永轮炸裂,日记均有叙述。

日记保存了大量经济资料,如符璋本人收入,1893年月薪三十元,外加金殿传饷五元四角一分三,1894年海防营务处文案津贴每日四角,1905年提督文案月薪六十二两,总督文案月薪一百二十两,1912年交涉署秘书月薪七十四元六角,1916年月脩洋五十元,1918年每月津贴四十元,1919年爱俪园总文牍月脩百元,1922年道署、海关顾问脩月各二十元,1924 年 8 月郝旅秘书月薪百元、文献保存会季脩八十元。此外,政府机关官员、海关税务工作人员、银行邮局职员、教授、教员、图书馆员、工匠、誊录生、仆人等,工资收入都有记载。又如物价,1909 年虫草每两八百文,甘肃小麦每石三十六七两,1922 年赵㧑叔画一幅二十元,1927 年青石端砚一方十五元,今天看来,不异天方夜谭。

符璋日记也涉及文学、书法、版本、民俗、宗教、堪舆、科技、医药、轶闻等内容,有独特见解,其中有些"单方"颇荒唐,大概不会有人信以为真。

由于符璋日记提供了许多鲜为人知的史料,读者也许能发现其中有自己感兴趣的人和事,我就从日记中第一次发现了自己的夜大学同学胡济与东瓯三先生之一陈虬的亲缘关系。我们的父辈是同学,以前只知道其父是温州首任市长,祖母曾任温州图书馆馆长,日记中丁卯年六月廿六日就有"姚平子定一号接事"一条;查阅姚平子资料,丈夫胡同颖,留东习医,同济大学教师,是名医胡润之之子;符璋常请胡润之看病,并向他借阅陈虬遗著,曾喟叹"陈志三之学未易及也";而胡润之是陈虬女婿,则胡济是胡润之的曾孙、陈虬的外玄孙。

符璋日记能补充名人传记资料。符璋交游极广,军界、政界、司法界、工商界、学术界、教育界、文艺界、宗教界、市井平民都有交往,与许多人关系相当密切,日记中就有许多符璋好友陈黻宸、洪炳文、冒广生、马叙伦等人的年谱、年表中未曾记载的重要内容,马亦钊先生为编家谱也曾向温州图书馆借阅这部日记以查找马孟容、马公愚的资料。

符璋日记可鉴别文集诗文的真伪。符璋一生为他人代写大量诗文、联语，润笔是他晚年的重要收入来源，这些诗文符璋习惯不收入自己的集子，却见于他人诗文集。吕文起与符璋关系特别好，他的《于园集》中《卧云东游诗钞序》、《永嘉东山词人祠堂记》等文章和《鉴宗将军云居山新第落成》、《朱晓岚方伯七十寿》等诗就出自符璋之手。

符璋日记能纠正报刊文章的出入。2011年6月18日《温州晚报》发表肖伊绯先生《鹈鴃不返化鹃魂》一文，说"还有当时寓居上海的符璋、符鼎升"为章履平《冲冠怒传奇残篇》题词，符鼎升"或于同乡同族的长辈符璋那里得观章氏遗稿，即为其题诗纪念"。这一说法并不确切，符璋日记庚申年十一月初五有"接初二日京信……附来无锡章康平鸿远一函，为乃弟履平乞题《冲冠怒传奇》未完本。章充平政院书记，又在惟一报馆办事"一条，可见符鼎升当时在北京，先题词，再转寄在爱俪园任文牍的符璋；符鼎升是符璋侄孙，不只是同乡同族。

符璋日记可以作为党史资料的佐证。符璋对共产主义、苏俄和中国共产党均持反对态度，却与共产党人和革命青年有来往，日记保留了各地罢市、罢工，学生运动的材料，对国民党1924年以后残酷镇压工农运动、疯狂逮捕屠杀共产党人不乏真实记录，特别是大革命时期的温州地方史料，弥足珍贵。日记中摘录、引述了当时对中国共产党的污蔑性描述及称谓，也正是反映共产党早期斗争艰难曲折的珍贵史料。

符璋日记能提供名胜古迹原貌。符璋曾为密印寺撰四副对联，日记底本大雄宝殿一联缺五个字，我去头陀想据实物补足，竟一无所获。方丈告诉我，密印寺叠经占用，已面目全非，文物仅石碑两块而已，史料奇缺，因此他对四副对联很感兴趣，打算补刻到建筑物上去。日记中各地名胜如温州仙坛寺、仙岩书院、浩然楼等处都有时人题写的记载，翔实地记述了名胜风貌。

如果符璋日记的史料价值能得到认可,窃以为温州市图书馆收藏的符璋文集、诗集都有加以整理出版的必要。

承温州市图书馆厚爱,我有幸参与馆藏日记整理。《符璋日记》文字不算艰深,倒是手稿中有些字不易辨认,难免认错;还有四处五个字,查《草字字典》不得要领,请教过书法家和中医师,都无法辨认,只能用"□"表示。原文空缺待补处也加"□",大抵是人名、地名之不确定者。日记中物价常用苏州码,现在似乎没人用,认得的人恐怕也不多了,又难以打字,一律改为汉字。作者用干支记录时间,全书错误多至 35 处,符璋本人发现 18 处,有"以下甲子皆讹"、"以上干支均错"等简略说明,连最详细的解释"三月初六日重一壬午日,以后甲子每迟一日。又,上月廿八漏一日,遂迟二日"仍叫人摸不着头脑。每处错误少则两天,庚申年全年皆误,共错约 2010 天,占全书四分之一强。作者熟悉堪舆,尚且经常写错,以致"改者亦错",现代人基本无法知道正确的干支应该是什么,整理时就按《万年历》予以改正。另外全书有阳历日期错误 157 天,阴历日期错误 13 天,细心的读者本来可以推算,既然干支都改了,日期也一并纠正。日记从第 14 册《种瓜庐日札》起记录阳历日期,底本写在农历日期右边,输入时用黑体加粗置于农历日期干支后。附录收《后江东生传》两篇和部分师友的相关诗文,希望对了解日记及其作者有所裨益。

这部日记整理过程中一直得到温州市图书馆同仁的大力支持和帮助,特此表示由衷感谢。本人学识浅薄,自知错误在所难免,不妥之处请读者不吝指止。

陈光熙

2012 年 12 月 27 日

光绪十九年癸巳(1893)

正 月

初一日,乙酉。元旦　　晴

五鼓起,熏沐拈香。黎明至郡署,随班谒贺。旋往各处投刺,皆未晤,晤者惟协戎及统领二人。红笺到门,俗例,若此非至契密,不复登堂也。午未间归,研磨发笔,并阅《竹林问答》一册。此书为鄞人陈馀山大令仅论诗之语,大有精诣,与沈文悫《晬语》不相上下。郭晚香孝廉刊入《金峨山馆丛书》,沪上管姓有袖珍本,名《诗学问难》,不足存。

初二日,丙戌　　雪

竟日在寓未出。午刻便衣谒太尊,谈三时之久。颇熟于《聪训斋语》,大约生平所服膺也。在吴少白处小坐,遇朱君子健。送荣选三奠洋两元。是日雨水节。

初三日,丁亥　　阴

午后至李静山处,并至荣宅,旋遇高、苏、陈三人。又至子健处久谈。两日内,凡来客皆未之见。发刘虚谷明府书,交航去。宁海丞丁君小县来郡,住陈处。夜陈君迪光亦到。

初四日,戊子　　阴

侵晨拜客,并至营一转。又拜李霞举,因伊今日来拜也。申刻在荣寓送殓,同寅到者九人。夜太尊招饮观剧,共三席,镇台、二府均在座。谒镇台三次,未面,镇台亦来寓两次,其相左如此。虚谷明府来,住陈处。夜归略谈。

初五日,己丑　　阴

晨起拜客,晤陈镇军、王营官,馀皆未面。午后镇台来拜,谈良久。是日太尊提讯黄岩令家丁陈某得贿事,并签差拘提门丁某。赵明府自海门旋,婉为陈恳,事得解。夜间郡署宴客,黄岩令亦在座。外客来者颇多,均不录。陈迪光赴处州。

初六日,庚寅　　雨

晨起拜客数次,均未见,只见二府,谈良久。又至荣处行吊,另送楮仪乙元。午刻兰乔处陪客。客到者为张二府、王仙居令、丁贰尹、王营官、刘明府等。郡署夜间宴女客。赵渔老招饮,共两席,客为陈镇台,刘统领,张司马,吴、王、刘三大令,邓大令,二吴,关岭局等。两日,统领亦宴客。

作桐生信,附五品功牌一纸并洋乙元,属觅《通商约章纂要》、《中西纪事》两书。

初七日,辛卯　　阴

邀刘虚谷、秦子宣午饭。杨君葵卿屡邀未至。未刻出城送陈镇台,迟片刻,赶不及。虚谷亦行。

初八日,壬辰　　雪

培玉亭、马葵臣招饮,均却之。沪信夜间交局,云初九走。谒太尊,谈良久,并出示古器砚石多品。

初九日,癸巳　　雨

午刻与蓝桥公饯赵、吴二君,并宴统领、培卫及李君静山。送县署路菜四色,收二色。协台夜旋。王营官招饮,却之。夜二鼓赴王少潭明府之招。同坐为赵、邓、培、陈及孙君仰之等。付洋四十元，托统领在杭购花灰鼠袍统、马褂统。得柏子珍十一月初九清江来函。

又付乙元与杨某，属由信局带《申报》。

初十日，甲午　　阴

侵晨统领旱道晋省。至郡局一走，遇赵明府，谈片刻。协戎来拜，未面。下午出城送赵、吴两君，二更始旋。何四香寿翁午前来。陈蓝桥生一女。

十一日，乙未　　阴

午前拜陈旗官及姚剑泉齹尹，黄石泉、任淦臣二君。黄、任二君未面及。又答拜各哨弁。午后姚、黄二君先后至。下午赴江君子菁寓，未遇，为伊如君留谈片刻。王君玉堂来。

十二日，丙申　　晴

太平金来拜，未面。陈君迪光所购书寄到，计湖南板《四书集注》两部十二本，沪上重刻《金批小题文》六本。湖南省《思贤书局书目》一本。夜杨懋珍哨弁招饮，同座为殷、杨、杨三弁，张、李二同事。闻王大少、李霞举连日在张蓝田寓开摊，输赢有数百元局面，王营官、陈旗官均在场。是夜邓、陈二君亦去，即在谢麻子屋内也。从景大少处借来《唐宋文醇》廿册。

十三日，丁酉　　晴

侵晨送荣选三殡出东门。同送者陈、拱、苏、李四人而已。旋拜太平、宁海两令，姚大使，均未面。又拜府幕陈君厚卿，遇王海珊明府，聚谈良久。王明府旋来拜。下午朱君少兰来，借去《明史纪事本末》廿册、《沈文肃政书》十二册、《芬陀利室词》二册、《诗学问难》一册。陈伯谦世兄亦借去《金批小题文》，取来大当两元。夜，月色极佳。

十四日，戊戌　　阴

午前至潘中府、俞学官处一坐。下午感冒头痛，喉痛。协戎招饮，却之。夜月色阍然。得杭州藩司房黄子宽十一月十六信。

十五日，己亥　　晴

上元节。头痛畏风。未衙参。是午蓝桥为其第四子下聘，招客宴饮，勉为一陪。同座为雷、萧、吴、周、陆诸人。陆君颂臣方自凫溪来，出示潘太守手札。下午邓云泉大令招饮，却之。夜小雨。闻府局文案已委经历。

十六日，庚子　　晴

午前作桐生信，附去一洋，属购小书两本及信封，交信局发。午后拜陆颂臣、萧大令，并答拜黄煦东，均未面。至何叔棠处谈良①，承荐地人戴某教读。又至营一转，阒其无人。是日陈大少到协署馆，协戎赴宁波，又得分布营哨禀批。

十七日，辛丑　　晴

惊蛰节。由经署送来十六刘虚谷信。

交旬差阿三杭信乙封，又买物洋两元。由交县旬差寄金成衣一信。中营蔡营官自杜下桥来拜，未面。

十八日，壬寅　　晴

答拜蔡营官，未面。江君子菁来。午后谒太尊，谈良久。出示所书扇叶字仿褚《兰亭》，颇秀润流丽，甚不喜北魏碑，李若农侍郎亦在所弃，亦偏见也。陆君仲仁来。是日刘统领太太请客，客九位，内子首坐。付洋三元交陈兰桥，至杭琵琶街张广泰纸店购各项纸张。

---

①　"良"下疑脱"久"字。

由福顺泰交来腊月廿九桐生自沪来信,云陆岳翁同眷口住嘉兴府城县前直街。

十九日,癸卯　　晴,暖甚

卯刻开印,印毕,太尊遵陆晋省。午后访蔡营官,而伊亦来,两相左。夜间会于后哨,盖赵哨弁招饮也。同座张哨官运开,李、朱等。玉田回黄,支去腊月分工洋乙元,至正月初九止,又借去乙洋,又付乙洋买布。

廿日,甲辰　　晴,热甚

傅君衍九自处州来,住陈宅。得俞苕卿学博信,即答之,为荐朱茂才士骥事。俞昨午来,未之遇。得何君叔棠信,即答之,为订实戴君銮衡馆事。发杨军门信,附县稿二件。又附柏子珍一函,交福顺泰去。夜萧大令招饮,蔡、江及余,凡三客而已。午后至朱子健及木匠四处一走。发刘虚谷信。

廿一日,乙巳　　阴

潘耐庵都戎来。送蔡营官银器二件,衣料二件,为伊生子礼也。午后至万福楼定做鞋子。得何叔棠信,即答之。陈大少交还《金批文》六册。

廿二日,丙午　　阴

黄岩王子绥名组琛者来拜,未面。午后出城答拜,已行矣。并至四眼井拜戴君翰香,未询得。旋至何君叔棠宅,托交戴君关书,并关聘两元,延其来寓课孩辈读也。下午戴君来略谈。

廿三日,丁未　　阴

在寓写字块竟日。秦子宣来,借洋十元,不得已诺之。傍晚统领自杭回防,至营一叙。闻太尊笞责关岭局司巡事。

廿四日,戊申　　晴,暖甚

清晨赴营,前旗旗官刘自仙居来,盖廿二已到郡,中营营官亦至营。统领交还买物洋四十元，皮统未买，只买二蓝宁绸乙丈六尺，合洋八元八角五，当付九元，找回乙角五。由海局寄来腊月廿七李少筠自甬来书。内附杨、张二将自沪来书，又李致雷协戎书，唐贞生致刘子伯书，均分致讫。又虚谷附致经厅械，亦交去。夜拟杨西帅及李少筠信稿。交秦子宣来价手拾元，即借款也。傅衍九眷本日移居，送以糕桃。海标城守守备来拜，未面。

廿五日，己酉　　雨

侵晨答拜刘守备，未面，面刘旗官及傅衍九。在营写字块竟日。陈旗官、李静山来营稍谈。夜，奉到土匪金茛柱禀批。本日，统领宴蔡、刘、陈三营员及李静山，并备鸦烟一榻，可云殷勤矣。

廿六日，庚戌　　晴　天又转暖

侵晨写字块至午。午后至营，蔡、刘、陈三营员及李静山等来营略谈。闻杨西帅廿六可抵沪。复虚谷书，交航去。夜又至蔡、李二处一谈。

付木匠四定洋五元。

廿七日，辛亥　　晴

是日未刻，戴翰香先生来上学，招陈、杨二位陪之吃饭。李静山招往午饭，却之。协戎自宁波旋，来拜，略谈。面交与李肖云一信领饷差，旋乘小轮来也。作柏子珍、杨爵斋、张华县信，李少云信，封杨西帅禀，均托杨葵卿兄带沪。附松鲞乙篰卅片，针线乙合计三种六件寄送西帅。又付洋拾贰元托葵卿买洋布花布等。又作桐生信。

廿八日，壬子　　晴

晨起，接廿四日李少云自甬来函，云保案在提署见行，知已照原保给奖云云。属即赴沪，西帅月内必到。即至蔡、刘二处一转。旋至营与统领请假。支出腊、正两月束脩六十元以作川贽，又向府局支取二月分薪洋廿七元。遇子宣,子宣旋来寓,交伊一单,属在苏杭一带购朱墨拓屏对数种。江君子菁来,副营杨、张、殷三哨弁来。是日杨葵卿四十生辰,送礼四色。渠午潮偕蔡荣廷先赴椒。由航寄刘虚谷书,夜潮又专一勇送书去。朱君小兰夜来寓,交洋七元买各物。赵哨弁亦交十元买物件,殊烦琐也。

廿九日,癸丑　　晴,旋阴

午前至秦子宣、潘中府、萧大令、雷协戎及府幕陈厚卿先生处一走,均晤谈。蓝桥交来两洋,买物七八种。江子菁交乙洋,买书三部。府署交来蔚丰厚号一缄,又交蔚丰厚号转交赵芙舟乙械。陈厚翁交来清江浦城内赐福帽店隔壁陈松岩信乙函,附对联乙包,石章乙包;又上海县署刑名张子渔乙械,石章乙包;又洋两元,买泥金八团花八言对乙付,宣纸两纸。

赴营中夜饭,饭毕出城登舟。三更大雨。

二　月

初一日,甲寅　　阴

侵晨抵海门,下榻厘局。陈政斋守戎来谈。夜偕虚谷明府赴许子容游戎之招。蔡营官适自杜下桥至。夜雨。兑洋乙元。

交后哨勇带回家信一、统领信一,给伊八百文作川赀。又赏局丁等乙元。虚谷交来四洋,买物单乙纸。

初二日,乙卯　　晴

九点钟时开轮,与蔡、杨等匆匆登舟,定更时泊石浦。

初三日,丙辰　　晴

风浪甚大,船颇颠簸。五点钟时抵甬江,沪轮已去,仍住船上。

初四日，丁巳　　晴

九点钟时上北京轮船，遇杨雪门镇军之差弁，知其从杭至甬，须赴闽一走，深以同舟为快。旋偕蔡、杨二君下船，遇赵渔衫太守，遂至彼寓一叙。午饭雪帅亦至，谈甚洽。饭后至王君一峰处小坐，时已四点钟，匆匆登舟。王寓江北岸典当同，距轮船码头咫尺也。

初五日，戊午　　阴

八点钟时抵申江，风平浪息，殊不为苦。偕蔡、杨等寓三洋泾桥大方栈，晤李少筠及李希程协戎，协戎亦自瓯来也。西军门廿五到沪，廿九赴扬，尚未旋。午后，偕蔡营官谒见宪太太及三军门，并晤柏君子珍等，谈良久，并在行馆一饭。夜为张浚如太守招，赴东荟芳李金莲校书家，同座为杨帅、蔡、李、李四君，少筠代邀李月琴一人侑酒。时张太守亦新自杭至，皆同寓也。三更旋寓，小雨。

初六日，己未　　晴

著人送各信件至西帅行辕，附去两色礼物，均收。交刘统领、刘明府两信与少筠，并洋拾贰元。柏生来，交伊各信，派人分致。知郭太守已至局，又知张曼农太守正月十五日已回粤东矣。午后偕杨雪帅、李希程、蔡荣廷、张浚翁、李少筠诸君步行出街，先至尚仁里冯雪香词史家小憩，又至也是楼、众艳楼茶园小坐，旋至北富里洪莲君校书家，又至楼下王巧宝家略谈。傍晚重至冯雪香处。夜饭侑酒者为冯丽卿，较昨为佳。饭后，至天仙戏园听戏三出，花旦高彩云颇可。归，已四鼓矣。小雨。冯校书为杨雪帅所赏识，人颇不取憎。

买玉器乙，洋五角。又兑乙洋。

闻宗载之明府寓三马路宝源祥，又时至四马路招商局。大方栈至王家嘴角浙江海运局约八里。

初七日，庚申　　晴

赵渔衫太守自甬来。夜赴蔡游戎之约，同座即昨日诸公及赵公,在洪莲君家。赵所招为西合兴朱素秋,解画兰,人亦冷艳不俗。又至丹桂茶园观剧。归,与少筠谈至四鼓始就寝。闻雷锦文署提中参时放走茶房叶莲生一案,发为之指。叶为提标城守营兵丁,在镇海赌输,纠党行劫慈溪人、福建盐大使某君家,并污其妹某自尽。案经年馀,在沪上第一楼茶馆弋获,解回浙省,讯明正法。其供词连及云云悉经陈鹿笙太守删去,罪恶未获败露,故所办只此。系辛巳年事,宁道、府、慈邑皆有全案。丽一局。忠若虚司马来拜,未遇。

初八日,辛酉　　晴

九点钟时,渔衫太守至寓略谈。旋偕杨、张、李、李、蔡、杨诸公移至棋盘街高升栈。两点钟时与诸公答拜渔老,遇诸途,即坐马车至张园听猫儿戏。四点钟时,至朱素珍家,系赵太守之局也。丽一局。又至天仙观剧一出,先归。伤风,不甚适也。兑洋乙元。

蔡又访得日新里刘红珠家,与诸君偕至一叙。刘年十三,所谓清官人。貌平平,度曲颇娴。其母而充娘姨者,极风流艳逸,八九分人也,惜乎裙下双钩之不合格,难登大雅。又偶为朱素秋拟一联曰:"肯对神仙谈素女;每逢粉黛惜秋娘。"李希程亦成二语。

初九日,壬戌　　晴

晨起拜客,晤郭、万两太尊,忠若虚明府及任君冶庭名金镕,馀皆未面。郭、万旋来答拜,郭即同登舟北上。一点钟时西军门到,偕蔡营官往谒。即招各同人至愚园、张园大洋房一游。夜,在海天春吃番菜。西帅带二局:王黛玉、朱素秋,蔡三局:猫戏之李红玉、李红宝及小官人。座中以黛玉、红玉、素秋三人为冠。夜二更偕李、蔡、李至清河坊李红玉家一坐。又偕李、李过巧宝家一走。又偕少筠入饭馆饱餐,因饥甚也。丽一局。

初十日,癸亥　　晴

午后坐马车至张园大洋房公宴。西军门演猫儿戏,同至者为陈钰卿、杨雪门两镇军,陈印波协戎,龙觐宸总戎,张云阶协戎,朱苠臣游戎,张、赵两司马,李君希程,王君韵生,蔡君荣廷等。二鼓席散,偕杨、张、李、蔡至李红玉家,又至谢湘娥家。谢名蘅,为福春班内出色人物。陆小宝粗笨已极,不审何以负重名。又至王巧宝家,访希程不遇。又至雪香、丽卿处吃粥。五更大雷雨。发台信乙件。得宗载之明府来字。丽一局,并马车二辆。

十一日,甲子　　晴,蒸郁不可当

偕蔡同谒西军门,谈良久,先归寓。陈镇军来,未遇。两点钟时,附杨雪帅马车至巧宝家,希局也。同至者杨、张、赵、蔡及王营官、陈旗官,两人新到。夜集李红玉家听戏。张总戎亦至。十一点钟时即散。点《醉酒》一出,赏两元。复宗载之明府一片。是日召曹文彩侑觞两局。

偕雪帅至尚仁里,先给丽卿马车洋三元。

十二日,乙丑　　晴

辰刻偕李希程至赵渔衫太守处一叙,并缴公分洋十乙元三角。午刻偕李、李送杨雪帅登海琛船。因船未开,复偕至雪香家小坐。杨、李等赴皆宜书馆,独未与偕。傍晚柏子珍来,偕李少筠及耿哨弁至秀卿处一走,南京人,耿之相识,所谓野鸡也。又偕少筠小饮,归即解衣就寝。是日王、陈二将在李红玉家宴客,谢却之。宗载之来拜,未遇。

兑洋乙元。收回杨葵卿处十二元,又四元。

十三日,丙寅　　晴

清晨便衣见西帅,谈约两时许。赵太守来,未面及。午后买书数种,付洋四元九角。又付小海二月分工洋两元,又付初十日马车洋两元。夜偕少筠至冯丽卿处,开发局钱十五元。又偕至王巧宝家，李希程招饮也。有一粤人钟南桥在座。二鼓归寓，即酣卧。

是午海运局员曾士沂名翰章者来谈。

十四日，丁卯　　雨

在寓竟日。夜赵渔老招饮鼎丰里谢湘娥家，未赴。闻酒佳戏更佳，殊可惜。得桐信，知在天福戏园相候，亦懒去。赵君敬叔是日回甬。

十五日，戊辰　　小雨

晨起，偕希程坐马车至杨公馆谒西帅，均未面。答拜宗载之大令、陈钰卿镇军。镇军住招商局对过慎裕洋行，接见，少谈片刻。又至钟君南桥处。又偕希程访仁济善堂施少钦封翁，时和里何桂笙，即申报馆主笔之高昌寒食生，均未晤。午后，偕李、李、孙、钟在第一楼茶话。下午同至王巧宝家剧谈。夜在聚丰园小饮。又购得大板《随园食单》乙部，买洋铜汤瓢十把。是日共用洋二元三角。

偕希程过赵渔老处一转，以昨日逃席，颇怏怏，形于词色，亦无奈也。杨西帅来答拜，未之面。钟君邀至清庆里沈丽卿、金四宝、吴兰卿家一走。复桐信，并交去松鲞。钟名洪南，广东人，制售戒烟药，又在仁济医局，老上海也。

十六日，己巳　　晴

西军门招赴张园宴饮，在座者十四人。申刻席散，偕李、李、王、陈、孙、柏等观剧，点戏一出。傍晚回寓。是日付马车两元，戏赏两元。

十七日，庚午　　晴

清明节。天气暖极。午前，偕杨君葵卿在法兰西大马路义源号买布匹、大呢、洋镇各件，计洋三十元三角，内代葵卿垫付竹布五匹洋四元。午后，复在四马路中广协顺店买洋广各件，计五元零三分。

又在吉羊楼笺扇店买宣纸八团龙对及扇子四柄,计洋三元五角五分。又付小海买杨头绳六色乙元六角八分,每色两角八,殊贵也。又京胭脂两贴,乙角八分。

是日共用洋四十乙元,内有代垫四元。

杨葵卿又借去两元。买藤茶台络八角五分。

十八日,辛未　晴

超武、元凯两兵轮到。冯军门闻乘元凯来,即入杭。午后偕张浚如太守访赵渔老,未面。夜在东荟芳李金莲家宴,同至者李、李、蔡、王、陈、赵六人,浚局也。又至第一楼小坐。在丹桂看《铁弓缘》一出。有小花旦小燕仙,年仅十二三,颇流丽。

午前至扫叶山房看书数种。永新人陈松之《天文算学纂要》四函卅四册,皆汇刻各表,于天步真原所采无多,不甚有用。在老瑞生买鞋乙双,乙洋乙角七分。

温州亲兵小队左旗旗官陶全盛乘海昌至,闻瓯江水师管带刘聘之为黄统领捉奸事,大可怪笑。

十九日,壬申　晴

桐生来信,即复之。在寓阅《中西纪事》竟日,并为人撰书楹帖。

廿日,癸酉　晴

得章一山正月九日自成都来书,盖自威远轮转交来者。夜为张游戎华轩招饮龙吟馆,同座为李、李、陈、陶及张君哲夫与管带江苏缉捕水师营之薛君子有等。付小海三月份工洋乙元。

廿一日,甲戌　晴

午刻西帅来寓,聚谈良久。夜为薛子畴都戎鸿范招饮北贵里胡润卿家,李、李、陶、陈、张等同集。

廿二日,乙亥　晴

午刻宗载之来一片。西帅送来紫毛马褂统乙件,西夫人送来食品五种,给代茶两元。申刻赴西帅聚丰园之招,在坐凡十有六人。夜乘马车至下海铺,上超武船,送西帅行。复至日新里刘红珠家饮,同至者为张、赵二太守,李、陈、薛、张等,当给红珠局洋两元,又付清和坊曹文彩局洋六元,又丁香鲕乙元。

廿三日,丙子　　晴

侵晨至铁马路桥韦孺舟次一奠,四棺并列,寂无一人,惨哉。午刻赴北富里李希程之招。席散,偕张浚翁及王君瑞生至李金莲家谈憩。夜两点钟时登元凯船。是日又买洋毯乙条,三元二角,墨乙斤,乙元二角二分,香水五角,及零星物件,不尽记。

借张浚如太守洋十元,开发高升栈七元。

廿四日,丁丑　　晴

黎明开船,夜泊舟山口外,大雷雨。

廿五日,戊寅　　晴

九点钟时至舟山小泊。张、王辈因事上岸,十一点钟时开行。夜泊石浦。给元凯轮船六元。

廿六日,己卯　　阴

十二点钟时抵海门。登岸至厘捐局,适陈镇军及张君孟皋均在坐。镇军面订明日午饭,不及,即走。夜雨。杨定夫侍御来局聚谈。借虚谷十元还张浚翁。

廿七日,庚辰　　阴

清晨谒镇军,并拜张孟皋及他客一二处。在许子容游戎、杨定夫侍御两处略谈。

廿八日,辛巳　　晴

清晨至葭沚,张浚翁留饭,饭毕即回。虚谷明府又约陪客,客为杨、贝、胡、陈、张、张、冼诸公。席未终而舟子告潮水长,匆匆登舟。

雨。又刘老四亦在坐,字寿生。

代虚谷购书五六种,找回价洋六角。闻杨定夫说喻芷韶今年馆西乡南渠书院,其居宅在城内金刚桥。

廿九日,壬午　雨

午刻抵台郡,合家安吉,大慰。披览郭、潘太守各函,潘太守并赠文恭公《读史镜古编》六巨册,又其尊人季玉先生《自镜斋集》四册。收回喻子韶所借《胡文忠遗集》八册,不知何处交来。又检出赵哨弁、朱少兰等托带各物件交去。又交陈兰桥属购物件。又送秦、陈两家杂件各四色。又以宜兴茶壶一个、镜一面送戴先生。以《唐宋文醇》还景大少。

三　月

初一日,癸未　晴

酣睡至九点钟时始起。检出陈幕厚卿所购纸对各件及尾款乙元乙角送交郡署,并赠以折扇一柄。又检出《二论引端》一部送给江君子菁,并还伊所交乙洋。饭后,谒府尊,拉看牡丹。在哨棚晤江、刘、马、赵、朱等,又拜经厅、协戎、县令、中府,皆晤谈。又答拜江君子菁,未遇。因伊侵晨曾来寓也。以折扇一柄乞赵太尊书。发刘统领信,交后哨寄小芝。

初二日,甲申　晴

台城出会,颇热闹。吴经历、任君季泉、李君静山、王哨弁书选均来。朱君少兰亦来,交还《明史纪事本末》廿册。

初三日,乙酉　雨

作喻孝廉芷韶书,附章一山书,交朱大少寄黄金刚桥。张哨弁运开、江君子菁、王君采山均来。潘耐庵便衣来,晤谈良久。

初四日,丙戌 雨

闻统领昨夜三更回,即赴营,晤李、马、王等,统领未来,旋归。俄顷,统领来拜,未之晤。支来三月分文案薪廿六元,收回后哨找尾四百馀文。左营王营官初二夜到,陈、蔡尚在沪。答候李君静山。

初五日,丁亥 雨

在寓竟日。支来本月分盐号薪水。

初六日,戊子 晴

清晨统领著差官来邀,即诣营办禀稿两件。朱君子健、殷、王二哨弁均来营,王营官亦来。

初七日,己丑 晴

陈蓝桥清晨自太平归,闻镇台将到,出城迎迓。行至潘中府处,知尚未到,折回。答拜捕厅张君是卿,名瀚,云南人。午刻至营,傍晚,李静山亦至,谈片刻。又伍君子诒、瑞生两人来营晤面。夜月色颇佳。

初八日,庚寅 晴,天气暖甚

午前至潘中军处一转,旋拜张浚如司马。又谒太尊,在后哨坐良久,旋至营午饭。饭后出城,至天后宫候迎。三点钟时镇台始到,一见后,又偕大众至协衙一谒,傍晚即来拜。

初九日,辛卯 晴,暖极,悉御夹衣

雷协戎邀陪陈镇军午饭,同座为伊友张某及邓、陈、褚等。付木匠洋九元。又写刘虚谷明府信,交其送椒。盖装椅桌前去也。答候朱君子健不遇。发潘祝年太守禀,驿递杭州。王哨弁来,属拟禀稿等事。

初十日,壬辰 晴

侵晨出城迓杨协戎,旋至行馆一谒,至营午饭。午刻,至协署公

宴陈、雷、杨三帅及张丙生、褚鲁乡二幕。三点钟时方上席，恰太尊到，亦拉入座，傍晚始散。邓、陈及余公局也。是日，统领之曹舅爷送禀帖赴杭。

十一日，癸巳　　阴，小雨

是日为临官晬辰，同居者皆吃面。陈镇台走，往送不及。杨协台来拜，未之晤。付万福楼鞋店乙元，止欠二角矣。同昌号招饮，却之。

十二日，甲午　　晴

协标三营公请陪宴新旧二协戎，却之。申刻勉赴同昌一饭，座客为张浚翁及邓、陈、吴等。

十三日，乙未　　晴

赴营，先至杨雪帅处一贺，并晤傅、陈、叶、周四人。雪帅留饭，因统领预约午筵，谢之。作何见石比部书，书未封而二月廿一都门信至，并抄来奏稿二纸。

十四日，丙申　　晴

赴营，得刘虚谷十二信。

十五日，丁酉　　阴

衙参只见首县一人，馀皆不见。雷参戎起身赴宁海任，未往送，因十三日已送过也。陈大少回去，杨哨弁懋珍来送见石信，交乃弟叔棠寄。

十六日，戊戌　　雨

在寓看漆匠漆书案。

十七日，己亥　　雨

清晨至秦处贺寿，与秦太太谈良久。旋赴营，有黄岩西乡绅董王继周在营，略一接谈。傍晚，亲至万茂店购银朱四包，每八分。

十八日，庚子　　晴

换戴凉帽。清晨便衣诣雪帅处一贺，因其移衙也。在营竟日。夜赴协署饮，外客只邓、陈及余三人。又至李君静山新屋一走，并送炮烛。有亲兵右旗幕友张铭来营，未之见。王哨弁来谈。

在杨协戎处借来《花月痕》说部八册，此书只闽省画兰室纸店有售，本价八百文。

付玉田工洋乙元。二月初九至三月初九清。

得陈镇军书。周君桂熏借去《明史纪事本末》廿册。

十九日，辛丑　　晴

在营竟日。检禀稿三个交统领给太尊阅，太尊出抚函、藩札出示统领故也。

二十日，壬寅　　晴

午饭后至营。夜晤陆君颂臣。

廿一日，癸卯　　雨，下午雨止

作西军门禀及肖云、子贞信，马封交刘老四带甬，由文报局寄。统领偕杨协戎夜潮赴椒，附一书致刘虚谷。李静山来寓。是日为邓云泉大令点定《巢云稿》第九册，并跋两纸。

廿二日，甲辰　　晴

早起谒太守，谈良久。旋至营，偕李、江辈至静山处午饭，同坐九人。散后独至协署一走。又偕易、周二君至傅衍寓，遇兰乔，同上街。又过朱子健处谈，复至衍处夜饭。二鼓归，子菁来谈。

廿三日，乙巳　　晴

得秦子宣杭州十七来信，并墨刻二纸，极劣。又由局交来何寿庵自甬信并什物数件。又得刘虚谷廿二信并乃兄六十寿言事略。付小海工洋乙元，三月分讫。

廿四日,丙午　阴,微雨

至营竟日。复虚谷书。

廿五日,丁未　晴

侵晨孙镇军自椒来拜,未面及。旋至行馆答谒,下午即走。统领亦自海门旋。虚谷寄回草扇一柄,所书小楷,每字之间架颇佳,每行之章法不甚匀,盖过于拘束也。在营竟日。何叔棠茂才来,钞胥写曾氏《经史百家杂钞》评识竟,嘱钞梅氏《历学疑问》等。得雷参戎来信。

廿六日,戊申　晴

在营竟日。拜萧大令、潘都戎,均未面。

廿七日,己酉　晴

晨起拜萧明府,谈良久。旋至营。下午至何叔棠处一走。夜小海赴椒。

廿八日,庚戌　晴

在营竟日。何封翁来谈。下午谒太尊,为扮商事邀往面议也。由信局接二月初九张绳庵副宪自津复械。汪朗山贰尹自徽州来台,带到代买墨五斤,小日晷乙个,共合十三元,除已付六元外,应找足七元。

廿九日,辛亥　晴

在营。包临培为正月聚赌抽头事,疑余言之太守,特来索闹,大肆倡狂。即偕伊见太尊面质。并为余兼办督销局事气愤谩骂,指为钻谋。此等妄人,实所罕见,不值计较,姑听之而已。太守欲以军火局差与督销局互调,分界限,薪水所差无几,亦听之。至吴经历处一转,晤王君佑之。又与包遇。得虚谷复械,从吴处来也。右旗陈旗官来。

三十日,壬子　　晴

天气骤热,单衣被体,尚尔汗出。在营为统领拟抚、藩禀稿及复太守文,均为拨勇扮商事也。夜大雨如注,胸膈为之少快。

四　月

初一日,癸丑　　晴,天气稍平

衙参均不见。答拜陈旗官,高卧未起。是日杨协台夫人请客,慈闱及内子均赴席。杨帅便衣来寓剧谈。托潘中府转嘱饷差至杭买物。夜又大雨。

初二日,甲寅　　雨,冷甚,御棉

支来四月分文案薪廿六元。付陈蓝桥代办送吴经历公份七角二分二。小海自海门归。得潘太尊三月廿三信并《正学篇》四册,杭寓西太平巷。

初三日,乙卯　　晴

吴经历娶妇,往贺,即在彼午饭。饭后至营,为刘虚谷拟乃兄六十寿言。

初四日,丙辰　　晴

在营竟日。得陈大少自宁海来信。还万茂店银朱钱三百廿文。威远船王一峰来。

初五日,丁巳　　晴

在营竟日。由阿三带来报森三月廿五杭州信。又金成衣回信并纱女褂料乙件。发刘虚谷信,并附寿序去。吴经历招饮,未去。

初六日,戊午　　阴

发何寿安信,并台绢衣料乙包,交福顺泰信局寄甬。太尊赴椒江。是日小满。

初七日,己未　　晴

早起,答拜仙居钱学博,未晤。与张君敬县及统领谈良久,旋至营。下午回寓,在蓝桥处吃饭,是日乃伊夫人生辰也。座客为陈、易、周三君及杨、傅二少爷,当以团扇二柄分赠二少。王哨长书选自茅畲来,谈及路桥卢姓命案。傅衍九解犯赴杭,托带秦子宣一信,又托其买纸及磁浆糊罐。申刻奉札调兼台防军火局。夜,雨。

初八日,庚申　　雨

浴佛日。慈闱市鳝鱼乙担放生,年例也。是日蓝桥请女客,杨协戎之夫人及如君,又裴卫守之夫人均到。太尊自椒旋,旬差今日去。

初九日,辛酉　　阴

刘虚谷明府送来白术、鹿筋、蘑菇、皮蛋等物,盖润笔也。午后来寓一谈,即日解维,无从答拜。至营一转,又至邓大令新屋道喜,并送以糕桃。谒太尊,嘱以明日见。夜,大雨。

比日阅《一贯真机》,于丹法颇有所悟。进读纪氏本《参同》、《悟真》,少窥门径,中心欣喜,不可名言。

初十日,壬戌　　雨,西北风,冷甚

在营拟叶小妹等禀稿。午饭后,见太尊与杨协戎,遇谈良久。又至秦、潘两处一谈。夜煎桑葚膏至三鼓。饷员自甬回。

十一日,癸亥　　晴,天气尚寒

晨起,至营。送出三月份束脩三十元,当扣回代付锡箔价洋乙元。致函拱君剑农,支四月分军火局薪水,并附领字一纸。薪水未即付,领字退回,云十五六间有款,姑听之。夜,统领招饮,同坐为陈、王、高、陈、伍诸君。包未至,左哨哨官殷其铭来,后哨哨官赵亦来。

当交戴国屏一条与赵，属换补该哨哨书，盖后哨哨书向归军火局委员用人也。统帅云，金殿传一条已补入左哨。

是日小海支工洋乙元，玉田亦支乙元。

早间在吴经历处见吴少白致伊函，云已移寓藩辕西公廨。夜戌刻奉初十府札，为前仙居令宁本瑜借用前膛枪三十杆，刀两把，铜号乙对，无从追缴云云。

周桂薰送还《明史纪事本末》廿册，索去《花月痕》八册，此书系杨雪帅处借来，即托交还。

十二日，甲子　　晴

在营竟日。统领交出陈大少春季干脩十五元，即交与蓝桥。中营陈胜珠哨官来。

十三日，乙丑　　晴

早起，赴营。天台人谢君者香名梦兰来营，渠为天台东乡榧树村人，距城卅里馀，在杭州书局分校。中营蔡大少送匪来营，右旗杨宝山哨长送匪四名来营，均来见。午后偕江子菁、王采山至军火局，会同前委员包及监盘高君柳亭等分别查点。其司事翁允中，长沙人，系旧手，仍令接管，暂不更动。申刻回营，带回锁匙五把。由右旗送来杨葵卿信，由后哨送来柏子珍信，皆无日月。由信局来何寿安《四书》，即收到台绢复信也。戴国屏乙名属赵哨弁，不必补。

发汪君朗山信，附还伊墨价洋柒员，托朱子健代寄黄岩县署。

十四日，丙寅　　晴

军火局司事温允中来见。在营竟日，左营王营官来谈，伊十二自路桥来也。下午偕江子菁至军火局一走，另加封条，并分出钥匙乙把给江子菁手收，因有一间屋专堆统领物件，不时须开故也。

十五日，丁卯　　阴

衙参未见，只见首县一人。答拜王营官、殷哨官、高君柳亭，均未面及。以《声律启蒙》一书属戴先生钞。包临培来,交出钤记一颗,小木戳两个,移文两件,并结乙件,为格林小炮事。又单一纸,改动移交折三条。以少加多,殊不成话。云奉府尊谕,姑听之。钤记迟至今日始交,亦奇。又交出透支四月分薪洋廿元,尚短七元,据云迟日再缴。

军火局薪水向在土药局支取:两月廿七,乙月廿六。四月分廿七,下月廿六,记之。

十六日,戊辰　　　阴,旋雨,天冷甚

在寓竟日。平枭是日撤局。

十七日,己巳　　　雨,西北风大

在寓竟日。闻中营蔡营官十六日到郡。本日在协署宴饮,同座为王营官、陈旗官、李、陈诸人。

十八日,庚午　　　晴

清晨赴营。发叶小妹等禀及咨移。蔡营官来谈。饭后偕江、王两人至军火局,发土药两桶,府帐房来条领取也。又将火药逐桶开看,各军装亦细点一番。招呼包临培,竟不至。下午偕江、王至王营官寓一走。遇统领及蔡、李、李、伍诸人。归寓夜饭。得秦子宣十三杭信。杨协戎太太寿辰,送礼六色,未收。

十九日,辛未　　　阴雨

至协署,又至秦太太处。午后至营。

二十日,壬申　　　晴,蒸热殊甚

在寓督玉田写节禀。

廿一日,癸酉　　　晴,热甚不可耐

在营竟日。夜,江、王二人来。

廿二日,甲戌　　　阴

清晨至营,发杭州宗、陈、时、潘,处州林,定海陈各节禀,驲递发

杨西帅禀及李、柏、杨三信，包封交福顺泰寄。发郭、万二禀，交饷员送甬江。又报局递天津。又发本府申报文件并折结等。发陆君颂臣信并字幅，交陈四少转寄。由高君柳亭处交来包处所还四月份薪水尾七元。

廿三日，乙亥　雨

饷员清晨赴椒，发柏子珍信乙封。托刘寿生在甬买用工方知笔十支，随信寄厦门。又托其带鱼翅三四元。杨葵卿之眷起程回扬，送伊川赀两元及路菜等。统领出防，赴小芝。江子菁来谈，旋至营午饭。后至高柳亭处一走，将四月分领字乙纸交其转交包手。并买银朱四包。过李静山寓，尚高卧，蔡则昨夜回防矣。得伯谦信，即答之。夜将切结两纸交包处。

有一张哲甫者，来营七八天，今日同饷船赴甬。闻在宁道署办书启，或云系二太爷之流，未交谈，不知底蕴，李之密友也。

作秦子宣复书送伊公馆，并物交旬差去杭。发伍、任及李君希程节信，均邮递。

廿四日，丙子　晴，蒸闷不可当，旋雨

由王永兴行交来汪君朗山自黄岩回信，云七洋已收到。

廿五日，丁丑　时晴时雨，天气蒸闷异常

潘都戎来，未及面。得统领自小芝来函。为潘耐庵拟协署官厅对，集成语云："同官为寮，璧合珠联，我师我旅；得时则驾，龙跳虎卧，尔公尔侯。"

廿六日，戊寅　雨

蓝桥自葭沚回，为伊拟挽张司马夫人联语，并自撰一联，录后：

"四十年节俭佐羔裘，棠服庇慈云，方谋衡岳南归，笙鹤遽催天上去；二千石循良起熊轼，蓟门趋晓漏，忽送瑶池西返，镜鸾谁慰阃

中情？"

"骖鸾梦不恋春婆，只归路三千，去棹未听湘水瑟；司马情今类元相，有俸钱十万，营斋合叩梵天钟。"

由阿三送来十六桐信，云张宜均寓嘉兴府城南弄，陈达卿寓杭州运司河下，叶雨穄署义乌县。八闽会馆住持已换一湖南人。又云觉庵三兄已殁，三筠郎已回里。

廿七日，己卯　　晴

在营竟日。下午至协署一谈，旋闻土药局提讯司巡事。夜闻傅衍九自杭归。

廿八日，庚辰　　雨竟日

写张司马处挽联。潘耐庵来，属书官厅联。又交来杭局官书廿本，丁香乙个，茶叶一斤，账单未交。发桐生信及金裁缝信并洋十元，旬差去。

廿九日，辛巳　　晴

赴营，旋雨，傍晚雨止。发六县及前所司培元局移文。闻营务处有派人查防事。傅衍九交来代买竹纸一包。

五　月

初一日，壬午　　阴

衙参未往，闻皆不见。旋至营，王哨长自茅畬来郡。发宁海参复贺信。支来五月分文案薪水廿七元。得刘虚谷信。傍晚，吴经厅来，问拱、程交接事。又发二府节禀。

付小海工洋乙元。四月分讫。

初二日，癸未　　晴

早至傅衍九寓，交还纸价乙洋。谈悉金南瓜案，沪上有戏八出，极逼真。旋至营午饭，后至邓明府处一转。得任雨泉明府十六自杭来信，盖为荐章成来营事也。是日，府署演戏宴诸女客。发蔡营官复贺信，邮递。

初三日，甲申　　晴

晨至营。午刻统领自大广营旋。得李君希程信。发刘虚谷信。付玉田工洋乙元。至五月初九止。

初四日，乙酉　　晴

在营竟日。王大少来，乃翁亦自防归，未至营。府幕陈厚卿在署演戏请客，闻为太守之公子饯行也，兼请女客。送统领、协戎节礼，均未收。潘、江二处各收一色，陈、何各收二色。

初五日，丙戌　　晴

端午节。至郡署、统领公馆送贺，均未见，并拜各寅僚。付赵哨弁处《申报》洋乙元。饷船到。

初六日，丁亥　　阴

在寓竟日。营中交来代买鱼翅五片及信局收条。连日内子病，延何疏九医士来诊。统领太太来。

初七日，戊子　　晴

统领招饮，辞不获命。午刻至营一转。旋即大雷雨。是日协署演戏宴客。刘虚谷自海门来，下午来寓为内子诊病，仍用佛手散增减。送来四月份束脩，除扣买物四元二角六分，找来洋廿五元，又钱七百零。

初八日，己丑　　晴

侵晨至虚谷处一走，旋即来寓，用芎归汤加朴硝。午刻统领来寓。是日夏至。潘耐庵送来神符六道。

初九日，庚寅　　晴

虚谷来，酌开一方。用大黄三钱、朴硝二钱、高丽二钱。服后不甚适，只服初煎。萧明府在协署演剧宴客，辞谢未去。交还虚谷《曾文正集》十九册，又借来《学海堂经解》十册。

初十日，辛卯　　晴

侵晨至刘虚谷处一走，旋来寓开方，用大剂平胃加味芎归汤，朴硝多至五钱，仍不得法。病象日亟，五内焚如。邓云泉明府送一安胎催生符来，依法行之，亦无所验。由府局支来军火局薪水廿六元，系五月分，以后仍归府局领，较便当。刷书匠交来《史鉴节要》五部，通前凡六部。又嘱其赶刷《水道提纲》两部。

十一日，壬寅　　晴，天气炎热无比

侵晨至县城隍庙求签许愿。又延严医士琴川来诊。据云胎尚好，不宜硬打开焉。是日未服药，只觉腹中时时作胀，他尚如常。统领太太及秦太太先后来看。秦太太云，有一看花女巫极灵。托其觅看，云系胎神冲犯白虎，兼本宅地主作祟，须祭禳三日可愈，先服香丹。依其说行之，花钱所不计也。统领来，属拟禀稿。刘旗官自仙居来拜，未之见。夜大雷雨如注，稍凉快。发桐生信，交信局去。得张司马谢函。江子菁来小坐。

十二日，癸巳　　晴

巳初至营，以禀稿发缮。饭后回寓。刘旗官来谈，傅、易二君来。夜雨。

十三日，甲午　　晴

侵晨至营，旋偕江子菁至军装局，发土药两桶。通前共发过四桶，皆府署炮手持府账房条来也。饭后回寓，拟绳庵副宪禀稿。是日王营官宴府、协于营内。统领接刘方伯复械，仍以拨勇六十名扮商为嘱。

十四日，乙未　　晴

在寓饬缮津禀。午后至营，为李成绮擅改移文事与之争辩。此

种妄人,世所罕见。统领之泥塑木雕,尤所罕有,可叹,可叹。得虚谷信,即裁答。陈大少自宁海回。

十五日,丙申　　晴

是日为慈闱生辰,备筵一席,请同寓女客及秦太太,送礼者悉却之。夜,江、王二人来,赵哨弁来。二三日来,下午屡闻雷而不雨,热极。范升自省来,闻程委员缴出所得太平金梦松庄洋六百元事。台州官场风气至此,将何以了?协戎赴北岸,兼至葭沚。

十六日,丁酉　　晴

清晨赴营,刘旗官来索取寄存坏洋枪十五根。下午偕江子菁至局,检给之。潘中府来寓,未遇。

十七日,戊戌　　晴

清晨至秦太太处一走。归遇傅衍九,留谈片刻。得秦子宣初七杭信,云移居大螺丝山。刘旗官是夜回仙居。王君佑之来,当付去四、五两月分刘芝生处帮洋乙元。景大少来。

十八日,己亥　　晴

清晨至府署,因有事未见及,旋送去笔墨,均未收。旬差阿三自杭带回金裁缝收洋回信及物件。是日晚潮陈蓝桥赴椒,并乞假三个月赴大名。托带津门张绳庵学士信一缄,附《水道提纲》两部,台术两匣,台绢乙匹十丈,肉松两瓶。又托带刘虚谷信一封,附笔两匣,墨八锭,平金荷包、扇袋各一件。盖送刘小谷应试礼物也。何四香封翁来。葭沚张司马夫人开吊,此间去者为萧、杨、邓、傅、陈诸君。陆岳翁自禾中专应升持五月初七书来假贷。送朱少兰笔八枝,墨四条。

十九日,庚子　　晴

在营竟日。统领专勇至杭送礼,附去桐生及任雨泉大令各一信。太尊晚潮赴海门。午未间闻雷而不雨。付小海工洋乙元。五月分。

二十日，辛丑　　晴

发陆岳翁信，交刘老四带甬江；并拨本月分束脩卅元，由信局寄嘉兴。又发秦子宣信，亦自甬寄杭。饷船晚潮去，朱少兰赴金陵应试，并往送之。

廿一日，庚寅　　晴

在营竟日。拟报匪犯冯、金、金等禀。夜江子菁偕张哨弁运开来。午后雷而不雨。太尊昨日旋。

廿二日，癸卯　　晴

清晨谒太尊，商发各禀稿。夜招往便饭，同坐为统领、协戎及某大令与其甥张君。在凉圃㘰叙甚欢。

廿三日，甲辰　　晴

侵晨杨哨官懋珍来，旋往答候并候张哨官，均未面及。在营竟日，发禀咨各件。得任芝生明府回信，又宗、陈、潘各回信。

廿四日，乙巳　　晴

小暑。统领清晨出防赴康谷。在寓竟日，以《学海堂经解》第六十二三两册属陈大、陈四二人代抄。至秦太太处一看。下午雷而不雨。

廿五日，丙午　　晴

潘耐庵来寓。在营竟日。王营官来谈。以《学海堂经解》第六十一册属戴先生抄，以六十四册给玉田抄。黄石泉自葭汯来，未面及。至邓云泉大令处一转。

闻张运开哨内有一篾匠，制竹帘极佳，当试之。应升回嘉兴，给川赀两元，附去陆岳翁一信，并蛏浆一罐十九两，桂圆两篓。由捕署送来刘虚谷回信。

廿六日，丁未　　晴

在寓竟日。答候黄石泉，未面。旋陪伊在陈宅午饭。申酉间大风雷，小雨。临属是日已求雨矣。

廿七日，戊申　　晴

在营竟日。至鞋店定鞋子。中营蔡营官自杜下桥来郡，大抵为借饷也。至江寓一走。发秦子宣信，托其觅碑帖数种，交邓明府带杭。又粉干一包给桐生，又洋两元买茶叶、银罗汉等物，并送伊路菜两品。夜以一书致何叔棠茂才。

廿八日，己酉　　晴旋阴

在寓竟日。闻统领旋，至营一走。

廿九日，庚戌　　阴，旋起风

由福顺泰局送来厦门提署所发十七日包封，内计西帅一函，附保案饬知一件，功牌两张；又李少云、柏子珍信各一缄，此外，附信十三件，均为分致。中府处交来杭州代购物件。下午风势愈大，飞砂走石，万马奔腾。至三鼓后继之以雨，亦是一场风灾也。发刘虚谷信，附李信三函，皆少云笔也。

六　月

初一日，辛亥　　阴，风雨皆止，天气蒸闷

在寓竟日。支来六月分文案、军火各薪水共五十三元。以五元还潘耐庵都戎清账。江子菁偕王哨长来。得何叔棠回信，又作一书与之。

初二日，壬子　　晴

在营竟日，定拨勇事。送焦君云溪贺礼半元。

初三日，癸丑　　晴

在寓竟日。王采山来，并交来一条。

初四日，甲寅　　晴

在寓竟日。王哨长送来茶壶两把、《幼学》两本，却之。

初五日，乙卯　　晴

在营竟日。至何叔棠处一走。晚间戴某取考篮去，不辞而遁，盖亦赧于相见也。张哨官自小坑来，左营杨怀庆亦到营，为挂案也。以厦门寄李静山信三函饬号房交伊寓。

初六日，丙辰　　晴

由驿递到五月廿日杨军门自福州洋次来书及致何房东信，即交讫。午后至营与统领商饬方教习等赴闽事，并以信示王、蔡二营官。

初七日，丁巳　　晴

缮杨西帅禀及李、柏二信。在寓竟日。又发刘虚谷信。厦信交福顺泰去。夜大风雨。荐范升与朱子健，未收。

初八日，戊午　　雨如注

巳刻寿彭儿附陈宅陈先生学读书。午刻至营，拟拨勇扮商，又报匪禀咨稿。

初九日，己未　　阴

在寓竟日。午刻统领来商改禀稿。黄勇自杭旋，送来廿四桐信及任雨泉大令信。桐信内附来藩台饬知乙件，即作回信，交旬差阿三明日去。王哨长来，未见，又将茶壶及书送来。刘老四初七回营，交出金泰盛局条乙纸，足金四百五十文，即交还。

初十日，庚申　　阴，旋雨

晨起，至营。偕江子菁赴军装局，发府炮手火药两桶。午饭后回寓,补缮杨军门禀。由局取回初七日信,总封交统领,饬方教习等带呈厦门,附钞扮商禀稿去。发何寿安信,交局去。

十一日,辛酉　　雨

以钱二百文交陈哨长修理军火局墙缺。统领帐房送来金殿传正月份廿八日饷五元二角二分七厘,即补入副营左哨者。杨哨官懋珍来托拟函稿。

付玉田工洋三元。自十八年十月初九至六月初九止,八个月,每月两元,均已付清。

补初三日:付小洋①工洋乙元。付至五月分止。

下午得章君一山初六日自海游专差来信,并书一箱及药品,计洋廿三元。即如数交与伊仆杨怀手收清帐,并另给脚价四百文,又杨怀酒力二百文,留住一宵,次日赴黄岩。②

十三日,癸亥　　晴

在营竟日。拟报左营获匪禀咨各稿。王、蔡二营官来,王大少亦来。又答候杨哨官与江、曹、李等,相遇。

十四日,甲子　　阴

晨起,至秦处一走。在寓竟日,并至协署。

十五日,乙丑　　阴

在营竟日,核对各禀咨。傍晚,至经署,托寄章一山信。

十六日,丙寅　　晴

至景大少处一走,未晤。发桐信、秦信,交营中专勇寄杭。

---

①　"洋",疑为"海"。

②　此处底本原缺"十二日"一条。底本六月十二至七月廿八日干支均错,径改。全书日干支错误36处,符璋本人发现18处,少则错两天,多则一年全错,共错约2010天,均已改正,以后不再出校记。

十七日，丁卯　　晴

张浚如司马来。是日小不适，盖受风暑也。

十八日，戊辰　　晴

晨起，答拜张司马。翁司事来。夜，雨。

十九日，己巳　　时雨时日，蒸闷不可耐

统领西席张茂才宗栻来辞行，未面，送与路菜四色，亦未收。

补十八日：由旬差送来初十秦子宣杭信并碑拓一包，又得刘虚谷回信。

二十日，庚午　　小雨

秦太太、荣太太来。发刘虚谷信，托借兵船事。换岑震元药折，店伙来对明白。开发小海。

廿一日，辛未　　晴

江子菁来，旋至营。未申间西南风大作，怒雷砰訇约一炊许。雨势甚急而不大。又发虚信。萧大令送来《阅微草堂笔记择要》三部六册，又《阴骘文说证汇纂》一部八册。是日，张茂才父子赴杭，闻宾、东已分手。

廿二日，壬申　　晴

晨起，至秦处一走，旋至营。未申间大风雷。发刘虚谷信。

廿三日，癸酉　　晴

在寓竟日。得陈大少函，寄回《经解》一本，只抄十馀页，只好另觅抄胥。又给小海两元，小海领回王姓字柏泉者来。此写手较佳，云住狮子桥，为卫署书办子。

廿四日，甲戌　　晴

统领侵晨出防。刘虚谷大令自海门来。得西垫局员陆君颂臣信。入夜又得章一山廿三信及藤钏一个，即裁答。闻潘中府夫人以

阿芙蓉膏殒,大可诧。

廿五日,乙亥　　晴

晨至协署答拜刘明府,谈良久。又至岑震元店与岑钱卿一谈。章一山来足携回信去,并附去笔两匣八枝,纪书节要二本。下午,至统领公馆预祝,又至中府署,未面及。至秦处一走。

廿六日,丙子　　晴

发秦信,交旬差去杭。夜统领回防。

廿七日,丁丑　　晴

在营竟日。下午至高柳亭兄,未遇。至经署一转。夜为吴君瑶卿及范升事,函荐高处。

廿八日,戊寅　　晴

在营竟日。拟中营报匪禀咨稿。夜在统领寓中陪高柳亭兄饮。范升即日赴关岭,吴君许留一席以待。

廿九日,己卯　　晴

在营竟日。以《七侠五义》、《蜃楼志》借伍君瑞生,并赠以纪文达节本《笔记》。发太平函,章君筱卿信,驲递。夜大风。

三十日,庚辰　　阴,西北风

得刘虚谷信及镇台回秦信,借船允于十三放洋,亦难得也,即裁答。得章君一山信。

七　月

初一日,辛巳　　晴

晨起,至秦处,送洋六十五元去。旋至营,坐未定,闻临官痰厥,踉跄奔回。已针灸并施,稍苏醒而又厥,迭发三四次。先进至宝丹,后延张星槎来诊，用抱龙丹，气逆痰响，手足抽掣，无术可施，至申刻，投以姜桂，已无及矣。在世仅十五个月半耳，痛哉，痛哉！夜二更后装殓。是日，陈荣贵之兄陈升自黄岩来代。

初二日，壬午　　晴

侵早命阿陈、玉田、陈升三人将临官小棺送出西门外左手沿城三里许塔屈地方官山掩埋，可怜，可怜！玉雪佳儿，倏归黄壤，命也夫！

支来薪水两分，计五十三元，即本月分文案、军火薪水也。

统领来谈。章一山之仆由黄赴宁，带一信去。

初三日，癸未　　晴，时有小雨

营中同事伍、江、刘、马四人及赵哨弁皆来，统领刘太太亦来。以宋钱乙《小儿药证真诀》一册嘱温司事抄，盖从协署借来，闽刻聚珍本，拟刊此书为儿科南针。发刘虚谷信。发四、五、六三个月军装报折。

初四日，甲申　　阴

在寓竟日。江子菁来。

初五日，乙酉　　晴

在营竟日。傍晚归，付鞋店乙元，尚馀九角。

初六日，丙戌　　晴

在寓竟日。未申间大雷雨。付刷书人《水道提纲》两部及《史鉴节要》六部价洋两元。

初七日，丁亥　　晴

在寓竟日。未申间大雷雨。付陈升工洋乙元。

初八日，戊子　　晴

得刘虚谷复书。发秦子宣、桐生及杭州古城隍庙信，交秦太太带杭。并至县署代封大航船两只，即于申刻全眷起身，亲诣育婴堂送行。时大雨如注，命陈升送至海门，并发虚谷信，托其招呼。得陆岳翁禾中信，云已束装回里。

初九日，己丑　　阴雨

清晨至营，偕伍、江二人至军火局一走，并发土药两桶给府署炮手领去。江经手军装交与伍接手，统领亦到局相会。

初十日，庚寅　　阴雨

在寓竟日。夜闻太尊与太平令口角事。

十一日，辛卯　　阴

在营竟日。甬上寄来丁香鲥等一包。夜雨如注。

十二日，壬辰　　阴

处暑。在寓竟日。夜雨。得章一山信。

十三日，癸巳　　晴

复章一山信，交去书二箱。旋至营，送出六月分束三十元，又金殿传二月分小建饷伍元四角乙分三厘，内扣去存饷三元。又还帐房甬江买物洋乙元。王大少来营闲谈许久。中营蔡管带、右旗陈管带先后来郡。

十四日，甲午　　晴

在寓竟日，旋雨。黄君石泉自葭沚来，即走。

十五日，乙未　　晴

至营半日。午后回寓。下午，陈蓝桥自津门旋。陈升亦自海门归。

十六日，丙申　　晴

在寓竟日。蓝桥送什物数件，却之未许，只得拜登。协署有差赴闽，以一洋托买香。刘老四自甬回，带来张孟皋一函。又得虚谷复信。江、王二君先后来。

十七日,丁酉　　晴

在营竟日。王大少来营,代伍瑞生借协台《花月痕》书,以节本纪《笔记》二册及刘石庵墨拓七言对送王大少。

十八日,戊戌　　晴

在寓竟日。下午谒府尊罨谈。又过经署一坐,遇王、陈。

十九日,己亥　　晴

侵晨至江子菁处送行,赠以八元,盖捐官也。又托致杨西帅禀及李、柏信。在营竟日。统领借去十三响枪四杆暂用,只得从命。王大少在营。

二十日,庚子　　晴

得秦子宣杭信,付玉田六月分工洋乙元。

廿一日,辛丑　　晴

连日炎热不可耐。在营竟日。复秦信,交阿三去,并买茶叶。

廿二日,壬寅　　风雨

接何见石比部六月初八京信,并代购重刊《词律》一部十二册,计银二两五钱,除存价外,应找乙角三钱零云云。此书南中不易得,而都门亦甚名贵也。

廿三日,癸卯　　晴

在营竟日。扮商禀批,交宁道会议。伍大令书则云中座意将防勇撤回,另以练军扮商。属伍君函嘱临海令转请赵太守酌办云云。如此,可省许多葛藤。拟中营右旗获匪禀。复刘虚谷书,并由统领专勇送刘书赴仙居。协戎生辰,送礼六色,未收。

廿四日,甲辰　　晴

清晨至协署道贺,未见。又诣府署道贺,亦未见,太尊于廿一日添一孙也。下午太尊来答拜，并约廿六吃饭。翁司事本日来寓代馆。

廿五日，乙巳　　雨

在寓竟日。

廿六日，丙午　　雨

在营竟日。闻太平委人信。晚至府署便饭，同座为陈、傅、张，捕厅马医生及一马姓。雨益大。

廿七日，丁未　　雨

在寓竟日。

廿八日，戊申　　雨

在寓竟日。玉田请假回去，给工洋三元。已付至八月初九止，透支十日。缮各节禀信。

廿九日，己酉　　雨

得刘虚谷信。读郑氏《易注》，大有悟入。重定著书体例名目。

八　月

初一日，庚戌　　雨

在寓竟日。邓云泉大令自杭归，交来代买物件，并惠州扇乙把，藕粉两匣。

初二日，辛亥　　晴，闷热不可当

至营发各禀咨，托刘四在甬买月饼、茶叶，并以何信属伊便带。便过邓处一走。得秦子宣信。夜，雨。

初三日，壬子　　雨又风

在寓竟日。发各节信八封，均驿递。支八月份薪水两分，共五十三元。给陈升七月内工洋乙元。陈四少代抄书一册,毕工交还。

初四日,癸丑　　晴

在营竟日。

初五日,甲寅　　雨

在寓竟日。慈闱及内子小恙,延严琴川来诊。夜四更大雨。

初六日,乙卯　　雨

在寓竟日。下午晴。

初七日,丙辰　　晴

在营竟日。统领领副营军火,偕伍君瑞生、夏、顾等至局检发,计发真洋药廿桶、土洋药廿四桶、铅弹拾桶、铜火六万粒、皮纸八十八刀。

初八日,丁巳　　晴

在营竟日。又发府署炮手领土药三桶。答候汪君韩瞻,并至陈厚翁及府经署一走。太守赴椒。

初九日,戊午　　阴,旋晴

午后,出西门,至塔屈地方一视。出城约三里许,有坏塔一座,塔前有荒土一丛,临官即坎其间,东向有临记石碣为识,为异日迁动计也,可胜痛割。入城,至潘中府、俞学师处一谈。并答候张肯堂茂才,未面及。

初十日,己未　　晴,旋阴

在营竟日。买才川纸乙刀,计四百文。阿三交来秦子宣信及食物四种,即裁答,仍交阿三去,并付洋乙元,属买夹领、绒领,并退补斋书四本。

十一日,庚申　　阴雨

在寓竟日。

十二日,辛酉　　晴

在寓竟日。

十三日,壬戌　　晴,热甚

在营竟日。

十四日,癸亥　　晴

在营竟日。前旗刘旗官来。得刘虚谷信,即答之。是日午刻,统领宴各友,盖预为秋节筵也。是日秋分。

十五日,甲子　　晴

晨起衙参,并诣各处一走。午后至高君柳亭寓略谈。夜慈闱胃气大痛。付府署兵房王先生乙元。

十六日,乙丑　　晴,热极,如伏天

延何姓医士来诊。付岑震元药店四元。又付福顺泰信局乙元,另三百清账。陈旗官招饮,却之。

十七日,丙寅　　晴,热甚

慈闱之恙略减而痛未止,复延何医来。入夜月色极佳,自十三起,无夜不月明如昼,以慈闱抱恙,兼自己腹疾,又无良友可访,遂不出门。付福顺泰乙元,属自九月初一起另送《申报》。三鼓后,兴善门外火起,光焰烛天,遣人往看,两三刻许始熄。张什长义子张宝庆来寓当差,翁司事保荐。

补十四日:送七月分束脩并金殿传三月分饷五元五角零,此关存饷未扣。付陈升八月份工洋乙元。

十八日,丁卯　　晴

慈闱胃疾渐轻,仍延何医来诊。闻太尊女公子于昨早八点钟病殁,即马伯康室也。李成绮为之包医,不半月竟送其命。学医人费,不其然欤?然误信庸医,病家亦所自取,皆可叹也。陈二少自杭回

台。未申间大雷雨。夜宁海雷参戎到,住陈宅。

十九日,戊辰　　晴,旋小雨,蒸闷殊甚

午后刘明府虚谷自椒来。蔡营官来拜,未之面。箬局杨委员小山亦来拜,亦未见。

二十日,己巳　　晴,蒸闷不可耐

张浚如司马、黄石荃主簿自葭来。午刻陈宅宴客,有王营官在座。潘中府来,未之晤。王哨长雨亭来,谈收标事,拟托雷参戎转恳孙镇军为之介绍,即时接洽。王谈及刘统领开招副营时,欠勇饷五天,又吞没十五天,官弁勇丁有知者,有不知者。刘帮带暨李成绮之所以挟而制之在此。又上年亲兵两棚既裁复补,迄今未补,所入亦不少矣云云,皆实录也。送太尊寿礼六色。又孙少君满月衣饰针线八色,均未收。各员所送皆未收,独临海令明则不收,暗中复送则收金字四个,黄货也。喧传如此,未审的否。答拜张、黄、杨、蔡四人,均不值。至府署预祝,亦不见。刘老四交来茶叶及账单,共计乙元伍角六分四。付陈升本月分工洋乙元,清。

廿一日,庚午　　晴

府署祝寿,均不见。至营一走。饭后回寓,发太平丞贺信及温州李希程信,一驲递,一交局。至潘耐庵处邕谈,据云抚署兵房两人,一周蔚如,轮夏冬班,一季久传,轮春秋班,均杭人,而悉禀命于萧山人单震。单年六十馀,家赀十馀万,充抚署兵房总司,公事极熟,权柄极大,非经伊核稿,官不之阅,异哉! 季之公事较周可靠云云,姑识于此。得厦门张营官英、杨哨官□信。

廿二日,辛未　　雨,旋晴

修绳庵副宪禀及处总局潘太尊禀,托中府署写就,交局及驿分寄。

廿三日,壬申　　雨竟日

发太平令但君函,催缴借出之后膛洋枪八枝及子药贰百粒,驲递。

廿四日,癸酉　　雨

在寓竟日。

廿五日,甲戌　　晴

在营竟日。至李静山寓一叩,未遇。

廿六日,乙亥　　晴

晨起,谒李太尊,邕谈两时许。夜,郡署预宴,同座为雷、刘、邓、陈、吴诸人。李静山至营。

廿七日,丙子　　阴

在营竟日。公送潘耐庵太太幛子,邓大令办。府尊来索《申报》。吴经厅邀往午点,同座八九人。

廿八日,丁丑　　雨

早八点钟至潘处行吊泣。答拜协标左右两守戎及包千总。得蔡营官信,即答之。李静山来。

廿九日,戊寅　　雨

巳初赴营。饭后回寓,为拟中营获匪禀稿。旬差阿三交来退补斋书三本及领子。得刘虚谷械。是日寒露。杨哨弁懋珍来。

三十日,己卯　　阴

在营竟日。

九　月

初一日,庚辰　　晴,西北风厉

答候杨哨弁。在营竟日。统领送盟帖与太尊。发秦子虚信,交阿三去杭,另付钱二百并前尾款,嘱买退补斋书两本。得王哨长专信,即答之。

初二日,辛巳　　晴

在营竟日。

初三日,壬午　　晴

在营竟日。由信局得章一山自杭来信,欲见谭仲修先生,属为介绍,即答之,并函致谭山长。又得何寿安信。支来九月分文案、军火薪水五十四元。自四月起,所有零尾约两元,尚馀乙元存局。

初四日,癸未　　晴

在营竟日。得桐信及张曼农太守自粤来信,为索韦孺借款也。

初五日,甲申　　晴

在营竟日。偕伍瑞生至军火局。发后哨所领土药三桶,皮纸六刀,铅丸乙桶,铜帽六千粒。午后谒太尊,为扮商船咨宁道事也。刘老四明日赴甬请饷,又赴沪办号衣,托买啸园书两册及海泡乙块。又附洋信四元,属交宁城水浮桥何寿安。

闻左营后哨官杨怀庆八月廿九日病故。王哨弁来。

初六日,乙酉　　晴

晨起至营。饭后,至王哨弁处答候,因偕过潘耐庵处。王海珊明府来拜,未面及。

初七日,丙戌　　晴

至营,与统领商王哨弁留标事。发海局信。是夜陈蓝桥赴黄岩。

初八日,丁亥　　晴

在寓竟日。王哨弁率其子来,又为之改定履历。张司马自葭沚来拜,假来闽刻聚珍本书十五册。

初九日，戊子　　晴

重九佳节。协台招宴南山巾峰寺，同集者张司马，刘统领父子，傅衍九父子及陈、易、周、赵君致仙，周君云波与协标三都守杨公子凡十六人。夜成七律一首。

初十日，己丑　　晴

在寓竟日。以七律一首柬协台，旋得赵君致仙和作，并渠所作七律两章索和，依均答之。

十一日，庚寅　　晴

在营竟日。赵致仙以和凤渠易君七律四首见示，并属和。不得已，次均应之。至军装局，发府署炮手领土药三桶。从医士严芹川名泮池处借来仿宋本《小儿药证直诀》两巨册以校抄本，则聚珍本讹脱殊多，后又少附录一卷，须抄补。仿宋本亦有误处，互勘皆明。由萧明府交来秦子宣杭信并物件。

十二日，辛卯　　晴

在寓竟日。王哨长来，云即日回茅畲。又由旬差送来子宣初三信。赵致仙见赠四诗，不得已次均和之。

十三日，壬辰　　晴

在寓竟日。得太平令但子翁回信。

十四日，癸巳　　晴

在营竟日。阅左营来禀及公函。又阅黄岩令函，即健篷事也。统领派伍君瑞生赴彼查访。

十五日，甲午　　晴

辰巳间过府前，见人声汹汹，知为审问江厦局事，欲传苏委员堂讯，经临海萧大令阻止，协台又到，因之解围，亦奇闻矣。在景大少处少坐，闻台人取中消息。饭后至协署，与各友晤谈良久。

十六日,乙未　　晴

巳初谒见太尊,回明太平令移交军装与后任事,太尊谈及昨日各节。旋即至营。不逾刻,包临培突如其来,交谈未及三四语,谓伊调差系出我意,不由分说,袖出短刀直斫。幸急将伊手腕捉住,不至近身。伊又换手,又急捉住。即经孙、刘、夏三位拉开,尚咆哮一顿而去。有回明统领,统领已不管,汝等何必多管之说。无妄之灾一至于此,真出意表。旋请统领来营,面诉情节。统领云,知其要来滋闹,不知其藏刀云云。饭后,遣丁持手本至署禀报,为门政所阻。统领旋商之协台,又至府告之太尊。太尊面云"调差三日前已定局,一切与某无关,何得妄疑"等语,此即定案。而挟刀行刺一节如何措置,未有所闻。包、吴差使悉仍旧贯。统领又至县,告之萧明府。傍晚,仙居潘小浦司马解来搜存之火枪八杆,洋枪念杆,竹节炮乙尊,抬炮式样大刀四把,竹叶枪拾杆。当交军装局温司事点收暂储。夜饭毕回寓,借勇四五人同走,以防不虞。是日早,伍瑞光回营。夜五更,内子产一女,大小平安,系属十七日卯初时也。因其在娠种种不利,立即送与他人压子,亦不得不然也。

十七日,丙申　　晴

在寓竟日。请统领来,促其速了昨事,许与协台商议而行。傅、易两君来看,与谈各节,旋修书致萧明府及杨协台,缕陈情形,请其主持公道。孙少爷来。下午易、赵、周、陈四君来。又延严医士来诊小孩辈感冒。温司事来。仙居差持去批回。

十八日,丁酉　　晴

午前至协台处一谈。夜,王哨长来。

十九日,戊戌　　晴

午后统领来,旋闻蔡营官自杜下桥至。

二十日，己亥 晴

旬差阿三交来桐信及秦信。又买来秋领一条，书两本。发杨军门禀及李、柏信。又复张华县、杨老六两信，交福顺泰去。

廿一日，庚子 晴

午后统领来。复张曼农太守信，交阿三送杭州厚记庄转寄广东。又发章一山信，金成衣信。又付洋十八元，交阿三转交桐生手。王哨长来，闻处州守初五殁，赵太守回任。郭太守请补台州信。潘中府来谈。由营中号房交出杨军门八月廿三自厦门来书及柏子贞书。

廿二日，辛丑 晴

午后至王哨弁处答候。

廿三日，壬寅 晴

信局送来章一山九月十三杭信。统领来。

廿四日，癸卯 晴

府署小姐出殡，送以四事。王小潭明府邀饮卫署，同座为协台、统领、萧、邓、吴等。蓝桥回寓。

廿五日，甲辰 晴

复章一山信。拟郭太守禀。午后至县署一谈。旋送王明府行，并至营夜饭，同坐为王明府，蔡、王两营官，李、伍二同事。又陈旗官、傅月泉来假贷，以两洋送伊寓次。又李静山次子归娶，送贺礼两洋。

廿六日，乙巳 晴

邀统领来寓说话。发秦子宣信，以秦信、章信、郭禀托邓大令带省。

廿七日，丙午 晴

王哨长来，云即夜回防。

廿八日，丁未 晴

取来八月分束脩三十元及金殿传月饷二元四五十四文，扣存饷三元。

廿九日，戊申　　晴。立冬

下午统领来，云帮包五十元，王、蔡各十元，刘十元，陈八元，合成百元云云。至潘耐庵处略谈。发何见石信，并还伊代垫书价两元，交乃弟叔棠茂才寄京。

十　月

初一日，己酉　　晴，东风大吼

发七、八、九三月分军火局月报等件，又验收仙居令解存军装文件，统交驿站递府。发太平令陈梓钟函，问前任移交备用军械事，亦邮递。高大少自关岭来，是日上学。

初二日，庚戌　　晴

得秦子宣廿日自杭信及食物等。

初三日，辛亥　　晴

支来文案、军火薪水伍十三元，系十月分。蔡、李两君来。台协饷员赴省，托带杂物约两元许。得朱少兰自寿州来信。

初四日，壬子　　晴

召木匠四来做床架乙座。台卫病殁。

初五日，癸丑

答候蔡、李两君，均高卧未起。至营一转。又答候高大少，并阅江南榜。下午统领携道台咨文来，得刘虚谷信，即答之。因论《宋儒录》复章一山函，稿附去。夜江君子菁自杭旋，来谈良久，并送什物三四种及任雨泉大令信。夜三更，陈蓝桥随太守回郡。

初六日，甲寅　　晴

答候江子菁。复任雨泉书。又发秦公馆信，并挂面一篓，均交营中专差送杭。刘老四旋。

初七日，乙卯　　晴

以《周礼》郑注本六巨册交与王柏泉抄写，并附去纸一百张，说定每日写四千字为率，每月两洋。不审能如议否。

初八日，丙辰　　晴

清早至军火局，发府署炮手领土药四桶。又由温司事经手借给后哨帐棚四架，府试时所用也。又另借某人帐棚两架。

初九日，丁巳　　晴

至协署一谈。次赵致仙《登高》韵，成《述怀》两首。发杭州太守禀。

初十日，戊午　　晴

偕伍君、夏君至军火局一走，遇江君，旋偕江过蔡寓，未面及。答候黄君石泉，谈良久。伍君下午来寓，闻其归家嫁妹，以饼金贺之，却而不纳。

十一日，己未

清晨至营送伍君行。回寓不逾刻，统领专伻来邀，又至营面谈许久。归寓午饭。为拟禀稿送去。阿三回，交来桐生收洋四条及金裁缝代买之小羽缎，每尺止一角二分。又章一山信及墨四锭、联一副。是晚太尊入考棚。

十二日，庚申　　晴

统领来寓。陈升于初九夜请假回黄，给本月分工洋乙元。陈兰乔代买《四书》一部，《近思录》一部，合洋九角。

十三日，辛酉　　晴

江君子菁来。

十四日，壬戌　　晴

清晨至奎照楼书坊一看，书不多而极贵，有光绪戊子馀姚朱氏重刻《史记志疑》，杭连纸十二册，索价三元六角。又同治辛未钱唐张氏燕诒堂新刻俞玉吾《参同契发挥》三卷，附《释疑》，凡三册，索价四角，均未成议。此两种皆不可少也。

十五日，癸亥　　晴

十六日，甲子　　晴

托翁司事买书未成。发刘虚谷信及《四书》、《近思录》各一部，航船去。傍晚闻杭州仁和令伍与高、时等，为太守及苏豫立事在薇垣极言丑诋之信，牵涉陈兰桥及余在内，先已谣言四起。比协署得邓云泉信，更确无疑。人心之险如斯，可畏哉，可恨哉！夜偕陈至协署叙谈，同深愤懑。

十七日，乙丑　　晴

偕陈至统领寓叙谈。统领旋商之协戎，谓不容坐视，遂谋发书至省，闻南京人极得意。前旗旗官来，未面及。

十八日，丙寅　　晴

统领拟陈、伍两信，由协台酌定，交江子菁写。

十九日，丁卯　　晴

统领清晨专勇送信赴杭，附寄郭太尊一禀，又附致伍一信。是日，包临培赴省，南京人将王玉田荐与伊带去。

二十日，戊辰　　晴

午刻，在江寓吃饭，同坐为刘、刘、陈哨长、王大少、孙冶亭诸位。遇李静山，略谈数语。是夜，闻藩札到府，撤差调省。傅衍九邑谈临海令发信至省下石事及省中回信，据云语出南京人，原原本本，说似可信。

廿一日，己巳

午后偕陈入试院，见太尊，大为抱屈。复至协署，统领亦至。是早协台专差走，又附郭太尊一禀。夜修杨军门禀及李、柏各信，陈亦附两缄。得刘虚谷回函，书已收到。

廿二日，庚午 晴

以厦门信交福顺泰局。至江处略坐，旋至朱子健处一谈，所诘各层均不置辩，所谓确矣。下午朱来寓，述及临海令意属余往晤。既如此，姑一见之，亦无一语置辩，且云对不住人，斯则一线天良尚未昧尽也。协、统同至试院，太尊云"吾官可去，决不能累及两员"等语。果如是，不失为豪杰。发府署炮手土药四桶。

廿三日，辛未 晴

在寓为统领拟禀稿。发刘虚谷信。

廿四日，壬申 晴

清晨至营，酌定禀稿。饭后回寓。夜与蓝桥谈，据云，己丑年太平金小亭嫡庶争继之案，罚款三千充公之外，本府得洋四千，史秉诚八百，吴杰乙千二百，培元局绅马承燧、项炳珩各七百，衙门小开销四百，合成乙万云云。府局收支委员所捏空名候选县丞为梁同，新昌秀才梁某。

何四香封翁来，未遇。旋至彼一谈，并过潘耐庵处一转。

廿五日，癸酉 晴

发蔡荣廷信，邮递。午后，便衣拜吴云生大令，并至协署一走。旋在傅衍九处夜饭。接初七日杨西帅信，由营中来者。江子菁来谈，又潘耐庵来。得王哨长书，即答之。

廿六日，甲戌 晴

修津张、杭郭各信，交福顺泰局寄，并函属协兴局查各信局来信之被搁者。

廿七日，乙亥 晴

夜在蓝桥处饭，同座者为杨雨亭总戎、太平钱谷友王某、陈戚吴君聘卿及江子菁。

廿八日，丙子　　晴

得刘虚谷复书。协标饷差带回代买各琐琐。太尊出场。

廿九日，丁丑　　晴。大雪节

晨，偕陈至郡署，太尊云，另日公见，今日有事云云。偕陈至教读章位三房一坐，并晤校阅友杨冠夫、许竹友。章、杨，永嘉人，许，瑞安人。许君在书坊购大板《玉函山房丛书》乙百廿本，只六元，殊不贵。又云《绎史》三元可得。并云孙琴西太常之公子仲容所注之《周礼》已脱稿，约百馀卷，于《考工》最有功。又云永嘉人宋燕生煞是奇士，现在合肥幕，即章一山所称者。至营勘发禀咨各件。回寓午饭。旬差阿三自杭回。

三十日，戊寅　　晴

早起偕陈谒太尊。午后至县署，并至潘耐①处一坐。傍晚，太平令陈梓钟来拜，略谈。夜，至江寓会统领，问府稿发房事，立偕陈发函商之协戎。协署专差自杭归。接郭太尊廿五手复。得秦子宣十月初九江山信。

十一月

初一日，己卯　　晴

巳初偕陈谒太尊，太尊因幕中所具一稿大怒而悟其谋，许另属稿禀复。旋答拜陈大令，未遇。至协署略坐。得瓯东李希程协戎专函，并《水心集》、《礼记集解》各一部。又《小学韵语》四部。修郭太

---

①　"耐"下疑脱"庵"字。

尊信。江子菁来。闻杨西帅于九月廿三日得一孙。

初二日,庚辰 晴

以郭函交阿三,并付两元,属金成衣置小羽缎。何叔棠茂才来,交出乃兄都门九月廿二函,为荐勇丁刘成事。又交出至德甫大令自沪来函,十年音问杳然,得此稍慰。据云现在吉林当差,其夫人已殁,女已遣嫁,累虽轻而头衔未复。且嗣续无人,可念实深。寄信由上海三马路启源栈转交。

初三日,辛巳 晴

王哨弁来。支来九月分束脩三十元,又金殿传五月分小建饷,除扣三元外,找来两元四角一分三厘。

支来文案、军火各薪水五十三元。

以洋乙元另六百文交小海,给府局陈书办笔费。得沈平和自瓯来信,伊现带温州外江巡盐水师船,字俊人,即从前越军什长也。

初四日,壬午 晴

统领来,江、王二君来。赵哨弁欲领后膛十三响子,以不应领峻却之。伊亲来寓,未之允。

初五日,癸未 晴

傅衍九来。发太平令信,驲递。

初六日,甲申 晴

寿彭生日,合家吃面。王哨弁来,欲偕陈至府署未果。得刘虚谷信及寄还书价洋九角。统领专差回。得上月廿四郭太尊信两封及致林璞官信。夜至江子菁及统领处一谈。朱柏森,李少銎。

发天台县张芳培借领前膛洋枪陆杆,备价领土药乙桶,铜帽拾盒,计贰千五百粒,价洋由县径缴府账房。

初七日,乙酉 晴

清晨至营拟禀稿。未刻回寓。江子菁来。虚谷寄还书价九角。

初八日，丙戌　　晴，西北风大作

王哨弁来。府尊专勇送禀入省，计藩署两封，首府信乙封。以洋三元还潘耐庵，找来钱一百九十文。夜江子菁来。

初九日，丁亥　　晴

午后江、王、李及张哨官等来寓，偕至大街一走，定做棉鞋。发刘虚谷信。王哨弁解匪赴黄，即回防。

初十日，戊子　　晴

清晨至大街一走，定做帽盒。缮杨军门贺禀及附禀，因闻其九月廿三抱孙也。并作李、柏合信。中府工房李观光来，即寓四顾巷。得中营蔡营官复书及六响小枪乙根，子十二颗。定印格本二十册。复江山尉书，驿递。

十一日，己丑　　晴，天气蒸热

吴君柳坪自厦门来。得李少云公函一纸，上月初七在船上所发。下午，答候吴君，未遇。至皮箱店，面定帽盒款式，与方一仁店东略谈。

以厦门信件交福顺泰局。发宁海雷、王两函，杭州任大令函，均驿递。

十二日，庚寅　　晴，暖甚

清晨至营勘发禀件。饭后偕江同至吴处，遇李静山，谈良久。柳坪谈及至厦轮船之苦，直牲畜所不如，行路可谓难哉。招商船略可，太古船皆装货，其于搭客不措意，是以极糟蹋。船上有饭而无菜，且无客床。厦地每年八、九、十三个月必发时症，发即头痛，四肢痛，身热，若再泄泻，即难治，须过冬至始安。春冬两季，天时少正，夏秋则难调护。客栈每人每日乙百廿文，不供饭。傍晚，统领袖吴道咨文来，扮商事一如镇台议，仁和令所说均不验，异哉。夜，闻宁海令于初十殂。方与客雀戏，忽觉手足战击，噤不能语，阅一日即气绝。不知为中寒、为中风。又闻宁波江北岸每庙演剧失火，烧死三百多人。统领之千金自杭到。

十三日，辛卯 晴

清晨偕陈谒太尊，谈良久。饭后至江寓，旋偕过李耀斋哨书处一转。信局交来上月廿九杨西帅书，即复九月十九一函者。统领于早起出防。

十四日，壬辰 晴。冬至节。暖甚，如三月许

旬差来至德甫自杭书，云谋海运绅董，并来假贷。以一洋还江子菁，系公送吴柳坪之款。

十五日，癸巳 晴

是日，台州卫开吊。太尊至时，县令萧、捕尉张、经历吴、中军潘及委员拱、汪、陈等皆在座。太尊忽向萧云："姚大使到省造谣后，不谓又继以苏豫立君，知姚大使事得自何人乎？盖程巡检国良所说也。"语毕，顾吴曰："但子山事非汝所说乎？三千洋之款非汝所说乎？苏豫立之禀亦由老兄递进我处，所闻之言，皆有来历。"当时吴色若死灰，不敢出一语。太尊又曰："汝今去报抄印，一切须好为之。吾言已宣告于人，此后亦不复谈"云云。吴唯唯，座客咸不置喙。斯真所谓小人枉自做小人矣，快哉！并闻太尊云："自府局两门塞后，闲话已息，耳根清净。"此言尤不堪，奈何无地可入。

十六日，甲午 晴

拟王大令挽联云："青溪流水萦华屋；白峤罡风坠玉棺。"省中催地丁委员汪纪云大令自宁海至，又有一番说话矣，姑俟兰乔探之。

十七日，乙未 晴

陈见汪君，传述省议变幻离奇，不可究诘，姑听之而已。闻海门

局委闽人周延祚。夜,缮郭太守函,托陈戚吴君聘卿带杭。府署炮手领土药三桶。

十八日,丙申　晴

以《药证真诀》仿宋本两巨册还严琴川医士。闻统领回,至营一走。得郭太守十一日信,云厦门有电致高、伍二人。夜,至坐府看吴柳坪。

十九日,丁酉　晴,暖甚

偕陈至协署问病,并至傅寓,未遇。王哨弁差官来草布一纸带去。夜雨。

二十日,戊戌　阴

发秦太太信,并附鲞乙箬,糖乙箱,托台协饷官带杭。又以复至德甫大令信并洋四元并交寄去。江子菁来。夜雨杂以雪珠,寒透重衾。付陈升本月工洋乙元,遣之去。

廿一日,己亥　雨夹霰,冷甚,西风又厉

统领来,出示陈、伍二信。又得伍一复书。午后,傅君衍九来,云协署亦得陈书。江子菁来。

廿二日,庚子　阴

江子菁来。午后拜汪纪云大令及汪闲旃、傅衍九,谈良久。旋至陈筱苹处贺喜赴席,即新贵人也。阿三带回杭件及王春信件。

廿三日,辛丑　晴

作伍芝生、孙兰友各信,孙信附贺礼两元,均交阿三去。得刘虚谷信,即答之。宝庆及江子菁所荐之宣成均于今日来,姑试之。夜,江子菁来,袖交西帅信及李、柏二信,均十一日发,周才富带来者。

又交旬差复王春一信,内附任雨泉信。闻刘老四回营。

廿四日,壬寅　晴

统领太太来问慈闱病。潘耐庵来,挡驾。

廿五日，癸卯　　晴

统领来，商咨后事。发陆岳翁信，交协标饷员至杭，发局寄泰兴小西门陆家湾花园二房，不知能到否。

取来十月分束洋三十元，又金饷六月分三元四角，扣贰元贰角。

廿六日，甲辰　　阴

延协署所来路桥沈医士馨山字香峰者诊慈闱恙，云系风温疟兼□湿在内，开一方，多辛散之品，服一剂。沈君开陆协兴南货行在路桥东栅口，其人亦廪生也。

廿七日，乙巳　　阴

慈闱病势如昨，又延沈君，照原方，略加桂枝等，服头煎。至四更，症大剧，痰壅胸膈，气大不顺。惊惶无措，急延严琴生来。阅各方，据云阴亏，痰火大盛，由于辛散过度，开一润肺平肝滋阴之方，并用抱龙丸，酌之再四，不用此丸。急进一剂，至天明少定，然已惊扰二三时矣。是日发厦门杨禀，李、柏信。又发甬上何君信。

廿八日，丙午　　阴

江子菁来。邓云泉自杭归，来谈。夜服严琴生方，三更后，痰气又作，身有微汗，仍发热，较昨夜微轻。

廿九日，丁未　　晴

江子菁来。是日唤钟巽院住持僧念《金刚经》三十卷，又至县城隍庙祈祷许愿。延严琴生开一方。又延贺镜泉庠生来诊，所云与严大同小异，内有桂枝、前胡等味。至三更后症又剧，气大不顺，且将下陷。迭险三四次，漏夜拉严琴生来，又开一滋阴降痰方。统领来。发桐生信，由局去。家人金福是日来。

三十日，戊申　　晴，西风大吼，寒甚

是日慈闱症大剧，危在呼吸，至辰初始少定。

十二月

初一日，己酉　　　晴，西风大吼，寒甚

托傅衍九商准太尊借支腊、正薪水两月共乙百〇七元。以十元交小海手制办冲喜物件，不得已而循俗例出此，真五内如焚也。是日先子忌辰。王雨亭哨长来。潘耐庵协戎亦来。延严琴生开一方，与昨仿佛。是日慈闱停药未服。刘、孙、夏、马四人来。入夜，烦扰三四次，而神气稍宁。潘协戎赠符三道，是夜当天祝祷，立愿服医。

初二日，庚戌　　　晴

潘、王、江三公来。巳午之间，慈闱复发烦，势又剧甚，合家手足无措。时狮子桥又失火，倍形惊慌。约一时之久，至未末申初，稍稍平静，热亦少退。急觅严医来诊，定为痰火上冲，仍以滋阴养液为主，立进一服。下半日，烦憹略解。太尊来拜，闻病，颇关切，殊可感。又索四川腌菜来。入夜，至天明，痰火动二三次，势较轻。发桐生信，交县旬差去。自十四日慈闱染恙迄今，偃卧近廿日，至险为廿七夜、三十夜，极险为本日午刻，真觉魂不附体。十馀日来衣不解带，但于医理药性不深悉，全恃人言，倍尔担心。李静山来。傅衍九连日来。

初三日，辛亥　　　晴

慈闱恙少平，仍延严医诊。发刘虚谷信。汪纪云大令来拜，挡驾。

初四日，壬子　　　晴

清晨慈闱觉不舒服，疲倦殊甚。旋思食，进饭半瓯。江、王二君来，闻陈说府署禀已批回，系仍遵前札，饬即回省，不准逗遛云云。

初五日,癸丑 晴

汪纪云大令来,未面及。傅衍九亦来。发郭太守信,交营中专差于明日去。统领来。

初六日,甲寅 晴

是日备衣物为慈闱冲喜。仍延严医来诊,少见轻减。王少潭明府来,未面及。王、江、马三人先后来,备呢幛送。时太尊与高柳亭合具,交营中专差送杭。发杨、李、柏信,交局,初八走。宝庆回寓。夜在陈兰桥斋晤谢松臣,谈片刻。得虚谷信。

初七日,乙卯 晴

叶君庚曾自省来办西垫局,谈及近事。江子菁来。午后谒太尊,并送汪大令行。又至经署、中府、协署一走。又答拜仙居令及叶君。夜又至叶处谈。王慰祖字念臣,即蔚斋太守子。

初八日,丙辰 阴

清晨,至朱、王、江处一走。至营午饭,饭后至李静山处,遇翁司事。发何寿安信,属刘四带甬。又发刘虚谷信。

支来明年二、三两月分军火局薪洋伍拾叁元。发秦公馆信,附压岁钱三元,交局寄杭。

初九日,丁巳 晴,天气暖甚

潘耐庵来,交还洋信一封,即托寄杭州至德甫大令者,云已赴沪,奈何。阅《申报》,浙抚放廖毂士方伯,而以浙藩调豫藩,亦奇矣哉。夜偕陈至江子菁处,未遇。旋至协署一谈。饷差动身,汪纪云亦去,高大少亦去。

苏州城内戈二房戈制半夏每两八千文,又化痰极速而不伤人。

初十日,戊午 晴

在营拟禀稿。午饭后偕江子菁看屋两处。

十一日，己未　　阴

晨起，微雨即止。付金福工洋乙元。新分府姚桐森，字少嘉，安徽人，来拜。

十二日，庚申　　小雨，阴

连日内子肝气大发，痛不可支。服严医药不甚效。王采山自黄岩来，谈及路桥余大亨布庄抢案及各处匪案。

十三日，辛酉　　阴

发何见石比部信，托乃弟寄发章一山信及王春信。交旬差寄发杭、温、处、苏各贺信九封，由驲递。

十四日，壬戌　　阴

至营午饭，饭后谒太尊，剀谈一切。其太太病，思兰熏而不可得，因以寓中所储一时馈之，并索腌菜少许来。闻后哨哨弁明日解款入省，托代买名片及火腿乙只。何叔棠茂才来，未面及。以章一山信交旬差去。

十五日，癸亥　　阴

十六日，甲子　　阴

新临海令傍晚到。以秦再安、王治清两条交经厅。

十七日，乙丑　　雨

晨起，拜姚君少嘉、贺君镜泉、何君叔棠及新临海令，并遇小钱委员赵君佑之，名长保，河南人，能操闽音。在营午饭之后，至经厅一转，并拜严医士琴川。统领于昨夕回防。发何寿庵信，附洋两元。何叔棠京信亦于是日交局。

十八日，丙寅　　阴，旋晴

偕陈至傅处略谈。西垫局员陆君颂臣来函，并交四十三响后膛枪乙杆，子伍拾粒，林明敦后膛枪三杆，子贰百八十二粒，前膛枪陆杆。当即交翁司事收讫,计少后膛枪乙杆,十三响子十粒,后膛子十八粒,未审太尊之意云何? 此系前委员手借出者。作欧芗友大令书,荐董祥,托刘虚谷大令饬交,并属刘移交。

十九日,丁卯 阴

午后拜潘耐庵,并至集成店及营中一转。发本地各年信。太平丞章峣青。拟陈太尊信。

二十日,戊辰 雨

午刻送萧大令行,并托带陈太尊禀信。旋至经署公宴新旧两令尹,会者经、捕二厅,汪、朱、王、吴、拱、陈、史大少及李成绮。夜雷作,旋雨。五更雪珠溅瓦。至府刑幕一转,为西垫局、军装事。

廿一日,己巳 雪花如掌,所谓祥霙也

午刻协台招饮。席散,至军火局发府署炮手土药五桶,又取出旧帐棚三个。又陈哨弁吉坤借帐棚乙个。又张什长借乙个,又哨勇借乙个,计该哨长名下共借帐棚四架。

送医士严琴生五元,又茶壶乙个,茶叶两瓶,皮蛋乙盘,油酥乙盘。

廿二日,庚午 雨

由营中交来伍芝生明府信一封,又郭太尊冬月廿八、腊月初十信两封。张是卿、姚少嘉同来,姚已奉到军火局委札。江子菁来云,前日统领已为李成绮乞差事,未起服,未到省,未分府,辄求委差,岂不奇哉。吴君竹青名翔麟者来,即临海令征收友也。潘中府交来通书两本。饷差带来杭州买川纺袍面,炒米色,每件极佳者价两元九角,馀逐渐减。

廿三日,辛未 雨,冷甚

由协署交来腊八日李少云信及江信。又由信局交来上月廿七

日杨西帅信,即复十一月十二日乙械者,其廿六乙械,据李信于封发时亦到。陈大少自宁海归。夜大雪。

廿四日,壬申　　　雨,冷甚

给府执帖年下门包乙洋二百,又给府兵房年下润笔乙元。奉府札,军火局改委姚县丞桐森。午后至营拟禀稿。王营官来,略谈。

支来冬、腊两个月束脩洋六十元。又金殿传七月分饷五元四角乙分三,扣饷扣至六月分止。

廿五日,癸酉　　　晴

是日谢年。午后答候姚、张二君,又答候吴君竹青,未面及。夜江、王二君来谈。冷甚,得桐生初九回信。

廿六日,甲戌　　　晴

午后至杨宅看屋。旋至经署借印。刘虚谷自海门来,以《古微堂集》四册见还。夜,赴县署招饮,同座为刘、姚、王、陈、吴、张诸人,并晤司帐杨宝臣、桂生父子。虚谷以送刘芝生月款八元属转交。抄书人王柏泉交来《周礼》一部,并代抄之数十页。闻饷船到。

廿七日,乙亥　　　晴

统领来略坐。以钤记及移交文件与姚君少嘉接收。由局来章一山初三自杭书,云移寓镇东楼下保安桥馀杭褚寓。由旬差来桐生十三杭信,云十六启程赴豫。以洋两元给抄书人王柏泉。由营取来代买甬江食物等数件,计洋三元贰角五分,又钱七百廿文。

廿八日,丙子　　　晴

伍君瑞牛来。旋至营答候。饭后偕江子菁至干雨亭处略坐,并偕过潘耐庵处剧谈。傍晚始归。夜,姚君少嘉。董祥自东路卡寄来洋烛乙箱,橘子数十枚。感冒,颇不快。

廿九日,丁亥　　　晴

至营午饭,即过年酒也。王哨弁来,并赠山粉、白糖各一包。饮之夜服药一剂，发热不寐，大不适。

三十日，戊寅。除夕 阴

呼严医士来诊脉开方。潘、王二君来。阿三回，得王春禀及代买之磁灯台、洋蜡烛、手照等。章一山信无处投，仍带归。赵哨弁带来火腿乙只，名片乙千张，共洋乙元四百文，即付讫。开发各店帐，数逾六十元，怪哉！

光绪二十年甲午（1894）

正　月

初一日，己卯。元旦　阴

五更起，盥漱毕，天地祖先烧香。黎明衣冠出门，参衙拜年，循俗例也。其登堂者，府署、协署、统领营盘及王雨亭参戎寓四处，馀皆到门而已。午刻回寓。饭后无事，为统领拟禀稿，即王参戎收标事也。夜，二鼓就寝。感冒虽轻减而两胁胀痛未痊。

初二日，庚辰　阴

发刘虚谷信并以《学海堂经解》十本、《智囊补》十四本还之，皆托潘耐庵寄。王哨弁来，易、陈二君来，朱大少来。偶成七律两首。

初三日，辛巳　阴

清晨至营，酌定禀稿。刘旗官至营一晤。高柳亭亦至营略谈。饭后至江寓，偕江子菁过王寓。遇潘耐庵，谈至日晡始散。邓云泉大令以诗稿见示，为览一周，并得七律一章，所谓设客曲也。

初四日，壬午　阴，小雨。

巳初至军火局点交一切，傅衍九亦至，盖监盘委员也。过高柳亭处小坐，归寓已申初矣。得吴柳坪海门来信。江子菁来，未遇。

初五日，癸未　阴

午后答拜各哨弁及各绅士，只潘耐庵处坐片刻。在营中憩良久,阅王壬秋所选唐诗,去取多不惬人意。夜,至县署赴宴,同坐为刘旗官、龚大使,邓、陈、傅及县尉。与杨宝臣谈片刻,二鼓回寓。接叶庚曾初三信,即裁答,并附铜帽乙盒二百五十颗交去。

初六日,甲申 阴,旋晴

初七日,乙酉 晴

太平丞章君峣青来,即下榻陈宅。黄君石泉来,刘旗官来,谈良久,不能不虚与委蛇也。夜张司马浚如自葭沚来,谈至二鼓。

初八日,丙戌 晴

清晨拜客。旋至营稍憩。刘虚谷明府自海门来。午刻赴协署预宴,盖是日为六县六局及各分府人并学老师公请太尊、协戎、统领诸公及营中人。营中人多未到,计主客二十四人而已。太尊及刘虚谷谈一单方,附录于此:

治眼生白膜,用活狗蝇一个,近生翳处,即能以足刨去白膜而啖食之,光立复,极神妙。

治虫牙,用四五两重小黄子鸡一个,去毛,炖黄酒,炖烂,尽啖无馀,啖后将骨并毛合埋土中即愈,极验。

治虫牙尚有两方,因说不清,不复记录。

初九日,丁亥 晴

李静山招往午饭,至申末始开筵,上灯良久始归。同坐为刘旗官、王哨长、刘少爷及拱君剑农等。姚君少嘉送来甘结两纸,夜又来谈,黄、傅二君亦在陈处谈良久。早间,孙镇军自海门来拜,差人持柬请安,晚潮即走,虚谷亦去。

杭州买博古酒席器皿,全套乙百三十八件,不过六元,至佳者亦不外八九元。得张奎垣军门自瓯来函,腊月廿日邮递。发西垫局信,交万茂店转寄。闻包临培、苏豫立均于前日至台。

初十日,戊子　　晴

清晨拜张司马,尚高卧,未得见。统领来商清折事。潘耐庵来拜,未面及。以冬季分军火收发文折并交卸军火局文折、甘结等,由驿分递。杨协戎招往夜饮观烟火,客凡三席,为府、厅、县、学、经、捕、巡厅汪、黄、陈,潘中军,刘旗官及太尊之两孙,统领之一少,二更即散。

孙冶亭娶孙媳,与江、高、陈合送喜幛及酒烛炮,四色全收。先收来高柳亭分洋乙元,系陈经手。

十一日,己丑　　晴

午后拜张二府,未遇。至府学,与俞苇卿谈良久,并以八字及彭儿八字请其推算。又与查香牒略谈。又答拜翟巡厅。至营夜饮,同坐为吴、邓二大令,翟、陈二人。二鼓散。高柳亭处找来尾钱。

十二日,庚寅　　晴

江子菁来。以洋两元托刘旗官购石衣,交江代寄。闻昨夜统领至府前杨玉生家拿赌,风声走泄,扑空而回。时傅、张、陈皆在场,满城喧然。闻系王太太发之也。

十三日,辛卯　　晴。雨水

至孙冶亭处道喜。答拜各客。至营午饭。王营官在营,晤谈良久。夜,赴府署宴,官绅凡四席,官系杨、潘、刘、王、吴、邓、傅、张、查、俞、陆、汪、杨、拱、王、姚、陈、陈,绅系蒋、马、项、何、宋及杨、刘二公子。宴毕放烟火,数见不鲜,抽身先归。

十四日,壬辰　　晴

得章一山元月五日自杭来书,云已就佑圣巷陆春江观察元鼎西席,迁居宅内,即裁答之,交福顺泰寄。并付洋乙元,属带今年《申报》。江子菁、张哨官同来。晡时王营官招饮,同坐为姚、张、王及刘大少。夜,又赴张哨官处宴,同坐为江、曹、刘老四、李、李等,归寓已二更。月色极佳,龙灯财神,沿街鼓吹阗咽,颇觉热闹。得西垫局员信,付府署压席洋一元。

十五日,癸巳

上元节。有来贺者,不得已衣冠答拜之。至统领处及潘、朱两处一谈。复西垫局信。午后天色渐阴。作李、桐、二君信。又发刘虚谷明府信,交舟子去。

十六日,甲午　晴

午前缮杨军门信。午后见太尊,谈良久,并出示各汉玉及集禊对本。又至杨协帅处一转。吴大令赴海门,未面及。与杨宝臣略谈数语。统领来,未遇。夜至渠公馆一走,并借来沪报一纸。陈是夜赴太平。

江子菁上海买博古器皿全套乙百五十件,豆绿地,约九元。本一百卅八件,加稀饭小碗十个,鸭船、鱼船各乙个。铜茶船每个乙角,细磁茶杯每个两角即甚佳。

十七日,乙未　晴

以杨、郭两缄交福顺泰局寄。以何见石信交乃弟叔棠茂才寄。又发刘虚谷信,交舟子递。是日遣金福去,所有透支工赀亦不令缴。统领太太请女客,盖例举也。夜雨。

赵太尊架上有《五星集腋》十册,凡十卷。又《续》一卷,永定廖瀛海著,皖江程吉人校,同治癸酉重刊。廖盖雍正间人,不审其书奚如,大抵大官五星家言也。赵公子绍平闻解此术,未识面,附记于此。

孙冶亭请客,同坐者为府学两老师及经、捕两厅,并江子菁。西厢一席,不识是谁某。朱子健来,旋至伊寓一转。

十八日，丙申　　阴，暖甚

具领支二月分文案薪水。得汪闲斿函覆。将文案领字及薪水扣存，发回三月分军火局领字乙纸，盖军火局薪水截至二月底为度故也，错在当时并在局中人。午后，至南门李维盐家一坐。李字襄卿，南货店东。并晤柯华庭茂才作梁。柯，吴都人，距城百里，距宁海只卅里，即前在秦子宣处教读者，黄侍郎倬手入学。答候潘耐庵，未遇。前旗哨弁杨再亮、把咸中、徐文光来，并得刘旗官回信及代买石衣三斤。潘耐庵来，江子菁、李耀斋亦来。何房东借来洪家《兰亭帖》四册，夜以三册托汪闲斿代呈太尊。

十九日，丁酉　　晴

是日开印。午间至营一转，由杨哨弁处取来石衣。至县署，晤吴明府，谈良久。得刘虚谷信，并杨、刘两函。即分交。杨协戎开印后即启程。晡时由航船发刘回信。

二十日，戊戌　　晴

支来正、仲两月分束脩六十元，又金殿传上年八、九两个分饷十一元零一分。访傅衍九未遇。谒太尊，谈片晌。

廿一日，己亥　　阴

摒挡行装。

廿二日，庚子　　小雨，旋止

侵晨启程，偕太守统领入省。午刻至中渡饭，夜宿天台城内文明书院。

廿三日，辛丑　　阴

清晨就道，午刻至关岭局饭，夜宿斑竹。有新昌令濮幼笙明府文曦办差，盖太守之门下也。二更后雨，得七绝两首，题壁。

廿四日，壬寅　　雨

清晨就道，午刻至新昌县城外饭，县令招饮，辞之。雨势渐大，夜宿剩县城外高凝茂行①。

廿五日,癸卯　　雨

午刻登舟,傍晚至章家埠,入店饭。夜三更,抵蒿坝,水程一百廿里。

廿六日,甲辰　　雨

清晨过坝,至任绍和行。巳刻开船。夜雨雪交作,冷甚。

廿七日,乙巳　　大雪

午刻抵西兴俞小八行。水程一百廿里。申刻过江,入城已曛黑,入学辕前王聚兴旅店。太守住府署,统领住仁和县署。

廿八日,丙午　　雪更大

任雨泉大令来,略谈。拜郭太守、仁和令、姚大使、吴巡捕,均未面。谒吴沅青太尊,谈良久。吴巡捕来,未入谈。统领来。夜以送张孟皋奠洋两元函交吴寓。送郭、秦两处食物。又函邀桐生,属其来寓。

廿九日,丁未

雪深盈尺,飞片如掌。桐生遣李芳来。巳初拜客,见郭太尊、但子山大令。谒首府,未见。拜仁和令,亦未见。至任处呫谈,承留住伊寓,即日移幞去。

二　月

初一日,戊申　　雨

巳初出门,谒赵藩台、谒首府,未见。遇陈兰乔,与偕谒赵太尊,在官厅遇但、姚二人,谈及七人公禀厦提事,愈出愈奇。拜吴巡捕,

---

①　剩县,疑当作"嵊县",下同。

遇秦鹿平大令。至桐寓一转，申刻回寓。遇张华轩游戎新自厦来，住搢绅堂。又拜仁和令、萧大令、杨协戎，均未遇。秦公馆送菜来。作家信，托陈交旬差带台。陈住望仙桥北河下张干臣处。

初二日，己酉　雨

仁和令招往夜饭，同坐为叶湘雯别驾、刘云乔大令、刘统领、陈兰乔及一余姓。在统领房内晤赵太尊。是日拜黄、万两观察，郭太尊、邵楚白大令，皆未面。又拜章一山，亦未面。

初三日，庚戌　阴雨

见首府，略谈三四语。至抚辕，久候未见。拜东防厅高及忠若虚、汪纪云二大令，只高处略坐。章一山来。夜羽泉大令招饮，同座为郭馨山、张华轩两游戎及吴少白。王春送菜来。

初四日，辛亥　晴

便衣至杨协戎处，遇但大令。午后到陈处、章处一走。桐生来，邵大令来。又至忠大令处一谈，遇汪大令。章一山交来代买书四种，尾钱百卅文。又假观《老子证义》一册，山阳高延第注，光绪丙戌刻。黄、万、高、刘皆来答拜。

初五日，壬子　晴

拜梁颖臣及万观察。至但大令处午饭，同座为湖北人安炳臣大令，任、陈等。又拜庄静斋、王念庭两司马，均晤谈。拜倪愚山大令，未见。

初六日，癸丑　晴

刘、杨二帅专足同日赴台，带去家信两函。巳刻雨泉移居抚宁巷口，与之偕移，贺以烛炮。夜至杨协戎处，遇陈。以洋四元给桐生。张游戎来，商谈一切。

初七日，甲寅　阴

梁颖臣来，杨、刘二帅来，赵植卿来。发家信，交阿三去。夜雨。

至刘、杨二处一谈。

初八日，乙卯　雨

崧中丞眷枢起行。夜至刘、赵处一谈。

初九日，丙辰　晴

午刻，至统领及赵太守处一转。章一山来，未面及。

初十日，丁巳　晴

晨起，至张游戎处一谈，遇刘、任。午刻以洋八元交张至沪打电。姚大使来，旋访章一山，往松岚阁茶话。夜，在一山书斋饭，其门徒陆鱼堂茂才在坐。发家信及江子青信，托杨协戎带台。

东洋板《一切经音义》、《众经音义》较玛瑙经房本为佳。《道古堂文集》单行本八册，约七八百文。《阴阳五要奇书》，坊版不佳，约五六百文，有七八册。《明本释》单行本一册，《山谷刀笔》六册，原刻大版《智囊》八册，甚佳。

十一日，戊午　晴

午后至吴、秦、邵处一谈。在邵处晤杭府经厅陈脚崖。吴太守、但大令来拜。以《老子证义》还一山。赵、杨、刘三人同日回台。

十二日，己未　晴

侵晨往吴山叶公祠谒祀。至首府处一见。拜杨古渔，谈片刻。杨立夫大令高卧未起。拜姚大使、陈参军。拜司友黄子宽名本清，未面及。午后至梁颖臣处略坐。杨竹孙已外出，未面及。夜，至桐处一走。王廉臣、杨立夫、黄子宽均来答拜，皆不值。

十三日，庚申　晴

至院，上兵房季吉荪处一询王哨弁收标事，吉荪即久孚之兄也。至黄子宽处一转。邀章一山至梅园茗话，与闽人林劬庵遇。夜至缪同和饮，又至吴少白处，又偕桐生至忠若虚处，谈至三更始散。

十四日,辛酉　　晴

约章一山、杨竹孙、黄子宽过湖,一山之门徒陆鱼堂及林劬庵亦至,竹孙因事未来,陈胹崖及二杨来,不遇。

十五日,壬戌　　晴

至杭府、仁和陈、黄、徐、陈、庄各处,均未面。又拜秦鹿苹大令,亦不值。午后至桐生处,少白处,遇雨而归。

《新学伪经考》七本,二元四角①。《增广艺舟双楫》,二角。

上海棋盘街文瑞楼及鸿宝分局,见十二日报。

十六日,癸亥　　雨

接厦门十六复电。送仁和令寿礼四色,未收。

十七日,甲子　　阴

至黄观察、徐太守、戴太守、杭府、仁和,均未面。至小塔儿巷朱洁泉际清寓一谈。邵楚白大令来。

十八日,乙丑　　晴,暖甚

吴少白、何勉之来。发绳庵信,交协兴寄。

十九日,丙寅　　晴

章一山来。午后至奎元巷吴太尊处,谈良久。至梅园,遇德、任、英、林及桐生。发家信及杨、刘二帅信,发何见石信,均交协兴寄。

二十日,丁卯　　晴

午后,至梅园。章一山、冯一梅来会。夜,桐生约往醉翁居,同坐为任、英、陈三人,德麟阁未至。夜三鼓,近处大火。又发杨、刘、江三信。

廿一日,戊辰　　晴

午后访吴少白,未遇。访陈胹崖,谈至晡。夜,至六官巷萧韫斋

---

① 底本为"二元四",下文苏州码均改为现代通行数字,不再出校。

大令处饮,同席为但子山、徐小竹二大令,陈兰乔及二粤西人。

廿二日,己巳　　晴

午后偕章一山至官书坊一走。夜邵、德二大令来谈。

廿三日,庚午　　晴

午后至同春园吃茶,因梅园昨夜被焚也。以陈文恭手札及石衣送陈脯崖,旋至彼剧谈。伊占六壬太阳过宫,准定每月交中气日看子平八字,起命宜以生时加月将,顺数至卯即是。

假如乙卯月癸酉时,以酉加亥,则卯在巳宫,是立命在巳也。用亥将者,以未交春分,如交春分,则用戌将,逆数卯亦在巳。未卜若何。

起小限于命宫上,起生年逆数至本流年即是。假如上年癸丑年,于命宫上起丑,逆数至子上为午,即甲午年在子也。起胎元,如卯月生人,由卯上起一月,逆数则十月在午,即午为胎元也。此均捷诀。内盘十二宫即小限,盖五星盘也。

地理之学,以峦头为体,理气为用。山本静也,有动势者为龙;水本动也,有静象者聚气脉。正出正落,偏出偏落,一毫不差。砂为拥护,寻龙认穴,用峦头消砂纳水,则非理气不可,立向更不待言。

地理书中,张宗道《地理全书》解虽浅近,而正大可看。

《雪心赋》、《人天共宝》、《地理传薪》。

天文,仰观不如俯察,俯察用大盆贮水,就水中观之,即与图无异。否则,左旋右转,图象与天象相反。

廿四日,辛未　　晴

午后购书数种。在望仙楼吃茶,遇郑季生大令。傍晚雷作。夜至少白处略坐。小雨,风起。

《张三丰全集》卅二册,约一元五六角可得。道书十二种,内《指南针》及《无根树注》、《参同①》、《悟真直指》四种，皆要，约一元可得。《道原一贯》五种，内《仙佛合宗》、《张三丰玄要篇》两本至佳，约三百馀。大板《乾坤法窍》五本，内有范宜宾《阴符经解》，凡杨救贫诸著作皆在。又有蒋大鸿《天元歌》，约三百馀文。清河坊大文堂及退补斋皆有。

《百中经》两小本，坊刻之极劣者。

廿五日，壬申　　晴

黎明至府署已来不及，至桐生处午饭。至平津桥蔡明镐处卜卦。又至吴少白处。傍晚偕谒陈太尊，谈良久。

廿六日，癸酉　　晴

冯一梅梦香来。阿三送来十七日家信及江信，即发家信，交阿三去。发厦门信，交协兴去。夜，雨泉约至醉翁居饭，同坐凡七人。

廿七日，甲戌　　晴

午后偕章一山答候冯梦香，不遇，冯住宝善巷。雨泉是夜赴沪。

廿八日，乙亥　　晴

晨起，成诗两篇。午后至陈胹崖处谈，云地理家蒋盘不能用，纪盘须定制，惟杨盘最便。又云蒋氏《辨正》一书，故为讹舛以误人，坤壬乙巨门从头出乃文曲从头出，盖坤壬乙即申子辰水局，馀皆类此。又云地理书中铁弹子谓峦头，铅弹子谓辅星，水法平阳龙。又云星象占验须合三式同参，高则应近，低则应远。假如至高处应五百里，少低则一千里，再低即二千里。《河洛数》中推风云以正月初一子时为准，后附之数即皇极数也。《梅花数》中《三要灵应》篇须熟读，真诀在此。又云《金光斗临经》灶座安凶方一说不可用，须安本宅之吉

---

① “参同”指《参同契直指》，承下省略三字。

方,其灶口则安本命之吉方即完善。由陈处借来四洋。

廿九日,丙子　　晴。热甚

侵晨出清波门,赴杨庄一奠,付该庄租洋六元。看林劬庵不遇。归,接廿三台信,由陈处交来者。阅藩抄,见昨日有人代为禀辞回台,大诧异。抚抄亦同。

三十日,丁丑　　清明节。微雨,转冷

清晨至抚署衙参,遇广西人关次琛明府钟衡,谈及挂号事,相与诧异。旋谒首府,谈良久,而关大令已为先言。又至藩府禀安,并更正辕抄。拜仁和大令,未晤。午后偕桐生至忠若虚处。偕汪纪云、崇幼安三人至悦来阁吃茶。邵、陈二君来,未值。发家信,附江、朱两信,交协兴。

三　月

初一日,戊寅　　阴

早过高银巷,偕陈至易凤衔处,又至荐桥纸店、碗店。又至王润兴吃饭。饭后,访但、邵、萧三大令及吴少白。归,遇雨。发家信,由局寄。

初二日,己卯　　晴

发天津张、郭二信。以一洋交王春买物。

初三日,庚辰　　雨

在寓竟日。金成衣交来代买各物。

初四日,辛巳　　阴

吴少白约至醉翁居夜饮,同座十人。闻黄晋年昨夕病殁。

初五日,壬午　　雨

以函致仁和令,即得复。魏献宸大令来。

吏部现行则例,部中买约,银六两。

初六日,癸未　雨

邵大令来。为章一山拟诂经朔课四诗。午后约至同春园。闻谭复堂归杭,住贯桥。归,大雷雨。

初七日,甲申　晴,旋阴

发潘耐庵信,交伊营兵带,附家信。

初八日,乙酉　晴

易凤衔来,未面及。交出初一日家书。午后至仁和及少白处,遇易、赵及黎授麟。夜,至二桥。

初九日,丙戌　晴

偕桐至忠寓小坐。章一山交来曲园所书各件。

初十日,丁亥　晴

晨起,走候强春亭、赵植卿,不遇。午后走候黎、易二人,亦相左。以石章二方属吴少白刻。雨泉回寓。德大令来。发家信,交局去。接初一日杨协戎复书。

十一日,戊子　晴

陈、易二人来,又一李姓来,同至缪同和吃饭。又至大街一走。归,大雷雨。

十二日,己丑　晴

是日,移居二桥。下午偕雨泉至德大令处谈,即在彼夜饭。章一山交来苏字一册。

十三日,庚寅　晴

陈腼崖招往午饭,有鄞人高瀛仙、扬人刘古香、乡人万子衡、运副一奇及吴宝斋。至少白处一转,以苏帖交阅。下午至九贤山庄,取来《经目》二种。夜章一山来谈,留之饭,三更始去。

述古斋书店略有旧书,有《词学集成》及《伤寒审症表》。

十四日,辛卯　　晴

金成衣做来夹背子一件。陈、易、赵三人来。午后至玛瑙经房一走。章一山约往三和馆夜饭,有一杭州秀才鲁朴臣名宗泰在座。得江子菁信,营中专差来。

十五日,壬辰　　阴

午后至任寓,遇德、何两大令,邀其至同和小饮。吴少白、陈脯崖皆来,强春亭以自请客不至。又以石章一方乞少白刻。

十六日,癸巳　　阴雨

至雨泉处拜寿,何勉之、吴少白皆来吃面。少白交还苏帖及石章。是夜即宿雨泉处。雷雨。

十七日,甲午　　雷雨

侵晨回二桥。旬差阿唐送来初九家信,内有初四一信。午后至各坊觅《安吴四种》不可得。在退补斋见《双钩楷法溯原》一部十四本,索洋四元四角。修本堂有原刻大本《智囊》一部八本,索洋四元。归途过章一山小坐,出魏碑数种见示,多可取。

《楷法溯原》第一册皆古碑,极要。《张猛龙碑》在《孔庙全碑》内。

十八日,乙未　　雨

作家信,交阿唐带台。以苏帖还章一山。

十九日,丙申　　雨

任雨泉来,留之午饭。接十五日刘、江两信,即答江一函,交来勇。

二十日,丁酉　　雨

午后德大令来,章一山来,偕至同春,遇一杭州副贡汪敏士,又遇汪干臣。留章一山在寓夜饭。

廿一日,戊戌　　阴

易凤衔来,偕至陈处,不遇。至吴少白处,取来石章一方。拉赵植卿同至望仙楼吃茶。夜至任寓,偕至德大令处一谈。由局送来绳庵十五津信。

廿二日,己亥　　晴

偕章一山至右台仙馆谒俞曲园,留饭纵谈。未申间入城,至缪同和夜饮。又至大街振和帽店取来万丝帽胎一顶,纬一付,价洋三元六角,系楼姓学徒经手,入章一山账。

曲园住苏城马医科巷,宗湘文观察住苏城金太史场,陆春江观察住南京城北复成仓四条巷。

廿三日,庚子　　晴

景大麻子来。旋至章一山处,遇鲁朴臣,为书扇。

廿四日,辛丑　　雨

清晨至章一山处送行。以乙千四百八十号五品功牌一纸由章手售与陆鱼堂,价廿元。偕一山至同和饮,系鲁朴臣所约。有一剡县秀才冯颂梅名惟羹及一杭人孙少梅在坐。下午赴德大令之招,同坐为刘祝颐、何勉之、龚稼生、祁月卿、任雨泉、闻祥甫诸大令。杨协戎到,住人和堂,来衣一包,即寓中交陈四少所带者。

廿五日,壬寅　　阴雨

夜至三桥址张浚如太守处,又偕至杨协戎处,杨出《留别台州》诗索和。归寓,即次韵答之。鲁朴臣来,携去《瓶水斋集》。

廿六日,癸卯　　阴,小雨

午后至景、邵、吴三处一转。旬差阿三交来十八日家信一封,洋十元,衣一包。秦太太送菜点来。

廿七日，甲辰　　晴，旋阴

买火腿、海鳝等物，写家信，交阿三带。又发刘、江二信。又接杨十三信。向清河坊云章店定鞋两双。午后答候鲁朴臣，偕伊至下城五福楼海潮王庙晤诸暨人蒋载堂孝廉，时有病，不能谈。闻章一山说蒋颇用功，好古文。又至楚妃巷晤冯颂梅茂才，云家在剩县东门内，向高凝茂行一问便知。

廿八日，乙巳　　晴

府署衙参，至杨统领处送行。拜唐大令与叶祖香司马元芳及万、高，均不面。叶住保安桥。曹老四自台来，带来江信并洋十元。曹、冯两茂才来，偕至同春吃茶。

廿九日，丙午　　晴

已刻便衣谒首府，以幕客所拟《送刘护抚诗》属为删润，并出旧作《送谭嵩二帅》五排见示。至郑季申大令、吴少白巡捕处一谈。吴又属代拟上刘四律。

四　月

初一日，丁未　　立夏

午前改诗、拟诗粗就。午后鲁朴臣以纸来乞书。是日徐学使入城。

初二日，戊申　　晴

往谒学使，不遇。

初三日，己酉　　晴

谒学台，值不见客。午后至叶祖香司马处一谈，叶寓保安桥。又至张浚如处送行，已不及。至何大令勉之处，不遇。夜雨泉来谈，出示和杨协戎诗。

初四日，庚戌　　晴

发津、厦各信。亦西斋有大板《家语疏证》、《外科全生集》各二册，极佳。务本堂有许迈孙刻赵氏《串雅》两本，皆古奇方，颇好。学古斋有大板悟一子批《西游记》、《四注悟真》、《千金裘》三种，约一元二三角可得。《西游记》即苏州朱记荣刻。大文堂有许刻《唐文粹》廿巨册，索洋三元四角。胡开文店有松烟松滋侯墨，每条一两重，约四百文。又十万杵墨，每条约八百文，皆极佳。

沈镐字六圃，又字新周，地理书四本，皆讲峦头，颇可取。

初五日，辛亥　　晴

走候易风衔，偕至各处一转。

初六日，壬子　　雨

鲁朴臣来，携去所书扇对。忠若虚大令来。

初七日，癸丑　　阴

午后德、任二大令来。姚少嘉来，盖自台解秋审犯到杭也。得章一山苏州途次函。

初八日，甲寅　　雨

初九日，乙卯　　雨

学使移衙。

初十日，丙辰　　阴

易风衔偕一湘乡人成湘济来，即成太守族人也。邵楚白大令来。答候鲁朴臣、杨竹孙。同金裁缝至清河坊同春绸庄看雪青纺绸乙丈七尺，古铜色宁绸四尺三寸。夜雨。得章一山镇江来信。

十一日，丁巳　　雨

十二日，戊午　　雨

发江苏信。冯颂梅茂才邀饮。鲁朴臣又来嬲之，不得已，蹑屐同行,上灯始归。同坐为奉化孙铁仙茂才镠,又蒋茂才月卿。冯架上有《曝书亭集》十二册,无注,颇大方,内书跋、字画跋极多。

十三日,己未　阴雨

孙茂才因伊兄名锵者新中式,招客饮宴。不得已,偕鲁朴臣往。渠在下城奉化试馆,往返约十里许。归,又至冯寓一歇,到寓已曛黑矣。

十四日,庚申　阴雨

午后至扶雅堂购《复堂类稿》六本,又他书三四种。又《阴阳二宅集成》十大本,板颇清醒,约须一元。扫叶山房所刻《阳宅大全》、《阳宅爱众》各四本,均无足观。江苏人朱达夫大令鉴章刻焦理堂《群经宫室图》两册,至佳,须觅。

坊行《道书十二种》,皆乾嘉间悟元子刘□□①一人所著。

十五日,辛酉　晴

任大令来,午后至彼道贺,取回绍信两封。又为伊拟《题陈圆圆小像》四绝句。至吴少白处一转。夜陈大少贞甫来,即仲明司马之子也。

林开章字廉孙,诒书即诒叔,皆锡三学士子。

十六日,壬戌　晴

桐生借去四元,午后至何勉之处道贺,遇程国良。途遇景柏寒。在舒莲记代朱子健买扇。遇陈兰乔。

十七日,癸亥　雨

午后谒宗、黄两观察,皆不值。夜赴高与卿太守之招,同坐皆南京人,所识者吴、陈、景三人而已。

---

① "□□",疑为"一明"。

十八日，甲子　　阴

以朱子健所买补子、纨折扇各件交旬差阿唐带台。得章一山自金陵十一来信，由营勇送来朱少兰信，即答之，并附寄书一函。夜以函询何大令事。

十九日，乙丑　　晴

午后至宝善巷冯梦香处一谈。又至四条巷郭四少海容处小坐，借来《搢绅》四本。作家信，交台协饷员带台。萧二经手，内附领字一纸。

二十日，丙寅　　晴

陈兰乔来，少刻，其老四亦来，盖随杨统领至省也。杨住搢绅堂，刘统领亦到，住人和堂。世粮道病故在京，以郭太尊护篆。

廿一日，丁卯　　晴

廖中丞抵浙，晨起至行台，候至午刻始至，只见司道五人，馀皆不见。仁和尉兰掬香言，司房内班总办蒋澄之，绍兴人，有学徒四五人，均住署内，凡各司房皆仰其鼻息，许托一俞姓字禹门者招呼。至统领处，未遇。与孙孝正谈，统领旋来拜。

廿二日，戊辰　　晴

晨起，至行台，属于接篆后往见。午后至雨泉处，遇何勉之，谈及护抚临行各事。至邵楚白处，所闻相同。又至仁和尉署一坐，旋约孙、许、吴三人饮于同和。夜归，遇二贼子。

许荫门，吴坤山。

藩辕东首慎泰纸店可以寄俞禹门信。

廿三日，己巳　　晴

午后至大街一走。看定水池两个，砚一方。

廿四日，庚午　　阴，午后小雨

是日卯刻刘护抚出城。申刻廖帅接印，藩台移衙。至杨统领处一拜,未遇。汪大令、陆理问来拜。

廿五日,辛未 雨

晨起,衙参禀辞兼拜客。吴炳墀属买台绢,黑白各五丈,渠住彩霞岭云。即日移入巡捕厅。

廿六日,壬申 雨

晨起,出街买扇子、纸张。俞禹门来,不值。午后偕金成衣买各什物。统领、陈兰乔先后来。少顷,陈又来。入夜,至杨处一转。得章一山廿二金陵信。

廿七日,癸酉 雨

晨起,谒首府,拜统领,未遇。与孙、许略谈。拜杨统领,未遇。拜陈兰乔,亦不值。下午刘统领来,云藩台处经陈太尊、杨统领及伊说妥,藩宪准令随同回防。陈太尊属亲往禀辞。夜拜杨统领,统领已行。

廿八日,甲戌 雨

晨至藩署禀辞,同见者九人。至秦处一走。发陈太尊、郭太尊信。以《搢绅》还郭四少。发泰兴、金陵、宁波各信,均交局。唤应仑来,面说赴台事。还王春代垫洋三元。午后至大街买物。邵楚白来,函交洋八元买书,送路菜四色,收二色,因践行未赴也。陈南桥来。孙孝正来,借去四元。发津信。秦大少送路菜四色来。

廿九日,乙亥 晴

辰刻过江,在俞小八行雇乌篷一只,计乙千三百文,午刻开行。

三十日,丙子 阴

巳初抵蒿坝,水程百廿里。在任德和行包船半只,计乙千三百文,午后开行。

五　月

初一日，丁丑　　阴雨

未刻抵剩县高凝茂行。

初二日，戊寅　　雨

辰初上路，计轿夫两名，每名八百文，饭钱一百廿文，轿租二百，过岭二百；挑夫每斤八文，计三百六十一斤，每名饭钱一百廿，又送至青溪交卸。申初抵斑竹，统领派勇两名来送。

初三日，己卯　　阴

巳刻在关岭局一饭，申未抵青溪。夜雇长船开行董，宿滩岭。

初四日，庚辰　　晴

午刻抵郡寓，寓中老幼平安，此心大慰。送各处人事。江子菁、王采山来。太尊持片邀往一谈。

初五日，辛巳。端阳令节　　晴

午前出门，各处一走。晤王哨弁、潘中府、朱子健。午后严芹生、李芹山来。严谈及有一泗州人岑训臣自温而台，落魄逆旅，善刻图章。

初六日，壬午　　晴

便衣拜雷协戎。又拜临海令，不值，与杨桂生略谈。申刻统领到，至营一谈。夜饭始归。

初七日，癸未　　晴

发刘虚谷信。支本月文案薪水。

初八日，甲申　　晴，天气暑热

朱少兰、江子菁来，刘虚谷司马来。

初九日,乙酉 晴

检理各件,缮发各信及节禀。忙鹿不可耐。得桐信,附廿八辕抄一纸来。保庆遣去,找清工赀。徐学使起马。

初十日,丙戌 晴

潘耐庵、陈树芝来。午后拜陈、蔡、李、江与各人,遇于杨哨弁处。夜至县署饮,同坐为雷、邓、傅、姚、王等。送柯先生关书。

十一日,丁亥 晴

晨起至营。午饭后归。伍瑞生之子名崇正字舜臣者来。岑训臣刻石章三方,又以三小方属刻,赠以两洋,又乞邓云泉所储花乳石数方。夜至协署饮,同坐为陈旗官、临海令、邓、傅、潘诸公。李、蔡二人来,未遇。

十二日,戊子 晴

刘旗官自仙居来。发厦信,交局。补发节信十五缄,交驿站去。江、刘、李三人来,偕至朱少兰处一坐。夜雨,闻雷。

十三日,己丑 阴

午刻答拜刘旗官,未遇。未刻赴统领之招,同坐为蔡、刘、王三营官,李静山。下午雨。夜又至静山寓吃面。

《天方性理》、《天方典礼》、《清真指南》,皆乾嘉间金陵人刘介廉著,静山家有此书。又《回教源流》一书,不可一览。

安徽会馆现鸠赀刊刻《汪双池先生全书》,约卅馀种,盖赵方伯意也。

十四日,庚寅 晴

由协署送来三月十一李少云信,四月初一柏子贞信,即裁答之,交局去。由江子菁处送来张华轩信。老余保荐一江西人许祥来,姑试之。台卫李振先来拜,即报谒之。

台州府、县署两旸差,现在合共三人:上旬阿吴,中旬阿三,下旬阿唐。

十五日,辛卯　　晴

发吴少白及桐生信,交旬差去。

十六日,壬辰　　晴,申酉间大雨

是日巳刻先生柯槐庭茂才来上学。未刻邀杨桂生、潘耐庵、姚少嘉、江子菁诸君饮,陈三少、何房东亦在坐。朱子健来略谈。

十七日,癸巳　　晴

清晨至营,拟禀咨各稿。下午偕江子菁看王哨长病,潘耐庵亦至,谈至晡归。傅衍九来谈。

十八日,甲午　　晴

夏至。清晨至营,下午归。并至杨宅一看。

十九日,乙未　　晴

清晨至营。午刻至江寓饭,仙居钱菊生广文、刘旗官及土人李赞卿在坐。申刻回寓。旋起西风,雷雨交作。拟就厦门信稿。

杨宅房东开有杨茂聚布店及铜器店,管帐为葭沚人陈友三,与旧仓头杨姓系一家。

二十日,丙申　　阴

晨起至县署,则县令已于昨夜三更起程入省矣。至潘耐庵、朱子健处一谈。拜钱广文,未面。至营午饭,饭后雷雨大作。写李、柏、张三信。下午雨止,躞屧归寓。钱菊翁旋来为拙荆诊脉,开一方去。

支来五月分束脩三十五元六角。

廿一日,丁酉　　晴

午后至集成店买物,并买笔六枝。遇谢麻子,拉至伊寓一坐。

小雨，江子菁来。以厦门禀信两封交刘华轩饬带。

廿二日，戊戌　　晴

清晨至营，午后归，雷作而不雨。下午至杨宅一看。发葭沚、二府信。子健又分去纨扇一柄。

廿三日，己亥　　阴

潘耐庵来谈王雨亭儿子来附学事，已许之。至营，发各文件，风雨交作。饭后，至雨亭处久谈。以大石章两方托严医士交岑刻。二更后，雨阵迭降，势极猛急。

以《史鉴节要》一部赠耐庵。

廿四日，庚子　　晴

清晨至营，闻委员郑太守言绍于昨晡到，住考棚。闻夫已氏分府不成，另谋各事。饭后至府局，值汪闲㳺卧疾，未面。在傅衍九处小坐。闻太尊乞陈兰乔回台禀系交吴大令带省面投。以《本草求真》十二册、《医宗必读》五册借与吴君朗轩。至万茂店购银朱十包，据云每包八分五厘。至紫阳宫看岑训臣。闻昨午赴西乡。借王道隆来帮忙数日。

廿五日，辛丑　　细雨时作，日光隐现，仍是黄梅天气也

杨哨弁懋珍来谈。取回房东处押租洋乙百元。代吴炳墀大令买黑、白台绢各五丈。统领于本日宴郑太守与府尊。江、李二人来。夜风雨。

廿六日，壬寅　　大风雨

得刘虚谷廿五信，内附致赵绍平及吴祥叔、刘芝生各一信，即为分致，并来江省局刻《书目》一本。吴即少白之弟，去年在江厦局被控、被提之人也。岑训臣交还小石章三方，别以石章六方属其篆刻，并送伊六安茶四瓶。

廿七日，癸卯　　　雨竟日，东南城内皆水

杨差弁本日赴厦门。岑训臣来。得叶庚曾信。

廿八日，甲辰　　　阴雨，蒸郁，大不可耐

在营竟日。岑训臣来，谈及吴让之父子刻印至佳，伊家中藏让之印章及墨迹至多。包安吴墨迹亦有廿馀件云云。审尔，即至宝也。以复西垫局函交万茂去。闻太守为李成绮禀请回营，廿六日专递府署。绍、康两人今日赴海门。

廿九日，乙巳　　　晴

巳刻谒太尊，为索禊帖事。云再留几时送还。并过朱少兰处一坐。至营午饭，未初回寓写对子。

六　月

初一日，丙午　　　晴，热甚

清晨至傅衍九处一谈，闻协戎自甬旋。饭后至杨宅一看，并过孙冶亭处一坐。发吴炳墀信，并附台绢十丈，交营中去勇便带杭州。又答候杨哨官懋珍。

初二日，丁未　　　晴

在营竟日，并至杨宅。

初三日，戊申　　　晴

午后至杨宅议定租屋事，付租帖乙纸，付押租洋乙百元，中人为孙冶亭、陈友三两人，另付租折乙个，于初六日起租。以《兰亭帖》三册交何房东还洪某，太尊于本日始送来也。

初四日，己酉　　　晴

摒挡物件，并至新屋指挥一切。

初五日，庚戌　　晴，旋阴

支来六月分文案薪水，付何房东租洋至初八日止，并点清一切借用木器交还。夜子初刻迁居新屋，行李共计九十二号，去挑力三元。

初六日，辛亥　　晴

清晨协台，中府，统领，赵、王、杨三哨弁，江、刘、夏、孙、吴、李及三南京人与刘老四皆来贺，此外，高大少、陈老大、老三，朱少兰，李静山，朱子健，何房东，严芹生，王大少均来。除三南京人外，诸君皆送礼。烛炮糕桃之外，酒席两桌。夜，即招诸位饮，到者十四人，为高大少、刘老四、刘华轩、夏表爷、孙少爷、江子菁、吴烺轩、李耀斋、陈老大、老三、严芹生、何房东等。请而未至者为潘中府、傅经历、朱子健、孙冶亭、王大少、陈哨长。邓大令为馆，亦送礼来，统领太太来贺喜。未请者雷协戎、刘统领及赵、杨、杨、张、曹五哨弁，李、朱两友。

初七日，壬子　　晴

两日天气酷热。清晨出门谢步，午刻方毕。得五月廿日江山尉邮信，旬差阿三带回二桥两信。

初八日，癸丑　　晴

在营竟日。由岑处取回石章三方，尚存四方在伊处。江子菁来谈。是夜请女房东各位。付鞋店乙元七角。

初九日，甲寅　　晴

在营竟日。由信局得章一山上月廿二金陵书，并王星垣孝廉一书，即交黄岩航船。王又字玫伯，住黄邑小南门。夜乘月色至王雨亭处一谈。江子菁偕仙居尉陈镜之来。

初十日，乙卯　　晴

复章一山书。取回牙章一方。又附石章三方，函寄虚谷。在营竟日。杨桂生来。

十一日，丙辰　　晴

在营竟日。雷协戎袖抚院钉封文件来，并述太守意，欲派往黄、太查办保甲及海口情形，及属至署斟酌复禀。饭后，便服谒见，出禀稿见示，为商数语。又面谈赴乡事，当即婉辞之，并托统领代辞。毫无头绪之事，万不容冒昧行之也。又取回石章两方。王雨亭见赠石章四方，水池、笔筒各一，皆不见佳。

十二日，丁巳　　晴

在寓竟日。吴明府自杭旋，来拜。潘耐庵、江子菁来。又取回石章一方，所刻已齐，馀自来石一方以赠印人。

十三日，戊午　　晴

侵晨答拜临海令。在营竟日。夜统领招饮，同坐为郑季桂、赵寅臣两太守，雷协戎，吴大令及郑之幕友陈子宣。又至朱子健处一谈。

十四日，己未　　晴

在营竟日。下午偕江子菁至县署、中府署一走，均晤谈良久。夜王雨亭来。是日遣许祥去，给以一月工洋。

十五日，庚申　　晴

在营竟日。得虚谷信。发桐生及秦宅，得交阿三，附去字画一卷，系单为濂字三幅也。刘统领以赠刘芸生四洋属转交。初一所去营勇回，得吴炳墀名片一纸，谓已收到。傅衍九来。夜至王处一转。王紫绶住黄岩南门。

十六日，辛酉　　晴

是日入伏。在营竟日。发何见石信，交乃弟附寄都门。以统领赠刘芸生四洋及自助两洋统交王右之转致。

十七日，壬戌　　晴

刘虚谷来，朱子健、张考亭来，孙孝正来。至营午饭，饭后至何叔棠处一谈。江、杨、杨、曹诸人来，王雨亭来。以洋三元交江子青代办教门菜。夜，虚谷来课卷二百六十馀本，属代阅，拟付高文伯。

十八日，癸亥　　晴

清晨以课卷付高文伯。下午邀季、朱、杨、杨、张、曹、赵、江诸人饮于后哨，皆教门人也。归途，偕江看潘耐庵病，未面及。发张军门禀，驿递。由局收到俞禹门廿八复书，俞名宗汉。

十九日，甲子　　晴

在营午饭，饭后至统领公馆一转。杨爵斋游戎怀先、耿哨弁瑞林、杨哨弁得茂自厦门来台募勇，带来本月初十西帅信及李少云信，邑谈一切。耿字汉臣，杨字宝山，住东岳宫。江子青、王雨亭来。共付江手洋五元，请酒所用也。

二十日，乙丑　　晴，热极

侵晨答拜杨爵斋。至营一转。又拜县令、协戎。至江寓午饭，同座为杨、耿、杨、杨、张、赵、李等。下午谒太尊，以刚退堂，疲倦，属明晨往。在后哨略坐，取来石菖蒲一小盆。夜王雨亭、朱少兰来。书纨扇两柄，赠耿、杨二弁。

支来六月分束脩。

廿一日，丙寅　　晴，热极

清晨至东岳宫，并至张哨弁处一谈。旋谒太守，又与少兰一谈。江子菁来。饭后至营。是日请诸女客，均辞不至，甚合吾意也。

廿二日，丁卯　　晴，酷热不可耐

王雨亭来。偕江、朱两人至东岳宫一走。至营午饭。下午归，送先生六月分束脩。雷作，小雨数点。

廿三日,戊辰　　晴

清晨至营,统领已出防矣。闻岭报王姓被匪劫扰,哨弁被困,驰往查之。至东岳宫,并谒太守。在营午饭,下午回寓。高大少送课卷来。王雨亭来。

发绳庵信,交顺泰由甬协兴寄津。

廿四日,己巳　　晴

在寓竟日。夜赴协署饮,同坐为叶经历、刘捕厅、傅、王及王雨亭等。闻刘虚谷自天台归,以课卷还之。

廿五日,庚午　　晴

清晨至张哨弁处,晤杨游击诸人。江子菁亦至,旋至营午饭。未刻回寓。申刻大雷雨,雹,西北风大作。得张奎帅复函。得统领信,云廿八九当旋。送统领寿礼四色,均未收。又代虚谷送,亦不收。虚谷来,云夜潮赴椒。雷协戎、傅衍九均赴椒,为海防事也。闻台湾巡抚亦派一千总,费姓,来台募勇,尚未到,府、县处已奉宁道函矣。

廿六日,辛未　　晴

清晨至统领公馆拜寿。旋至东岳宫一谈。回寓,作邵楚白大令信,交台协饷员带杭,并拨洋八元还之。另交潘耐庵玳瑁镯及金器数件及旧靴等带杭。又以上杨西帅禀交伊书识代缮。统领来一信,并送来土匪一名。即为备文送临海,兼裁答之。得至德甫大令甬江信。

廿七日,壬申　　晴

清晨至营,午饭后至严、陈二处一走。作至德甫信,并为伊上书杨西帅及函托李少云,谋投效事,交局寄甬永义公栈。又作李、柏两函,为潘耐庵、江子青二人力托。中营蔡管带自杜下桥来,住上草巷李处。王雨亭来，略坐即走。潘耐庵来，未面及，旋又来。严芹生亦来，朱少兰来。

廿八日，癸酉　　晴

闻统领及李成绮均于昨夜归。至营午饭。蔡管带来营。下午至后哨，偕江、张、王、赵公请杨、杨、杨、朱四位，蔡、李二人不至，二更回寓。旋至东岳宫看电报，为拟电信。三更回寓。忽统领来召，因提台王百里拨单调中营前旗及台协练军赴甬，立办文件分行，并咨复提台借兵轮。四鼓始归。

朱少兰以南京局刻《古文词略》五册见贻，却之。盖梅伯言，从姚本摘出，附以古诗，凡廿四卷，为李合肥所校刊，颇简便也。

廿九日，甲戌　　晴

在营竟日。下午至朱子健处一转。复至德甫信，附杨禀、李函，交信局寄甬。台协自椒回，由王营官处交来李少云本月初五自闽省来信。

七　月

初一日，乙亥　　晴

朱少兰来，旋谒太尊，遇傅衍九在座。至营午饭。下午回寓。雷协戎携各禀稿来。夜又谒太尊，商定禀稿。闻提台派员来募勇四营。岑训臣交图章来。

初二日，丙子　　晴

清晨至协署、中府一谈。至营午饭。饭后至县署一转。傍晚大风雨。夜二鼓，抚提五百里飞檄至。又至营发各咨札。三更，回寓拟禀稿。刘天仁放右哨哨官，来谢委。

初三日,丁丑　　大风雨

清晨至营,太尊来召,即往谒见,商定禀稿。至后哨与东岳宫一转,面交爵斋游戎手军门禀一缄,案卷一个,花鞋一包,李、柏各一信,各附笔十枝。至营午饭。傍晚各路文书办就发递,始回寓。旬差阿唐交来蓝桥一信,并纸乙包。

初四日,戊寅　　雨

张哨官来。余德芳新放中哨官,来谢委。杨游戎来,略谈即走。二杨哨弁来辞行,未见之。统领专人送禀赴杭,附致桐信。前旗刘旗官到郡来拜,未之见。夜,统领持抚台四百里催队排札来,立为转行。雨又作。

初五日,己卯　　雨

清晨拜李、杨、杨、杨诸君并送行。至营午饭。刘旗官来谈黎事,为岑某乞助,承赠四饼。下午至傅衍九处一坐。回寓,闻鸭绿江战败事,为之一叹。高大少来。夜至统领寓及朱处一转。杨、杨、张、赵、江五人来商议回厦事,三更始散。刘旗官开差。

初六日,庚辰　　雨

潘耐庵处来旧竹轿一乘。谒太尊,乞来伽南香、沉香各少许。至营午饭。协戎来辞行,并招夜饮。傍晚,至中署一转,即赴协署,同座为太尊、统领、三营协守、邓、傅、台卫及夫巳氏。支来本月分文案薪水。

初七日,辛巳　　晴雨不定

在寓竟日。王哨长来,高柳亭来,未面。高大少来辞行。下午答拜高氏父子,均不值。至东岳宫一谈。夜赴府署饮,同座为雷、刘二帅,新黄岩令朱达夫及邓、傅、叶诸人。闻倭船有三只到东机洋面,距海门百许里耳。属饷员购海鳗乙元。发何寿庵信。以洋两元赠高大少。防军所裁一成队,奉文补足,迄今未补。计每哨八名,中哨六名,每营凡卅八名。为时将及两年,所入不赀。杨爵斋云。

以洋四元赠岑训臣,岑名庸。并以石章九方属刊。

初八日,壬午　　晴,旋小雨

在营竟日。夜赴统领公馆饮,同坐为惠昂亭、罗秋浦、姚少嘉、马绍启、吴徕之等。

初九日,癸未　　晴

王哨弁来。是日回茅畲。黄岩西乡小澧汇符西垣茂才映台来谒。渠亦彦卿公后,由山东迁浙。至李静山处送行。至营午饭。下午至东岳宫及总局一转。信局交来章一山自南京、至德甫自甬江三信,又桐生一信。

初十日,甲申　　晴

在营竟日。下午至县署一谈。得刘虚谷回信。晚潮太尊赴海门。又发虚谷信,发章一山、任雨泉两信,交中府专差去。

十一日,乙酉　　晴

至东岳宫一走。在营竟日。又高丽国翰林院侍读金声雨字淡堂者来拜统领,能操华言。得张奎帅复书。

十二日,丙戌　　晴

在营竟日。太尊回署。下午往谒,为统领去也。至朱子健处,未遇。至孙冶亭处一谈,闻大汾粮厂于初九夜抢去三百馀洋,征比友亦被伤。夜饭后,至何叔棠处一坐,并过考棚。

十三日,丁亥　　晴

在营竟日。邓大令去办松门一带民团,来营一谈。柯槐亭茂才名作梁。夜三鼓,至考棚阅电报。

十四日,戊子　　晴

晨起,谒太守,旋至营。台湾来飞捷、福靖兵轮来装勇,杨爵斋即日起程。得少云函，知西军门已于上月廿三被命会办全台军务，初八抵基隆，现驻台北。饭后，送杨游戎行。潘耐安夜来寓略谈，为太守招去。作章一山信，属觅朝鲜地图。

十五日，己丑　晴

清晨至营阅牍，所请三事均已批准，惟太尊请添两营之说未之许，而海防营务处则檄太尊兼之。发蔡、刘二管带函，交专勇去。又发刘虚谷信，航人去。柯先生要赴杭州，送本月束，另送元敬一饼。其代馆者则孔君鲁卿，城中人也。夜至潘耐庵处谈。黎缵卿自仙居来，未面及。左哨自象山回。天台令到。

十六日，庚寅　晴

晨谒太尊，在营午饭。申未间雷作而雨亟。回寓，发杨雪门统领函，托潘耐庵寄乍浦。夜潘来信，云及各路匪案，附记于后：

初十夜，劫大汾粮厂。十三日，劫拔松浦庄李治贵。十四日，大汾庄胡世馀、岸头庄李掌田。十五日，陶家陶世茂、李再岳等被匪勒缴洋枪买休。前所汛千总汪湛恩报。

十二日，松浦庄树桥头李邦青家被抢，刀伤事主次子李治贵左臂、左腿，而右脚亦被弹伤，并将治贵拔去。

十三夜，匪至草坦庄葛文怀等数家勒索洋枪，并毁葛文怀等屋十馀家，抢去食谷。桃渚孙守备转据汪湛恩及三石汛把总秦鸣岐报。

十七日，辛卯　晴

天气炎甚。在营竟日。下午至黎缵处一走。与江、王二人偕。宁海令来函云，懒惰保在仙岩招成七百人云云。

十八日，壬辰　晴，秋热，大不可耐

统领清晨出防赴北岸，带左哨、中哨前去。潘耐庵来。江、王两人来，云昨日查夜，六员已奉札。午后，耐庵来一函，即答之。张哨弇来,谈及杜下桥郑、金两姓为大,蔡荣廷寄存火药系南货店郑元美店东之家,家在街外,店在街中,相距数里。申酉间雷雨。黎缵卿来。

是日延医生王渭川为彭儿看病。王本苏人,家于台,住分水桥。府署接院电三函。

十九日,癸巳　　晴

王雨亭来。至潘耐庵处一转,雨亭在彼。午后得刘虚谷信及牙章二,即答之。夜三鼓,孙孝正送排单来看。

二十日,甲午　　晴

比日炎暍殊甚,寒暑针升至九十三四度,三伏尚不至此,可畏也。潘耐庵来,旋至营阅公牍,与王佑之谈。下午身发微热,头闷。回寓,适延严芹生为彭儿诊,亦令开一方。夜,溏泻四五次,倦极。闻陈兰乔回台。

闻温州界土匪袁老五、袁老六聚众百馀,行劫两次,将至黄岩之小坑。协标右营守备报闻,王雨亭说。

廿一日,乙未　　晴

在寓竟日。又延严芹生来诊。天气酷热。

廿二日,丙申　　晴

在寓竟日。陈南乔来,临海令亦来。

廿三日,丁酉　　晴

晨起,拜潘、吴、陈、朱四处,陈处未面,以李成绮在坐也。朱委代长浦巡检。得陆岳翁泰兴信。

廿四日,戊戌　　晴

在营竟日,王佑之亦在营竟日。夜,江、王二人来。赵哨弁为太尊遣赴花桥办案,当夜走。饷弁昨夜旋。

廿五日,己亥　　晴

晨至陈处一走,遇陈君余堂。得统领自前所来信。夜热极,辗转难寐。潘耐庵来。

廿六日,庚子　　晴

在寓竟日。是日新任台协蔡益斋副戎接印,午刻来拜,未之见,旋往答拜,亦未晤。陈大少是日禀到,来拜,亦往贺之。

廿七日,辛丑　　晴

潘耐庵来,说定协署馆事。太尊招赴署,议定委人分办团练各事,示以院批及各禀稿,并禀请檄委海防营务处文案委员,奖饰过甚,殊可感愧也。陈南乔亦在坐。午后蔡协戎来拜,面送关书,延请办理文案书启各事,谈良久。旋往答拜。统领自前所归,至营一谈。夜至潘处鬯谈。三鼓就寝。

协署饷差自杭带回代买各件。

廿八日,壬寅　　晴

在营竟日,为统领拟禀稿三分:一免守北岸炮台,一请添勇,一报匪案。协兴局送来章一山廿日杭信,内附王函。

廿九日,癸卯　　晴

侵晨至统领寓商定禀稿,旋至营。申酉间风雷交作,雨阵亦至,乘舆归。夜,潘耐庵来谈,交来代买物帐。陈南乔是日至营,盖为借勇赴北岸也,未之面。

送本月分束脩。

三十日,甲辰　　晴

晨起入营。午后闻协戎归,即至协署,潘中军亦至,商谈一切。潘云传号中有陈启号者可用。又蒋巡捕送来茶房叶□,姑试用之。蔡大少出见,字品莲,年廿七,方读书也。以洋廿四元、钱五百七还潘耐安,盖杭州买物款也。贺镜泉、马葵臣在营一谈,为保土匪事。统领专差赴省,带去金裁缝洋信八元,另洋一元买水烟。

八　月

初一日,乙巳　　晴

在寓为协戎拟禀稿二分。下午至协署,旋风雨交作。夜饭后归,闻统领来寓,即赴营一走。是日,太尊水陆各营吃空事悬牌,大加诟厉,亦奇谈也。

初二日,丙午　　晴

天气转凉。清晨统领出防。至营午饭。饭后至协署。夜协戎招饮,同座为潘、李二都守。孔先生是日来馆。夜至王雨亭处一谈,伊来寓两三次,又明日即行,不得不一答看也。

初三日,丁未　　晴

在协署竟日。中府来,议定招土勇二百名事。又专差送禀入省,派弁金国栋赴甬领军装,军装系太守所请者,均明日走。

初四日,戊申　　晴

清晨至协署,以端砚一方交金国栋至甬配木匣。又交一洋买物,又交何公馆信一缄。旋谒太尊。至营午饭,饭后至县署一转。又至协署,夜饭始归。以节信交李某缮,以洋两元寄刘虚谷买伏鲞。

支来八月分文案薪水。

初五日,己酉　　晴

至营午饭。饭后至协署,晤潘中军。夜饭归,江子菁来,右营李守备来寓,不值。傍晚小雨。

初六日,庚戌　　晴

在寓竟日。太尊自章安归同昌,收回一款。

初七日,辛亥　　晴

清晨孙孝正来,旋至营复统领信,并附院上排单两件,专送北岸。饭后谒太尊,为统领事面达一切。至协署,为凌稿工事为协戎、中军解围。李守备亦至。夜饭后归,耐庵来,又劝慰之。得虚谷信。

初八日,壬子　　晴

清晨至营,取回牙章两方,函寄虚谷。饭后至协署,饬缮节禀、节信。傍晚大雨,雨止回寓。耐庵来,江子青亦来。是日白露节,天颇凉快也。

江云,李成绮人哥老会党,为黄岩丞相,散出票布不少。丙戌年,台州会匪周静臣、曹长庚在府堂上供指甚明。时本府为陈鹿笙,县令即高英也。高以同乡故,当堂为之掩饰剖辨。然供证凿凿,人所共知。任雨泉亦深悉底韫。

初九日,癸丑　　晴

晨起至营,回寓午饭。饭后中府招赴伊署一谈。旋至协署,回寓夜饭。饭后耐庵来。闻蔡营在北岸捕斩匪徒廿馀名。闻陈南乔昨夜回郡。是日以家制肉松酥饺送太尊。得杨西帅七月初五信,即去弁杨某带回者。

豆蔻二字,《说文》未收,而《玉篇》、《广韵》皆有之,又先见于左思《吴都赋》,亦殊古雅。

初十日,甲寅　　晴

辰刻至营,阅中营来函。未刻至署,申酉间大雨,戌初回寓。又至县署、中署一谈,归,已将三鼓矣。潘云,协署稿书张乃修即向充讼师、已革廪生张孔修字少甫之胞弟,张孔修即挟《洗冤录》与萧辉治面质者。

十一日,乙卯　　晴

至协署,而统领自北岸回,遣弁来招,即至营拟禀稿,盖报明救出朱体仁事也。朱年七十馀,家赀殷实。夜饭毕,又至协署一转。

二鼓归。是日支来八月分束。

十二日,丙辰　　晴

辰刻至营,未刻至署,酉刻回寓。阿三带来廿九章一山信及朝鲜地图一纸。陈南桥来,未面及。夜赴郡署饮,同座为刘、蔡二帅及朱县丞、杨局员与陈太尊。传眼肿治法,附记于此。

凡两眼忽然红肿,如左肿则用针挑右肩衣服九针,必将线缕挑断;右肿即挑左肩。必须妇人挑之,极效。

蔡协戎云,甘肃口外有一种毒虫,名虮蚁子,状如蜘蛛而尾较圆长,首多双钳,首作浓绿色,螫人登时肿烂,致命最毒。治法须亟用太乙紫金丹一丸,分为二,吞一半,调涂一半。截其毒气,勿使攻心,或有活者。太乙丹杭州胡庆馀堂出售。又云口外有一种旋风,色极黑,起时对面不见人。其风中人,能闭人气,登时毙命。或中处肿麻烂脱,极可畏。

琉球国有一种解毒蛇,国人风干持售中国,名琉球蛇。每付值洋两三元,极解毒,不论中何毒,用蛇煨灰少许入食品,其毒旋消,大有神效。蔡云,从前贡使过衢州,售之者颇多,今则稀矣。

十三日,丁巳　　晴

辰刻至营,未刻至署,酉刻回寓。夜又赴营,以统领招饮也,同坐皆昨日诸公。箬里局杨子山来寓,未值。

十四日,戊午　　晴

辰刻至营,未刻至署。旋至府局阅禀批,知太尊所请文案收支及留虚谷分府各事均邀准。接虚谷函。以一元给李稿工,由中府转交。

十五日,己未　　晴。中秋节

照例至各处一拜,无足录也。刘虚谷司马自葭汕来营略谈,交还买物洋两元。又以两元给岑训臣,即送予之。午刻在营一饭,饭毕至协署,协戎是日赴北岸也。傍晚小雨,夜月影朦胧。得刘旗官覆书及代购之藤椅一张,毛手巾十条,盖领饷官同来也。

十六日,庚申 晴

辰刻至营,未刻回寓。夜孙寿生送禀批来,所请两事均准,惟新募一旗归王副将立堂管带,为可惜耳。江、张两人来,协署亦送排单来,所请抽练一旗及洋枪皆允。

十七日,辛酉 晴

辰刻至营,申刻至署,发协戎信,专差去。耐安在雨亭处,邀往谈。夜饭毕,统领来寓相候,急驰归。雨亭交来先生膳脩洋五元,力却不已,只得收交。发何见石信,交乃弟寄。

十八日,壬戌 晴

发杨西帅禀,李、柏信,又发李希程信,交福顺泰寄台北、瓯东。又发章一山信,并洋四元,交旬差阿三带杭。发秦公馆信及松鲞乙篰。又发江山捕厅信,驿递。谒太守,遇邓、朱二公。巳刻至营,酉刻回寓。统领是夜乘船赴小芝,同去者李、马、孙等。统领赠岑训臣伍洋,即转交讫。

十九日,癸亥 晴,天又热甚

朱子健来,朱韵梅亦来。午后刘旗官来拜,盖自镇饬回台州也。夜,答候刘旗官。小雨。太尊送禀稿来属商。李锦请假赴杭,给足工洋乙元。

二十日,甲子 晴,天气郁闷不可当

送禀稿还府署。章峣青自新河来,江子青来。午后大雨数阵。至中府处一谈,并答拜朱、章两贰尹。闻欧芗友大令亦住坐府,便与一叙。发刘虚谷信。是日奉札兼充海防营务处文案。中人行荐来

一家人夏升,恐不能用,姑试之。

廿一日,乙丑　　阴

太尊生辰,不收礼,不见客,遂不诣贺。至子健处,未晤。至营一转。午后,至协署一转。王簏衫少尹自海门来拜,谈良久。旋出城答拜,并至中府处聚会,夜饭始归。欧芗友大令来,不值。是日邓大令移居,送礼四色。

廿二日,丙寅　　晴

清晨谒太尊谢委,仍不见客。顺至邓大令处道喜,并过耐安处一坐。午后至王大少处,则已赴防矣。陈南乔来,又偕潘至县署,王簏衫亦至。闻委员王钦山太守自省来,住试院,仍为台州卫事也。傍晚耐安来,出示季久孚信及王雨亭收标札并禀批,系发题标左营。夜至欧芗友大令处罄谈。据云镇台每年所入约二万金,其昭昭耳目者,则威远轮每月缴款乙百元,东顺利船每月二百六十八元,盖轮船每月领款有七百馀,而搭客、包货所入不与焉,缴款故不至少。艇船水勇一百名,今除配轮船十八名外,只存四十五名,缴款故有如是之多。内衙之外,轮船每月又缴王簏衫三十元,艇船每月又缴十元,加以束脩及练军文案束脩、团练薪水,所入大可观矣。又镇署管事者凡三人,一为王簏衫,一为巡捕赵廷鳌,一为镇台妻弟张永泉。三人中以张为尤倚任云云。又以其子某冒他人名官本标,事为藩台所知。由信局交来至德甫上海信。

廿三日,丁卯　　晴

晨谒太尊,陈南乔在座,邓、姚继至,谈良久。又过府局一转,至营午饭。饭后至协署,傍晚归。王钦山太尊来拜,省委查台卫屯粮案也。得刘虚谷信。傅衍九来辞行。

高脚牌式铜笔座,杭州鼓楼湾江干大笔店买,约八角,汪闲旃云。

廿四日,戊辰 晴

清晨答谒王太守,高卧未起。饭后再往,则以有事谢客。至傅衍九处送行,赠以路菜二色,并作书托交杨雪帅。高柳亭来,旋往答候,并至协署一转。下午又至傅处一谈。夜欲至中署而雨作,懒出。闻陈南乔委太平丞缺。复虚谷书。

廿五日,己巳 阴,辰巳间小雨

午后至协署,发信一封,并以公事四件交来人送北岸。太尊以门人杨仪卿鸿勋所献寿诗八首属为删润,灯下为商数句,封还之。得统帅葭汊来信,系虚谷代笔,时赴黄岩也。

廿六日,庚午 晴

辰刻至营,未刻回寓。下午陈兰乔来。夜大雨。

廿七日,辛未 阴

巳刻步行至中署,坐甫定,闻协戎已旋,时天雨,遂乘舆至协署,谈悉种种。并闻滥肚包之妻已为防军中营所获,该匪首亦在独柿洲,以洋蚨抛掷满地,因而免脱,亦黠矣哉。得刘虚谷专信,要铜帽。饭毕至营,属伍大少取铜帽三千粒计十二合交来人,并作答书。下午雨又作。雨后又至协署,夜乘舆归。

是日雷、陈二夫人与内子结盟,来寓半日始散,不得已也。

漏廿八一日

廿九日,癸酉 阴

辰刻至协署,饭后至营。旋谒太尊,兰桥在坐。又至协署,夜饭后归。耐庵来谈。是日金国栋自甬领军装回。发统帅禀,专递小芝。省委王太守是早启程回杭。

九 月

初一日,甲戌　阴

清晨衙参,并过陈寓。刘华轩送中营禀信来阅。旋至协署拜谒雷太太,面谈一切。黄岩人郑献臣名颂唐者交来章一山杭州廿一信,又洋十五元,片一纸,此洋系郑还章者,一山属为代存。金国栋交来甬上代购物件。太尊晚潮赴椒,邓、陈随行。

是日,为雷太太代拟信两封。中营来信,即答之。

领来七月十八日开局起至月杪止海防营务处文案津贴五元二角,又领来八月分十二元,盖每日四角也。

初二日,乙亥　阴

发章一山信,交局寄杭。江子青来。巳刻至营,饭后至李恒丰店看纸。旋入协署,上灯时归。耐庵来一函,即答之。又由江子青送来统领信。

江山县钱粮每两平馀比额定三百六十文外多二百文。因某年建城隍庙,按每两捐百文,某年建东岳庙,又捐百文,庙成而捐如旧,沿至今日。地丁正额四万八千,杂税三千馀。

协标兵丁余楚岳为细木匠老手,兼精刻字。

防军局稿书沈谦字敬甫,住杭城元帅庙戏台傍边。蔡协戎向与往来,与抚署兵房季久孚禹昌亦厚,而与潘耐庵有隙。

初三日,丙子　晴

清晨至中署一走,不相值。午刻耐安来,陈厚卿亦来。杨都司怀清字泄泉者来拜,与谈片刻。旋至协署,夜饭后归。闻张浚如司马来拜。刘华轩来,复统领书,交伊寄。是日协署送来八月分束脩十元。

杨都司交出秦子宣信及《婺江银管录》五册,盖江山县毛贞烈女惨死事实也。其事可传,其文不足以传之。发其事者为副贡姜丙曾,县令为张缙云也。

初四日,丁丑　　阴

清晨答谒张司马,未面。拜杨都司,并过王雨亭处一谈。江、张二人来。午后至协署。夜协戎招饮,同座为张司马,吴大令,杨、潘二都阃及顾千总。雨数阵,天气转热闷。

支来九月统领文案薪水。

初五日,戊寅　　阴

王雨亭来。得刘虚谷专差信,旋至营取铜帽五千粒交来差,并答刘函。午后答候陈厚卿。潘耐庵来,未遇,旋遇于王雨亭处。夜饭后归,虚谷以伏鳖两篰寄赠,只得领之。渠初六交卸,住海门盐号中。黄岩尉张瑞堂来,并送篁扇两柄,辞不获已,存之。

初六日,己卯　　阴

已刻至协署,傍晚归。杨把总天恩来见。中军送来写字人夏梯云。接统领自小芝来信。

三月初六日重一壬午日,以后甲子每迟一日。又,上月廿八漏一日,遂迟二日,今改正。

初七日,庚辰　　雨

太尊五更旋署。饭后至协署,上灯后归。杨泄泉都司送来土仪四色,登其二,余璧之。是日夏梯云来钞书。得秦二少仲祥杭州信,得朱少兰台湾信。以洋两元送张哨官运开为贺,未收。

初八日,辛巳　　雨

清晨谒太尊,陈南桥、潘骖等均在座。旋至协署午饭,同座为潘、郁、孙、李四都守及把总花耀魁。雨竟日不止。夜饭后归。得雷锦文参戎信，练军哨弁蒋肇基自镇海销差带来者。江子青来，未遇。王雨亭来。

阅报，见初一日懿旨，起用恭邸。府署得潘纪恩省信，云水陆战事均棘手，奉天戒严。发刘虚谷信。

初九日，壬午　　雨

杨泄泉来辞行，答候江子青，未晤。旋至营，王、吴二人来。饭后至协署，临海令招陪，陈南桥以腹疾谢之。得杨雪门信。是日得诗一首，附录于此：

青枫丹赤露为霜，花在东篱何日黄。幽国授衣逢九月，龙山吹帽又重阳。未遭风雨催租事，只见关河列戍忙。落木萧萧天宇净，飞来白雁欲成行。

初十日，癸未　　晴

刘华轩清晨送排单来阅，以处州匪扰檄调前旗赴剿。旋至府署阅禀批及省电，回寓午饭。饭后至县署，吴大令下乡，杨桂生他出。遂至协署，夜饭毕归。李、潘两人来。是日，衢练开差。发统领信，专足去。以路菜两品送陈大少，并以一洋属买铜笔架。

十一日，甲申　　晴

巳刻至营，午刻至署，上灯时归寓。

十二日，乙酉　　晴

巳刻至营，午后至县署，遇王、吴、陈等。闻太尊要赴椒江，不知云何。偕陈谒之，出示电信，知倭兵三队来华，每队三万人，一队指黄海，二队不知所往，南北洋即日有战事云云。旋至协署，上灯后归。王雨亭来，云明日赴甬，以洋四元交伊买物，并交伊端砚一方，古铜水注一个，属配架子、匣子。又为其函托提幕张晓初，亦交带去。王是日送来竹对乙付,不甚佳也。阿三交来桐信三封,章一山回信一封并洋三元。接统领专信,属办文件,云明日归,用印。

县署幕友顾某言中丞信医士吴朴臣言,给照会与王某充当海防委员。又云潘幕朱洁泉七月尾殂。

十三日,丙戌　　晴

巳刻至协署,旋至营午饭,傍晚归。夜三更统领、太尊均回城。

十四日,丁亥　　晴

辰刻至统领寓,晤伍瑞生,亦从杭归也。旋至营。下午谒太尊。夜统领招饮,有前旗旗官及马继厚、莫晓村二友。

十五日,戊子　　晴

巳刻至营,左营额外于飞云来见,谈及各事,云补一马兵,中府索洋廿元,守兵八元,协台则加倍,均由粮房代取。保认之头目二千六百文,六百文充公,二千文入己。协署每收一禀,须钱四百四,行人等均分。补马战守兵一名,出谢粮钱三百六十,归传号收存,作为茶烟灯油之费。拔补弁缺送委札,则自一元至四元不等。凡出差差费,在六县内每名每日给七十文,在六县外乙百文,三营公派,亦归粮房经手。饭后至协署,而镇台来信,调练军守前所。协戎商之太尊,太尊又商之统领,由防营拨一哨扎前所,而小芝之勇移驻章安。傍晚回寓,统领来谈。接郭太尊初九信,内附顾信。又得雷锦文、秦子宣等信。协署巡捕邵灿荣撤差,另委蒋肇基。其团勇哨弁向汝义亦来谒。得朱少兰信,并诗四首。

补昨日,汪闲旃来,陈南桥亦来辞行。

十六日,己丑　　晴

辰刻至营,饭后至南桥处送行。旋至协署,傍晚归。夜潘耐安来。是日,支来本月分营束。柯槐庭先生自省归来上学,送八、九两个月束脩四元，又送王大少六、七、八、九四个月束脩两元。以《池上草堂笔记》一部、笔二枝送孔鲁卿先生。

十七日，庚寅 晴

辰刻至营，闻太尊得喜报，其公子中式，当往贺之。并代陈南乔送庚帖至邓宅，便过中府一转，即至协署。夜，协戎招饮，同席为太守、统领、吴、潘四人及余而已。王簏山迭次函致耐安，以夫子门墙之说相加，无以答之，不得已，写一帖，由耐安寄去。夜，耐安赴两头门，协戎赴前所。

十八日，辛卯 晴

巳刻至营，闻金清港、海门各差委人，例差亦定。为统领发各营、旗信。以后调队以图章为凭，系循理两字。营中专足赴省，带去桐生及章一山两信，桐信内属其谒防军提调。

十九日，壬辰 阴

巳刻至营，发杨西帅及李、柏、朱各信，交局去。下午赴府署预祝，并拜绍平，未晤。绍平来拜，亦不值。支来海防文案津贴十二元，本月分。

二十日，癸巳 阴

清晨至营，巳刻至府署。闻协戎回署，饭后至署一走。夜至府署小饮，同座为俞芾卿广文、刘大少、马伯康等。

二十一日，甲午 晴

巳刻至营，午后回寓。刘虚谷来，旋又至营。统领是夜赴章安，马绍启同去。发张奎帅信，邮递。夜至县署答拜虚谷，王、吴两人在彼。陈馀堂来，未遇。

二十二日，乙未 晴

在寓竟日。邓大令来拜，未之见。刘虚谷来，见之。夜赴协署，闻金国栋、向汝义皆随虚谷去。金弁所购木料乙百根，长乙丈六尺，梢围圆六寸，每根价九角五分，且系杉木，尚不贵。张二府来郡，遇之协署。

二十三日，丙申　　晴

清晨虚谷来，旋至县城隍庙上匾谢神。又与张司马遇，至县署与吴明府纵谈。遇叶经厅，顺谒张司马，不值。答候陈馀堂，谈片刻，回寓已午正矣。饭后至协署，为岑训臣乞助于吴明府，傍晚得复函，赠岑四洋，所托云事亦就。

二十四日，丁酉　　晴

王植三自海门来，送帖至寓，谈片刻。旋至营答统领信并为办各公件。饭后，偕王采山至三台书院一看，并答拜王植三。在中署夜饭后归。作邵楚白明府信，附洋四元，托购鄂局书十七种，交协标饷差去，又属其代买炕枕垫乙付，椅垫八个，又以京靴乙双带杭另换。以上三件均托耐安经手。又为岑训臣函致陈厚卿，承其见赠以赏四洋，又一洋属买路桥所出螃蟹。得杨泄泉都戎函，即答之。

二十五日，戊戌　　晴

以洋三元函属王大少购螃蟹。谒太尊，承以《家传》及裁纸刀见赠，许委婴堂一差。至营午饭，饭后至协署，夜归。得刘虚谷书并宣纸。潘耐安来谈，云传号包国清之妻绝美，纤秀而慧，惜未之见也。

二十六日，己亥　　晴

至县署，与吴大令谈良久。回寓午饭，饭后至协署一转，即至中署，复刘虚谷书。

二十七日，庚子　　晴

巳刻至营，旋赴何四香封翁之招，同坐只绍平新贵及伊戚洪君，傍晚归。

二十八日,辛丑　　晴

巳刻至营,得统领信,即答之。饭后,闻匪渠懒惰保自海门来投诚,招之者穿川金人金华,以医出入镇署者也。该匪年廿九,人极猥琐。闻太尊许以不死,并招出馀党三十馀人。闻仙居城内徐球记杂货店、天台城内江德丰绸缎店均被劫,仙居事江子菁说,天台事王佑之说。府署悬牌,撤黄岩尉,其考语为"贪婪卑鄙,枉法殃民"。是日闻黄岩令进谒。傅月泉家遣人来,借伊乙元,强嬲四五次,不得已以此应之。阅十九《申报》,知何见石比部中北闱副榜第六名。

二十九日,壬寅　　晴

清晨谒太尊,潘中府在坐。至营午饭,饭后复至何封翁处一走。以唁信一函、呢幛一具交中府,饬饷员带杭转寄苏城西百花巷潘宅,祝年太守八月初三丁内艰也。以洋两元属杨桂生购闽省兴化手巾、红糟及白文《四书》、《澄源前后集》。得陈兰桥信,即答之。夜协戎持帖来请。

三十日,癸卯　　晴

得统领专信。巳刻至协署,傍晚归。营中专勇自杭回,来桐信一封并打回章一山信。夜杨再恩来,属伊购桌秥三个,茶叶一元。

十 月

初一日,甲辰　　雨

在寓竟日。函托中府,属鲍盈科代购皮衣两件。章一山专足来,即答书,赠以银器两色,为伊夏间生子未送也。又以郑颂唐存洋十五元交来人带去。

初二日,乙巳　　晴

巳刻至营,饭后至协署。发统领信,交航人去。夜饭后归。协署送来九月束,陈传号手。江山毛以南、以雅、以彬三兄弟皆秀才,而以南学最高,通《易经》,明数术,人极奇怪,十二岁已殁。家道颇殷,城内曾开酱园。王大少自路桥来。

初三日,丙午　　晴

侵晨至杨桂生处一谈。吴大令下乡去,至协署午饭。由陈宅借来《海山仙馆丛书》一箱,凡一百廿八本。夜饭后归,得雷锦文自镇海来信。杨泄泉都戎来,未面之。

初四日,丁未　　晴

巳刻答候王大少,高卧未起。至营午饭,饭后答候杨都戎、陈厚卿及汪闲旃。至协署,夜饭后归。

陈厚卿云,藏鲜螃蟹法,如暂藏旬日,只用蒲包包好,置阴暗不见日处,每日早晚取出放清水盆中,片刻收起,即每日一次亦可,可经十馀日。若久藏,须置谷仓中,任其爬沙,惟须不见风日,虽隔年而不损,味绝美。

初五日,戊申　　晴

巳刻至营,未刻至署。陈南乔来,上灯后归。中府来,谈至三更去。天台被戕事主为施丰炳。

支来十月分文案薪水及津贴。

初六日,己酉　　晴

巳刻至营,马绍启已自章安回。未刻至协署,上灯后归。

初七日,庚戌　　晴

巳刻至营,未刻回寓。至朱宅一走,旋为朱大少事至县,商之杨桂生。至协署,夜饭后归。闻统领回郡。

初八日,辛亥　　晴

侵晨至统领寓,旋至营。夜统领招杨、潘二都阃及马孝廉饮,勉为一陪。发郭太守信，由局去。桐生弟自杭来。刘虚谷遣人来送局员礼，即住寓中。

初九日，壬子　　晴

清晨至营，未刻至署，上灯后归。与江子青公送伍瑞生夋仪两元。与杨桂生、陈南桥、江子青公送汪闲旂喜幛及酒、烛、炮四色。覆虚谷书，又先以肉松一瓶、信一封交航船寄去。得刘旗官信。

天台县西门城内虾行街施德丰布店于九月廿五夜被劫，枪伤事主施丰本即施梦梅左腮颊，次日身死，经千总勘明是实。千总汪德沛报由，台协中军潘恭辂以所报未明，饬查覆禀。于十月初八日由中军转报台协，并请拨练军以重库狱，而顾县城候批在案，中军用正副禀。

初十日，癸丑　　晴

是日为慈圣万寿，尚不知都中是何情景也。已刻至营，未刻至署。夜赴府署饮，同坐为刘、蔡、吴、邓、陈。月色极佳，太尊出厚朴一块见赠。

十一日，甲寅　　晴

已刻至营，未刻至署，酉刻复至营。统领招赵公子、马伯康饮，同坐为吴大令，俞、陆两学官及余也。

十二日，乙卯　　晴

章峣青来。已刻至汪闲旂处道喜，旋至伍瑞生处道喜，并为陪客一日。又至刘华轩处道喜，并送伊一元。

十三日，丙辰　　晴

侵晨江子青来。已刻至署，饭后至营，上灯后归。王大少送来山药十馀枚。

十四日，丁巳　　晴

清晨谒见太尊，至营午饭。饭后至署，并与雷太太道喜。答候陈兰桥。夜,至协署饮,同坐为太尊,统帅,吴、邓两明府及陈。闻太平令、黄岩令及邓大令被太平金梦松控告各事,闻抚台行查,太尊已为禀覆。得杨雪门回信。

十五日,戊午　　晴

巳刻至营,未刻回寓。拜邓大令、章二尹,皆未晤。至中府处一谈,便衣偕过俞苇卿广文处邕谈,归已上灯矣。以山药十六枚送太尊。天台千总汪德沛来见。

十六日,己未　　晴

清晨走候马继厚,未晤。至县署,吴大令下乡,杨桂生外出,均不值。旋至营,未刻回寓。王大少寄蟹百廿只及尾钱八百馀来,即答之。以蟹六十只送陈厚卿,并缴还一洋,另六十只托其转送太尊。得刘虚谷信。至协署一转。统领又来招,以杨西帅电,饬张运开募勇六百,赴台也。发雷协戎信,属其购书一部,托中府交二号船蒋肇基带,并以一洋属买锡箔。桐生亦有一函,寄杭清泰门杨某。

十七日,庚申　　晴

巳刻至协署,旋至营。未刻回寓,旋至府局,并拜新黄岩尉。闻邓大令言,太平新山金福畴家被县令诬以谋叛,勒洋万元,已许四千元,尚不肯了。太尊派以亲兵围其家旬日,人情汹汹。太尊派哨弁赵得标往查,毫无其事。盖县令得一奉天承运银牌,谓出自金家,遂欲兴此大狱也。邓大令言之甚详,姑记于此。金之兄为金梦松,新山距城二十里。

十八日,辛酉　　晴

清晨张、江二人来,旋偕至营。饭后谒太尊,出示收录滥肚包院批及信,已赏以五品功牌矣。同伙廿馀人悉许招来安插乍浦,交杨雪门。下午至协署一转。晤中府,出示禀稿,大有去志,当慰留之。

回寓夜饭。

十九日,壬戌　　晴

巳刻至营。申刻偕江答候张哨官,回寓已傍晚。夜潘耐安来谈,留之便饭。北风大作。潘云,土勇每棚连伙夫只九人,盖吃两名也。欲查空名,吊查各棚什长之伙食簿,便无躲闪,此秘诀也。军机领班第二人陈邦瑞,字瑶坡,慈溪人,即俞苆卿之表兄。

二十日,癸亥　　晴

巳刻至协署,旋回寓,偕雷太太看天灯巷屋。饭后至营,夜潮,统领赴章安,伍瑞生同去。是日,张哨官拜客。陈大少来,新自杭归也。何四香封翁来,未遇。

二十一日,甲子　　晴

清晨,邓大令来。谒太尊,过东岳宫,至营午饭。饭后偕江子青至中府处,傍晚归。托中府函致饷员买川纺并细布及粉。夜杨天恩来见,是日撤任也。雨。

太平令所用之亲兵哨弁为王国桢,曾将金家之厨工王德山拔去。

廿二日,乙丑　　雨

巳刻至协署,未刻归。夜中府来。王大少来,未遇。黄岩尉来辞行。发刘虚谷信。

廿三日,丙寅　　雨

午后答候王大少,并谒太尊,拜县令,入夜始归。接统领专信两缄。

廿四日,丁卯　　雨,暖甚

巳刻至营。太尊以县禀育婴堂事送阅。饭后至协署,闻内江兵丁十三人禀讦杨天恩,并杨天恩奉饬禀讦中府事。傍晚归寓。夜中府来,云十三人名字系写成圆图,盖避首祸也。杨把总来,未之见。闻伊要慎部札,慎部札者,于呈缴部札时,于札内诉冤,便可上达大部,此毒计也。以寿幛等六色送王太太生日,仅收款字。

廿五日,戊辰　　阴

清晨至王公馆拜寿。又拜吴大令,为中府事商谈良久。又至王尉处送行。午刻至协署,傍晚归寓。夜杨把总、中府先后来。

廿六日,己巳　　晴

清晨至岑篯卿处一坐,旋至协署。中府来。饭后至中府署,偕至县署。又以协戎来招,至府署一谈。夜赴王大少处饮,即生日酒也。杨辉廷自台北来,偕江子青至寓,未晤及。得西帅本月十五书,所去各信皆收到。席未散,又至中署,折至府学,与耐安少谈。耐安回署,与俞苇卿少谈,亦归。江、张来。

廿七日,庚午　　晴

侵晨答拜杨辉廷,不值。至雷太太处送喜,并拜叶小斋,未面。谒太尊,中府亦至,散后偕至寓午饭。饭后杨辉庭来,黄石泉来,谢松臣、岑篯卿来。下午至协署一转,归寓夜饭。由岑震元送来章一山廿四信,知前函并各件尚未收到。夜裁书答之,亦交震元寄。是日送雷太太四色礼,均收了。吴大令赴天台查案。

廿八日,辛未　　晴

清晨潘中府来。午饭后去。林馨山、谢松臣、陈馀堂同来,陈先去。统领自路桥归,来谈。中府又来。傍晚偕中府至雷太太处饮,座间为叶小斋经厅、潘中府、顾海友、陈烃、蒋佩黉、谢松臣、陈大少等。顾号容卿、陈号小亭、蒋号尧阶。得刘虚谷信,即答之。阿玉上学。

廿九日,壬申　　晴,天气转暖

侵晨至统领公馆一谈,旋至营。得三杨台湾来信。下午至协署一转。又到中署，逢林馨山，在彼奉育婴堂委札。夜微雨。

十一月

初一日，癸酉　　阴

清晨衙参，未见。拜吴大令，谈良久。拜婴堂董事，均未面。至营，中府送次遣人来请，即走候。饭毕略坐，及至陈厚卿处，亦因伊来招也。王雨亭自宁归，交来代买各件，价甚贵，亦无奈何。杨老六来辞行。府礼房陈宗洛来，送伊乙洋。伊云每年堂中送笔费四千文，县署则归库房费用。陈住雷恒源纸店隔壁。夜，至东岳宫送杨老六行，并送伊野术乙包，竹扇乙把。王雨亭来，未遇。

郭应奎花农知天堂巷，陈世钦协臣鼓楼边酱园。

初二日，甲戌　　阴

清晨王雨亭来。旋谒太尊，至营午饭。饭后至协署一转，即归寓。郭、陈二董事率同司事来谒，未值。蔡副戎来拜。

初三日，乙亥　　雨，天气稍冷

孙孝正持院批来，北岸炮台已归台协防守矣。巳刻至营，饭后拜郭、陈二董事，均不遇。至府学一谈，中府在彼也。夜，王大少来，郭、陈二董来。得南桥信，即答之。吴大令来。婴堂司事为高升之、王少碧，高以事经太尊交差。

初四日，丙子　　阴

巳刻至营，未刻至署，酉刻归寓。闻滥肚包招来八人，昨日见太尊，皆壮悍凶徒，不知安插何方。

初五日，丁丑　　晴

吴、姚二君以寿彭儿子十岁，各送贺礼一洋，谨璧谢之。巳刻至营。午后至吴仲根、陈馀堂处一坐,在陈处遇谢、林二君。统领来请,又至营一走,夜饭后归。统领送来衣料两件及他物合六色,王公馆送来洋八元及他物合六色,房东送四色,雷太太送六色,均领之。陈太太送六色,收四色。蔡协台送六色,收两色。得刘虚谷信,得雷协台自镇海回信。得邵楚白大令自杭回信,买书洋四元已收到。协标饷差带回炕枕垫乙付、椅垫八个、及换回靴子一双,均由中府处交来。得刘虚谷信及王植之信。

初六日,戊寅　晴

潘耐安送贺洋两元,邓大令送礼六色,刘旗官送礼四色,婴堂董事及司事王栋焕送礼六色,均领之。请女客两席,闹了一天。伍瑞生送贺洋乙元,璧之。夜王采山来。

初七日,己卯　阴

巳刻至营,饭后至东岳宫一看,并谒太尊,与中府遇。太尊交出花翎游击衔尽先都司王金魁一条,属写信荐杨西帅。王字润泉,蜀人,太守戚也。下午至协署一转即归。是日桐生拜客五六处。耐安送来路菜两色,只得领之。夜送条子至统领公馆。

初八日,庚辰　雨

修杨钦帅禀,李、柏二幕宾信。答张华轩统领、杨爵斋、杨茂斋、杨紫园三营官信。为太守修禀,荐王金魁于杨帅。为花翎守备吴汉松修函与李幕,又为郑赓飏修函于李幕,共发八械。王都戎来,未及见。张可亭来辞行,以南枣、竹扇送张可亭。是日,统领请桐生。邓太太请酒拜干娘。夜统领送洋十元与桐生,收之。得章一山专信,即答之。所云附学之一人,名以孚,乃伊堂兄郁卿名从周者之子也。

初九日,辛巳　晴

章一山之专足回海游,旋得王子庄自太平寄一山信,交岑震元转致。至张、王两处送行,拜郭董事,均未面及。至营午饭,饭后回寓。桐生出城登舟。以洋三元托江子青在海门买糯米。至耐安处一谈,遇林馨山及左右二守备。夜至邓大令处饮,同坐为刘统领、吴大令、台州卫吴聘卿及省委汪纪云大令。台协是夜赴海门。以肉松、肉饺送吴大令、潘中府。

补初八:付福顺泰店《申报》洋乙元。补初二:付徐喜十月分工洋乙元。补初三日:支来十月分束脩。

初十日,壬午　　阴

清晨为虚谷书楹联。巳刻至营。未刻答候何封翁,并候吴大令。又与封翁遇。过潘耐安处谈,以买物洋八元交还清账。夜饭后,俞苕卿亦至,二更归。以对子交航人寄虚谷。连日以点心赠刘、王、雷、孙四处。陈三少借去洋四元。耐安处有抄本《中枢政考》十馀册,大字,便览,系蒋尧阶物,又《大清律例》乙部。俞苕卿处有《古事比》一部,袖珍,佳本。

十一日,癸未　　雨

在寓竟日。下午,耐安著人来请,盖已抄得禀稿出示也。

十二日,甲申　　晴

小有感冒。巳刻至营,午后回寓。旋至协署一转。闻巡捕说中府委人事,旋至县署、中署一转,遇郑碧山。统领夜潮赴章安。闻邓大令代理太平,荐陈升去。旋闻新太平令红谕已到,初三接印。

补十一日:以洋两元、钱七百八十交还王雨亭太太,即宁波买物尾款也。

十三日,乙酉　　晴

清晨谒太尊,出示抚院初七排札。至经署一坐,晤叶小斋及宁海守备项清藩。项,青田人,号律和,徐学使门下武进士,荐来台州,由府、协会委北岸炮台差，月薪三十元。又与雷太太略谈。饭后至中署、县署、协署一转。夜，赴县署饮，同坐为项、孙、李三守备及千总顾海友等。又至邓大令处一谈。发虚谷信。在县署晤杨敏夫，是日新到。

十四日，丙戌　　晴

巳刻至营，饭后回寓。郭、陈二董及王少碧司事携簿四本来。至孙冶亭处一谈。至协署一转，夜饭后归。

十五日，丁亥　　晴

巳刻至婴堂，发四乡乳资，亲加点验。总董蒋奏亭至堂一会，宾兴局董李元澄字笏庭亦在座，张、许两医士亦至。申刻事毕，至中署一转，遇王雨亭。接统领专足来信及镇信，即谒太尊呈阅，归寓已黄昏矣。得虚谷复书，得桐生书，云移寓刘处。夜，修杨协戎函，交潘耐安差去。陈南桥来拜，未遇，送来食品三种。

十六日，戊子　　晴

巳刻至婴堂，点验在城各婴事毕，至中府一转。旋拜二府及南桥，均不值。至协署一转，复虚谷及桐生信，附名戳去。

取来冬月分营束。王哨弁来，已得札矣。

十七日，己丑　　晴

王司事来，云堂中办笔墨者即已革之廪生张孔修，字少府，住东门街，即协署张稿工之兄也。今年下乡收租为李彝甫、李世魁二人，世魁住炭行街，彝甫住上草巷。收租每日给费二百文，住乡间某家，每季给租谷四石，往来川费另给。司事高升之每月只给乙千八百文。帮办帐房系秦子宣邀入，今年九月闹事。现在堂丁只郭同官一人，接婴兼厨子只杨支应一人。其堂差两名，一为侯魁，一为□凡，住婴堂左右，有事时听差。毛袜归许医士家包做，每棉花乙斤可做十八双,另给棉花乙斤作为工赀。

至营午饭,饭后答候吴仲根,并至协署一转即归。张二府来拜。吴大令送菜点及家乡味与家慈,领之。李彝甫来。得桐信。夜三鼓,统领专信来。

十八日,庚寅　　晴

代统领拟电信送甬。已刻至陈南桥寓,旋偕陈及吴、李二大令同谒太尊,代吴仲根乞恩,宪意严厉,未之允。至府局饮,同坐为张二府、吴、李、汪三大令与南桥。回寓,已四下钟矣。

李继甫大令云,风羊皮至轻至暖至贵,在火狐、元狐之上,求一背子已不可得,京城王公贵人亦罕备此物也。

十九日,辛卯　　阴

至中署一转。饭后至后哨,偕哨弁上街一走。至协署一转,归寓。闻新中军徐富春到。夜西北风,极冷。

二十日,壬辰　　雪,冷甚

新中府来拜,未见之。阿陈是日娶妇,新娘夜间进门。得桐生信并蟹三个。

廿一日,癸巳　　晴,西北风怒吼

已刻至吴仲根处一走,遇景大少。至营午饭。新太平陈令来拜,略谈片刻。饭后答拜太平令、中府,均未面。答拜县帐房杨敏夫。至协署一转,回寓夜饭。冷甚。发统领信。

廿二日,甲午　　晴

小有感冒,在寓竟日。陈南桥来,景大少来,未见及。以《申报接办婴堂文》及《移取钤记文》借经厅印发递。

廿三日,乙未　　晴

至耐庵处一走。午后谒太尊,并过叶小斋处一谈。

廿四日,丙申　　晴

便衣拜太平令。至营午饭。饭后至婴堂,与董事商雇乳媪住堂事。至耐庵处一谈,携来《搢绅》乙部,抄本《中枢政考》十册。以函荐陈升与太平令,并以邓函托其带交。孙冶亭来,不遇。

廿五日,丁酉　　晴

孙冶亭来,云陈小竹托其荐高司事,姑许之。至何四香封翁处一走。至营午饭,饭后至县署,与吴大令谈婴堂事。又与杨敏夫谈。上海有青灰斗方布,每匹可做袍料乙件,价乙元零,颇雅洁。至协署一走。答候景大少,云上海点石斋买石印《经世文编》前集十二册、续集三十二册,共价四元,甚不贵。携来刘太史临松雪本《老子》一册。是夜搓丸,盖明日冬至也。

廿六日,戊戌　　晴

长至节。刘虚谷来,知赴台轮船廿五日开,船名士美,商轮也。旋往衙参,并过府局及统领公馆,又带拜台州卫、黄岩场、新河丞、吴大令,回寓午饭。饭后,以函致吴大令,询铃记事。由信局来章一山自甬江十九日函及王玫伯书,即为交航去。

府署发练军饷,每月有洋馀七十馀元。

廿七日,己亥　　晴,天气蒸郁而暖

江子青自海门来,带来初十西帅信及李、柏二公信,即斯美轮船所取来者也。孙冶亭带高馨山来谒,面恳馆事,姑许之。下午至协署一转。回寓夜饭,延严芹生来开一方。

廿八日,庚子　　晴,暖极

高司事来。发秦子宣信,邮递。饭后至耐处一转,遇江子青,旋至云处,又至耐处,以食品四种送耐安,盖其眷明日启程回杭也。

廿九日,辛丑　　晴,天气仍暖

景大少来。答候江子青,未遇。至营午饭,饭〔后〕回寓。郑仙

崖参戎来，云在宁海、象山交界洋面擒斩匪盗数十名，生获八名解来，内有首匪余土，是日正法。至协署一转，回寓夜饭。耐安是日移居陈南桥处。省委查牙帖人员姚学源来拜，未面。

三十日，壬寅　晴，暖甚，如春三月时

闻统领夜间已旋，至公馆未遇，即至营一谈。又至五所巷看潘耐安，回营午饭。饭后吴仲根来，下午回寓。何见石自京回台，来拜，未面及。又至县署一转，答拜姚委员，并为景大少询干脩事。夜，婴堂郭、陈、王三人来，云乳媪已雇定两人，堂内巡婴一名。本年辛工系李祥暄所得，据云乃蒋绅意。

十二月

初一日，癸卯　晴，北风怒吼，天气严寒

拜何见石及新台卫，均未面。江子菁来拜。为耐安上西帅书。至营午饭，饭后回寓。至王雨亭处一转，不遇。至何见石处，又不值。至江处小坐。何见石旋来拜，畅谈都门各事。傍晚，至县署夜饭，集者潘、俞二公也。以西信交潘统领，亦将二杨信交来。席散，至府学一转。少顷，耐安至，雨亭亦至。归，已将四更矣。耐安五更就道。

以何寿庵洋信两元托曹老四带甬，并托买糖果二元。

初二日，甲辰　晴，冷甚

巳刻至营，下午至协署一转。以寿幛及他礼物凡六色送雷处，盖锦文参戎六十岁也。夜，雨亭来，杨泄泉来。协署送来十乙月分束。何见石送来《甘泉乡人稿》一部，祁文端朱拓一付，眼镜袋一个，酒一瓶，后两件璧之。

初三日,乙巳　　晴,风厉,天极冷

清晨拜见石,又往雷处道喜。至营午饭。刘华轩请酒,皆同事诸公。统领夜潮赴章安。闻镇口已来夷船三十三只。付徐喜十一月分工洋乙元。

初四日,丙午　　晴

杨泄泉来。发郑禹栖茂才信,托杨专送西乡田头。代杨办文书两件。岑镁卿来谈甬事,与昨所闻同。答拜杨旗官,未遇。至营午饭,同饭者为何见石、姚委员、叶经厅、杨旗官与江子青等。夜赴雷太太处饮,又赴新台卫处饮,同座为吴大令、徐中府、俞老师、叶经厅,徐字树棠。

初五日,丁未　　晴

清晨谒太尊,知土匪尤均受已于昨日来投。至婴堂午饭。是日巢晚谷乙百廿石,每元乙石〇四升,乃常平仓所收也。发王簇之信。

支来腊月分文案薪水。

初六日,戊申　　晴

发伍大令信。午后,至协署一谈。陈南桥来,未遇。

初七日,己酉　　晴

清晨至何见石处一谈。至营一转,不见一人,回寓午饭。以洋二元、钱八百十文还杨再恩把总,即省城买桌秸款也。杨住天灯巷。郭董、王司来,并来薪水洋四十三员,来米八斗,不识如何算法。

初八日,庚戌　　阴

招客午饭,至者为马伯康、赵绍平、俞莳卿、马建侯、刘大少、陈南桥各人。何见石以家忌,吴大令以下乡,杨敏夫因乃弟起程,均未至。太尊赴海门,傍晚至署一谒,又遇南桥,伊委提黄岩场书。陈新祥、沈日襄又委带练兵、团兵守海门,是夜随太尊行。李静山、江子

菁来。

初九日，辛亥　　晴

清晨至营，李静山适将起程，略谈片刻。回寓午饭。饭后谒王太尊，拜培元局绅士，与蒋、李、陈三人晤谈一切。至婴堂一转。又至县署，向杨敏夫索新历一册。夜王司事来。又至协署一转。

初十日，壬子　　晴

侵晨闻昨夜三更有土匪五六十人行劫西门城边杂货店，计赃近百元，盖欲入城未果也。兵丁追之不及，于路廊拉回二人，送入协署。至何见石处一谈。至营午饭，饭后回寓。发统领信二缄，一交航船，一交王道隆。

以御批《通鉴》二十三册借绍平。

十一日，癸丑　　晴

巳刻至营，饭后至经署、学署、协署一谈。夜饭后归。闻太尊午刻旋署。以致杨泄泉信交江子青转寄。夜小雨。

十二日，甲寅　　晴

侵晨谒太尊，以有要事未见。至营午饭，饭后偕江子青至岑篯卿处一谈。得章一山初四日金陵书。发雷锦文书，交伊差弁许某去。渠调带振字左旗，驻南岸之蟹浦，其台练一旗委一邱姓接带。郭、陈二董来。

煤炭外国产之最好者每敦需洋七元，中国各处所产则六元、五元不等。每敦乙千二百斤，小轮船自沪至杭须用一敦，盛远轮宁台往返一次须三敦。陈升自太平来，由杨泄泉送来。郑雨栖自仙邑西乡夏历洋回信。

十三日，乙卯　　晴，天气又暖

清晨，谒太尊，谈良久。归寓午饭。得统领复函。发杨帅禀，李、柏、朱三信交信局去。属刻字匠刊婴堂钤记，遵太尊谕也。王司事来，以本月分束脩送柯先生，并附折席一元。夜后哨来勇二名。

十四日，丙辰　　晴，暖甚，如三月天气

得刘虚谷信，即答之。以王大少束脩交柯先生。下午至协署一走，闻县令已旋。相士袁步庄字玉泉者来，黄岩人也。

十五日，丁亥　　阴，微雨，天气稍冷

巳刻至婴堂点名，逐名细问，各衣裙多未发，岂不可恨哉！

十六日，戊午　　阴雨

午刻至婴堂点名。又至雷太太处一转。傍晚归，江子青来。袁相士来，未遇及。得秦太太信。夜微雪。

十七日，己未　　阴，微雪

发各年信十二封。以秦太太信及洋两元、鱼乙篰交阿三。得高文伯自关岭来信，并代购之书两种，又赠笔五支、墨四条，即答之。以杭州纸价还南桥，除扣汪闲游公分乙元乙角外，找去乙元另七百七十五文，送交公馆。为荣选三太太乞助于赵渔衫太守。

十八日，庚申　　阴

巳刻至营，饭后偕江子菁至马建侯一谈。途遇相士袁玉泉，又来寓小坐。旋至协署面辞明年馆事。发统领信。殷哨官来，未面及。赵哨官送来羊肉一块，挂面数卷。夜雪。是日启用钤记，发申文、禀帖各一件。

十九日，辛酉　　雪，冷甚

是日封印，至各署一贺。胡小嘴来，传刘太太之命。函致统领，说曹、孙二人调委哨弁事，适统领来一书，答函即为言之。遣堂差沈魁、沈标两人赴三山庄催租。胡小嘴名春发。

二十日，壬戌　　阴

巳刻至营，饭后至吴仲根处一谈。王司事同张少甫来。刘虚谷

之妹丈王君庸可名作霖自海门来，下榻寓中。夜雨。付信局洋乙元买明年《申报》。

廿一日，癸亥 雨

清晨偕庸可兄至各处看房子。下午王君回椒。发章一山、潘耐安信，交局去。得景大少章安信。杨敏夫交来景大少干脩廿元，即函答景交方一仁店毛鸿斋寄去。叶小斋以联属郭花农书，即交去。夜王司事来，交来薪水尾洋五元，又钱百文，连前共来洋四十八元乙百，盖截至明年正月十五为度也。

廿二日，甲子 阴

饭后至县署、学署一转。刘旗官来拜，未面及，到已五日矣。邓大令送席一桌来。

廿三日，乙丑 晴

冷极。午刻邀孙、江、郭、陈、岑诸君吃饭，何以腊祭未到。统帅回营。下午至营一转。婴堂来米五斗，连前共来十八斗，例数也。

廿四日，丙寅 晴

清晨至营，与王雨亭遇诸涂。刘旗官来。饭后偕江子菁答候袁相士。俞苇卿广文来，未面。旋送糯米粉来，以早桔报之。各处互送年礼。得刘虚谷信，属代付四元定天灯巷房子。以潘信交俞老师寄。至协署取回各物。

廿五日，丁卯 晴，严寒稍解

清晨谒太尊，并过府局一坐。至营午饭。闻吴大令今日生辰，即往贺，送礼两色，未收。在彼吃面。有客十许人。席散，过邓大令、俞广文处一谈。夜县署招饮，未去。集成店织绒，每方一丈三尺，价洋乙元。以洋四元交阿陈定天灯巷屋，并发信告虚谷。朱子健来一书，附带鱼数尾。

廿六日, 戊辰　晴

清晨至营, 相士袁玉泉来, 谈及杨雪门营中各事, 与在台时俨然判为两人。人不易知, 一至于此, 可为浩叹。申刻回寓, 县令及婴堂医士许文兰送年礼来, 略收一二色。衢标练旗徐哨弁来。得刘虚谷信, 荐苏史光字绩臣者为蒙师, 栅浦人也。以花乳石章一方送汪闲畮。

支来正月分文案薪水三十八元有奇。支来腊月束及正月束六十元, 又金殿传七、八两月饷十元, 尚有九月分饷未交, 须来正再取也。

廿七日, 己巳　晴

饭后至营, 又至经署一谈。堂差缴销差票。

廿八日, 庚午　晴

清晨至营。饭后至婴堂一转, 王司事恰自海门回。路遇陈兰桥, 盖自新河提案归也。夜太尊招饮, 同座为刘、蔡二将, 吴、邓二令, 叶、陈等。柯槐庭茂才函荐孔鲁卿来教读, 即具关书订之。付徐喜工洋乙元, 又给陈升乙元。孙孝正还洋四元。协标兵丁送来邵楚白明府复书。协戎送年礼来, 并来腊月束。夜四更, 南门外火, 焚去品亨、益三两南货行, 并烧死一人。

廿九日, 辛未　晴

发任雨泉信, 邮递嘉善。复朱子健信, 又复刘虚谷信。发海游章郁卿信。陈南桥来。吴大令第四子满月, 与经厅合送针线两件, 银器四件, 未收。并亲往道贺。至营午宴, 即过年酒也。仙居十三都地方野百合甚好。王司事自海门收捐回, 提来租谷出入流水簿五册。饷弁回, 买来糖食等两元, 又何寿安复书一缄。当夜配桔子、馒头、兰腿等凡六种, 送太尊。赏给家丁对子乙付, 又以集禊对一付见赠。以洋两元送县账房，付镇台寿分也。

三十日，壬申。岁除　　阴

以洋四元交刘华轩还买物账。得杨紫园自台北信。闻蔡协初二生辰，以寿幛等四色送之，未收，云无其事。县令亦送而不收。各处账目开销毕，虽今年尚亏空五十五元，而人口清宁，慈闱康健，甚叩上苍庇佑，为可喜幸也。夜，由黄岩寄来章一山自金陵信。杭州秦太太又交旬差寄来年糕、瓜子。何见石来，以土人严德寿名条属交统帅。

杭人钟敬，字乔申，即月生，刻图章颇好。

陈五十卖骨董，在衡丰绸庄门口摆摊。王立峰。

光绪三十年甲辰（1904）

正　月

初一日，庚辰元旦　　黎明雨止
拜牌，行香。拜客。

初二日，辛巳　　阴
清晨拜客，并诣乌丼。

初三日，壬午　　晴
袁、王二弁来，请捕厅赴茶排一走。午后登舟赴郡，水浅行迟，夜泊港口。

初四日，癸未　　晴
清晨开船，行数十里，夜泊堰头。

初五日，甲申　　晴
暖甚，如三月中，可御夹衣。未刻抵郡，住谢家客店。太尊来召，即往谒之。病咳，避风，不能久谈。夜与同寓杨古酝大令晤叙，承写赠斋额。晤陆子登。

初六日，乙酉　　晴
清晨拜客，所晤面者：镇台、卞司马、彭大令、马明斋诸公。夜宴府署，坐客为赵、卞、祁、杨辈，太尊不能陪。祁樾门大令现署青田，亦同寓邸。晤陆子登。

初七日，丙戌 晴

清晨谒太尊。咳疾稍减。与赵伟传一谈。午刻卞司马招饮烟雨楼，同集为祁、彭二大令，方、许、金三分府及许德生店东，杨古酝已回宣矣。夜宴县署，仅祁大令与方、金二人在坐。官绅来答拜者多未晤。发魏朗清书，交旬差。

初八日，丁亥 晴

午刻马明斋招饮，同席为卞司马、张捕厅、赵誉传昆玉。太尊来召，晋谒略谈。走诣彭大令，夜承荐一家丁湖南人张益来。诣陆子登。卞司马交回前托购物洋一封，镇署交来杭信一缄，沪书卅三册。谭文卿招饮，同座为孙、姚、吴、潘及誉传，出示新书《黄帝魂》。是日，谒郭总办。

初九日，戊子 晴

清晨，上街买什物。谒辞太尊，并晤誉、伟二人。彭大令来，陆子登、徐琴叔先后来。午后启程，夜宿堰头。

初十日，己丑 晴竟日

行数十里，下午抵净居口以候行李，天晚遂宿邸店。夜烛阅书至三鼓。

十一日，庚寅 晴

日出启行，未刻抵署。黄秋光在署，与之一谈。旬日中酬酢奔波，枕馈皆不自在，颇怠倦。

十二日，辛卯 晴

发季少渔、潘耐安信，并洋七百元交一通由兰溪汇杭，请春季契尾并给年下房费也。黄秋光、叶尚颖夜来。江淋、李祥均请假回郡。

十三日，壬辰 晴

发季少渔、潘耐安、王、沈二司房、章一山、萧大令各信，派差纪

高明日赴杭。潘信附竹叶陈腿两只,章信由季拨洋十元以作元敬,
并赍请契尾文领全套,交季转投。何云亭来。夜,宴客,来者仅徐老
师及绅士叶松台。

十四日,癸巳　　雨竟日

由兰溪来旧腊十四、十八耐安两信,二十日王司房信,云汇款千
二百五十元已到。夜有龙灯数番入署。

十五日,甲午　　阴

各庙行香。温州人叶星恩字干臣者来拜,盖以骑都尉赴京引
见,即前台防新左军之哨弁也。午后答拜,并过徐广文,笔谈片刻。
陆子登偕龙泉钱谷叶君自郡来。下午大雨,夜雨止。宴客,龙灯、船
灯喧阗入署。

十六日,乙未　　阴

徐广文以《振藻楼诗稿》见示,为翻一过。夜雨。

十七日,丙申　　阴

专差送禀赴府,附致赵誉传、彭笠桥二函。午后,闻叶任初十自
省起身。又发一函与誉传及马明斋,专足赍去。送还徐广文诗稿,
并附拙诗十二篇示之。

十八日,丁酉　　阴雨

叶世职招饮,在叶春台家,同坐四五人。黄秋光来。午后雷,明
日惊蛰也。专足潘标送信赴杭。

十九日,戊戌　　雨

晨起蒸闷,旋即西北风作,转冷。巳刻开印。派差赴郡送赵、
马、卞、彭各信。徐广文以诗索和,勉答一章。夜雪,风雨益厉,寒甚。

二十日,己亥　　阴,寒甚

下午专差带回十八夜赵、马、彭各覆信,云新任已到。又来腊月

廿二章一山信。专王道隆送禀至府。

廿一日，庚子　　雨，寒甚

黄秋光来，叶尚颖来。下午，赵誉传专足来函，十九午所发，即答复之。徐广文又以诗来，并索阅《志议》，当检付之。

廿二日，辛丑　　晴，午后雨

黄、何、叶三人来。发季少渔函，交一通由兰溪寄。徐广文以《志议》见还，又以诗来。夜，新任红谕至。发章一山书，亦交一通。

交旬差带去府宪禀信一械。

廿三日，壬寅　　雨

叶尚颖来。午后，十九专差带回卞、彭二信，马一信，又沪上来书一册。夜王道隆带回赵信。旋得新任函，云廿五接篆。

廿四日，癸卯　　阴

已刻新任叶咏霓大令到。午后往拜，略谈片刻。黄、叶、叶三人来。下午一通来季少渔初七日杭信，并漕项库收二纸，开泰清单二纸，而冬季契尾尚未领出，无可奈何。

廿五日，甲辰　　阴

清晨叶大令来一函，附太尊函，即答之。少顷，又来一信，云："以朝帽未到，改期廿八接篆。"午刻，专王道隆送文件赴府，计交代三册，印册四本，本府、缙云令申移各一件。由坐府专足送缙云用印，附印费并差力洋三元。又附赵誉传一函。夜，旬差回署，带来太尊回片。袁、王二弁来。

廿六日，乙巳　　阴雨

清晨叶大令来拜。午刻兰溪万通典专足送来廿三日潘耐安杭电一函，云春季领尾文件不投，冬尾须廿八发出。无可奈何，诣北乡相验。

廿七日,丙午　　阴雨

徐广文来,笔谈片刻。黄、何二人来。午后来廿二日下司马信。夜十一点钟送印,以新任选定时刻也。

廿八日,丁未　　阴

卯刻新任接印,往拜贺之。送刑、钱各友忙规程仪及交代全脩共二百〇六元。午后魏朗清、陆子登、易叔莲动身,以太尊、二府、马、赵各函又印费洋十元交陆子登转致,以潘耐安信一缄托魏朗清兰溪交邮局。夜,雨。王道隆自郡带回坐府一信。

陆子登厚澄住萧山县城内何家弄。易叔莲住山阴安昌镇东市新街北岸,魏朗清飓廷朱安昌镇板桥村,信件由安昌镇西市恒孚钱庄转寄。

一通来十四、十五王司房信两缄并季手条。

廿九日,戊申　　阴

催办交案各件。叶干臣世职来。

三十日,己酉　　阴

以洋四元赠叶世职,并托带郭谷斋观察书一缄。叶大令来。送交代各件与新任。黄秋光来。午后雨。徐广文比日屡以诗来索和。夜秦柳亭自杭州来。

二 月

初一日,庚戌　　阴

清晨诣云岩一走,新葺屋宇,极俗陋,无足览。诣徐广文略谈。闻徐聆第九月中殁于沪江,如是收场,可胜一恸。惜秦所言不详,不知时日,且不知其何以到沪也。夜得任诗言廿四日专足来书及三印册两本,差来已逾限三天。

初二日,辛亥 阴雨

马明斋专足来函,即答之,附泰兴陆家湾一信,托马交邮局。覆任诗言信。林教习来,王哨弁来。由驿来龙泉捕厅何寿安初八函。叶尚颖来。夜发耐安信,交一通寄兰邮杭。

汪东亭寓上海二马路西鼎新里春申福栈廿乙号,见正月十一日《中外报》。《道统大成》价三元二角。《性命合篇》五角。《女丹诀》。

新编《约章分类辑要》三十三本,实洋六元。四马路纬文阁书局及中外日报馆售书处。

初三日,壬子以下皆讹 阴,旋晴

黄秋光来。徐广文又以诗篇见惠。下午,专差纪高、潘标自省带回廿六日季少渔信并冬季契尾二百纸、帐单乙纸、信局寄洋收条一纸,内附廿四日耐安信、廿六日王、沈二司房回信。下忙房费均已付清,除仍拨存耐安处七十元外,馀洋三百六十八元七分均存季处。外又附来藩札乙件及沈司房礼物四色。库收一纸尚未寄来。夜,宴叶大令,林、徐二广文。复何寿安书,由驿递龙泉。

初四日,癸亥 晴

叶大令来函,为契尾事。旋属姚次言与伊友相商,竟不通融。徐广文又以赠诗及诗册来乞评。坐府专足送来陆子登初二函并三印册三本,又台州陈、潘二信,当交该差带去本府、二府及赵誉传三械。夜姚又诣叶,说定平分之局。

初五日,甲寅 晴

税房粘契竟日。黄秋光来。夜赴叶大令之招,同坐为林、徐二广文。叶尚颖来。黄秋光携去库房领洋办米廿结乙纸。又以一函致叶大令,以三印册稿交毛玉芳送去存案。

初六日,乙卯　　晴

黄、叶二人来,一再往返,始定契税之局,姚次言偕黄秋光赴郡。夜宴黄、何、叶,即伊等所送之席也。收回库房领办兵米洋九百元领字,即交秋光。契尾借印一事亦经说妥。

初七日,丙辰　　晴

清晨发行李,装船五只,派张福、章福二人及门稿刘升押送赴郡。午后,诣各处辞行。叶、林、徐三人晤面。何云亭来,叶尚颖为契税事来,发各项秋季分役食。叶肇基同詹世英缴来粮洋十五元,仍退还之,因帐房核算不清,疑莫能明也。叶尚颖缴来税契洋款,其契即交税房书办三人领去。发潘耐安信,交一通带兰溪邮杭。

初八日,丁巳　　晴

叶大令来送行,以船只未备,未能束装。叶世职来,托伊以民价雇船。夜雨。

初九日,戊午　　阴

埠头来小船八九只,即发行李。永康人吕工部传恺字晓山来拜。午后全眷出城,至瓯江公所小憩。叶大令亦到,又至厘卡小坐。雇来盐船两只,并小船十三只,申刻开行。夜,泊南洲。

初十日,己未　　晴

清晨开行,申初抵郡。以天色不早,未即上岸。

十一日,庚申　　阴

清晨发行李,全眷随后进城,仍住谭宅。其东屋已为彭大令眷属所住,只好住西屋,湫隘已甚。下午谒太尊略谈,晤赵誉传昆仲亦略叙。彭宋儒世兄持乃翁所留手书来见,乃翁已赴青田也。与谭文卿、谭子黻略谈。

十二日，辛酉 阴

黄、姚二人来。诣各处拜客，晤者三人：卞叔梅、马明斋、黄大令。发叶大令信。发张捕尉信，附移送前官家属三印册，均交黄秋光带松。

十三日，壬戌 雨

诣黄秋光、姚次言。诣经厅，未面。章福、吴福两人均遣之去。以镜袋、帽沿送秋光。

十四日，癸亥 阴

清晨谒太尊，晤誉传及马明斋。走诣黄秋光，则已行矣。即发一函，派王道隆追去。下午，方、胡、金三人来，张雨人、陈子发二人来。夜，赴姚次言之招，座间皆本地人，相识者只谭、周二位。便诣马明斋一叙，晤卞司马。松阳旬差来叶大令信，为同仁局事，即答之。发陆子登信，交邮政局寄黄岩。

十五日，甲子 晴

张、许二人来。午后诣经、捕二厅一坐。马明斋来。夜诣赵仲枢一谈。王道隆下午回来。

十六日，乙丑 晴

在寓写信，竟日未出。

十七日，丙寅 晴

彭笠桥大令回寓来谈。以台州陆、江、陈、方四函分饬王显、陈喻二人带去，伊等日内回台也。以杭州季信交府旬差，内附潘信。午后诣马明斋，未晤。诣卞司马一谈。

十八日，丁卯 晴

清晨诣郡斋，马明斋亦至。王显、陈喻由温回台。松阳厘局委员广西人廖名加理来拜，年近七旬，谈及太尊咳疾，因传一方：川贝母炖豆腐浆饮之,如体寒,酌加生姜。

十九日,戊辰　　晴

午后吕工部自松阳来拜。夜走候之。挖眼剖心一案,外间谣诼日多。黄大令招饮,以腹疾未赴。

二十日,己巳　　晴

清明。谒太尊,问讯病状,谈良久。晤伟传及傅汝舟,以练军左哨借领一纸交伟传手,请届时代扣归款。伟传借去蜀刻官书目四纸。镇台回辕,夜往谒之,谈及省事,并知温州、海门二余镇于正月廿七、三十先后出缺,渠系调署温州。由邮局来二月初二泰兴书,云年内洋款未到。即答一函,附全盛局收条去十一月廿四日。又来正月卅日陈南桥函,云代理杜淓场。又来二月初七章一山汉口轮次来书,云十元已收到。又《新民丛报》两册,即四册合订。发潘耐安信,请其速来。

是日午未之交忽现活子时境象约一秒许,多年有也。

廿一日,庚午　　晴

与谭文卿略谈。送熊处奠洋。又发耐安函,属购帽子,交邮局去。

初二以后干支皆讹。

廿二日,辛未　　晴

发季少渔信,交邮局。日来得诗四首。

廿三日,壬申　　晴,天气热闷

诣府署拜陈大令,乞开一方。旋即雨作。熊章甫送菜来。签稿吴松自松阳来。

廿四日,癸酉　　晴

松阳旬差来叶大令廿二函,又何绅带来一函,皆为前任库欠事。

当写回信,并附庄柜总登一大本去。叶尚颖、姚次言来,交来黄秋光一信,又杭州季少渔、王司房二信廿九发。春季契尾捐竟,于廿九上兑,不照电音,岂不怪哉!库收一纸亦来,误人洵属不浅。何云亭来。赵伟传借去各省官书目一厚册。夜,诣何、叶二人一坐。为吴松乞赵誉传荐遂昌。

廿五日,甲戌　　晴

清晨谒太尊,以甫见客烦倦,未见。与陈体明大令一谈。发叶大令函,交吴松带松,为伊事也。午刻招何、叶、姚、谭诸绅饭。下午叶肇基偕叶尚颖来。夜间,尚颖又来,取去解款洋贰千元,并解费十二元,由伊号寄存兰溪晋昌庄听候提拨汇兑,出有收条。

廿六日,乙亥　　晴

清晨复黄秋光函,告以汇款事。另附一通店三月十五票洋百元一纸,统交叶尚颖带松。何云亭、姚次言均在坐。诣马明斋一谈。谒太尊。午后谒镇台道喜,未面。以王道隆由巡捕交入,诣卞二府一坐。

廿七日,丙子　　晴

发陆子登、季少渔函,交邮局分递台、杭。右营黄游戎瑞清来拜,未见。午后答拜,亦未面,以何寿安信及松腿托伊带赴龙泉。诣马、徐二处,均未晤。夜,谭文卿招饮,因乃郎及女孙行聘也。

廿八日,丁丑　　晴,暖甚,御夹衣

午后诣府署、捕署,均未晤。诣许德生一转。夜赵漪斋招饮,同坐为黄、张二游戎,方、金二同寅。二更转冷,雨作。龙泉旬差来廿三日何寿安信,松阳初三驿递一函尚未达也。

廿九日,戊寅　　雨,旋止,天气稍和

发余鲁卿信,附呢幛,交邮局寄温。下午诣郡斋一走。夜招陈、

金、傅、赵、谭诸公饮。彭大令未至。

三十日,己卯　晴

午后诣经署、捕署一转。以温信改交熊章甫觅便寄去。

三　月

初一日,庚辰　雨,天气微寒

翻阅残书,颇形倦惫。

初二日,辛巳　雨

彭大令辞行赴省,与之一谈。午后诣镇台,以病未见。与芮哨弁略谈。诣马明斋一坐。

初三日,壬午　雨

今日括城迎太保会,阻雨而止。下二府来。下午阅《中外报》,与彭大令送行。夜由府署扣回练军借款四十元。得叶大令初二日书。

初四日,癸未　雨少止旋作

覆叶大令书。

初五日,甲申　雨

比日无客,亦不出门。抄近人诗数十百篇。

初六日,乙酉　晴

午后诣捕署一坐。府旬差来廿八日季少渔复书,云春尾已于十八日交钱庄寄一通。二府所荐之姜升今日来。

初七日,丙戌　雨,旋晴

谒太尊略谈。诣陈大令。

初八日,丁亥　晴

舟子送来初七日黄秋光信,并季少渔二月十六、廿一两信及春季契尾,契尾存一通店。即复一函,交原手带回。午后以移交尾件向经厅借印。发陆子登信,寄萧山,发季、潘二处复函,寄杭州。均交邮局。

初九日,戊子 晴,蒸闷殊甚

彭大令赴杭,出城断轿杠。午后太尊送蒸肉两碗来。连日阅近人诗话、笔记,颇有所得。

初十日,己丑 雨

竟日未出。

十一日,庚寅 忽晴忽雨

发叶大令信,附去库收清单三件、移文乙角、契尾二百张;又发黄秋光、叶尚颖信,共一总封,交坐府转交旬差带松阳,叶之函件即由一通店黄、叶二人转致。下午上街觅购纸张,去洋一元。

十二日,辛卯 晴

阅石印《三希堂帖》。夜微雨。伟传借去光绪《谕折》。

十三日,壬辰 晴

午后诣胡、卞、马三处,皆不面。赵镇军来,谈良久。许子莱来。由邮局来二月廿五陆子登信,系覆十四日所寄一械,云廿九回绍,四月望后由黄来栝。少顷,又由许德生店送来陆君二月十九信。先发者后到。夜作子登信,交邮局双挂号寄萧山。

十四日,癸巳 晴

发陆子翁双挂号信。松阳令来信催解款,即复一函。又发陆子登信、台州陈信,统交邮局。午后诣县署拜钱谷吴渭臣,吴系苏州人。诣二府一坐。发何寿安信,交龙泉旬差带去。得松阳局回信。

十五日,甲午 晴,暖极

清晨谒太尊,谈良久。午后送赵镇台食物六色,收二色。下午出城迓新镇台，二府在彼，傍晚时归。

十六日，乙未　晴

吴渭臣来。文镇台来答拜。午后太尊送豌豆肉两碗来。

十七日，丙申　晴

清晨，黄贵自台州来，带来陈南桥及陈老三两械。午后松阳税契房书办饶乃安等二人赍文件、红簿、尾报各项来，阅后，即令包封。赵镇台来辞行。方经厅来。

十八日，丁酉　晴

饶书办等来，给以四羊。午后诣文镇台。又出城送赵镇台，并诣孙兰友，已登舟矣。夜雨。

十九日，戊戌　雨

感冒，颇不适。

二十日，己亥　雨

稍发寒热，委顿不堪。叶大令来文，催解款项。

廿一日，庚子　晴，天气甚寒

感冒未愈，谭文卿为开一方。

廿二日，辛丑　晴

清晨，太尊招往面谈解款事。邮局来初六日方容申复信及陈喻信。二府来谈。午后诣熊章圃、徐琴叔。房东代做杉木书架一座，价洋一元。

廿三日，壬寅　晴

午后，徐琴叔来，云太尊调省，接署者为刘太尊瀚，昨夜电信到府云云。诣府，晤誉传昆仲，知系的实。诣卞、马二处一坐。夜，发陆子登信，由徐琴叔汇交县句差寄萧山。以洋十四元托熊章圃带瓯置物，另附致陈叔咸信乙封、洋两元，系送邓云泉大令奠仪。

廿四日,癸卯 晴

清晨与谭、姚二人晤谈。旋谒太尊。下午,松阳旬差送来黄秋光廿二日回信并叶大令回信,为契尾事。夜,微雨。二鼓时,太尊来召,与谭文卿同往谒,出示电信,知有开缺察看之举,匪夷所思,中伤之由揣测莫定。

廿五日,甲辰 晴,热甚

午后诣徐琴叔,晤金彝卿。下午诣方安云,未晤。至府署夜饭,同坐为台州太平人金仲泉保廉、皖人程宗沂及金、谭二人。金即新山富翁,前因银牌事,太平令陈汝霖坐以谋变,勒洋七千元,经赵太尊平反者。陈,湖北人。龙泉县家丁送来何寿安本月十四日信。

寿安堂弟名厚慈,字宝之,浙江候补通判,住省城管驿后。乃翁名福海,字镜波,系南洋大臣处委员,督办洋务,现在上海,官阶未详。

廿六日,乙巳 晴

清晨发季少渔函,交丽水旬差金采带杭。缙云电局专足送来廿五日陆子登绍兴来电,云廿六由旱路来。给差力、译费乙元五角七分。诣黄大令一谈。诣许子莱,未晤。诣二府。潘耐安本月十五信,由伊家人沈福赍来,并来季少渔信。下午雨作。

廿七日,丙午 晴

李椿生来。是日念慈夫妇摒挡行箧,并派定护送之男女仆。夜李财兴招饮,同座为前云和孙大令及缙云范大令乃弟润端公子玉昆。

廿八日,丁未 晴

清晨诣范润端,伊亦旋来。午后诣徐琴叔。写黄起云大令及耐安、少渔各信。

廿九日,戊申 晴

清晨谒太尊,晤伟传、汝舟。借来《唐金集》、《竹叶亭笔记》、《定香亭笔记》三种。午后以黄起云信交秦柳亭,并赠以八羊。以潘耐安、季少渔两信及契尾、存报等乙包并文书交念慈,另借以英洋百元。又以洋乙元五角属柳亭在兰溪买南枣六斤带杭送人。

四　月

初一日,己酉　　晴

谒总办,未见。下午埠头率夫子来秤行李。

初二日,庚戌　　晴

辛官、念慈夫妇启程,同去者秦柳亭及姜升夫妻,辰刻上路。闺门幼女,从未离过双亲,一旦远行,可胜酸楚。彭儿及阿珠均送出城数里而返。

午后陆子登至,走往晤谈。出示三月十八日电旨,浙江甄别文员二十三人,鄙人亦厕名其间,考语为"性情贪鄙,肆无忌惮"八字。峰来天外,自非宿怨不至此,尚何言哉!太尊则以"偏执粗疏,难资表率,开缺调省察看"。即谒太尊,略坐片时,时谭文卿亦在彼也。

夜陆子登来,写就叶大令及一通两函,派刘钰明晨递松。四更后,大雨达旦。

初三日。辛亥　　雨,近午始止

发季、潘两函,交邮局。午后缙云范大令来,以存垫册及批札、移三件送陆子登核阅。诣太尊,未见。邮局来上月廿三潘耐安函,萧山十六、十九两函,泰兴十三、二十两函,云洋尚未到,条亦寄回。又另发一函,附入局条,再交邮局寄季少渔。刘钰清晨赍信赴松阳。

初四日,壬子　　晴

清晨谒太尊。诣陆子登。午后松阳旬差送来叶大令信及移文簿册,即答一函。王道隆自黄碧卫回。夜又诣陆子登,并还伊电信洋二元。

初五日,癸丑 晴

诣黄、张、卞三处,为交案事也。发郭谷斋观察信,由邮局双挂号寄衢州。又发潘耐安信。

初六日,甲寅 晴

以太尊去腊余留禀稿二件示陆子登,陆旋来。午刻刘钰赍回叶大令复函,云伊友初六七来郡。少刻叶尚颖来,交来致兰溪晋昌庄汇信乙封,以原洋业已寄存该庄也,前具收条一纸即给伊手带回。专王道隆送陆子登信至缙云,约监盘徐殿臣。郭总办辞行晋省,即往禀送,未面。陆子登、吴渭臣来。夜诣陆处一坐。

初七日,乙卯 晴

清晨与谭文卿略谈。午后叶尚颖来,云即走。姚次言来。夜四鼓王道隆赍徐殿臣熊回信归,可谓快矣。是日热甚。以书三种还府署。以何寿安信交龙泉坐府转寄县试正场。

初八日,丙辰 晴,热极

熊章甫买寄食物数种、棕棚一张先行交来。下午雷雨,风起,入夜月出。检出书籍百馀种,以备售鬻。

初九日,丁巳 晴

清晨诣陆子登。午后解正月廿七天六十二元六项公费。热甚,风雷作,雨至,一阵即止。闻松阳钱谷郑子乔已到。夜间正洗足,而郑来,盖谒新景宁朱大令而误至此,略谈数语而去。

郑子乔名郊,绍兴人。俞凝字弢夫,即俞龙字似梦之弟,陈豸,屠超,皆青田人。

周□字子罩,宋明选字布青,皆绍兴。徐琴叔,杭人。

初十日,戊午　　晴

清晨诣郑子乔,诣陆子登,并晤易叔廉,盖为龙泉令交代来也。午后陆、易二人来。以货洋三元还许德生,并附物件单二纸去。以书五种赠谭文卿,另书目二纸,托为觅售。

十一日,己未　　晴,天气微和

午后闻徐君殿臣自缙云来郡,诣谈片时,即送监盘脩及程旅各费。发赵镇台信,交邮局。来三月廿二日季少渔信。夜陆子登来,张雨人、彭宋儒亦来谈。

十二日,庚申　　阴,天气凉

徐殿臣来。诣郑子乔处一谈,交代事。晤云和捕厅黄法之、前云和令孙静斋及陈远江大令乃兄润之。诣陆子登。午后诣经厅。下午雨。发彭大令信,交乃郎附寄。

十三日,辛酉　　阴雨,天寒

覆阅《佐治刍言》三册。

十四日,壬戌　　阴雨,天寒

陆子登来。午后谒太尊,诣二府。松阳书办何绍安送来叶大令一函。发章一山函,附稿二件,交邮政局去。

十五日,癸亥　　晴

清晨诣陆子登。又诣卞二府,值坐堂,未面。午后卞来谈,云已发书赴松川。诣府署一转。发王统领及潘、程二君函,交邮局寄海门。云和尉黄法之来,未晤。夜诣黄法之,并晤陈、易二君。又诣陆,以诸君斗牌,未入谈。

十六日,甲子　　晴

陆子登来,适二府送松阳信来阅,阅后仍送还,由坐府觅寄。谒太尊,出示叶函。诣陆子登。午后发陈南桥信,附上徐太尊一书,交邮局去。夜徐殿臣来，谈及张端士奉太尊命，持叶信示诸幕友，而郑郊阻挠不遵，且出恶言。念慈有信致硕卿，云初八由兰溪开船。

十七日，乙丑　晴

清晨陆子登来，谈及郑郊不逊之状，令人发指。与谭文卿一谈。午后诣二府一坐。夜诣陆子登。

十八日，丙寅　晴

清晨诣太保庙拈香求签，甚佳。诣徐、陆二君一谈。诣张捕厅，未起。午后，诣府署。下午陆子登来，云各友以郑郊无状，颇不直之。松阳刘、许二库书来。

十九日，丁卯　晴

太尊召徐、郑、陆三友面谈，郑竟不赴。午刻陆来，云太尊已致函于叶，专足去。闻郑亦去一信，未卜如何。日来覆阅时事新论说，多可取，肠亦热矣，中华似此者正寥寥也。

二十日，戊辰　晴

覆阅《西事类编》一过，后出各日记须按门续增，惜从事者尚无人也。下午，陆子登来。

廿一日，己巳　晴

清晨杨古酝大令来，出手书近诗一帧见贶。陆子登来。午后谒太尊，闻其夫人病危。黄昏雷雨，旋止。夜四更又雨。

廿二日，庚午　雨

清晨诣杨大令及陆子登。午后，松差回郡，阅回信三函，竟然抵赖前议，怪哉！夜，闻本府太太仙游，诣府一走，时已迟矣，未入见。陆子登来。

廿三日，辛未　晴

清晨，诣陆、徐商谈续发松信一事。杨大令外出，未面。诣二府、丽水令,复诣陆,则杨、范二函已缮就矣,即携归。函致黄大令,请其加函专递松川。黄旋来答拜。下午前云和令孙正斋来。

廿四日,壬申　　晴

清晨诣府署拜殓。黄大令云,松差已去,当以差力五百文送还之。陈润之来。以《南游记》及《滑疑集》送杨古酝,杨旋来谈。夜卧不宁,微发热。

廿五日,癸酉　　晴

清晨腹泻二三次,中气下陷,大委顿。午后兼发肝木动,即晕倒,又寒热时作。延市医伍姓来诊,云系寒湿所致,开方尚妥,服一剂。夜又延同寓张雨人开一方,太表散,未服之。

廿六日,甲戌　　晴

肝木稍平,腹泻未止,仍延伍医诊之。付经厅役食洋八元七角五分六厘。夜黄大令送松阳回信来阅,此事仍成画饼。

廿七日,乙亥　　晴

晨起,稍清晰。陆子登来,知杨大令已行,徐殿臣亦于前日回缙云。午刻送来叶复杨函,仅许另送二百元,原议作罢。旋乘舆诣陆,陆已外出,与易叔廉略叙。夜陆子登又来,云今日结帐,二百元抵入册内。发彭大令函,因有便人赴杭也,写就倦甚。二更雨作。

廿八日,丙子　　晴

清晨,府宪太太头七,金往吊奠。陆子登送会禀稿来阅。午后诣子登,知丽、龙、松三县交案均就绪,明午各友会宴彩云阁。送督盘束脩至府署,退回未收。夜会禀府宪禀件缮就,先向经厅借印交去。闻云和令丁艰是实,河工之效验至是哉! 黄秋光来。

廿九日,丁丑　　晴

清晨谒太尊,略谈数语。诣二府,未面。答诣黄秋光。傍晚卜二府来谈,云已补严州同知。夜发季少渔信,交彭宅回差带杭。

三十日,戊寅　晴

黄、徐二人来。巳刻出城至十里亭候接新本府,迟至申刻始到。又诣行馆谒见,归寓已黄昏矣。夜诣陆子登,未面。二更后陆来,则已就寝矣。云和令丁艰,二府兼理,亦属奇谈。

五　月

初一日,己卯　晴

清晨诣府署,适新太守拜仪门。邮局来上月十六耐安乔梓二函,知念慈与大小姐十二抵临平。又闻季少渔初十逝世。来章一山沪上十六、廿二两信,章已第进士,即日入都廷试。廿二信系复此间去函,云都中与何见石比部同居后孙公园台州馆。

初二日,庚辰　晴

新太尊午刻接印,随班谒贺。拜答黄秋光。作章一山、何见石各书,语长心重,屡写屡辍。天又热极。诣陆子登送行,是夜赴瓯也。

初三日,辛巳　晴

姚次言偕一松阳人来。诣府署,未见太尊。叶大令来拜,午后答拜,均未面。谒刘太尊,以午睡未通。下午大雨如注。解文、解批两件向经厅借印。谭文卿索回《教案类编》。

初四日,壬午　晴,热极如三伏

黄秋光来。诣徐殿臣商量解款事,徐旋来,并换写一信。缮就章、何二械及复耐安械,交邮局。夜大雨如注。

初五日,癸未　晴

端阳节。各处差帖。大雨旋作。发龙泉令陈香雪及何寿安信,为吴松事，即交伊面呈。复魏朗清函，又致耐安一函，交邮局寄安昌、临平。发范大令函，交徐殿臣带去。易叔廉来。夜黄秋光来，携去二百羊。

初六日，甲申　　阴，天气稍凉

诣徐、易二处送行，已先发矣。发耐安信，交邮局。邮局旋来耐安廿五杭信，云廿六赴台州，廿三尚有一械未递到，此间上月初三、初五两次去信均未到，殊闷人。诣徐琴叔一转。

初七日，乙酉　　阴

姚次言来。发潘耐安、潘念慈、季省三各信，交邮政局分寄台州、临平、杭州。以洋一元还纸店，尚短七十二文，又买印花一元。

初八日，丙戌　　阴，下午雨，天甚寒凉

黄秋光遣伊戚叶若时来携洋二百元，当付之去。黄送来赔洋十二元，真笑话也，即璧返之。

初九日，丁亥　　雨竟日，夜不止

发赵镇军书，交邮局寄瓯。午后王道隆回寓。选定呻吟语百二条，皆至佳者。

初十日，戊子　　雨

清晨黄秋光来，取去解款洋乙千二百五十元，连前共洋三千六百五十元，系地丁正耗饷馀正款。另给由府至松、至兰挑力七元。杭州庆馀钱庄汇信乙总封，托兰溪晋昌庄汇至杭庄，据云十三寄去，十七可到兰，廿二三可到杭。一通前存取洋一信亦交秋光带夫。

杭庄总封之内计信两缄，一系徐殿臣致该庄管事人胡敬臣、傅芝馥者，一系自寄。另藩台申文、解批各乙件。

秋光送程仪十二元，屡却不已，姑暂存之。以皮轿箱乙个赠之，渠说明晨回松。午后雨势甚急，入夜不已。四鼓合家登楼，防大水

之骤至也,坐待天明。

十一日,己丑 雨阵时作而不甚酣

水已至后门,其南方则至仓前。南明、栝苍二城门高已灭顶矣。下午雨止,微有檐滴,入夜安寝。龙泉黄游戎来拜,未面。

十二日,庚寅 雨止水退

姚次言来,为售物事。云黄秋光阻雨,明日始走。夜拟定吴吉人镇军函。交龙泉旬差带去致何寿安一信。

十三日,辛卯 晴,时有飞雨

发吴镇台函,又陈三少函,交邮局寄定海、温州。午后答拜黄游戎,谈良久。诣二府,诣赵太尊,门者不为通而止。顺诣龙泉陈大令一拜,未晤。谭文卿携去书十馀种,另以大板《南雅堂医书》四十八册、《儿童过渡》四册赠之。姚次言来。

十四日,壬辰 晴

拟定《节略》稿。下午二府来辞行,赴云和兼理任。得彭笠桥大令初六日复函。

十五日,癸巳 晴

送二府路菜四色,收一色。邮政局来陈南桥四月杪复信两函,季省三廿八日来信一函,内附泰兴收到三十洋复信一纸,系四月初六所发。又念慈致硕卿二函,系廿二、廿六所发。

十六日,甲午 晴,时飞毛雨,天气蒸闷

午后邮局来初七日赵镇台回信。

十七日,乙未 晴,连日炎热如三伏天

发李希程函,交邮局寄温州东门内康乐坊竹马巷。龙泉陈把总、松阳廖贡生来见。夜发徐殿臣函,交彭宅专足带缯。

十八日,丙申 晴,炎热

午后谭文卿来,谈良久,云碧湖汤姓及龙泉娄姓对付本府各事。

李财兴店东来。

十九日,丁酉　　晴。午后雷雨,雷声大,雨阵小

彭宅专足带回徐殿臣复函。奉藩札委催款项,系四月二十日所发。

二十日,戊戌　　晴

连日覆阅宋育仁《泰西各国采风记》竟,教门一类甚详,甚确,合之《无邪堂答问》,所言无遁情矣。

廿一日,己亥　　晴,午后大雨一阵

以书三种送谭勉寅,一种送彭宋儒。

廿二日,庚子　　晴

姚次言来,言售物事。夜饭后,小不适。

廿三日,辛丑　　晴。下午天阴日沉,大有雨势而不雨,热闷殊甚

廿四日,壬寅　　晴

清晨省中催款。胡少桥大令元溥自松阳来,夜招之饮,并送程仪、夫马,明日即赴瓯也。带来叶大令一函,闻姚次言云,得秋光信,解款已于十七日寄兰。

廿五日,癸卯　　晴

清晨胡委员赴温,诣彼送别。复叶大令信,并致黄秋光信,均交松阳旬差。与谭文卿一谈。阅本月十二日《汇报》,内有初八日上谕一道,以万寿庆典赦戊戌党人,所不赦者,康、梁、孙文三人而已。

廿六日,甲辰　　晴

发陈南桥、陆子登、潘耐安三信,由邮局寄台。陆信附陈信内,潘信由贺协戎饬交。午后大雷雨一阵。入夜又大雨一阵。李财兴店东来。

廿七日,乙巳　　阴晴不定,天气蒸闷不堪

覆阅《盛世危言》毕,可取者夥。

廿八日，丙午　晴，旋阴

邮局来陈三少廿日温州复函。夜发李希程信，交邮局去。

廿九日，丁未　阴

阅化学书三四种，大致皆同。颇有益于世用及身心。

六　月

初一日，戊申　阴

姚次言来。下午诣对门，与张雨亭一谈。

初二日，己酉　阴，天气蒸闷

午后松阳专差送来三印册并稿五本及信，即向经厅借印讫。复一函，统交原人带往缙云用印，再行赍回。发潘、陈二信，交小坤带回台州。

初三日，庚戌　阴、晴、微雨不定，闷极

是日初伏。以请领养廉文件投入府署。

初四日，辛亥　阴、晴、微雨不定，闷极

邮局来上月十二日潘耐安、王篯山，十三日陆子登台州各信，即答潘、王两函，付邮局。耐安五月初三日到台，尚未得事。四月初三、初五等信云已收到，皆自杭转台者也。谭文卿来，谈及仓谷及前后任意见事。由恒利民局来五月二十日临平张子山信，为房屋事也。夜作黄秋光信，派刘裕明日赴松。

初五日，壬子　晴

午刻松阳旬差送来黄秋光初二信，云汇款及电音事。发陈叔咸信，又发季省三、潘念慈信，交邮局分寄温州、杭垣、临平。复黄秋光信，交坐府转交旬差。下午驿站递来金衢严道四月十九日信，内附

刘太尊一信,阅时五十天,可谓稽迟。当将刘信送投。闻缙云令来郡。姚次言来,出示青田陈国钧回信。

初六日,癸丑　　晴

清晨诣范大令处一谈。

初七日,甲寅　　晴

清晨诣范大令处商量汇解粮捐事,并闻遂昌、龙泉民教双龙会近事。午后,范大令来,许为代解粮洋,当将文批办就,向经署借印,并函致伊帐房徐殿臣加函,托杭庄庆余到即上兑。

初八日,乙卯　　阴

清晨范咏和大令派丁勇携去解款洋乙千三百六十元并文函,其挑力四元退回未收。与彭宋如一谈。夜,刘太尊招饮,同座为谭、周二绅,黄大令,周局员,朱学官。大雨一阵。太尊云,枫岭营游击拿获挖眼剖心匪犯两名及凭据,送省供认。为首李姓,皖人,其党数百,散在各府,奉抚院排札严拿。

初九日,丙辰　　晴

午后熊温泉来。刘裕是日请假去。下午大雷而不雨。龙泉旬差来初三何寿安信。发胡少桥大令信,交邮局寄杭垣四条巷。

初十日,丁巳　　晴

谭文卿续取去书廿二种,连前八种共三十种。得松阳令初八信。下午大雷雨。

十一日,戊午　　晴

邮局来初六日李希程复信,又向典铺取回衣箱一只。夜月色颇佳。

十二日,己未　　晴

下午谒刘太尊。连日阅《各国交涉公法论》,汗漫无津涯,又不全不备,不为佳本。所可取者,各门多列成案,为便稽查耳。各公法书中无一涉及区处教士、教民及办过教案者,殆讳而不道也。

十三日,庚申 晴

阅《交涉公法论》毕,复阅《星轺指掌》一过。夜间松阳来文一角。

十四日,辛酉 晴

邮局来初十日徐殿臣复函,又来廿一日潘念慈复函。偶借得《汇报》数纸,中有新奉饬禁书十馀种,附录于后:《支那化成论》、《支那革命运动》、《新广东》、《新湖南》、《浙江潮》、《并吞中国策》、《中国自由书》、《中国魂》、《黄帝魂》、《野蛮之精神》、《廿世纪之怪》、《帝国主义》、《瓜分惨祸预言》、《新民丛报》、《热血》、《谭虏丛书》、《浏阳二杰集》、《新小说》、《广长舌》、《最近之满洲》、《新中支那活历史》。由军机函致各处查禁。

十五日,壬戌 晴,时有飞雨

邮局来初十日陈叔咸温州复信。

十六日,癸亥 晴雨凉暄,一日数变,闷极

发陈叔咸信,交邮局,局差已去,须俟十七班。又作何寿安回信,留俟该县旬差。与谭文卿一谈,略及近事。借阅《汇报》三四纸,知五月间有上谕,裁去粤海关、淮关监督,江宁织造;催各省裁官、练兵。又闻粤西柳州寇乱,岑督仍将西行。

《西学关键》专明天文、风雨、雷电各用。《原富》分甲、乙、丙三卷,西人密斯丹著,侯官严复译。《化学鉴原》有制硝强水法。

中国邮政局现出书二部。一部九元,一部一元,上有地图,指明各处邮政。

《汇报》中有"问答"一门,为刻下各报所无。

十七日，甲子　　雨，竟日不止

欲出门而未果。

十八日，乙丑　　晴雨暄凉一日数变，殊不可耐

邮局来五月廿八魏朗清安昌信。

十九日，丙寅　　晴

下午为换领字借印诣经厅一走。雷作而不雨。龙泉旬差携去何寿安信。

二十日，丁卯　　晴，午刻大雨一阵

阅《交涉公法论》十六册讫。稍检箱箧。

廿一日，戊辰　　晴

姚次言来。赵伟传以书两种见还，并来书价洋两元，仍璧回。下午迅雷一声，四壁震动，而雨不大，想他处必有大雨也。

廿二日，己巳　　晴，下午大雨一阵

奉初四司札催款，即发徐殿臣函，附电信洋四元，专王道隆送缙云。谭文卿交来书价二十元。

廿三日，庚午　　晴，下午雨一阵

邮局来廿一日徐殿臣函，并胡庆余初六回信及帐单，云地丁款初三上兑，尚须找伊洋廿九元四角。得此，大慰系怀。下午王道隆赍回徐殿臣覆函并洋。方经厅来，闻缙云亦已挂牌，不知为何人也。

廿四日，辛未　　雨竟日不止

发范大令及徐殿臣信，交邮局。

廿五日，壬申　　雨竟日

伤风头痛，委顿竟日。邮局来十五日陈南桥信。陈老三住温州西门塔儿头。

廿六日，癸酉　　阴

天气郁闷，头痛稍轻。

廿七日, 甲戌　　晴

诣熊章圃、姚次言、丽水令一谈。午后姚来,并取回寄售物件。缮魏朗清、陆子登两函。

廿八日, 乙亥　　晴

邮局来初九日胡少桥大令杭州信,云地丁初三上兑现,又奉札催解粮捐。龙泉旬差来廿六日何寿安信,云十七日发蛟水,伤人千馀,城内民房、官衙墙壁多冲倒,幸监犯未逃。彭宋儒来辞行,云初一启程。发魏、陆二函,交邮局寄绍兴。夜,赵太尊之执帖刘姓者来,为皮袍事述伟传语,大堪怪诧。以洋八元托熊章甫买竹叶腿。

廿九日, 丙子　　晴

彭宅发行李,烦聒竟日。彭宋儒来辞行,便致乃翁笠桥大令一函。谭文卿来谈,送以租金三十元及过山轿玻璃窗等物。发郭谷老一信,交邮局寄衢州。夜,县署钱友吴渭臣来。

七　月

初一日, 丁丑　　晴

彭宅起身,夫子闹了一天。复胡少桥大令函,托彭宋儒带杭。

初二日, 戊寅　　晴

姚次言来,谭文卿来谈。傍晚,邮政局来廿五日陈叔咸信,云房子看定城内三官殿巷,月租六元半。即答一函,告以行期。缙云专足送来初一日范大令、徐殿臣信,又范致伊戚曹茨裁刺史衍瀚、吕麓生大令道象各一函,以备带往粤东。即复一函,并附汇款尾洋廿九元五角,交原差带缙。附复徐一函,请其将库收由范移交现任。

初三日, 己卯　　晴

秋暑颇酷。发台州陈、王、潘三函,杭州、临平二函交邮局去。赵誉传送洋四元,璧还之。熊章圃来,交来温信两械,一为南门外花柳塘裕大行管事蔡翌臣、聂萼仙,一为东门外上岸街乾丽源行陈丽生。陈,闽籍,寄瓯开盐行、糖店。房东谭文卿饯余行,同坐为熊、吴、二姚。

初四日,庚辰　　晴

午刻派王道隆赴松阳,以洋十六元函属一通购竹叶腿。

初五日,辛巳　　晴

午后雨一阵。闻赵太尊病象反覆。得台州府徐六月初十回信。又六月廿四司札催解粮捐,饬以九百作洋,又因扣廉抵报费,须补解四两。

初六日,壬午　　晴

清晨谒赵太尊问病,仍未得见,遂即禀辞。与赵伟传一谈,乃兄则高卧未兴也。以函托丽水令代为封船。午后诣各处辞行。谒见刘太尊。大雨一阵。邮局来六月廿日章一山京信,知已入词林,云王殁甫京卿归道山。玫伯大令住粤东贡院师范馆,所供皆学堂苦差。又来六月廿二陈南桥台州信,并寄回所致陆子登一函。又来六月十八胡少桥大令信,催款甚亟,幸而款已解清。

初七日,癸未　　晴

清晨姚、黄来。诣县署一走,为封船事。发王玫伯大令函,寄广东,写如意笺四纸;又发章一山太史函,寄上海;均交邮局。黄大令来送行。

初八日,甲申　　晴

托熊章甫以民价雇定渔船一只,熊旋来送行,以铜灯匣及书架、床架送之。午后王道隆回寓,买来火腿各物及一通回信,尚须找洋一元一角,当由姚次言转交黄君带回清帐。

初九日,乙酉　　晴

县中封船不应,不得已,以重价又托熊绅添雇渔船一只,合之小船八只,始克成行。姚、谭二绅及刘太尊均来送行。申刻全眷出城,比登舟稍定,已黄昏矣。

初十日,丙戌　晴

清晨开行,行六十里即泊宿。

十一日,丁亥　晴

清晨开行。连日秋热不可当。

十二日,戊子　晴

逆风行船,颇形滞钝,日未落即停泊候潮。

十三日,己丑　晴

黎明抵温州西门道头。稍顷,陈叔咸来,并派人招呼。即偕之入城,至三官殿巷公馆一看。午刻全眷进屋,纷扰之极。大雨一阵,幸行李已到齐。下午陈叔咸又来。夜二更就寝,倦甚。

十四日,庚寅　晴

付房租洋三个月,由陈叔咸经手,并还伊代垫各款。送伊及李希程、赵镇台土仪数品。与同居黄姓湖南人及陈姓本地人一晤。黄字韵生,陈字筱如,名文埏。二同居亦送以食物各二种。叔咸处交来乃翁六月廿四来信及粉干。

十五日,辛卯　晴

清晨出门诣陈叔咸谢步。下午至东门大街一走,路极生疏。是日三官会期,香客云集。夜写谭、熊两函。普济轮船本日开行,约廿一可以回瓯。邮政现有新章,须一觅览。夜雨一阵。

十六日,壬辰　晴,旋阴

以谭、熊两函交正海带回处州。午后小雨。出门拜客,见者道台、二府、永嘉县、镇台四处,只本府未见。而随即答拜。在二府处阅《申报》,知许道贞斡以酱园案降为同知,且须察看。

十七日,癸巳　　　晴,忽雨阵陡作

拜客数处,晤秦锦涛游戎、郑绍平二尹。

十八日,甲午　　　晴

秦游戎来,并约夜饮,以乃郎入泮开贺也。永嘉令、尉、镇道及李希程协戎均来答拜。傍晚赴秦锦涛之招,座客八九,皆绿营将备。

十九日,乙未　　　晴

镇台招往宴谈,下午即诣之。同座为李希程、城守营陈游戎及孙兰友孝廉,二鼓始归。二府来答拜。

二十日,丙申　　　晴

孙兰友来,郑绍平来。夜诣李希程处,未晤。

廿一日,丁酉　　　晴

发潘耐安乔梓信、章一山信,邮寄杭、沪。下午陈叔咸来,以乃翁信交其附寄台州。

廿二日,戊戌　　　晴

清晨诣秦锦涛一谈。镇署郑哨弁松藩来。下午诣赵军门,并答诣孙兰友。与孙出东门诣徐寿九画士处一走。普济轮船本日进口。

廿三日,己亥　　　晴

秦游戎来谈,借来《申报》及《时报》一阅,知桂事糜烂,岑督上月西征。许道贞幹索诈之酱坊系湖墅赵同福字号。

廿四日,庚子　　　阴,时逗日光,蒸闷殊甚

早起,出街一走,定制油靴。下午雨一阵,极小。郑绍平送来烧肉、馒首等。

廿五日,辛丑　　　阴,时漏阳光,蒸闷殊甚

永嘉县尉来,西溪巡检亦来答拜。镇军来谈良久。大雨一阵,至夜又雨,四更始止。

廿六日，壬寅　　阴晴不定

检出字画。

廿七日，癸卯　　阴

腹痛作泻，委顿竟日。下午雨，入夜大雨。

廿八日，甲辰　　晴，阴

午后，邮政局由处退回本月十一日潘耐安临平信及京信回执。秦游戎来，孙兰友来。夜间，陈叔咸来，未面，订明午小饮。

廿九日，乙巳　　晴，旸甚

陈叔咸招往午宴，勉强赴之。座间皆湘人之奉差瓯东者，亦有吴人二。郑绍平来。夜大雷雨。

三十日，丙午　　晴

清晨诣秦游戎一谈。午后杨少尹来。诣镇台，以事未见。

八　月

初一日，丁未　　晴

火药局委员陈维藩字旭临者来拜，即前在台协戴名山署中之楚人也。午后，陈叔咸来。腹疾又作，颇不舒服。夜三更大雨。

初二日，戊申　　晴

松阳一通店伙带来七月廿四日叶大令信，内附七月初九日胡少桥大令杭信。云粮捐初三上兑讫。午后延一任姓医生来诊，字逸玉，本城人，云系脾胃升降不调，兼挟暑湿，所言似中病情。

初三日，己酉　　晴

邮局来七月廿三、十九潘耐安乔梓函。又陈叔咸交来乃翁廿四日函。复延任医来诊。

初四日,庚戌　　晴

发潘耐安、念慈各信,交邮政局寄杭。借阅《申报》,见七月廿二日上谕,江督魏光焘与闽督李兴锐互相调署。又粤督岑春煊请开捐实官,户部奏,奉六月廿一日谕旨:依议。即在粤省设局,捐数满百万即停。原折见七月廿四日报内。阅兵大臣铁良七月二十日抵沪,随带文武十三员。岑督裁兵一折,已由政务处奏请缓裁,五月廿五日奉旨:依议。改设武职变通处分,旧例两条均准暂行试办。

初五日,辛亥　　晴

清晨上街一走,疲倦不能多行,即归。下午诣杨捕厅,又不面。诣书坊购书三四种,得诗一首,又二首,皆纪近事。

初六日,壬子　　晴

清晨答拜数客。诣茶捐局陶委员及杨伯干,均未晤。下午拟上街,雨作而止。

初七日,癸丑　　晴

午后诣王濂臣司马一谈,郑绍平亦至,继又有他客至,遂诣杨少尉。傍晚回寓,发姚次言信,内附龙泉一信。

初八日,甲寅　　晴

秦游戎来。下午诣镇台一谈。夜诣郑绍平。

初九日,乙卯　　晴

清晨诣李希程,适永嘉丞尉在彼,少坐即归。

初十日,丙辰　　晴

清晨诣秦锦涛一坐。交王道隆名条。王濂臣司马来。午后诣蛟翔巷谢秋圃,又诣南门花柳塘裕大行,晤其管事人慈溪聂萼仙。诣东门外前岸街乾丽源盐行,晤行主人陈丽生,闽中兴化籍,寄温多年。陈叔咸来,未晤,送食物二品,秦游戎亦送菜点两品。

十一日,丁巳 晴

清晨出西门诣陈叔咸。下午诣大街一走。

第一号,《新民报》,《劫灰梦》一出。

第十号,《新罗马传奇》:《楔子》、《会议》。

第十一号,《初革》。

第十二号……《党狱》。

第十三号,《侠感》。

第十五号,《吊古》。

第二十号,《铸党》。

第十五号,《爱国女儿传奇·宴花》。

饮冰主人所著《新中国未来记》小说第三回为古今奇文,见《新小说》第二册,叹观止矣。

十二日,戊午 晴

杂阅各报竟日,神为之疲。夜赴李希程饮,同座为王司马,永嘉丞尉,黄、秦二游戎,王都阃及绅士张别驾,又水师彭管带。谢秋圃名葆华来。

十三日,己未 晴

前松阳天主堂司士王国彬来谒,伊现在乐清乡间。据称郡城天主堂洋神甫戴姓、冯姓二人,华神甫徐姓、孙姓二人,盖各分正副也。孙姓嘉兴人,前在处郡曾见过。徐姓宁海人。王本城人,住信河街天主堂,亦在街中火药局前头。并云堂中男女三百馀人,女有百馀,有六人任管事者,不婚配;馀则笄嫁与教中人,具洋卅元领去。每年堂中用洋七千馀,由宁波主教处拨来,堂中别无出息。神甫所用出于公款,司士则每月酌给四五元。午后率彭儿、阿珠游曾氏怡园。园在信河街,近三角门,不到已廿八九年矣。感赋二诗。夜五更东首桥头大街火起,天明始熄。

行房时防精液早泄法方:日本。

龙骨一分,诃子二分,缩砂二分,辰砂二分,研末为丸,如赤小豆大,临时服六七粒。

十四日,庚申　　　晴,秋暑又作,炎热不堪

午后陈叔咸来。轮船进口,杭沪均无书来,闷绝。傍晚来谭文卿初八括州复函,云赵太尊于初五日病殁,为之一叹。夜得诗二首。早间,张绅志瑛字桐侯者来拜,即张园主人张小孟,湖北候补通判,前在李希程处同席者。家有《定武兰亭》五字未损本,前廿馀年曾往一览。

十五日,辛酉　　　晴。中秋节

午前天气热闷。是日城南廿里头陀寺藏经请到,地方官出双门迎接,观者如堵。畏暑,懒于一行,拟夜间步月上街。下午风雨陡作,达旦不止。翻书两三卷,三更就寝。

十六日,壬戌　　　阴,天气颇凉

发章一山信,双挂号寄沪。覆阅薛叔耘《出使日记》并《续刻》竟,于洋务甚研究,《地理》一门足补《瀛寰志略》、《海国图志》者颇多,有用之书也。

十七日,癸亥　　　阴

清晨诣信河街纸蓬巷寻一人未遇。诣谢秋圃处一坐。午后诣杨捕尉,未晤。诣镇军一谈。

十八日,甲子　　　阴

午后诣黄府巷汀州人罗光甫处一坐。又诣大街。

十九日,乙丑　　　晴

清晨诣杨、郑二处,均未晤。午后答拜如园主人张桐侯别驾,并

诣城守陈都阃、中军黄游戎。夜诣郑哨弁,闻严州府调署此间。

二十日,丙寅 雨

郑绍平来。午后黄游戎来答拜。

廿一日,丁卯 雨

天主教王国彬来,据云教中每岁行备静之仪一次,神甫须至主教处,司士则至神甫处听演说五日,每日三次,此五日须在堂内食宿。神甫在七、八、九月间,司士在正月间。备静之后,主教派神甫、神甫派司士,住各地方,或调或留任便。派出之司士,有给凭条者,有不给凭条者。凭条为华洋合璧,神甫加印其上,印系圆式。

下午罗光甫来,谈及邮政局用人章程,云薪水每月至多可加至二百元,每开一局加月俸五元。此间局中四人,叶锡安为第一等,月四十五元。另二人为第二等,月三十元,另一人仅写华字者,月仅十元。综其事者为洋人,现系印度人,月三百馀元。李希程之婿张某在洋关充司事,月亦四十五元。新关税务司朋友一即李希程。书办二,其一为通州人唐姓,与罗熟悉,系管内口各事,另一人管外口,不知为谁。诣李希程,甫坐定而本府来,系订约来谈,只得避之。

廿二日,戊辰 晴

城守营都司陈光胜字焕然者来答拜。午后乾丽源南货行主人陈丽生来,约廿六三点钟再来。诣秦游戎一谈,托购湖笔二元。

廿三日,己巳 晴

清晨诣杨敏夫一坐。孙兰友来。午后秦游戎来。下午诣王司马,适李希程在彼。陈叔咸来,未面及。润生。

廿四日,庚午 晴

清晨诣郑绍平,适杨尉在坐。又答诣官医局任逸玉。午后邮局来七月廿六王玫伯广东师范馆复信,八月廿一章一山上海复信,八月十七、十八潘耐安乔梓信。耐拟九月初赴南京。

廿五日，辛未　　晴

写王镇军、王玫伯大令、潘耐安各信。下午答诣孙兰友，并谒镇台。永嘉令招饮，却之。茶捐局陶委员今日始来答拜，未见之。

廿六日，壬申　　晴

发王、王、潘信，又发郭谷斋观察信，均交邮政分寄粤东、台州、杭、衢。下午陈丽生送票两纸来，云东门外鸿昌钱庄前数日失窃，去洋二千馀元。

廿七日，癸酉　　晴

清晨郑绍平来，说定学堂附学事。秦游戎送温防后旗李都阃信乙函来，为荐王道隆事。午后看屋两所。

廿八日，甲戌　　晴

清晨诣秦游戎，又诣谢处。午后诣中学堂，晤帐房狄霖荪，即分府人员狄德庵之子，总理陈墨农祖绥、洋教习蔡华卿均未晤。诣罗光甫，偕至资福山容成庵一游。李希程来。

廿九日，乙亥　　晴

清晨命彭儿谒秦锦涛游戎，并会其少君名闻禧字荫涛者，订于初二日早同诣中学堂。午后镇军招往商量乐清案，傍晚归。

九　月

初一日，丙子　　晴

清晨诣各书坊，购书三种。以洋乙元、书单一纸托日新书局店东陈姓代办上海新出书十二种，约价四元，先付一元为定。同文书局见石印《续瀛寰志略初编》四册，即薛叔耘本，仅亚洲一洲，余未刻,故云"初编"。郭文元堂有《唱经堂集》一部七册,乃金圣叹《杜诗解》及《古诗十九首解》,并语录、杂作,亦罕见也。午后陈叔咸来,秦二少来,未晤。

初二日,丁丑　　晴

清晨,秦二少来,偕寿彭入学堂,列在丁班。午后以字画三件付装池,价五角四。以呢幛一包托郑绍平带处州。唐氏之《周礼地官冬官征》应与孙氏诒让之《周礼政要》合看。孙则引经以证西制,唐则举西制以证经,其体例不同而用意略同。比而观之,古今中外得失具见,益信通经致用为不诬矣。

初三日,戊寅　　晴

竟日翻阅古籍,目为之昏。

初四日,己卯　　晴

午后出门一走。

初五日,庚辰　　晴

连日暖甚。检近年各诗,起戊戌,编为一册,约三百馀首。

初六日,辛巳　　晴

午后陈叔咸来,云调差平阳关。邮局来八月廿九潘念慈信。

初七日,壬午　　晴

邮局来何寿安信。诣杨敏夫,不晤。诣秦游戎。午后诣罗、谢二处。夜诣李希程。

初八日,癸未　　晴

清晨诣陈叔咸。午后,诣谢秋圃与伊戚曾某。至周泽巷看屋。陈叔咸来,偕诣东阳春对门江姓、甜酒巷杨姓及中书巷各处一走。旋至福聚楼小饮,归已上灯。杨敏夫、杨伯干、秦锦涛来,皆不相值。

初九日,甲申　　晴。重九节

秦游戎约午后出西门,至太平寺游览登高,同集者为黄佐卿游戎及伊友李某、侄某。下午入城，为黄邀往夜饮。二更始归。陈叔咸来，约看灯戏。在寓久候，不获抽身，亦不巧也。闻永嘉令初七夜在东门外吴元记行内搜获私运后膛洋枪数十杆，洋药数十桶。店东他出，其管帐伙计二人一并带县，不知如何区处也。

初十日，乙酉　　晴

清晨诣杨敏夫，招同杨伯干来谈，饭后始回。闻闽人高少农在岑督幕府，伊弟高子吉凤谦即译《泰西格言》者，以知府需次粤东。《黑奴吁天录》系闽人林琴南孝廉所译，林工画，现在京师大学堂充教习。味青斋壬寅年新刻《红楼梦广义》二册，颇佳。即许革道贞幹重刊本也。

十一日，丙戌　　晴

中学堂洋文教习与中文教习互殴，学生尽散。闻洋文须另易人，学堂风气，盖可知矣。

十二日，丁亥　　晴

午后微雨。陈叔咸来，云明日赴平阳。温州府是日交接。改旧诗数十首，煞费功夫。夜雨。

十三日，戊子　　阴

郑绍平来，陈叔咸亦至，留之午饭。郑云闽人郭恕斋在蒲门关，十月内当回郡，即前在甬东所识之画士也。

十四日，己丑　　晴

清晨诣西文教习蔡华卿寓一坐。午后诣乾丽源行一坐。李希程自石门洞归，交来叶大令初八一信并移文一角，盖催粮捐补水也。

十五日，庚寅　　雨

邮局来初二日王镇台及程文焕各一函。发叶大令回信，函托姚次言转寄。又发潘耐安信。

十六日，辛卯 晴

午前谢秋圃来，同出看屋一所。午后诣日新书局取来书二册，馀皆未到。以姚、潘二信交邮局。

十七日，壬辰 晴

诣秦游戎一坐。借镇署《时报》一阅。夜诣杨敏夫。

十八日，癸巳 阴

清晨诣郑绍平一谈。旋交来郭谷老重九日复信。午后发王镇台及程文焕二函，邮寄海门。

十九日，甲午 晴

清晨秦游戎来，带一陈姓牙人，偕往看屋四五处，仅龙王庙前陆宅稍可。下午许幼庭来。

二十日，乙未 阴

清晨答诣许幼庭。午后偕谢秋圃看屋三四处，无一合者。

廿一日，丙申 阴

清晨牙人来，同往信河街看屋三四处。在怡园小坐。秦游戎来，未晤。下午诣秦一谈。

廿二日，丁酉 阴

清晨看屋两处。下午诣李希程小坐。闻松阳会党蠢动，刘太守有书到道，县令亦有书致永嘉。

廿三日，戊戌 阴

清晨诣杨尉，未晤。下午诣镇署，知松阳事是实。处州府十九发禀到道，商拨练军，县令亦有信致永嘉，所云又歧异：一工讳饰，一近张皇。情事宛然，当道无不被欺也。

廿四日，己亥 阴

竟日未出。夜编定诗、文、笔记次序及生平事略，存之以示子孙。

廿五日，庚子　　阴

陈处所荐家丁何德来，姑试用之。午后出街看屋数处。买笔墨乙元四角。

廿六日，辛丑　　阴

清晨谢秋圃来。午后至考市买书一种、朱墨拓二三种、帖一种，共去洋三元。镇台来谈。是日学使进城。闻江督李兴锐病故。松阳派防勇三棚去。

廿七日，壬寅　　阴

秦游戎来。午后邮局来潘念慈信。镇署来函，知江督已简东抚周馥署理，廿三上谕。陈叔咸来。

廿八日，癸卯　　阴

发潘耐安信。午后诣谢秋圃。偕诣杨伯干，又偕诣郑绍平。闻松阳尉家口逃避来温。裕通庄交来初八日潘耐安来信并洋乙百元。又写一回信交邮局。

廿九日，甲辰　　阴

午后看屋二处。谢秋圃偕一闽人陈应茂字恭臣者持郑绍平一函来见，陈盖本标候补把总也。

十　月

初一日，乙巳　　晴

午后陈叔咸来。同出街一走。

初二日，丙午　　晴

清晨诣秦游戎，郑绍平偕陈恭臣来。午后诣郑稍坐而陈亦至。

诣镇台,因病不能见客。

初三日,丁未 晴

发潘耐安信,托秦游戎交饷官周凤保由杭邮寄临平。申初举一男孙,合家欢喜。

初四日,戊申 晴

午后陈叔咸来,云调办赤溪海关,距平阳尚数十里,寄信由邮局交平阳海关转递。

初五日,己酉 晴

郑绍平来,约往酒店小饮。在坐者二杨及伊一孙,无他客也。

初六日,庚戌 晴

比日暖甚。仍御夹衣。清晨诣西门外七桐庙拈香,并过陈叔咸一坐。午后陈来,偕赴支应局巡捕房,遇台州来员余铁经,闻万毓华在上海五马路地亚士洋行办书启。

初七日,辛亥 晴,暖极

清晨诣考市购书五六种,共去洋十一元五角。夜诣杨敏夫处一坐。四更后雨。

初八日,壬子 阴

发陈南桥信,附竹叶腿一个,交叔咸寄。午后看屋二三处。雨旋止。邮局来廿六海门镇回信。是日,蔡教习仍入学堂,旷馆已月馀日矣。

初九日,癸丑 晴

清晨诣郑绍平。发章一山、潘耐安信,邮寄上海、杭州。午后许幼庭来。陈叔咸来,同往看屋。

初十日,甲寅 晴,西北风厉,天稍冷

清晨诣许幼庭。未面。看屋二三处。下午诣镇台,以病未见。

松阳人送来叶大令初二日信,并三印册一本。

十一日,乙卯　　晴,冷甚

下午诣捕署预祝,二更后归。

十二日,丙辰　　晴,冷甚

清晨诣捕署,即归。学使是日起马赴台。内子病卧,发热,谵语,己身亦感冒风寒。许幼庭来。

十三日,丁巳　　晴

延医生诸葛在慈来诊。捕厅请酒,却之。夜间,磐石营千总柳献廷偕茶捐局员陶石泉来。

十四日,戊午　　晴

延道士祭禳解祟,瓯俗生子三朝俗例也。内子稍瘥。午后看屋数处。郑绍平取去红呢幛二领,大喜字两个。右边正房退还房东,另向黄咏笙租来厢房、厢厅二间,每月一元,已付一季。

十五日,己未　　晴

清晨诣许幼庭处看屋。答诣陶石泉,未见。县署后大街高振丰皮椅最好,价亦无甚上落。有一家在中西大药房对门,亦可。郑绍平所荐之家人郑春者今日来,姑试用之。午后偕铜匠某看屋五六所。

十六日,庚申　　晴

清晨秦游戎来。午后牙人带赴五马街看屋一所。诣五味和买银耳,张大顺、桂林斋各纸店买纸。

十七日,辛酉　　晴

郑哨弁来,许幼庭来。午后诣镇台一谈。

十八日,壬戌　　晴

邮局来本月十五日章一山沪上复信,内附王玫伯粤东九月廿日复信,又潘耐安初七日临平信。延诸葛医生来诊。为镇台拟信稿一件交去。

十九日,癸亥　　阴

清晨诣郑绍平。郑春去杭,以玉砂烟斗二枚送杨伯干。下午谢秋圃来。发章一山、潘耐安信,邮寄沪、杭。

二十日,甲子　　晴

清晨诣花园巷郭恕斋处道喜。诣二府略坐。延府学巷刘姓医生来诊。

纪事之作,小品以《智囊补》为主,大篇亦《明季稗史》、《南北略》、《荆驼逸史》三种为主。再选近人纪近事者数十篇参观之,足矣。

廿一日,乙丑　　晴

闽人杨俊卿来。诣郑绍平处。午饭后延刘医。夜诣郑处预祝。闽人黄本清在东门外开黄海利橄榄行。商轮明日始开,此次多延一日。

廿二日,丙寅　　阴

清晨诣郑绍平处拜寿。午饭后诣秦锦涛一坐。微雨,又至郑处夜宴。二更回寓。西门送来陈南桥复信及蜜桔二篓,云书箱已交海门镇署。

廿三日,丁卯　　晴

在寓竟日。镇署郑弁持稿来商,却之。

廿四日,戊辰　　晴,西北风作,寒甚

陈把总来。

廿五日,己巳　　晴,寒甚

郑绍平来。午后诣庆年坊看屋。借来镇署《时报》十馀纸。

廿六日, 庚午　　晴

阅《时报》, 美国合兴合同成日, 伍侍郎得金三十万, 盛大臣月得美金三千乙百, 见杨孝廉度《与军机及各督抚书》。午后诣郑绍平一坐。秦游戎所荐之永嘉人陈明来, 姑试用之。

廿七日, 辛未　　晴

午后郑绍平来, 闻省委刘道禥祺来温, 不知所查何案, 本班轮船可到。偕诣二府, 晤王濂臣乃弟某, 又偕诣府署二此园一看。二府来拜, 不相值。

廿八日, 壬申　　晴

清晨出南门, 至钱福亭命馆算命, 颇有见地, 谓予寅、卯、辰三年皆不佳交, 来年乙巳始入亨途。生平利西南不利东北, 盖五行缺火, 火为印, 须走印地行印运方妙, 最宜南方; 煞重制以食神, 食神属金, 所以西方亦好。有煞无印, 利于武营军务、偏官偏财主事, 所以不入正途, 不宜正印。今年脱运交运, 此后两运十年皆好, 最不宜于商贾云云。所言颇简当, 为向日术家所无。余内子则火土太重, 宜以小制。现行子午相冲之运, 四十六至五十岁最不佳, 多病招灾, 幸身子无恙。若不生病, 便有刑克。五十一以后十年好运, 事事吉利。彭儿命运皆好, 惟现行懵懂运, 此两年为一生最坏, 一交廿三岁, 名利两得, 无往不宜。卅八以后五年小滞, 必见孝服。四十三以后又有三字好运, 定补实缺正印, 且由正途出身。命中虽觉金寒水冷, 幸有戊土丙火透露得地, 遂不碍也。

廿九日, 癸酉　　晴

清晨诣捕厅右营一坐。郑处送公分礼来, 为佛孙弥月也。郭恕斋来, 送文旦五个, 未面及。下午出门一走。

三十日, 甲戌　　晴

郑绍平来, 复云陈弁事。午后出门一游。以潘耐安信、物托秦游戎交饷弁甘荣卿带省交季宅转寄。该弁闻下班商轮始行也。

十一月

初一日,乙亥。以上干支皆讹　晴

清晨诣郑、谢二处,未面。午后诣郭恕斋,送以紫檀冻石章二方,并偕诣赖可行,未面。诣县幕沈子栽及镇军处一谈。

木匠每工乙角八分,酒钱十二文;土匠每元六工,酒钱同上,另给烟钱二三文;油漆匠论件不论工。

西门外多木行,用款多,利钱重,年下取利乙分五厘,尚借不到。东门、双门、南门用款少,利钱轻,至重不过分二。

城内富户,周家第一,林祥记次之。林有家赀三十万,开布庄、银号,系新发户。

温人称呼女客,最上为太太,不甚用,次为孺人,再次为先生姆;老者为娘娘;闺女为媛主,自呼则以次序曰大媛、二媛。男子曰某相,与台州同。

初二日,丙子　晴

清晨诣郑绍平。下午料理请客事。

初三日,丁丑　晴

是日为长孙佛官弥月,宴诸知好。来者为李希程、秦锦涛、王濂臣、杨北干、郑绍平、杨敏夫、陈逸臣、陈功臣、杨俊卿、谢秋圃十人。未至者郭恕斋、许幼庭、赖可行、邱玉生、黄咏笙等。二更始散。是日镇台送礼八色,收轻者二色。所宴之客,皆因送礼者也。

初四日,戊寅　晴

午后诣各处谢步。

初五日,己卯　晴

午后诣东斋一叙,稍形酣畅。夜诣李希程,未面。

初六日,庚辰　阴

闻永嘉县令撤委,接署者为沈德宽。午后诣东斋,未面。诣郑、杨,亦未面。借秦游戎《府志》十六册。

初七日,辛巳　阴雨而寒

在寓竟日未出。牙郎来,说定屋事。

初八日,壬午　阴,旋晴

午后诣秦游戎,未面。诣捕署一谈。诣东斋一叙。陈把总来,谈和记及会馆各事。

初九日,癸未　晴

赖可行来。午后陈功臣来,陈丽生来。房东高叔弢与伊管帐人陈澄如及牙郎同来。是日,商轮进口,省委刘道及杨总办均来。邮局来廿九日潘耐安信,又辛官夫妇来信。

初十日,甲申　晴

发耐安及辛官信,托制丝绵袄裤,交邮局去。午后与黄咏笙谈屋事。闻刘道本日提讯洋枪案。夜诣李希程一坐。张幼樵有侄某住上海余庆里第二弄。《约章纂新》、《警世钟》二书,沪上新出,后一书洋人已照会禁止,以语涉讥刺也。

十一日,乙酉　晴

清晨陈把总来,谈及讯案。诣刘、杨二公,均未面。夜诣李希程处饭。同席十人,有孙、蒋二君度曲,杨伯干吹笛,主人亦慷慨悲歌,酒气淋漓。商轮夜半开,刘道回省。王濂臣司马出示仇十洲山水手卷,尚非神品,题跋三四,亦无名笔。

十二日,丙戌　晴

秦游戎来。杨总办来答拜。黄咏笙借去洋十元。

十三日,丁亥 晴

午后诣东斋、捕署一谈。

十四日,戊子 晴

谢秋圃来,未面。许幼庭来。罗肇燧、罗照二人者来,一字光甫,一字忠甫。黄贵回台州。

十五日,己丑 晴

与牙郎看屋一所。夜陈姓人来。

十六日,庚寅 阴,西北风厉,天寒

清晨答诣许幼庭,并过东斋。午后又诣庆年坊。夜得诗四首。

十七日,辛卯 晴

午后诣中学,晤绅董陈墨农大令。黄君蔷云来。

十八日,壬辰 晴

谒杨总办。诣秦游戎及水师彭管带在中,未晤。闻杨太尊说上海商务印书馆有一姓符人。杨西帅眷属住扬州。

十九日,癸巳 晴

商轮入口。新任锡太守到。午后诣东斋。邮局来初十潘耐安信,云十一赴台州。

二十日,甲午 晴

陈把总来,言昨日考官,三枪皆脱。又云东门海关出口司事每年入款约三千元,现系杭人蒋某,李希程所荐者。午后出街一走。内子、彭儿向庆年坊看屋。陈墨农大令祖绶来答拜。彭管带亦来,均未见。许幼庭来,亦未见。秦游戎处交来饷弁所带之上月廿一潘耐①信及衣包乙个。

---

① "耐"下疑脱"安"字。

廿一日,乙未　晴

午后诣镇台。谢秋圃来。裁撤云南、湖北巡抚二缺,归总督兼管,见十一月初六上谕,其说发自云南巡抚林绍年。

粤海关暂归巡抚管理,派知府陈望曾为关务处提调,知州朱祖荫、冯嘉锡为坐办。

湖北铁政局改为新政局,设总办、会办、参议及交涉、编译、铁路、矿务、实业、商税六科,科各派员二三人,宗得福以正任东湖县帮办铁路科。

镇江新出《商务报》,冬月出。

廿二日,丙申　晴

午后在府前顺康鞋店定鞋。诣捕署一谈,永嘉丞亦在坐。发缙云、龙泉二信,交邮局,保险寄去。

廿三日,丁酉　晴

郑绍平来,取回《缙绅》一册。午后诣东斋一走。

廿四日,戊戌　晴

清晨谢秋圃来。午后暂出一走,即旋。

廿五日,己亥　晴

制送张小孟刺史挽联。午后出西门答诣黄蔷云,未面。与陈叔咸夫人谈片刻。阅永新陈松《天文算学纂要》,此书廿卷,汇集数理精蕴仪象考成,前后编会典诸表与图附以简说,颇便翻检。末附《万年书》二卷,《推测易知》四卷,则采《天步真原》中选择之说,及各家阴阳二宅浅近之说与新算法中之测量,殊简切,可以入门。故非无所得而漫事缉刊也,宝之。若再附以七政四余,即更备矣。

廿六日,庚子　晴

午后秦游戎来。竟日未出。

廿七日，辛丑　　晴

清晨诣捕厅，未面。诣中府黄游戎一坐。午后诣二府，未面。取回鞋子，至公大衣庄一看，路遇沈子栽，盖到寓答拜，不期而遇诸涂。李希程来谈。以《红楼广义》二册还杨敏夫。

廿八日，壬寅　　晴

函催捕厅，属派马快来查失物。午后诣彭管带，未面。诣王司马，谈良久，云与上海同丰祥客栈主人熟识，赴沪日当为致函。

阳宅以兼向吉凶为难辨，中宫次之。假如艮山坤向兼丑或兼寅，癸山丁向，兼子或兼艮，吉凶方位错出，既论卦，又须论干支，难免纷歧。定中宫，或以围墙内南北正中之十字交为中，或以高大屋宇为中，如宅有三四重，或各重各自为中；三者诸家皆无定论。两者未定，则宅之方向不真；方向不真，则吉凶不准矣。太阳到方，尤为关系而不易测，测准算准，即七政皆可推矣。

廿九日，癸卯　　晴

清晨省委通判赵廷干遣丁持十月三十司札来催青田、松阳粮捐，当作一函交来人带回。给予川赀二元。赵字仙帆，镇江人，住杭城羊坝头。捕厅来。

三十日，甲辰　　晴，天气暖甚

午后诣府前新福兴锡店定购如意式香盒。又至顺康定鞋，即归。郑绍平来。

十二月

初一日，乙巳　　晴暖

杨俊卿来。商轮入口。

初二日, 丙午　　晴, 天气稍平

清晨诣秦游戎, 在彼午饭, 与伊戚本地人陈小轩同座。诣东斋一转。下午王司马来谈。写就章一山、潘念慈二函。

查当年七政四余, 到方监本《七政历》及闽刻《通书》均有之。再查纪氏《黄赤度表》, 似无庸另行布算, 表见《地理末学》:

子午卯酉, 四沐浴位。又四阳干之帝旺位, 四阴干之临官位。

寅申己亥, 四长生位。又四阳干之临官位, 四阴干之帝旺位。

辰戌丑未, 四墓库位。

初三日, 丁未　　晴

以章、潘二函交邮局。比日覆阅纪氏《地理末学》及《水法要诀》, 稍知大概。儒者余绪, 亦高出术家百倍。堪舆理气方位之学, 此为南针矣。夜微雨。

初四日, 戊申　　阴

午后偕郑绍平诣二府、捕厅一谈。夜二更, 东门外火起, 延烧数家。微雨。

初五日, 己亥　　阴

午后诣乾丽源行一看。

初六日, 庚戌　　阴

以烧羊肉一碗送秦游戎。午后诣大街取香炉各物, 均未毕工。夜雨。

初七日, 辛亥　　雨

苏管驾高邦是早迁移入屋, 苏字清臣, 粤人也。李君香泉来, 李, 湖北人, 馆中府处, 兼馆于苏。

克择以算太阳到方为最难, 陈氏松《推测易知》内虽有"七政选时算式"一门, 备列简法, 而不习算者仍未易解。不如每年购监本

《七政经纬时宪历》一册，一查便知，无劳布算矣。闽广《通书》所算，立成多讹，不甚合用。若细求西法七政性情主事，非研穆术不可。

《测地志要》、《测绘浅说》、《测地肤言》诸书，皆测量家所必读。《八线简表》、《八线对数表》、《算学对数表》三种，亦为测算所必备，但查表烦闷，不如求省算一法为妙。省算法即以量代算。陈丽中松《推测易知》内说测量简法，各条粗具规模，《浙江测绘地舆图说》一册详陈之，大可依据，不烦布算，随地可测，于此学开一捷径。惟矩仪尺晷应照《肤言》仿造，其他非重大即太小，不合用。

选择既讲七政，又讲奇门克应，便为绝学全能。

初八日，壬子　　雨

邮局来初三日缙云范大令回信。阅皖人汪东亭《养性要旨》，于丹诀揭示无遗，入手收功，次序明白，不作廋词隐语，较世传诸丹经为胜。第如其说，丹成之后九年，无不升天。夫升天与入地何殊，入地为死，升天亦死。是金丹者，求死之术。所以陆放翁有"丹成不服怕登仙"之句，齐高洋得大丹，谓人有曰"吾贪人间乐，俟将死时服之"之说也。丹成必死，弄丹亦死，未成则无所用。是此术危险特甚，何事逆天行道如此？富郑公有丹诀一匣，临终时康节尽予烧除，所见卓哉！

初九日，癸丑　　阴

郑绍平来，秦游戎来。下午陈叔咸来。

理学之儒，总在五十以外，人生到此，精力就衰，下体殆如僵蚕，嚼腊横陈，即日日处子坐怀而不乱。于是实事之乐去，虚名之念生，不能不遁入理学一途矣。故理学者，欲为登徒子而不得，而其人又甚巧伪者也。

中国四百兆人，大抵皆西人化学之物，一经其手，无人不化。其化而不尽者为奴隶质,故吾谓六十四原质之外,应添一质,曰"华质"。

初十日,甲寅　　雨

三日以来,未出大门。

十一日,乙卯　　晴

下午陈叔咸来。数日未出。

十二日,丙辰　　晴暖

午后在大街取回定制各物。

十三日,丁巳　　晴

暖甚,如三月天。清晨出西门答诣陈叔咸,遇诸涂。午后答诣李松泉。入夜西风大作,三更后雨。

十四日,戊午　　阴

清晨诣王司马处拜寿,又诣西溪司,未面。秦游戎交来湖笔廿枝,当以洋两元付来手。闻新任永嘉令已到。傍晚赴二府署宴饮,约十许人。

十五日,己未　　阴,微雨

发耐、念、王镇台、陈南桥、章一山各函,邮寄杭、台、沪。夜,又作喻芷韶编修函,托郑绍平寄京。购乙巳年《七政宪书》。郑送水仙花四个。二更雷作。

十六日,庚申　　阴,时逗日光

午后诣东斋一走。邮局来初四龙泉复函,即作一函,交邮局去。陈叔咸来。

十七日,辛酉　　阴

清晨诣石坛巷看屋,并诣郑绍平一坐。是日李希程夫人生辰,诸公送礼未收,均不往贺。

十八日,壬戌 阴雨

入夜雨阵稍大。耐安处存洋四十乙元,此次函嘱拨给念慈夫妇押岁洋四元。耐之表叔许子颂大令前署无锡县,撤任,现在岑督部处办折奏。

十九日,癸亥 雨

是日午刻封印。午后拜新永嘉县沈炯甫大令德宽,未晤。夜雨达旦,雷大作。

二十日,甲子 雨竟日,夜又雷作

廿一日,乙丑 晴,下午小雨

陈明去。陈叔咸来。

廿二日,丙寅 晴

清晨诣郑绍平、谢秋圃、秦游戎处一坐。为秦代写致海左游击李西园一函,为托便运寄书箱事。午后诣高祝三,未晤。与赖可行一谈。诣东斋,又诣二府东首宝林斋,定制屏风一座、花梨木嵌竹对子乙付、朝珠盒四个、烟盘乙个。给店东潘姓定洋乙元,尺寸大小已登簿内。由台州人带来十二日潘耐安自杜下桥所发信,云暂住曹管带处。

廿三日,丁卯 阴

清晨诣大街一走。午后出东门,诣乾丽源。商轮入口。邮局来十六日章一山上海信,云即日回里,正月半至沪。县前大街恒裕碗店店东吴姓系宜黄棠阴人,并充此间会馆董事。陈叔咸来,又偕至大街一走。得潘念慈十四日信。

廿四日,戊寅 阴,微雨

发潘耐安信,邮寄台州杜下桥。秦游戎来。为失窃事函致捕厅。午后诣宝林斋定物,又付定洋三元。

林访西观察贺峒现办宁沪铁路。天顺祥陈润夫即嘉兴令之父。

廿五日,己巳　　雪竟日,寒甚,重裘不觉暖

以春饼送秦、郑二处。闻杨敏夫丁艰。阅《申报》,有奸人盗卖东陵禁地三十馀里与俄人,吏部考功司宝如为之印契,事发,交直督审问,洵奇闻也。

廿六日,庚午　　阴

雪融成水,寒极,笔砚皆冰。

廿七日,辛未　　阴

雪已融迄,寒气未退。夜间陈明保荐一潘元来,姑试用之。

廿八日,壬申　　阴

竟日翻书不出。潘元来。同寓苏守备回。

廿九日,癸酉

清晨郑绍平借去朝裙、皮套、大帽等物,是日迎春,伊方代理永嘉尉也。出街一走即旋。谢秋圃来。夜间黄咏笙荐一项姓人当差,属于新正初三日来。除夕,无事,二鼓就寝。

光绪三十一年乙巳（1905）

正　月

初一日，甲戌。元旦　阴，天气凝寒

清晨盥漱敬神，有客到门，皆辞谢之。读《管子》一卷、吴梅邨近体诗十数篇。寓公门庭，不嫌阒寂也。

初二日，乙亥　阴寒

阅《公法会通》迄，书后一则。素相往还者多来拜，未来者三五人而已。

初三日，丙子　阴寒

陈功成来。午后李松泉来，未面。傍晚雪作。八闽浦城祝桐君先生《造命挈要》八卷，初刻于道光丁未，重刊于光绪己丑，时文孙安伯太守庆年方官浙江也。太守殁已多年，闻其子亦以盐场需次杭州，上海介福绸庄系祝所开。有售本，初出时码洋乙元，须并图一幅购之。坊行《择吉会要》一书约十许册，亦道咸间出本，殊不劣，并记待访。桐君先生名凤喈，又名畴，字子九，官浙江同知，曾刻宋元注本五经及四书。校刊《挈要》者为袁霓孙少尉，宝山人，即袁谷廉先生之犹子，善画山水。《邃怀堂骈文全集》亦伊校刻，浙藩许星崖方伯助金付梓。袁似名镇嵩。

初四日，丁丑　雨夹雪，寒甚，寒暑针低至三十三度

同寓黄咏笙之子在乐清防营充哨弁者来见，旗官蓝蔚廷亦

来拜。

初五日，戊寅　　雪甚如掌

出门拜客二十馀处，均到门投刺而已。寒暑针低至三十一度，为温地向来所未有。郑绍平送还朝裙、大帽，尚有皮套一件留用未来。

初六日，己卯　　晴

朝霞射雪，气象鲜新，但寒甚不可当耳。竟日未出，亦无客来。

初七日，庚辰　　晴

日出雪融，街道泥泞。诣秦游戎处一谈。下午杨俊卿来。

初八日，辛巳　　晴，旋阴

午后诣陈叔咸，未面。诣郑绍平一坐，并往唁杨敏夫。与郭恕斋、杨俊卿二人遇。夜间同寓苏守戎招饮。黄搏九来拜。

初九日，壬午　　雨竟日

苏守戎宴客，为之一陪。郑绍平来。

初十日，癸未　　晴

竟日未出。傍晚镇台来拜。陈叔咸来。

十一日，甲申　　晴

午后诣大街东斋一走，即归。秦游戎来，未面及。

十二日，乙酉　　阴

清晨拜客数处，均未见面。

十三日，丙戌　　晴

郑、邱二公招饮，却之。永嘉丞来拜。郭恕斋来。午后诣县城隍庙测字批命。夜二更商轮进口。

十四日，丁亥　　阴

午后诣郭恕斋，偕诣三元宫相士艾金丹处，适已外出。偕至忠靖王庙一看，俗呼小庙，香火极灵。欲诣隔壁东瓯王庙，门闭不得入，俗呼大庙。

诣杨园一看，园主人杨远峰茂才号天民，其弟淡峰号怀民。破屋数间，种花自娱。好吟诗，诗笺满壁，无甚佳者。字亦古气，尚不俗。主人不在，无可与谈。

又诣眼科马兰生茂才处一坐，马善隶书与绘事，年七十一，甚强健。现以医自给，就诊而不出门。余以眼疾乞方，据云看书受损，药力不及。无已，以元贞子蒸熟代茶，服二年当愈。谓此物平补肝肾，而性不甚凉。不知其说如何。治冻疮，用狗骨烧灰，真麻油调涂即瘥。

平阳笑秋女史，年十七，出嫁甫经年，花卉极秀逸。以洋一元托恕斋购扇及横轴索画。又一纤纤女史，鲁姓，与画士汪如渊有瓜葛，其画亦佳。均在杨园所见。

发缙云范大令信，双挂号。寄来松阳移文乙角，十二月十四发。

十五日，戊子　　雨

上元佳节，岑寂鲜欢。得五古、七律各一首。李松泉见过，略谈。

十六日，己丑　　雨竟日未歇

午后诣李希程，未晤。借来王司马处《申报》十馀纸一阅。本年大改良，体例略如《中外日报》及《时报》，分上下两截。漕运总督改为江淮巡抚，建立行省，仍辖于江督，即以恩寿补授，见上年十二月廿二日谕旨。《中国武事道》、《中国国债论》、《华英合璧袖珍二十世纪日记》三种，皆广智书局出。

十七日，庚寅　　雨

发潘耐安信，邮寄台州涂下桥。夜间，黄中府招饮，座客五六，

有一瑞安人陈黼丞①字介石者，大学堂史学科教习也。又一永嘉人
王某，闽省知县。

十八日，辛卯　　雨

清晨缙云专亲兵来十一日范大令信并洋五十元，即答一函，交
原人带回，给力乙元。闻西溪巡司邱某骤亡，盖因事服毒也。宝林
斋又取洋十元去。午后雨止日出。西门送来陈兰桥正月信，云潘耐
安赴定海度岁。入夜又雨。

十九日，壬辰　　阴，时见日光

诗集除删汰外，存稿八百馀首，分两册：上册起庚午，讫丁酉；下
册起戊戌，讫甲辰，命曰《知昨非斋诗存》。上册尚未写定。杂文约
三十馀篇，词十九阕。喻、刘、李、赵、杨、吴、王各《寿序》，答王、章
《书》各一，又《答章书》，代张《条陈》，《老少年赋》，《修禊赋》，《梦游
记》，《雨铭楼家训序》，《莪园记》，《蓉镜堂记》，代郭序张辑各书，又
代序王集，《鸥寄轩跋》，《怀兰室集句诗集序》，《郑诗集序》，《老子
本义序》，《伊吕合璧序》，《诗集自序》，《知昨非斋诗存》上下两册，
词十九阕附后。

《荍盦瀼剩》，《杂说》五十馀条，《阴符经考》一篇，《书林体例》
一篇，《群书目录汇辑》一篇，《唐以后不由科目出身人物考》一篇，
《拟纂丛书目录》一篇，《大效丛书目录》附后。《志议陈刍》一卷。
以上可合为一巨册。

《范子辑略》二卷，《管韩要删》八卷，《伊吕合璧》二卷。右采辑
编纂者三种，已成书。

词三百篇，《吴王近体诗选》，二种已草创。

_____

① "黼丞"，应为"黻宸"。

二十日，癸巳　　阴

秦游戎来，谈及镇台被控，闽督委查事，所言不详。午刻二府招饮，同席为三广文，程、唐二大令及郑绍平。拜李、程，又未晤。松阳亲兵叶振标言及松阳近事，为之一叹。永嘉西溪有武举金殿魁，为地方所信服，人亦公正，公务多倚赖之。程、唐二大令云。

廿一日，甲午　　雨竟日，彻夜不已

略检书籍。

廿二日，乙未　　晴，下午阴

夜诣李希程一谈，冒雨而回。二府交来上海三洋泾浜双庆里同丰祥栈黄又泮一信，黄系闽人，在沪开客栈多年。

廿三日，丙申　　雨，阴

竟日不出。

廿四日，丁酉　　阴

清晨至樊子香处占六壬课，课名赘婿、才官两旺，贵人两重，似乎甚佳。下午诣程大令送行，未面。赴秦游戎处夜饮，客只三四，主亦有小恙，未二鼓即散。

廿五日，戊戌　　阴

清晨黄贵自台州来。下午秦游戎宴府尊，招往陪，同坐为王司马、金大令、李协戎也。

廿六日，己亥　　晴，下午阴

赵伟传来，盖运送乃祖灵柩赴沪也。王司马来，陈叔咸来。夜雨。

廿七日，庚子　　雨

发潘耐安信及甡官信，交邮局。诣双门舟次吊奠赵太尊，约誉传昆仲至聚福楼午饭。遣潘元去，给以一月工赀。夜缙云范咏和大

令来拜。夜修郭廉访书。上海所出各种小报皆可观,《警钟报》纪栝事颇详,系栝人主笔,《官场现形记》甚妙,皆誉传云。

廿八日,辛丑　　阴

清晨答拜范大令。午后李希程所荐之邵忠寿者来,亦本地人。宝林斋交来定制物件,又付四元。借《申报》一看。发郭廉访、章太史各信,交邮局寄杭、沪。

廿九日,壬寅　　晴

清晨诣江苏人李荫棠,以赴温溪保甲局未面。晤其第二乃郎字德斋者,伊系永嘉小学堂洋文教习,现拟彭儿从其读,以近在咫尺,不必到堂也。午后诣镇台一谈,并诣孙兰友及东斋范大令,是日回栝。送以食品二色,只收其一。夜为镇台拟就函稿。

三十日,癸卯　　阴

清晨捕署行吊。镇署郑哨官来取去稿件,另来一稿,为增数字。

二　月

初一日,甲辰　　晴

海标练船驾弁赵辅清送来王应常镇军正月廿三日信,并附便装书箱来也。杨俊卿来。李德斋来授彭儿英文。诣郑绍平,未面。

初二日,乙巳　　晴

书箱到寓,给水手洋一元。复王镇台信,附寄藤椅四张送之。陈叔咸来,云调回西关。午后,诣二府,未晤。诣杨敏夫一谈,杨有亲家何绍秋,现任揭阳令,潮州府属也。以朝裙一包托秦大少带杭。

初三日,丙午　　晴

诣秦游戎一谈。诣郑绍平,云郭子冶在粤,已补缺。又郭柏心

之子名继昌者亦在彼，均知县班。又有董姓某君在粤多年。下午王
司马来，取回禀稿各件。

初四日,丁未　　晴

诣东门陈丽源一走。镇台送食品四色，收二色。秦游戎来谈，
留之午饭。下午镇台来谈。李希程送秦游戎二少君庚帖来，即以次
女庚帖交其带去。夜微雨。王廉臣乃弟来。

初五日,戊申　　雨

下午诣王廉臣，又诣镇台夜饭。李希程订初八日为秦宅小定。

初六日,己酉　　阴

午后诣狄霖孙。李希程来，未晤。郑哨官来取稿件。夜诣希程
一谈。写就萧伯康、陆子登二信给黄桂。

初七日,庚戌　　晴

清晨把总陈应茂来。诣黄游府一座。李香泉来，商轮午前入
口。下午邮局来正月廿四潘耐安及念慈信。陈逸臣来。

初八日,辛亥　　阴

陈把总来。发潘耐安、陈南桥信，邮寄杭、台。傍晚，李希程、王
濂臣送秦宅庚帖来，是为小定。陈功臣亦同来，因即日远行，匆匆不
及通融办理，亦官场习见者也。以三道点款冰人，照式具庚帖回送
乾宅。

初九日,壬子　　雨

清晨诣各处辞行。与秦游戎一谈。黄游戎来送行，交来王主政
一信。郑绍平来，交信二函，属带粤东。午后运行李一半上轮船。
秦处派兵及旗牌来招呼也。与苏、黄二君一谈。下午镇台来送行，
并嘱再拟函稿。秦锦涛之婿沈镜澄，归安人。

初十日,癸丑　　雨

郑绍平又交来一函，并以皮裼一件见还。秦游戎来送行。下午

率邵忠登普济船,人货如山,无舱可住,与秦、沈辈挤入统舱。

十一日,甲寅　雨

清晨彭儿上船云,何寿安全眷已到,暂住寓庐。因即刻展轮,不及把晤。三点钟顷开行,颇有风浪。

十二日,乙卯　雨

十点钟时抵宁波,未登岸,停三下钟开行。

十三日,丙辰　雨,天气甚寒,以昨日微雪也

七点钟时到上海。江天先到,无马头可泊,小船驳岸。入荣华栈,住廿二号。沈镜澄住福星栈,秦小涛七八人又别住。午后诣虹口访章一山,则已于昨日北上矣。晤仍堂弟章幼垣及通州人白振民,白即接一山席者。出一山十一日所留手札并洋票五十元见付,却而未收。略谈即归。沈、秦二人先后来。夜,章中子偕章幼垣同来,仍以洋票见畀,强之再四,姑存箧中。灯下写就家书及耐安书与复一山书,已三鼓矣。雨阵益大,即就寝。

一山现充京师译学馆总理,在东安门内北河沿。章中子在海门渔业公司,章幼垣在澄衷学堂。

十四日,丁巳　雨竟日

写就家书,并字典报册打成一包。又郑绍平属购补子及尾洋四角统交该栈接水人周芝兰明日带温。雨,不能出,买报纸数张遣闷。招商局广大船闻即日可到。

十五日,戊午　阴雨

清晨以温信、杭信、京信送邮政局。以家书一封并书一包,又郑绍平补雀一包,洋四角,交周芝兰带温,普济四点钟时开行也。午后雨止,诣沈镜澄略坐。诣商务接待所,拜王干臣部曹。旋又偕沈茶话,并至雅叙园小饮。夜至天仙观剧,三更回寓。白振民送来范仲

林信一封。

十六日,己未　　阴,时有雨丝

写信一函,专人送浦东大纯纱厂总办宗子见太守。午后诣澄衷学堂,与白振民孝廉作霖一谈。并晤章幼垣,知章中子已赴海门。下午沈镜澄偕其友倪馨吾来,旋往四马路九华楼夜饮,不及二鼓即回,小有感冒。

十七日,庚申　　阴,略寒

倦卧不出。午后王部曹大贞来答拜,未晤。宗子见太守来,略谈。夜为拟一函稿送去。

十八日,辛酉　　晴

沈、倪二君来。午后宗处送粤抚禀函来。

十九日,壬戌　　阴

午后倪君来。少顷,沈君偕伊戚某君来,云广大船已到。夜雨。

二十日,癸亥　　雨

倪星吾来,云已定房舱,当派邵忠先将什物送往船上,并付倪君廿洋,托其写票。发家信及潘耐安信交邮局。下午白振民来一函,即答以片纸。夜大雨。

廿一日,甲子　　晴

午刻上船,住四十三号房舱,犹统舱也。时沈镜澄已先到。傍晚上岸就店一饭。夜三鼓倪星吾亦来。

廿二日,乙丑　　阴

黎明开行,风色不顺,微觉颠簸。

廿三日,丙寅　廿四日,丁卯　廿五日,戊辰　　三日皆阴,时而雨作

风顺,船行稍平。是日辰刻过香港,验病,西医登舟,扰攘一番。验毕船始入口,急甚,不复登岸。下午四点钟时展轮,三更停驻。

廿六日,己巳　　阴

十点钟时抵广东省,以艇子驳行李装人,行江面七八里,至鸿安栈上岸。在栈停半日,另雇夫挑行李,由靖海门、归德门进城,至华宁里鸿安公馆楼下西边二号暂住。天时蒸闷,已穿夹衣。

廿七日,庚午　　阴

清晨诣贡院拜王玫伯大令,即在彼处午饭,盖所充系师范学堂监督也。午后回寓,诣司后街营务处,拜提调吴云笙太守,别已十年矣。倪、沈二君来,未获面,留示电稿一纸,系公打一电回瓯,以报平安也。

廿八日,辛未　　阴

诣抚署,拟谒张中丞,适值衙期,且手本已下巡捕官,不好上谒,仅将宗子见信一缄托华君棣之代呈。又以白振民致幕僚范仲林信一并交之。午后王玫伯、吴云笙先后来答拜,倪、沈二君亦来。玫伯约至松华斋夜饭,在座仅乃弟王幼垣。二鼓归。微雨,邵忠病卧不能动。

廿九日,壬申　　阴

清晨,玫伯遣家人王某来,遂同诣抚署。又值上匾,巡捕谓不见客,不必候,俟初一再来,或初四来,无可如何。询及信件,云已送交稿案。欲拜范大希,又以向不见客为言,小坐片时回寓。渠旋差人来,开宗子见衔名,云信件尚在稿案处,忙,未呈入。雨一阵即止。午后发家书祥字元号,交邮局寄温州,以广大本日开也。

三十日,癸酉　　阴

清晨谒见抚院,询谈良久。午后沈、倪二君来,偕往乐园茶话。下午王玫伯遣人送信来,招往寓庐小住,并交来潘耐安自临平廿二日械。即以竹屏、帽合、粉合、镜筐四种交其带回。

三 月

初一日，甲戌　　阴

是日清明，抚台来答拜。午后诣师范馆，与玫伯一谈。倪馨吾来，以瓯物四种送吴云笙太守，仅收锡器。夜诣吴一谈。

初二日，乙亥　　晴

午刻移住攀桂坊王玫伯寓所。夜玫伯归，邑谈督部所最赏识者，张道鸣岐之外，则数主事周善培。周，四川人，现办将弁学堂，人极精刻。张，山东人，总理学务，兼为幕僚领袖，已放缺矣。三鼓后大雷雨。

初三日，丙子　　阴

清晨拜曹茨斋刺史衍瀚，未晤。午后孙君毓淇字玉堂者来拜，即孙提督国乾之子，生长台州，口操台音，与玫伯素习者也。曹刺史来答拜。发家书及潘耐安书，交邮局分寄瓯、杭。家书系祥字二号。夜雷雨。

初四日，丁丑　　阴

午后答诣孙君玉堂。夜玫伯回寓，谈片刻，知台州姚桐豫、谈理二人为京员所劾，台守降调，不知是否为此，抑别案也。

初五日，戊寅　　阴雨

在寓竟日，玫伯以礼拜日不赴学堂。

初六日，己卯　　阴

清晨谒抚院，坐片刻而督院来拜。退出，以珠盒、屏风二件送华巡捕棠。诣吴云笙太守一转。诣沈镜澄，未面。

初七日，庚辰　　阴雨

沈镜澄来。买山票二纸。午后诣玫伯，适孙君玉堂在彼，谈片刻，伊先去，玫伯出示章一山廿二都门来函，颇关怀也。

初八日，辛巳　　阴雨

午后沈镜澄来，偕诣番禺署，晤倪馨吾。由贡院交来上月卅日吉字一号家书，尚有十八日一函未到，于以见邮政之不甚可靠也。另买山票二纸。下午诣吴太尊，谈及谒抚院事。夜雷雨。

初九日，壬午　　雨

清晨诣贡院，与玫一谈。午后写家信第三号及李希程、秦锦涛各信。入夜玫伯回寓，出示港中传单，知鄂督初八日被刺，刺客立时拿获。又云郭谷老廿九殁于臬署，台州守放一贵州甲班张西园，均已见报。

初十日，癸未　　雨

由邮政局发瓯信三缄。阅甲辰年《商报》竟日。下午沈镜澄来。夜玫伯回寓，谈及孙处事。

十一日，甲申　　阴

天气蒸闷，地气潮湿，如江以南五月候。寄《官商快览》一册回瓯，费四十文。

十二日，乙酉　　晴

午后沈镜澄来，同诣倪馨吾，未面。至乐园茶话，并顺道诣伊寓。晤杭人陈君林樽。夜与玫伯剧谈，云中外日报馆主笔夏穗卿者，以庶常官安徽祁门令，丁艰而任此席。夏，浙人，名曾猷，已保直隶州。平等阁主人狄楚卿，粤人，现总理时报馆，亦南海门下也。

华宁里有一家专写轮船票，各船进出口日期，询之便悉。

十三日，丙戌　　晴

发章一山、白振民信，邮寄京沪。午后倪、沈二人来，出街一走。

十四日，丁亥　　晴，旋阴

偶成小诗十二章。午后诣德宣街晤郭子冶大令，以郑绍平信三械悉交之。下午雨作,入夜益大。玫伯以《群学肄言》一书借阅。拜同寓程莲舫大令,官云南,昌①人也。

十五日,戊子 晴,旋雨,午后又晴

倪馨吾来,偕出小北门里许宝汉茶寮一坐。山野风景,不似城市尘嚣矣。地有南汉马宫人墓及唐咸通时孙夫人墓,主人得其墓碑,因以署名。匾对多而不佳,仅某集唐一联云"桥东桥西好杨柳;山南山北闻鹧鸪"稍不俗,然亦泛泛。

十六日,己丑 阴雨

孙军门国乾来拜,面约赴潮襄助幕事。

十七日,庚寅 雨

清晨谒抚院,值其赴陆官学堂开课。诣吴太尊,答拜孙军门。下午为吴拟一函稿送去。

十八日,辛卯 雨

曹次斋刺史明日招饮,却之。午后沈镜澄来,云将赴广西南宁,就统领彭某之馆,一二日内即行。夜玫伯回寓,剧谈至二更馀。李苑客侍御《日记》有百馀册,盖杂记各事兼跋书论文,晚年多以细楷缮之。李无子,稿存伊侄某处。樊云门方伯曾得九册,据此,则多散佚可知矣。近人中博览强记者推湘潭王某,忘其名,《汉书》《文选》正文、小注皆能成诵,补《三国志注》,至数十卷之多。京师则于式枚、沈清植二人为最有名。沈现守南昌,于以京卿在大学堂,皆记诵赅博者。梁鼎芬矫立名誉,乃一日蒸其父妾,为伊妻某氏所见,梁跪恳勿泄,妻勒写服辨,听其自由。梁不得已从之。后文芸阁学士至其家,妻遂随之而去,梁无奈也。以上皆玫伯说。李若农《元秘史

---

① "昌"上疑脱"南"字,下文壬子年七月十二日作者在南昌曾到程宅造访,晤乃郎挈华,甲寅年五月廿三日托其到南昌邮局交涉汇款事,程莲舫当是南昌人。

补》玫伯抄得一部,约五六巨册,现《渐学庐丛书》已刻之。尚有《撼龙》、《疑龙》二经注,未知刻否。台人郑鹿门大令前官粤时曾抄藏之。

十九日,壬辰　　阴

午后偕玫伯诣府学东街旧书店、什货店一看,又诣鼓楼,看南汉所遗铜壶滴漏。又诣双门底儒雅堂看旧书数种,有孔氏三十三万卷楼藏书出售,目录有五六册,索价皆昂。双门底从藩司照墙后直出便是,瑰货山积,新学书铺尤多,雕刻图章与各种古玩木座均不一家,购选良便。竹扇无论何式,每柄二角上下。比草扇为便宜。

上海商务印书馆有一种报,月出一册,约二角零,汇辑各报之佳者,堪代抄掇。该馆与文明书局生意最旺,他皆不如。师范馆有一人驻沪,坐办各种新出书报。

诣茶寮一坐。归,闻沈镜澄来辞行,即往送之。渠随广西南宁府城土膏统税局兼某军统带彭某明晨同行。夜与玫伯剧谈至三更馀。

二十日,癸巳　　晴

清晨谒藩台胡公湘林,字葵甫,即小蓬总宪第六子也。谒广州府陈太尊,婉谢善后局文案馆地事。陈名望曾,字省三,漳州人。下午王玫伯送来孙玉堂复函,云廿四五动身。又以《群己权界论》一册见示。夜写祥字第四号家书,说就孙聘赴潮州及辞局幕各缘由。

廿一日,甲午　　晴

藩台来答拜。发家书及何寿安、陈叔咸、秦锦涛、郑绍平、潘耐安、陈南桥各函,寄温、台、杭州,何信系由家信内转交。午后诣吴、曹二处,均未晤。夜,诣吴太尊,交来沈观察一函。

廿二日，乙未　　晴，天骤热

清晨诣贡院，与玫伯一谈。玫出地图数种见示，皆要。《中外舆地全图》一巨册，邹代钧所编，为京师中学堂课本，计总图六十八幅，分图未出，价洋七元，有著色者更佳。《支那疆域沿革图》一巨册，附略说，日本重野安绎、河田罴同编，价洋五元五，可打八折，较李刻《沿革图》为胜。《东洋历史地图》一册，日本石泽发身编，价洋八角。读西史者所必需，二种皆著色。商务印书馆所出《东方杂志》，每月一册，零售价二角半，全年较便宜。《羊城日报》纪此间省城事颇悉。《广东舆地全图》一大张，约四五角，与广雅局所刊地图两大册，均要。英伦穆勒·约翰之书，严复译为《群己权界论》，别一译本名曰《自由原理》，即一书也，而严本较佳。梅伯言所选《古文词略》，系合肥李氏刻本，现商务馆重印本四册，有陈太仆、吴京卿加批，不知何如。吴即挚甫，陈未详。价洋一元二角，粤城双门底有商务分馆。

午后，倪馨吾来，偕赴卫边街陶然亭茶寮一坐。诣裕和、广兴隆皮箱店一看。两家专售阳江箱及帽盒、翎筒、珠盒、梳篦盒、小枕头，各器皿制作皆工。其寻常皮箱，则西关外大兴街最多。又金店、珠玉店皆在归德门外小市街。城内旧货、古玩铺，府学东街以外，抚院前最热闹。

邮政局寄洋，每百元费二元。汇兑庄则须三两，将款与信交庄，由庄写给收据。闻汇兑须汇款并寄，如款少，不肯专寄也。

夜赴孙军门宴饮。同座八人，玫伯与焉。以洋二元给王宅男女仆，以廿四日偕孙赴潮州也。

廿三日，丙申　　晴

清晨上街购什物数件。午后差人抚署挂号购广雅局书数种，均未得。

廿四日,丁酉　　晴

王玫伯回寓送行,以广东地图二册见赠。午刻孙军门遣人来约起身,匆促检装出西关,至某行聚会。少顷,雇艇至沙面登香港船,船名广东。四点钟开行,一点钟抵港。在潮人义顺泰行住宿。行李赶不上,另搭佛山轮舟来。

廿五日,戊戌　　晴

午刻由香港上汕头船,船名甘宁,系装货者,并无客舱。船在江心,距马头十馀里,用小火轮搭送。二点钟时开出大洋,颇颠簸。

廿六日,己亥　　晴

七点钟时抵汕头,洋关验货,延搁片刻。雇定内河民船,船式大似处州。以小船驳上大船,偕孙、杨各人诣茶馆一坐。不及广州、香港远矣。又诣合顺行午饭,行主人林少岩,潮人也。下午四点钟开船,行二十里即泊。

廿七日,庚子　　晴

西风,风顺,船行颇快。下午四点钟时抵潮州,偕孙、杨二人入南门一走,无甚可观,出东门回船。

廿八日,辛丑　　晴,天甚炎热

清晨偕孙、杨及各人诣营房拜分统程福田、游戎文魁。旋将行李起入营中。地极潮,无如何也。傍晚孙军门及馀人均到,盖孙在香港、汕头稍有延搁,分两起走也。

廿九日,壬寅　　晴

辰刻统领接事。第九营尚在廉州,第七营在乡小案,仅第八营在此。办接统及请换关防各稿。夜作家书及王玫伯书。

四　月

初一日，癸卯　　　阴，天气稍凉

统领点中、右两哨勇丁，汰补多人，并派定传号旗令各项差使。撰告示及他稿。以第五号祥字家书及玫伯书交邮政局寄，局在府署前，路有五六里之遥。郭伍卿送公文赴省，又作一函致玫伯。

初二日，甲辰　　　晴

取来《岭东日报》及《鮀江公理报》一阅。委撤中哨哨官。

初三日，乙巳　　　晴

第七营营官来见。午后偕孙、杨、高各人诣西门外西湖山一游。有庙宇，岩洞数处。城中一望在目，眼界颇宽。山半佛庙后葫芦洞有一曲径，可通别洞，时有男女幽会，现已砌塞。摩崖字迹颇多。夜又偕孙玉堂进西门，出南门，诣伊乡人。路稍远，乘舆而回。

初四日，丙午　　　晴

连日炎热，可御轻纱。以洋八角交刘号房买《公理报》。

初五日，丁未　　　晴

撰定清乡大概办法禀稿。由孙千总借来公事桌一张。护潮镇关在田、游戎锡衡来拜，北通州人也。

初六日，戊申　　　晴

发杭州潘耐安、南宁沈镜澄信，交邮局。又发倪馨吾信，交孙宅送交。潮人孙佳美招饮于城中新泰丰酒楼，合坐凡十一人，有某客招妓七八人度曲侑酒。

初七日，己酉　　　晴

下午偕孙玉堂入南门一走，出西门回营。阅谭玉笙孝廉莹《乐志堂集》,文胜于诗,岭南一骈体家也。

初八日,庚戌　　阴

午后偕同人自南门穿大街至北门,登第一山即金山一览,无甚邱壑,惟眼界尚宽耳。中学堂有藏书楼,署曰"小嫏嬛",前粤督张南皮所建置也。又至镇署、府署前一走,城内繁盛处殆历遍矣。中学堂无佳联匾,仅楼上有李士彬一联差可,前潮守也。

初九日,辛亥　　晴,旋阴

下午偕孙诣城外村庄一走,几迷归路。

初十日,壬子　　晴

委员王鹤笙大令来,即住城内鸿安客栈者,每日房饭银二钱二分。城外小店二家不堪住。潮郡分府人员五十馀,有洋务、巡警各局差,另保安、房捐各局,则委绅士。汕头系澄海县地,南澳水土极劣。厅署坐于虎口,历任无不伤人。黄冈为饶平巨镇,有同知、副将同驻。以上皆王所言。潮州出产扇子、袜子与锡器,皆佳。武夷茶,上品每斤价有四十八元者,未之见也。

十一日,癸丑　　晴

连日薄游城内外,得五律八首,又七绝一首。邮局来初五日王玫伯复函,附白振民复函。申刻城内怡和洋行萧文雄字少南、曾耀宗字式梅者宴孙统领,而招余与高昕斋陪坐。

广州所出香云纱极佳极贵,白色点梅花样者甚大方。揭阳出夏布亦贵重。虎门距省、距香港各一百八十里,水师提督驻焉。在一寨内,距某墟二里,地方并不热闹,炮台六座,分踞两岸,水中尚有三洲,口门狭隘,天然形胜。炮大小八十馀尊,二十四坐,巨炮亦仅四尊。

河南一地繁盛,几□省垣,肉桂专门出售店家尽在西关,佳者每斤七八元,有一种四元一斤者,送礼颇宜。丸药各种,各有专长,须访购,勿泥于一家。

北海裘锡钊一营晚间到潮。

十二日,甲寅　　晴,旋阴

下午偕杨研农、胡千总入城,诣一黄冈汛弁柯月三家,同往恒益山票公司及鸿安栈隔壁与考棚前面一走。初二府试已来,上海石印书店五六家。傍晚归,小雨。裘管带来拜。

十三日,乙卯　　晴

午后诣海阳县胡禔万大令及程游戎。又答诣裘管带。是日统领讯问匪犯刘荣和,系从汕头捕来者。

十四日,丙辰　　阴

发第六号家信,又王玫伯信,交邮局。王大令钟龄、邓大令廷桢招饮,却之。胡大令来答拜。柯千总以蕃来。

十五日,丁巳　　晴

潮人陈伯廉、张鸢剐招饮,却之。夜偕同人赴柯千总之招,有老举银凤、丹凤、小梁、五妹四人侍宴,二凤度曲,二鼓出城。柯住郑家巷。

十六日,戊午　　阴,旋晴

贡川纸白而光滑,不涩笔,比毛边、官堆便用,与毛六相似。每刀一百廿八张,一百六十文。拟每晨写小楷一版,计二百字,无论闲冗,不得间断,最好临逸少《黄庭经》。

十七日,己未　　晴

午后雷雨一阵,入夜又雨。一队入三门则广州危,一队入南亭则东莞危,一队入小三门则新安危,一队入大金、小金则新宁危,一队入甲子则惠来危,一队入河渡则潮阳危,一队入水吼则澄海危。

欲取顺德则从黄梅入，欲取香山则从上十字、下十字入，欲取吴川则从限门入，欲取海康则从白鸽入。

香港、九龙英地，澳门葡地，碙州法地，汕头通商口岸。

保惠潮则东路柘林、南澳不可忽，保广州则中路之虎门、澳门、南头崖门不可忽，保高廉、雷琼则西路莲头港四十馀隘节节须防，而白鸽、神电尤不可忽。三路之策，常策，亦旧策。以上见《公理报》论粤东防俄计画之疏。

连日札委惠来营、峡岭汛，外委黄桢、黄冈协右营右哨把总柯以蕃随营差遣，又委候补千总胡友士出乡探匪并点营哨。

沈、伍二侍郎奏改刑律，先议删除者三事：一曰凌迟、枭首、戮尸，一曰缘坐，一曰刺字。已奉俞旨，见三月廿日上谕。

十八日，庚申　　阴

清晨统领闻哨弁罗继善在井头乡捕匪中枪，带勇亲行，逾时驰回，并割取匪犯柯阿鲁首级。裘营官来。邮政局来十六王玫伯信，内附三月廿九章一山京信、潘耐安杭信。下午程莲舫大令赴饶平，带来本月初四日吉字四号家书，云三月初十、廿二两械已收到，尚有初三乙械系祥字二号未言及。其吉字二号、三号各来信均未照收，殊恼人也。潮人孙叠三招饮，却之不获，偕同人入城，二更始回。惠潮嘉道沈公到。改律停刑之举，京官自刑尚葛宝华以下反对者不乏人，闻纷纷上折。

十九日，辛酉　　晴

发祥字第七号家信，又发王玫伯信，附诗一纸，交邮局寄。邮局来本月初二秦锦涛游戎覆函，云两信同一日到。

瓯城裕通钱庄与上海往来者为崇馀、信大两家：崇馀在兴仁里，掌柜系袁联清；信大在后马路，掌柜系王眉伯。由沪至瓯，汇费每千元约五元上下。

阅《岭东日报》十五日上谕,两广文武被劾者二十九员,广东候补道李准以总兵记名署理水师提督。第七营右哨哨官把总周东海准假修墓,委补用千总庄家斌接充。

二十日,壬戌 晴

午后谒沈道台,未见。谒李太尊,谈良久。下午雷雨,不大。第八营中哨长王绍臣撤委,以五品军功陈运启接充。右哨官把总李加增准假修墓,以尽先把总陈松龄接充。第七营右哨官把总周东海准假修墓,以效力武举千总庄家斌接充。密札第七营管带方汉章,勒限五日拘拿沙寨埔乡恶棍郭振进及子二人。又密谕庄家斌严查方管带是否认真捉拿,有无得贿卖放。

廿一日,癸亥 晴,热极

巳刻右哨勇丁蔡景兴以犯营规正法。李太尊来答拜。夜偕孙、高辈赴黄孝廉锡曾之招,归后大雨。潮属富户以大埔县之张弼士侍郎为第一,约千万,澄海高元发次之,约七八百万,皆商于南洋新加坡者。海阳无百万以外之巨富,若数十万者亦多。广州府西宁县则五百万者有数十家,百馀万者不计矣。三更后,统领率勇一营赴乡捕匪。

廿二日,甲子 晴

午刻大雷雨,天骤凉。雨后,统领回营。夜统领宴客,招为陪坐。经费局委员邓雅如大令廷桢,江西太和人,嘉应州坐办、潮州帮办也,云广州搭船至韶关,每一高铺须三元,平铺二元;由韶关换船至南雄,每人五六百文;由南雄陆行一站,轿价乙元二百;再搭船至赣州,由赣州至南昌;自广州至赣州,皆上水,一主一仆,有川赀卅元便够,惟须走廿馀天耳。

鳁鱼肚,汕头最多,价比江浙公道,重本港而轻外洋。每次用五钱,用参罐清水炖之,夜炖晨吃,已成脂膏,味腥,颇难入口。不加糖及他物,极滋补,壮阳妙品。第腻胃又发胖耳。切时须付药店细批薄片。

服牛精汁,用鲜牛肉数两,装入五加皮酒罐中,用绍酒一杯隔水炖之。约二炷香,化成汁矣,渣滓弃之。如此,较外洋来者为佳,价亦极廉。

廿三日,乙丑　　晴

新委本营右哨官陈松龄来见,即广州同船来者。伊兄秀才,均于香港、汕头有生理者也。又委镇标候补千总李全海随营差遣。邮局来十八日王玫伯信,附北京译学馆符鼎升一信,自称侄孙,未见其人,大抵是文楷之子也。统领有署碣石镇之谣。山票中第三彩,只一两馀银,到粤后第一次进款也。

廿四日,丙寅　　晴

缮张中丞禀件。取回山票彩,乙元又八百廿文。

廿五日,丁卯　　晴

发张中丞禀,吴太尊函,均托王玫伯转交,由邮局双挂号去。又发祥字第八号家信。夜近地某家被盗,统领与裘营官往捕未获,距营只二里许,油车乡绅士林瀓辉家。

廿六日,戊辰　　晴

邮发潘耐安信。下午郭伍卿自省带来三月廿五耐安临平信,云台州府委何彦达署事,徐承礼大病已危。夜大雨。是夜统领宴道、府、县、镇及杨泽臣,杨即卖珠人也。高昕斋移入道署。

廿七日,己巳　　阴,天气蒸闷

沈道赴汕。关护镇来拜,面订明日招饮。统领明日开差赴潮阳,赶办一切,兼理行装,颇极纷纭。裘管带来。

廿八日,庚午　　晴,午后大雨

邮局来四月十三日吉字五号家书。检束行装,明日赴揭阳。夜赴关护镇处宴饮。

廿九日,辛未　　阴

清晨偕大众出防,陆行廿里至蒲江,上船,趁潮行五十里,三更抵揭。

三十日,壬申　　晴

清晨入北门,住福昌当铺。午后大雷雨。

税契局委员魏滋畹大令绍唐来,把总陈承奇字鼎臣者来,皆闽县人。派裘营官带勇一哨赴洋贝、树下两乡。

五　月

初一日,癸酉　　晴

得王玫伯书,无日子,系收到诗稿覆函,附章一山四月八日京信。发玫伯回信,告以乃舅馆事;发第九号家书,均交邮局。下午大雨,天气蒸热。夜赴北门外税局饮,系萧占鳌、孙瑶二人所请。孙即雄标,字达之;萧字策六。

由揭坐小火轮赴汕,约行三点钟,每人官舱二百数十文,统舱二百文。

初二日,甲戌　　晴

委陈承奇随营差遣,饬查南门劫案。夜赴孙振峰处宴。孙字少岩,即在汕开某号店者。座有一方立臣能画。高伍卿请饷

初三日,乙亥　　晴,午后雨一阵

傍晚出街一走。孙玉堂之妇名大妹姊,在台州为府第一。其县

第一为郭翠金,父开烟馆,夫为温秀才陈某,号烂脚三,家极贫。翠金现约三十五六。

初四日,丙子　　阴

午后魏大令送节礼来,收粽子一色,旋诣伊处一谈。

揭阳三纱珠罗,各色皆有,白者为佳。每匹恰一衫料,约洋四元,在沪则值十元。广州香云纱,五色皆有,白与黑者最佳。每尺约洋五角。城外某店所出最好,表黑里白,若表黑里红,则常品也。白洋布以吅荷字号为第一等,紧身衫裤每套一丈可够,衫五尺五,裤四尺五,稍大则不够也。

初五日,丁丑　　晴,阴

端阳节。午后孙振峰约看龙舟。统领备席,招同人出南门登舟宴赏,尚不及闽、瓯远甚。并诣丁雨生中丞花园一看,园在水滨,已废为墟墓矣。丁之眷属则居城内。

北门外五里许,东山井水极佳,萧占鳌云。

初六日,戊寅　　晴

裴营官回营,谈悉一切。下午雨一阵。

初七日,己卯　　晴

清晨统领斩决匪犯曾添赐、唐阿鹄二名。大雨一阵。

初八日,庚辰　　晴

邮局来四月廿日潘耐安临平信。拟定督抚禀稿。午后大雨。夜至孙氏祠陪宴统领。

初九日,辛巳　　晴

邮寄王玖伯函,附诗一纸。

初十日,壬午　　晴

午后至大街一走,买衣料并蚊灯。夜统领招观剧,未赴。苎麻比波罗麻色少白，馀无他异，好者每丈乙元三角。

十一日，癸未 晴

孙、杨等赴汕头。午后高伍卿领饷回。夜大雨。

十二日，甲申 晴

午后诣西门八景庵一看。孙、杨自汕回营。湘阳属南洋桥仔头乡绅士郭绍扬来，即致长信与统领三人。

十三日，乙酉 晴

倦眠竟日。夜偕孙、杨赴魏大令之招。同席有揭令郑子美、委员熊遐龄。

十四日，丙戌 晴

邮局来四月廿四日吉字六号家书，云赵镇台保送引见秦游戎调署太平参。陈老三撤差。并附何寿安覆函。

十五日，丁亥 阴

统领下乡。孙玉堂回省。午刻诣土人林雨初处宴饮，同席为林君厚、何子音、林侣姚、陈哨弁松龄，皆本地人。发王玫伯信。

香云纱之上葰茛水者，每匹四丈八尺，上等价约廿二三元。又一种荔支绸，色同而料稍轻，每尺佳者三角，系文人所服，葰茛绸则无人不用。上海新出一种洋纱，可制衫裤，非旧出者比。连环藤椅，每张四五元，粤省有之，洋式，颇佳。郭绍扬来。

十六日，戊子 阴

辰刻督帅来一密电，为陈、黄斗案事。发玫伯函，交邮局。

十七日，己丑 晴

午刻统领回营。叠山送来罗布一匹。

十八日，庚寅 晴

午后出街买洋布，并诣许占五家、林苍石家一坐。二人皆保安局绅,许家有小园,玉兰一,树高五六丈,杂卉尚多,地颇古雅;林系画士,年近七十,亦不俗也。

十九日,辛卯　　　晴

以宣纸浼林绅画。孙必成去。夜统领宴揭令、游府,陪席。

二十日,壬辰　　　阴

邮局来本月十二日王玫伯信,内附吴太守信及喻编修二月间回信。又邮到五月初四日吉字七号家信。午后偕杨、孙等出街买夏布,并诣学堂一看。

廿一日,癸巳　　　阴

统领偕县令下乡。发祥字第十号家书,发章一山信,内附一信,均皆邮局。午后偕孙、杨等诣经费局,小坐即旋。郭绅来。方某来。汕头系商电,无官电。

廿二日,甲午　　　晴

午后官运局孙杏县来,阳湖人,在潮十馀年,情形熟悉。汕头有客店二,为广泰来,为鸿安。鸿安已衰,广泰来独盛。买轮船买①由伊经手,虽比自买稍贵,而行李上船,招呼较周,船上亦必有打铺处。赴汕小火轮不能多带行李,且必须由局买票、验票剪角始许上船,大不便。东家系潮阳萧姓。邮局来十三日程莲舫大令自饶平来信。统领赴郡。

廿三日,乙未　　　晴

发潘耐安、程大令复书,交邮局。林苍石来,名成瀚。土人多蓄石菖蒲,种于石罅,养以清泉,比江浙人所种为佳。

廿四日,丙申　　　晴

林孝廉伯虔来,学务处绅董,善书。

---

① "买",疑为"票"。

廿五日,丁酉　　晴

买纸多张,索人书画。

廿六日,戊戌　　晴

邮局来廿一日王玟伯信。接统领来信,促赴郡。下午偕杨研农登舟。

廿七日,己亥　　晴,热极

巳刻到郡。督署密电已译,为黄庠生事。下午回揭,三更抵北门。闻孙公子丧偶。

廿八日,庚子　　晴,热极

发王玟伯信,内附章一山信,交邮局去。广州城中大佛寺前梁五宅专售春方药。又某店出售大相公、二相公,即角先生。大佛寺在善后局旁。又双门底某小店出售壮阳药四种,售者附送《种子图》一册。又轮船码头此店极多。夜偕杨研农、孙寿山诣南门一走。下午雷作而不雨。

廿九日,辛丑　　阴,旋晴

偕杨出街买罗一匹。揭邑罗布,有七纱、五纱、三纱之别,做长衫必须七纱,每匹长二丈八尺,约四元;馀皆做帐子用,五纱每匹十二丈,约四元,三纱每匹十二丈,约三元零;行销本省及高丽,谢乾美朝记生意最盛。裘管带来。

三十日,壬寅　　阴

午后偕杨、裘二君诣东门双峰寺一游,并诣南门。下午雨一阵。林造即雨初,送来乃弟林琼所画帐檐一幅。邮局来廿六日王玟伯信,附吴信。即复一函邮寄吴太尊,因玟初一启程也。专一勇复郡营,取物三件。林雨初住三合桥。

六　月

初一日,癸卯　　晴

清晨统领专勇送来文书二件,督院所批陈黄斗案一禀,约五六百字,极优;又批办勇一禀,亦佳,皆非公共套语。又孙玉堂来信二件,云统领已委署潮州镇,为杀匪事中阻,惜哉,惜哉。邮局来廿一日潘耐安信,知念慈入府学第四名,少年采芹,亦殊可喜。

揭被香即被香丸,尚不及京城之小香丸。二者梁五宅店皆有之,男女并用。又有双眠如意丹亦然。该店分设广州城中大佛寺,潮州考棚街。鸡毛圈。剪爪探春法。

初二日,甲辰　　晴

统领四更回营,取来箱箧三件。夜小不适意。

初三日,乙巳　　晴

小有腹疾。魏大令来。统领派阿丽与卢世昌随同上省。

初四日,丙午　　晴

清晨偕孙少岩振峰上小轮。午刻至汕头,即在孙所开合顺行午饭。行在升平街、温和街之间。右哨弁陈松龄即云如又即陈老二来,陈弁之兄陈敦九,生员,即在香港南北行街开义顺泰行者。曾耀乾式梅即魏承,曾父子二人皆在该行管事。饭后买票上轮船,四点钟开,雨速作。

初五日,丁未　　晴

清晨八点钟抵香港,憩名利栈。下五点钟上佛山轮船。在船上买书三四种。雨大作。

初六日,戊申　　晴

清晨抵省。由临安栈雇夫入城,住仓前街孙公馆。与孙玉堂及梁鹤生晤谈,随诣吴云笙太尊,出示李直绳军门委札一通,系水师文案兼发审差也。谒李军门,回寓午饭,倦甚。以罗一匹送吴。下午便衣诣李提台。

初七日,己酉 晴

清晨,谒抚院。乏甚,竟日不出。

初八日,庚戌 晴

孙玉堂谒李提台,商说暂回潮州办交代事。李允给假半月,盖孙提督调统惠州常备左军。下午便衣谒李,面许赴潮一行。夜孙玉堂招往酒楼小饮。

初九日,辛亥 晴

发祥字第十一号家书及潘耐安书,邮寄杭、瓯。上街买物。午后偕孙玉堂出城,至顺发行,与行主人孙玉轩一谈。旋上广州轮船。大餐房只二人,无他客。

初十日,壬子 晴

清晨诣南北街义顺泰行,行内人多,招呼客者为林焕夫。偕孙玉堂诣高元发行帐房孙鹤笙一谈。又与行主高□謦举人一谈,即澄海富户第一也。是日无船开,夜偕至三多戏园观剧,又至冠英酒楼小饮。

十一日,癸丑 晴

清晨三四人坐电车游览一周。下午坐火车上山一览。夜复观剧,至十一打钟。

十二日,甲寅 晴

写就章一山、王玫伯、李希程、郑绍平、陈南桥各信。下午登澄海轮,人极拥挤,天气又炎。

十三日,乙卯 晴

八点钟抵汕头,在孙合顺行午饭,孙叠山亦至。饭后上小轮,下五点钟至揭阳。统领在观音山未回。邮局来上月廿四日吉字第七号家信及函稿、札稿、文稿，又廿九日王玫伯信、陈把总信。在汕发信四缄，均交邮局。

十四日，丙辰　　晴

发祥字第十二号家书，邮寄温州。夜诣魏大令处一坐。怡和行主萧有声字墀珊，举人，候选道，潮阳富户，在汕最有势力，即办潮州小轮船公司者也。

省门藩司前洋货摊出售春宫画片，佳者每片一角。

十五日，丁巳　　晴

夜潮，偕大众回郡。午刻偕孙大少赴魏大令处饮。

十六日，戊午　　晴

清晨抵郡。夜诣柯千总家一坐，陈承奇来。

十七日，己未　　晴

统领清晨回营。柯千总招饮，却之。专人赴揭取衣服。

十八日，庚申　　晴

以竹屏四扇送孙叠三，竹对一付送孙玉堂。

十九日，辛酉　　晴

连日炎暑如灼，赶办各件，烦苦难名。邮局来本月初九沈镜澄自南宁来函，即答一书，并作王镇台、秦游戎各函。高焕然昨夜赴省。陈承奇委第八营右哨长。

发祥字第十三号家书，附致范咏和大令书，双挂号邮寄温州。

二十日，壬戌　　晴

谒李太尊，谈良久，移交各件悉已办竣。

廿一日，癸亥　　晴

道署幕友冯铁君骏来拜。李太尊来答拜，谈良久。省委审案委员张纯甫大令际升来拜。是日，陈伯廉敦九招饮，却之。沈观察明日招饮，亦却之。吴镇军午刻到。

廿二日，甲子　　晴

谒沈观察，答拜冯铁君、张委员。李太尊等来送行，送香盒乙个，笋尖一篓。柯月三送贡菜蜜饯并袜四双。孙有塈送贡菜。胡有士送罗布、夏布各乙件，茶叶瓶、香盒各二个。郭绍扬字子清送茶叶瓶二个。统领卸统。

廿三日，乙丑　　晴

大众启程回省，下午大风兼小雨。冯铁君招饮于东门外鼎和酒楼，孙、杨及海阳刑名某共六人二更登舟。酒楼有联语颇工："江上游踪名士鲫；酒边豪气美人虹。""酒涌诗才如海倒；楼吞山色过江来。"又旧联云："逍遥枕上长春国；安乐窝中万户侯。"沈道台出城送行。

廿四日，丙寅　　晴

巳刻抵汕头。憩升平街孙合顺行。屋少人多，拥挤极矣。是夜，在闽姓公司饮。

廿五日，丁卯　　晴

大风，轮船不至。

廿六日，戊辰　　晴

廿七日，己巳　　晴

连日各处招饮，却之不已，困惫不堪。高兰陔回梓，托带祥字不列号家书，附回篋篓乙个，内潮扇八把，茶叶瓶六个，香盒三个，蜜饯四罐，便交瓯寓。

廿八日，庚午　　晴

午刻上益和轮船，随即开行。

廿九日，辛未　　晴

巳刻抵香港，憩南北行街义顺泰行。下午曾式梅、陈焕夫招饮于锦香阁。自孙军门以下客凡十五六人，老举三十馀人。至夜八点钟席散。登英京轮船，即刻开行。

七　月

初一日，壬申　　晴

清晨八点钟，抵省，憩仓前街孙公馆。谒李抚台、吴太尊。

初二日，癸酉　　晴

清晨谒抚院未见。下午出街一走。

初三日，甲戌　　晴

谒抚宪，同见者六人。

初四日，乙亥　　晴

邮局六月廿五日潘耐安信及念慈信。念慈入学，改名钟藩。吴太尊来答拜。抚院是日卸篆，督院兼管。

初五日，丙子　　晴

清晨迁住天平街统巡水师公所。还孙玉堂代付买物洋十八元五角。夜闻孙军门明晨赴惠，诣彼一送。阅密禀，督批多至数百言，其优异又为各军之所无也。

初六日，丁丑　　晴

午后魏滋圃大令、孙玉堂来。夜作杭、瓯二信。

初七日，戊寅　　晴

以祥字十四号家书及潘耐安信交邮局。

初八日，己卯　　晴

午后孙玉堂约往西关外十一甫陶陶居茶话，渠明晨赴惠州。邮局来六月廿八吉字十号家书,又六月廿四陈南桥台州复书。

初九日,庚辰 晴

以履历浼梁鹤筹缮写。孙玉堂是日赴惠州。曹茨栽直刺来答拜。邮局来沈镜澄七月初五日书。

初十日,辛巳 晴

夜写陆子登、魏朗清二信。

十一日,壬午 晴

谒广府臬台。又谒抚院,适值出门。以陆、魏二信交邮局递山阴。支应处送来六月份薪水银一封,本系六十二两,除扣平,实止五十六两八钱四分,计双角乙百卅九元,单角五百元,又碎银数分,约合大洋七十八元零。许守备桂芳字云卿,李德潜字子珊者同来,李蜀人,许台州人。夜九点钟时及一点钟时地震。

十二日,癸未 晴旋雨

谒抚院归,大雨一阵。腹疾。发祥字十五号家书交邮局。

十三日,甲申 晴

提台赴惠州,以腹疾未获同行,请假调理。

十四日,乙酉 晴

张菊甫大令来。夜诣吴太尊处一坐。

十五日,丙戌 晴旋阴

午后诣双门底一走,归即大雷雨。邮局来初二日王荫长镇军自台回信。

十六日,丁亥 晴

清晨答诣许守备桂芳,未面。诣孙宅小坐。午后诣王公馆,约王幼玉、周含卿至松华阁茶话,并在双门底买什物数件。邮局来初五日秦锦涛自台回信。

十七日,戊子　　　晴

吴太尊来一信。倪星五来。汪莘伯来。

十八日,己丑　　　晴

清晨诣孙宅,取来衣物数件。又索来火腿一只。

十九日,庚寅　　　晴,时飞小雨

诣汪莘伯、张菊圃二处。夜雨。

二十日,辛卯　　　忽晴忽雨

诣吴太尊一坐。下午张抚院来拜。闻孙军门扎海丰县汕尾地方,距惠州府城五六日程。

二十一日,壬辰　　　如黄梅天气

发孙、杨二信,邮寄汕尾。闻惠州老隆司巡检及汛官被戕是实。拟编轮船炮台简表。

廿二日,癸巳　　　晴雨不定

邮局来初六日王玫伯都门书。答诣倪星五。

廿三日,甲午　　　晴

清晨谒抚院,云明午启程。午刻大雨一阵。覆王玫伯函,邮寄上海四马路华芙药房朱似兰代收存交。

廿四日,乙未　　　晴

午刻出靖海门,雇船至沙面广大轮船送张抚院,见毕回寓,已五点钟矣。大雨二阵。夜诣吴太尊,借来洋票六十元。写家信至三更。

出臬署西辕门,向南走,即归德门一带,多鞋店及蚊帐洋遮店。由归德门至靖海门多出售腰带、肚兜,布与皮者均有,颇可用。顺发行即在靖海门外。

廿五日,丙申　　　晴

由孙宅来孙玉堂信,系从河源所发者,无日子。饭后诣归德门外濠畔街源丰润庄。寄祥字十六号家信并洋二百四十大元回温州。取来该庄收条一纸，共计贴水七两六钱，合洋十元五角半。据云大洋加贴二分，小洋加贴四分，约每百元贴水近五元，吃亏极矣。濠畔街鞋店、字画店极多。

双角一百七十五，三十五元；单角四百五，四十五元；大洋一百元，退九元；票洋六十元，共合大洋二百四十元，仍照平算。

又发祥字十七号家信邮寄瓯江，并发京城东安门内北河沿译学馆章、王二人函。

廿六日，丁酉　　晴

发潘耐安、谭文卿、姚次言各函，邮寄杭、栝。

廿七日，戊戌　　晴

饭后至双门底一走。儒雅堂有同治年间官板《广东全省图说》十八册，又单刻《广东图说》三册，似系志书中抽印者，均尚可取。又《邹征君遗书》一部并图一本，索价三元。又《喻林一叶》八册，索三元，还以一元，未购成。在九经阁购《广博物志》一部廿八册，价二元三角。另有《真诰》三本，系旧刊，索价七角。又《镜烟堂十种》一部，已霉旧。

练兵新章，只堪训练士卒偏裨，不能造成将才，其收效亦只堪以残同种而不能以御外夷。

上海三马路鹤仙戏园后炼云大药房出售光明眼药，能令瞽目重明，每瓶洋乙元，只须按点三次。

廿八日，己亥　　晴

午后诣营务处拜收发吴埰可诚、文案陈寿璃鹿庄。陈，闽人；吴，同县，与樵孙佺交好。张菊圃来谈，大有出洋之想。下午大雨，入夜未已。

廿九日,庚子　　晴

邮局来七月十九日吉字十二号家信,以上所寄信物均经到瓯。胡炳亭、高伍卿来,同诣陶然亭茶话。发李希程信及祥字十八号家信交邮局。

赴惠州,由天字马头搭轮船,黎明开行,二更抵惠郡小东门外。官价船赀每人五角,吃饭在外。如无水时,仅至石龙,由石龙搭内河货船,两日始抵惠,盖上水也。每人船价二角,船小而闷。

八　月

初一日,辛丑　　凉飔送爽,屡有雨势

发章一山书,邮寄京师。陈鹿庄大令来。

初二日,壬寅　　雨竟日

反覆《群己权界论》一书。

初三日,癸卯　　晴

饭后答诣伍[①]、胡二弁。少顷,孙叠三自惠州至,同诣陶然亭茶话。邮局来七月廿二日潘耐安临平信。

真金山漂白毛斜纹布,冬日制小衫裤颇佳,每套须乙丈四尺,每尺索价乙角半,亦奇贵也。

初四日,甲辰　　晴

发孙玉堂信,邮惠郡关帝庙常备左军军装局转寄河源。支应处送来七月份薪夫。夜以洋六十元还吴太尊。

---

①　伍,《知昨非斋日札》作"高"。

初五日，乙巳 晴，连日秋暑不可当

饭后诣孙公馆，稍顷，孙叠三亦至。约伊与高、胡二弁至陶然亭吃茶，藉得惠州近事。傍晚大雨，入夜未已。

孙营请饷委员方朝安静山，惠来人，知县班，住西关外。

初六①日，丙午

晴。竟日未出。是日各大官宴美国总统女公子。

初七日，丁未 晴

饭后诣曹茨栽直刺，未面。诣府东街一走。某书店有同文局石印《图书集成目录》一部廿本，字大悦目，索价三元，许以一元，未购成。夜胡炳亭千戎来。

初八日，戊申 晴

阅报，见初四日上谕：自丙午科为始，所有乡、会试一律停止，各省岁科考试亦即停止。以前之举、贡、生员，分别量予出路。及其馀各条，均著照所请办理云云。盖直督袁世凯所奏也。著学务大臣迅速颁发各种教科书，以定指归而宏造就。并责成各督、抚严饬府、厅、州、县赶紧于城乡各处遍设蒙小学堂。午后诣抚署前一走。吴可城贰尹鑐来。发孙提军信，邮寄惠州，为胡千总事也。

初九日，己酉 晴

饭后诣营务处新居，晤吴太尊，谈片刻。吴可诚外出，未晤。又诣饶水村大令一坐，临川人也。工艺局在飞来寺隔壁，制售各物颇堪用。夜诣孙寓，偕高弁出街一走。

初十日，庚戌 晴

曹直刺来答拜，未之见。诣董子常，未晤。下午董来谈。是日

----

① 八月初一至初五与上册《知昨非斋乙巳行程历》末尾数日内容雷同，略去，《行程历》无者径补。

伤风，人颇倦乏。

十一日，辛亥　　晴，巳刻雨一阵

高弁来，同出一走。下午又雨一阵。香云纱每匹四丈八尺，可做女衣二衫一裤，全匹价约二十元。色带红，如欲其黑，购青矾二文，红糖六文，渍水染之，极易。有一种外洋羽绒，可做袄裤，每尺约四角不到。

自初一起甲子皆误，今更正。

邮局来初一日吉字十二号家信及黄贵信。

十二日，壬子　　晴

发祥字十九号家书，交邮局。诣小北门广府工艺厂一看，委员胡子英，江宁人，出而招呼，曾与两次同谒安帅者也。出售各物，以藤木洋式器、洋布、毛巾、景泰蓝为合用。当购藤卧椅一张，价三元六角。洋布有一尺八寸、一尺四寸、一尺三种门面，其一尺四寸者为便用。每匹四丈，每尺二分六厘银子。此系漂白色，其有花纹者甚多。毛巾每元漂白十二条，不漂者只九角。各物价值多有上落，未便细问。诣王公馆一坐，闻玫伯廿八出京。吴云笙太尊、陈鹿庄大令招饮于卫边街高升楼，同座黄柏桥、林敏士、林筱仙诸大令，皆闽籍。大雨叠阵。

十三日，癸丑　　晴

诣曹茨栽直刺一坐，诣高少农大令，未晤。夜诣吴可诚贰尹，二更步月而归。吴之乃弟二人，一在刑部，一在外务部，现充公使俄国参赞；乃郎亦以中书为俄使随员。前台州守李松麓降选同知，得缺不赴任，现住南昌城内小校场，光景颇佳。

十四日，甲寅　　晴

诣大升客栈，与黄柏樵大令一谈。新选高州府茂名县也。询知户部张伯讷郎中允言现住京城南半截胡同,盖捐纳房及京津铜元局各差,极得意。郭春榆侍郎住贾家胡同。下午诣双门底各书①看书几种,均欲购而未成。

十五日,乙卯　　晴

中秋节。差帖诣各处道贺。董子常来,罗庶丹、黄伯霖来。支应处程麓生来,未晤。入夜月色极佳。

十六日,丙辰　　晴

饭后诣陈鹿庄一谈。秋阳酷热。

十七日,丁巳　　晴

由孙寓取回书箱乙个。高伍卿来,同诣乐园茶楼。黄柏樵大令树棠来。夜三更大风雨,雷声大作。覆阅日本人石井忠利之《战法学》一过,朴挚坚明,不但中华所无,即外洋亦罕见也。陆军守此一编已足,惜水军尚未见有适用佳书。

十八日,戊午　　晴

竟日未出,夜雨,甚凉。

十九日,己未　　晴

下午李提台回省。曹次斋招饮,同席八人:杨子书江苏,虞和甫福建,张本初江苏,罗绍棠四川,龙省卿、胡递万、饶水村、蔡毅侯皆江西。龙之乃翁即著《明会要》者,许以一部见赠。曹书房内有明板《艳异编》一部十册四十五卷,分十七门,自神仙、宫掖、戚里、娼妓以迄妖怪。卷首有独山莫氏图印,书颇可玩。又有小板《胜朝遗迹》十馀册,皆前明说部,系光绪癸未年忏华斋刻,纸板殊劣。

二十日,庚申　　晴

西北风厉,天气乍凉。高伍卿交来孙玉堂回信一缄。

---

① "书"下疑有脱字。

廿一日,辛酉　　　晴,凉甚。午后又西北风起

闻王玫伯大令京旋,即诣谈,并袖交章一山太史七月廿一函。下午又由玫处来本月十二日第十四号家信,并缙云信稿,知粮捐补水已解清,汇款亦于十一日收到。入夜无事,写就第二十号信。吴太尊早间来,未晤。

廿二日,壬戌　　　阴,凉甚,堪御夹衣

发祥字第二十号家信,交邮局。提台以事赴香港。下午雨,入夜不已。

廿三日,癸亥　　　阴

汪道元、沈季文来。吴太尊来一函。夜雨。

廿四日,甲子　　　晴,秋热又甚

谒粮道王雪澄观察,谈旧学颇博洽。谒吴太尊。夜大雨一阵。

廿五日,乙丑　　　晴,天热

李子珊、姜梅生来。饭后诣孙宅,取回扁箱乙个。偕高伍卿买来纬帽乙顶。夜王玫伯来谈,并赠苏帖一册。东洋一种麂皮包,斜纹布,极佳,店中尚罕见售。

廿六日,丙寅　　　晴

粮道来答拜。夜诣吴太尊一转。写潘耐安信,附孙玉堂回信在内。

廿七日,丁卯　　　晴

发祥字第廿一号家信及潘耐安信,交邮局。饭后诣贡院。夜诣孙宅。两日秋热颇甚。

双门底刘话斋双料卫生丸,每颗五角。

魏滋畹大令来拜,未面。

廿八日,戊辰　　　晴

饭后诣营务处文案张芾亭、收发吴可诚处一坐。夜许守备来。

出洋五大臣廿六日午刻出京,上火车时,有人持炸药轰发,端方、戴洪慈、徐世昌无恙,泽公微伤,绍英伤耳无碍。随员惟萨荫图被伤,差官死者四人;送行者死二人,伤十馀人。

廿九日,己巳　　晴

午刻高、卢二弁来,偕至乐园一坐。王玫伯处来六月初九译学馆九鸣侄孙一函。又廿二日温州吉字十五号家书,云秦乐平大令随程道至瓯,委东门海关海防。孙宅来十八日姚次言处州信。下午大雨,入夜未已。灯下草就寄九鸣信。

三十日,庚午　　晴

发京信,又祥字廿二号家信。由孙宅来廿五日潘耐安沪上信,云到沪,寓名利栈,候广大船。乃廿二日忽抱病发热,尚难自定行期。

许逸云不知何许。褚植卿为耐安之甥,现就两席:一系广学译报会,东人为李提摩太,一系商务编译所,股东为甬人沈仲礼。商务编译所在垃圾桥北。即答一函,均交邮局。下午雨。夜以大扁箱乙个寄孙寓。

九　月

初一日,辛未　　晴

王玫伯来,高伍卿来。以函留交潘耐安、孙玉堂。发章一山信,托玫伯寄。夜雨。

初二日,壬申　　大雨

清晨出城,至天字马头随提台赴虎门,同行者八九人。臬使沈,候补道乐、周附舟游金山、石门,皆无足观。夜回马头一转,又开至长洲。

初三日，癸酉　　雨

提台诣行营办决盗犯。午后开行，夜抵虎门。

初四日，甲戌　　雨止

清晨入署，地面迫隘而屋宇尚洁净，惜一二佳房已为先至者所占，又入黑暗世界矣。

初五日，乙亥　　阴

发王玫伯、高伍卿函，交渡船带省。

初六日，丙子　　晴

提台决犯廿三名。姜梅邨赴猪头山。偕陈咏琴至太平墟一走。

初七日，丁丑　　晴

买山票二纸。

初八日，戊寅　　阴

提台赴省，伍、敖、汪、周诸君同去。洋绒卫生衣裤可抵棉袄裤，洋货店有做现成者出售，自做亦可。羽绒每尺三角，洋纺绸每尺乙钱二分，皆可作袄裤，门面一宽一窄，色皆黑。工艺厂所出花纹洋布可可里，每尺一分零。广府前梁广记、卫边街芝兰轩茶食最佳。陶然亭普鱼面甚佳。

广府西关杉木栏绳索店出售帆布三种，上者每尺三角，次二角半，再次二角，门面二尺。归德门外一德社杂货店能包做各件。

京城窑姐上等者每夜七元，茶围一元。攀相好须牌局一次，即如上海摆酒，价十二元。上海长三近日大减价，廿元可住三夜，摆酒在内。上等野鸡每夜八元，不摆酒、不唱曲，茶围一元；次等住夜四元，下等二元，茶围均一元。江西省城只三家，皆劣。私窝极多，大略如温州。

由九江坐小轮船至南昌一日即到，船价每人乙千四百，隔日一走,因只一船也。民船候风,无定期,船颇宽大。由上海赴汉口必过九江。

定做帆布、围肚、被单、铺盖包。线毯可代夹被。

初九日,己卯　　晴。重阳佳节

午后诣太平墟买什物。

初十日,庚辰　　晴

阅新出各种小说,皆沈季文大令所带来者,《女狱花》、《福尔摩斯再生》、《第四案》、《李苹香》均可览。《新新小说》每月一册,内有《京华艳史》一种,颇妙。凡侦探类,各种均须一览。香港出《商报》一种为保皇党,馀皆革命党。革命下手,先破坏,后建立,先激烈,后和平。京城新出《中华报》,每月一册,攻讦时政。上海《花月报》、《花世界报》、《消闲报》、《白话报》皆堪遣闷。下午提台回署。督文裁绿营兵,自十月初一起先裁七成,官弁不裁。

十一日,辛巳　　晴

下午邮局来八月廿九潘念慈信,云乃翁以痢疾于是日由沪回里。又得陆子登本月初一复书,云未就山阴馆,现赋闲。夜作念慈信及祥字廿三号家信。

十二日,壬午　　晴

以杭、瓯各信交邮局。午后偕陈大令之太平墟一走。

十三日,癸未　　晴

未刻偕提台及同事汪、沈、周、汪、李诸君登舟,夜四更抵猪头山行营,为新会、顺德交界之地。

十四日,甲申　　晴

清晨上岸,诣靖海炮台一览。营中委员五六人:姜、周、周、郑、殷。提台亲讯盗犯。

十五日,乙酉　　晴

清晨决犯四十五名。随即开船,未刻抵江浦,未登岸。偕同人泛小舟游西樵山云泉仙馆,归,已黄昏矣。

十六日,丙戌　　晴

决犯廿三名,随即开船。夜抵横河,距香山卅里。香山令郑荣及二三武弁来见。十二日上谕:浙江抚、藩聂缉椝、翁曾桂均开缺,候补道朱畴府、文锦、伍元芝,知县陈廷澍均革职,永不叙用。同知陈祖荫革职,降补同知许贞幹再降。府经县丞院幕金守箴、粮幕黄堃均驱逐。即闽督崇善所查,御史姚舒密所参也。

石竹斋文宝楼纸店《龙图龟鉴》一册,房术秘书,籍没康有为时得之,周别驾维屏云。

十七日,丁亥　　晴

停泊竟日,四更开行。

十八日,戊子　　晴

七打钟时至古镇,约行八十里。

十九日,己丑　　晴

一打钟开船,二打钟后至猪头山。阅报,浙抚简张曾扬,浙藩则宝棻。

二十日,庚寅　　晴

包封来九月初二日吉字十六号家信,由孙宅高弁寄来。沈季文大令以乃兄病危,电促回省,附致吴、王、高三缄。

廿一日,辛卯　　晴

肇庆府多太尊龄来。夜西北风大作。

廿二日,壬辰　　风势愈厉,天气陡凉

发王玫伯函,交轮渡寄省。

廿三日,癸巳　　晴,风威未息,夜稍平定

多公回署,提台亦回舟。

廿四日,甲午　　晴

清晨抵省。由孙宅来九月十二第十七号家书,又九月十四潘婿念慈信,云所寄杭沪各函均收到,乃翁病尚未痊。午后诣王玫伯,未遇。诣孙宅,晤高、杨、胡诸人,偕至大街购买衣料。夜又诣玫,赴宴未归,旋以一函交伊寓。

廿五日,乙未　　晴

王玫伯来。发祥字廿四号家信,交邮局。夜诣吴太尊,未面,与吴可诚一谈。

廿六日,丙申　　晴

天气稍暖。发潘念慈回信,交邮局。诣濠畔街一走。夜,诣孙宅。

廿七日,丁酉　　晴

改定近诗十馀首。夜诣吴太守,未面。

廿八日,戊戌　　晴

交来九月份薪银五十五两四钱,因扣去公份乙两四钱四分也。诣孙宅取衣服,夜饭后归。由王玫伯交来十四日章一山信及《练兵章程》一册。

廿九日,己亥　　晴

吴可诚来。自十四日起干支均讹。

十　月

初一日,庚子　　晴

午刻偕董、黄、李、汪四君诣城隍庙西福来居小饮。又诣府学东

街陈家巷五行堂卜易,所说颇有见解,门庭如市,守候为难。又诣大街买物,回寓已黄昏矣。

酥鲫鱼,每鱼一斤用好麻油四两,猪油四两,酱油四两,葱四两,煮熟收干,味极佳,骨已酥,不必用油先炸也。明虾极美。

初二日,辛丑　　晴

午刻又偕昨日诸公饮福来居。下午诣双门底购书数种。夜王玫伯来。

城隍庙前广芝馆参茸卫生丸颇佳,黄百龄云。

初三日,壬寅　　晴

董子常招饮福来馆,昨客之外,多王、裴二位。夜,汪道元招饮高升楼。由王玫伯交来九月廿三日吉字十八号家信。微雨,天凉。

初四日,癸卯　　晴

发祥字第廿五号家书及潘耐安书,邮寄杭、瓯。诣吴太尊略谈,病尚未痊。《东方杂志》中全收《练兵章程》在内。

初五日,甲辰　　晴

七句钟出城,四句钟抵虎门。

初六日,乙巳　　晴,暖甚

发王玫伯函,交邮局。汪莘伯以诗见示,次韵答之。夜阅《韦苏州集》。

初七日,丙午　　晴,暖甚

初八日,丁未　　晴,西北风起,稍凉

黄昏偕汪莘伯出西门一走。闻朱学使祖谋刻吴梦窗、周草窗二家词甚精,须觅之。

珍珠被颇佳,每条三元五元均有,以白为佳。亦有乙元八角者。

初九日,戊申　　晴

清晨上船,四句钟抵省,泊舟天字马头。发一函,交邮局寄倪星

吾。汪莘伯以词属和，次韵答之。提台及各同人均进城，独余宿舟中。夜得诗二首。

初十日，己酉　　晴，稍冷，穿棉衣

四句钟时，提台登舟，各人踵至，周、董二人亦来。李二馆交易之邓姓裁缝善做洋式各衣，且善买料。

香港有一家出售药水眼镜，能按人之眼光配合，一镜可分远近二用。现在沙面地方亦分一家，每付六元起马，至佳者价百元。

十一日，庚戌　　晴

六句钟开船，二句钟抵石湾，水程六十里，为南海属，距莲峰、七堡尚十里。绅士江翰林孔殷所招往也。

制虾子酱油用绍酒泡虾子，另用好麻油熬热，以起青烟为度，加入虾子、绍酒同熬，再入好酱油即妙。

十二日，辛亥　　晴

提台赴佛山，往还陆程廿里。下午偕同人上岸一走。缸瓦行甚多，每年生意二百万，亦称繁盛矣。是日又填《高阳台》一阕。夜江太史招饮，竟无一可以下箸处。

十三日，壬子　　晴

阅报纸数种，浙抚聂缉椝又劾文武廿馀员，见本月初七日上谕。盖临行之恶剧也。《孽海花》小说一册，纪名妓赛金花历史甚详，颇可观。又有《恨海花》。《商律》、《报律》、《矿务章程》。

南石世医梁才性善医跌打损伤，妇孺知名。专其业者已三代矣，方秘不传，药又极贵。南石者，南海石湾也。

十四日，癸丑　　晴

十句钟开船，十二句钟抵省，仍泊大马头。提台及王、李、董均入城。致王玫伯函，未得回信。由孙宅取来九月廿五潘念慈信，本

月初一秦锦涛信。邵忠支洋一元。夜周肯堂来,谈及巡警局提调笑话。

轮船打钟与寻常钟响不同,只有二、四、六、八响。盖一点钟打二响,二点四响,三点六响,四点八响;五点又打二响,至八点止;九点又打二响,至十二点止。如是周而复始,每日夜凡三轮。

十五日,甲寅　　　晴

在舟竟日,未上岸。傍晚汪、李、董三人来,委员赖太尊清键来。二更提台到,即刻解维。五更抵虎门。

十六日,乙卯　　　晴,天暖甚

清晨入署,督院十四日咨发《随营将弁学堂折稿章程》一抄本,须细阅,记此。提台夜潮回省。

十七日,丙辰　　　晴

偕同人诣太平墟一走。

十八日,丁巳　　　晴

下午出城,行田野间二三里。

十九日,戊午　　　晴,稍凉

提台挈眷至署,汪、毛二公亦来。

二十日,己未　　　晴

廿一日,庚申　　　晴

十打钟偕提台与汪、董、毛、李、汪诸君出巡,夜五鼓抵猪头山。

廿二日,辛酉　　　晴

在猪头山泊一日。

廿三日,壬戌　　　晴

开赴广福沙,本欲赴香山黄梁都,以香山副将都司来,云匪已无踪,开回猪头山。

廿四日,癸亥 　晴,西北风作

清晨,偕提台赴左近村庄打鸟,往返行七八里。

廿五日,甲子 　雨,西北风厉,天冷

十打钟开船,五打钟抵虎门。

廿六日,乙丑 　阴

廿七日,丙寅 　阴,旋晴

四句钟大众登舟回省。夜风雨。

廿八日,丁卯 　阴,小雨

清晨入城。午刻由孙宅取来十月初五、十五吉字十九号、二十号家信。又十月十一日念慈信,十九日魏朗清自上虞来信,十四日沈镜澄南宁来信。由王玟伯处取来京城鼎升侄孙九月廿五日信。玟奉委兼权黄冈关,明日启程。夜微雨。王玟伯来,云明晨赴肇庆。

廿九日,戊辰 　雨

发祥字廿六号家书及潘念慈、秦锦涛书,均付邮局。秦函说捐官事。黄、董、李、汪诸公约赴新同升小饮,汪莘伯续至。

三十日,己巳 　晴

东江统领王锦堂观察下榻公所,即前云南藩司王德榜之子也。江太史孔殷在李公馆宴客,是日初次吃蛇。

十一月

初一日,庚午 　晴

提台招赴义华居小饮,同座为王统领、周土地、林分统、及同事汪、董、李诸公。少顷,伍新之亦至。夜诣吴可诚一谈。营务处本日移入抚署西偏。黄百龄交来十月份薪水票洋乙封。

初二日，辛未　　晴

邮局来潘耐安上月廿二函。招李军门及林分统、汪莘伯、黄百龄、董子常、汪道元、李昆甫、毛植生、伍新之至义华居小饮，蒋龄九亦至。又偕黄、李、毛、董四人诣四牌楼天德昌看衣服，每百码合银四钱，各店行情不一。夜汪莘伯又招饮义华居，军门未至，多一殷君小峰，馀皆同上。

初三日，壬申　　晴

河南绅士江少泉太史宴客，偕同人一往赴之，归，已近二更矣。自来水公司屋宇甚壮丽，盖库吏潘文卿之产，查封入官，作价十万。

初四日，癸酉　　晴

午刻又饮义华居，提台所邀，共六七人。日来将入粤诗稿草录一通，计古近体七十馀首，不无一二可存者。

初五日，甲戌　　晴

以近诗函呈吴太守一阅。

初六日，乙亥　　晴

题《孽海花》七律一首。林分统招饮义华居，同座八九人，皆同事。下午诣双门底购书几种。海珠饮席，却而未赴。诣吴太尊一谈。

初七日，丙子　　晴

下午偕汪、李、董三人诣开泰巷周小岚通守寓宴饮。周藏书画颇多，是日阅册页十馀种，中有傅青主山水，新罗山人华岩花鸟及宋元人院本三四种为佳。旧拓《定武兰亭》有前明顾锡光跋，亦妙。又李思训山水小帧，未知真赝。云有手卷数十个，马远、黄大痴山水均有藏本，不暇遍观。同座尚有蒋太守、艾大令、李醝尹，归已二更。

周藏书画，跋颇多，天瓶斋一册系孔总涑所刻，甚好。钦州砂壶,仿佛宜兴,制作颇佳,每件不过数角。双门底出售,盖即制烟斗料所制,堪以送人。影木即楠木,老根以作帖面,胜于香樟,色稍黄,亦有微纹。周云端研甚多,蕉叶白、鱼脑冻皆有。又闻袁大令可群曾以贱价得佳研不少。

初八日,丁丑 晴

午后谒陈太尊。由王玫伯处来上月三十日译学馆信一函,知九鸣侄孙月初回江,即须赴东洋。

初九日,戊寅 晴

发潘耐安、章一山两复函,邮寄杭城、京城。

初十日,己卯 晴,暖甚,如四月天

夜诣吴太守,未面。

十一日,庚辰 晴

午后偕黄、汪、李、毛、诸公诣姜梅村处道喜。夜诣吴太尊,未遇。

上海天顺祥管事人陈作霖字润夫,即嘉兴令陈廷勋莅庄之父,创设医院,为验病病人医治所,免致拘入西人医院之苦,颇有功德。

十二日,辛巳 阴

初十日谕旨:设立学部,以荣庆调补学部尚书,熙瑛授左侍郎,翰林院编修严修以三品京堂署右侍郎,国子监并归学部。午后诣吴太尊一谈。夜又致以一函。渠已奉委沙口厘厂总办,盖营务处归并参谋处也。

十三日,壬午 晴

六打钟诣王观察,未见。午后诣吴太尊,又与吴可诚一谈。遇饶水村大令。夜大令来,以寿彭名条交王景棠统领汉云。下午微雨。

十四日，癸未 晴

王玫伯来谈。午后高伍卿来，招赴乐园吃茶。少顷，程君锦蕃字炳卿者亦至。程前官德庆州知州，因亏空开缺，即杨研农之戚。精地理，宗蒋大鸿。据云《辨正》一书，非得真诀不能读。既得诀，则亦无用书为，各书皆可束阁。自负殊甚，不审究竟如何主张。元运家言，谓地学不外一体一用，总须迎合旺气，不得气即有水蚁，极其简易。现当卯运，谈子年谓余现行戌运，本佳，因上年流年为运所冲，所以不吉，运冲岁君大忌。交明年丙午流年，大好巳运，帮身极好云云。似尚有见地也。

周肯堂招饮义华居，同座为殷、万、沈、汪、李、黄。二鼓，孙玉堂来，并来皮垫一张。

十五日，甲申 阴

清晨，起西北风，稍凉。提台赴虎门，此次未与之偕。诣孙宅，午后诣乐园一坐，以红单一纸交孙玉堂代捐同知职衔。小雨。

十六日，乙酉 阴

周肯堂来，偕诣万少陔大令。约至陶陶居茶话。又诣殷小峰，约赴大南门外太平馆吃番菜。并至海晏公司一游，内有女妓十馀人，有联珠者，铅山人，尚雅静，皆外江人也。

双门底买椅，披垫一面，藤一面，红花哔叽椅垫。大号者每张二角半，小号者二角。椅披三角，四方杌子垫每四个乙元乙角，均不甚贵。又有竹、藤、草各种大小枕头，均佳。

十七日，丙戌 雨，阴寒

由玫伯处取来本月初六日吉字廿二号家信，云温处道贺公已到，立写回信，并附王观察荐书一函，双挂号交邮政局去。系祥字廿七号。

十八日，丁亥 雨

王统领饭后起程回惠，住惠郡七营公所。吴可诚来，陈咏琴来。

得李昆甫虎门函,并功牌一包。

十九日,戊子　　雨

成《无题》八律。

二十日,己丑　　雨竟日

由王玟伯处来初七日译学馆邮来《陆军章程》一册。夜王统领处两领哨哨弁来见。

廿一日,庚寅　　晴

饭后诣孙宅,偕玉堂诣程炳卿刺史,已外出。旋遇诸涂,同至乐园一谈。堪舆所言杂录于后。王玟伯来,未晤及。

三般卦,即一四七、二五八、三六九三局。三局吉凶相同,所主之事无不同,其效如神。三局之数,与《河图》之一六、二七、三八、四九之数,皆确不可易之定数。小而言之,如初六潮水涨退,必与初一时刻尽同,无少差讹,足以证验。元运主一百年,必得元运生旺气始发。现在三运酉山卯,气从卯方入。看阴阳宅,如卯低酉高则收生气,如卯高酉低则收煞气,大不妙矣。屋宇最宜一层高一层,倘前后两空,亦不堪住。乾山乾向水来乾,即合乎元运之方向也。收神进气两重关,即下罗经之诀。水法至重,如癸山丁向,必须巳方出水,馀可类推。元空大卦五行与换星,即一二三四五六七八九,《洛书》数之别名,犹九八至二一倒数,所谓易逆数也。亦即所谓颠之倒,二十四山有珠宝也。真龙皆浑朴不露,其峰峦秀伟,见为佳地者,皆辅佐之砂,非真龙也。

水法最重,尤重方向,此理气中之事。

小马站口彩元铺货店扎带极多,不二价。

廿二日,辛卯　　晴

诣王玟伯一谈,借洋六十元。诣乐园一坐。夜陈咏琴来。

廿三日,壬辰　　晴

发祥字廿八号家书,并洋二百四十元,由源丰润号汇温。汇费贴水每元四分,计洋十三元三角。系偕黄百龄同至该号,贴水每百元三两三分,馀即汇费也。又发祥字廿九号家书,交邮局。另寄《练兵章程》及新历一封,不列号。夜诣孙宅,得本月十三潘耐安两函,内附念慈一函。

廿四日,癸巳　　晴

发潘耐安复函,交邮局。诣孙宅,少顷,程炳卿亦至,同诣光孝寺一游,中有虞仲翔祠。诣双门底,买书二三种。

廿五日,甲午　　晴

诣孙宅,诸人皆不在彼,即归。吴可诚来。夜二更提台回。

廿六日,乙未　　晴。长至节

下午出城,宿船中。

廿七日,丙申　　阴

提台上船,汪、沈、李汪同来,即开赴河口。

廿八日,丁酉　　雨

王、向、周诸观察及绅士四五日坐火车至,开往后林。

廿九日,戊戌　　雨

诸公游顶湖,以雨未同游。夜诸公回省,开至江浦。

十二月

初一日,己亥　　雨

泊江浦。得秦锦涛十一月十五日邮函。

初二日,庚子　　雨

舟次闷极,阅堪舆各书。汪莘伯先归。夜开船回,泊省城。

初三日,辛丑　　雨

提台及诸公进城,余独在舟。李昆甫交来十一月分薪银钞票七十八元又五钱六分六。以洋六十元还王玫伯。

初四日,壬寅　　晴

黄、董、李、殷四人出城,拉同入城福来居小饮。由玫伯处来十一月十六日吉字廿三号家信。

初五日,癸卯　　晴

发祥字三十号家书,邮寄温州。

初六日,甲辰　　晴

饭后进城一走,在双门底购书三种,笔二枝。归舟移入七哨船,以提台眷口明晨登舟也。

初七日,乙巳　　阴

清晨提台及眷属先后至。汪莘伯约赴太平馆吃番菜,匆匆回舟即开。西北风厉,颠簸异常。一更后抵虎门,当夜入署。

初八日,丙午　　阴寒

同人多御裘者。发王统领函,邮惠。

初九日,丁未　　阴寒连日

翻覆堪舆各书。

初十日,戊申　　晴,稍和暖

广亨轮船救护案办妥,发缮。阅李若农所注《撼龙经》一册,《知服斋丛书》本。

十一日,己酉　　晴

饭后提台赴长洲及猪头山,汪、汪、李三人同行。发祥字卅乙号家书,发高伍卿函,均交邮局。

十二日,庚戌　　晴

发潘耐安函,托在沪购书。是日署中派一谢姓差弁坐安济下省,便致一函与高伍卿,取大衣箱一只交谢带回,此函由幸升吾转交。午后偕幸、刘、陈三公出西门,诣镇口墟一走,归已黄昏矣。

十三日,辛亥　　晴

省城抚署前清风桥远馨茶叶店专售清远茶叶,每两一分,甚好用。幸老翁说。谢弁回署,衣箱未取来。

十四日,壬子　　晴,天气稍暖

午后,偕幸、刘、陈诸君至镇口墟一走。

十五日,癸丑　　晴

发张安帅禀,交邮局双挂号寄山西。

十六日,甲寅　　晴,连日暖甚

十七日,乙卯　　晴

由李公馆递来高伍卿回信,说未交衣箱,由于阅信未明之故。

十八日,丙辰　　阴寒

十九日,丁巳　　阴寒

是日午刻封印。发高伍卿信,交李巡捕带省取衣箱,并付洋乙元。发王玫伯函,托觅《地理补》一书,邮局去。夜雨。

二十日,戊午　　阴寒

提台派兵轮接伊张氏姨太回省。陈清叔夜回省垣。夜雨。

廿一日,己未　　阴寒

黄谷仁自省来,谈及近事。

廿二日,庚申　　阴寒

廿三日,辛酉　　阴寒

廿四日,壬戌　　晴,稍暖

江东兵轮带来衣箱乙个,棉鞋乙双。聂缉椝之父聂尔康以散馆翰林官广东新会,贪名四著,百姓赠以联云:“四等翰林天有眼;三年知县地无皮。"黄宗汉督粤，绰号黄鸡屎，又曰黄兜肚。勒索新会参将尹大章万金一事，近于生吞活剥，皆幸老翁所谈。

廿五日，癸亥 晴，稍暖

廿六日，甲子 阴

发王幼豪信，交轮船带省，邮局已停班矣。闻广州府属新宁县广海寨被匪攻踞，都司姚河清阵亡。又鹤山县令田明耀下乡捕匪，中伤，回署即殒。田，湖北人，实缺阳江同知，历任香山、东莞各大缺，盖在瑞麟督粤时也。精拳膀，能舞双铜，年七十馀，看似五十许人，貌极陋。省门在籍福建厦门道黎国连被押于巡警局，官绅大起冲突。为铁路会议事也。以上皆幸翁所谈。

粤绅梁庆桂、黎国廉、李肇沅三人均已电参替革。官与为难者，广府陈望曾，铁路提调、湖北候补直隶州朱祖荫也。事起于十八日广济医院之会议，黎系前船政大臣黎召棠之子，前闽督许应骙之婿，实缺兴泉永道，曾署闽臬者。

廿七日，乙丑 晴，天气甚暖

阅报数纸，并闻人谈省门事。

廿八日，丙寅 晴，暖甚

廿九日，丁卯 晴，暖甚，如三月初

于蒋大鸣《古镜歌》内得换星诀，心为一快。

三十日，戊辰 阴，微逗日光，西风，天气稍寒

是日岁除，寂寂衙斋，犹僧寺也。仍以形家书消遣，自翻蒋氏各种后，经月不及他书，韵语亦不作矣。

光绪三十二年丙午（1906）

正　月

初一日，己巳

元旦。交子时拈香祝天。黎明微雨数点，旋放晴光，气象殊佳。

虎门文武各官来贺，略谈而散，多不识面者。巡捕、书办及裁剩一二茶房人等均来谒贺。是日与诸同人剧谈。入夜仍闭户看书，三更就寝。

初二日，庚午　　晴

清晨偕幸、刘二大令便衣诣各处一走。在中军张参戎、右营李游戎两处略坐。饭后诣东校场一坐。四点钟，提台自猪头山行营回署，沈、汪、李、董四人同来。夜偕幸、刘二公赴中军饮，同坐为右营李游戎，顺德马游戎，前中军吴参戎，清乡委员丁、亲军统领吴二令。

张中衡谈及前运司何兆瀛在任贪劣事，及父子争一挡子班事，百姓送一联一扁，嵌入名姓。扁为"不祥之兆"，联上半记不全，下半为"父争子夺果何心"，为张督树声劾去。又谈及湖南衡州教案，系现在四川候补道蔡乃煌所定。蔡，番禺廪生，因事斥革，以监生举北闱。因吞前台抚唐景崧巨款捐道员，在蜀大为锡督所信用。前武备学堂监督周某有妹貌美，为大府所见，诱入内署通奸，至今留署，乃兄知之而无如何。此事乃前任高要典史孔培所说。

初三日，辛未　　阴

饭后拟偕诸公出西门，半途以腹痛而回。省城双门底陈礼记宁坤丸最佳，每元六包，每包六粒。卫生丸则刘诒斋居首，顶上者每二元一粒，次则一元一粒至一元四粒。

初四日，壬申　　阴

明日为提台太太生辰，同人送席预祝。徐学使琪在粤专取幼童，时有诗云："花农学士眼花花，取士由来重世家。只要容颜能落雁，不持文字乱涂鸦。若非小姐求佳婿，定是夫人觅艾豭。更有一般难伺候，日高三丈未排衙。"又一联云："有成德者，有达材者，姑舍是；巧笑倩兮，美目盼兮，故进之。"

初五日，癸酉　　晴，旋阴

是日提台率眷诣校场看操，奏军歌，吃寿面。夜间饮宴，殊热闹。邮局来旧腊廿八王玫伯大令函，附鼎升侄孙南昌所发一函，十九邮局去信竟未递到，怪极。省城仓边街福缘斋笔店水笔颇佳。买眼镜在学署前书坊街。提台张氏如君名玉圆，湖南人。广元刘广亨、罗二管驾均最得宠。

初六日，甲戌　　阴

八点钟偕提台及各同人回省，四点钟到。天雨，于孙宅取来旧岁冬腊所寄家书六封，至廿八号止，此间去信均已收齐，合家平安，稍慰远怀。得潘耐安上海腊朔信，云十一月廿三抵沪，就三马路福来德洋行帐房，住盆汤弄宁波路耕兴里口四百五号益源洋货庄内，与其次甥褚怀卿同行，盖伊大甥褚植卿所营干也。又得沈镜澄广西南宁冬月十六日函。

初七日，乙亥　　雨

发祥字第一号家书。发潘耐安函，邮寄瓯、沪。陈、张二君来，张字梅生,即本年虎署西席。张苐亭大令来。饭后诣孙宅稍坐,程炳卿刺史亦至。下午大雷雨,在彼夜饭,乘舆而回。邮到旧腊廿三耐安来信,云十三旋里,新正挈乃郎同赴沪,念慈就克鲁森本行副帐房,与乃翁同寓益源庄。来沈镜澄腊月廿一日函,托捐官。程炳卿元空卦云,与毕昌言同学于杨守中,二君皆楚产,杨年五十馀,在粤行道,毕以府班充水巡警提调。程谈及候补府吴人朱咸翼内行事,奇极。

外国安眠药每包一元,可服四次,用温茶送下。

初八日,丙子　　晴

饭后偕高伍卿诣四牌楼程炳卿刺史,给以洋三十元。又诣陶然亭茶话。夜诣王玫伯,出章一山腊月来书,并故李亦园部曹《雁影斋诗》一册。

初九日,丁丑　　晴

饭后至双门底,在九经阁书坊买《地理辨正直解》四册、四角,《诗人玉屑》五册、一元,《归浪合刻》十册、二角,共二元。尚有何梦瑶《皇极经世易知》原板八册,索价乙元六角,还以六角。在拾芥园买《地理补》四册、五角五,《辨正翼》三册、四角。又《地理人天共宝》十二册,旧书,佛山重刻,系海阳黄氏辑本,除《断法》一册外,无甚秘笈。《索解》一元六角,还以八角。又《阴阳合纂》一册,索价二角五。《撼龙经校注》索价三角,高注大本五角。又《风水二书》六册,嘉庆间浏阳欧阳纯著,内有换星配卦法,馀无可取。《辨正》、《再辨》二册,索三角,亦拾芥园。

初十日,戊寅　　雨竟日

发沈镜澄回信,邮寄南宁。

十一日,己卯　　阴

饭后诣程炳卿,未面。夜又诣之,月色颇佳。

十二日, 庚辰　　晴。是日立春

黄百龄招至义华居小饮, 同座汪、廖、沈、董、李、周、汪。在古经阁买《地理正宗》六册,《撼龙经注》四册, 共八角。有钱塘振绮堂汪氏甲申年刻本《厉樊榭集》十册, 甚佳, 索价二元二角。又湖南传忠书局大板《曾文正家书家训》十册, 价一元, 亦好。沈六圃名镐, 峦头书名《大地学》两大册, 一百一叶, 重刻本, 板尚可, 国初人也。三水人陆开明《地理条贯》四册, 引用旧书目录数十种。

十三日, 辛巳　　阴

清晨诣饶水村大令, 为陈某事。夜诣孙宅, 玉堂甫从陆丰回, 谈片刻。二更后雨。

十四日, 壬午　　阴雨

黄百龄交来秦闻凯由附生捐减成贡生监照乙纸, 山东为字第九百二十二号户部贡生执照乙纸。又山东平字第八百八十号户部通判职衔执照一纸, 三纸均填本年正月十一日, 系山东赈捐。

监照费每张饭银一两五钱, 照费银二钱, 均按例银每百两计算。

职衔正项银六百四十两, 饭银一两五钱, 照费三钱。

贡生正项银五十七两六钱, 饭银一两五钱, 照费三钱。

发祥字第二号家信。说为秦闻凯捐职衔事, 发秦锦涛游戎函, 附照三纸, 双挂号。发惠州王统领、吴太尊函, 以上均交邮局分递温、台、惠州。秦处应洋三百十二元。

以公份二元七角交还李昆甫。

治吞鸦片妙方:

用木棉花少许烧灰, 以开水冲之, 候将冷, 灌饮, 吐出即愈。功在引吐, 绝无所苦, 极效, 惟须冷饮耳。木棉花粤东颇多, 药店间有出售。

十五日,癸未　　大雾大雨,少顷日出如火

以瓯绸被面及篁翎筒送汪莘伯,留一璧一。莘伯以乃翁《诗词笔记丛刻》八册见惠,并假观《黎二樵诗集》,略一翻阅,无甚佳篇。以衣箱、书箱等送寄孙公馆,与孙玉堂略谈即归。程炳卿来一函。下午诣王玫伯一坐,闻艳情小说中如《茶花女》、《迦因小传》皆极佳。夜同人五六诣义华饮,公分去洋二元四角。

十六日,甲申　　晴

诣双门底一走。提台札取履历。

十七日,乙酉　　雨

清晨出城,偕众赴虎门。夜始到,移住西楼。

十八日,丙戌　　阴雨,稍寒

十九日,丁亥　　晴

是日开印。

二十日,戊子　　雨

以履历稿交詹才发缮。

廿一日,己丑　　雨连日

闭户翻阅各书。

廿二日,庚寅　　雨

广府前樽杏馆铺出售春册,有极精者,系该店面前小摊出售。

廿三日,辛卯　　雨

得潘耐安上海邮函。云现住克鲁森洋行,不在原处。其长、少二郎均同至沪。

廿四日,壬辰　　雨

发王玫伯函,交邮局。

廿五日,癸巳　　晴,下午又阴

廿六日，甲午　　阴，微雨

于湘阴蒋国宗城所撰《天元九略》内尽得换星一诀。付邵忠正月工洋两元。

廿七日，乙未　　晴

邮局来正月十七日吉字元号家信。

廿八日，丙申　　阴

邮局来去腊廿七谭文卿处州信，又王统领惠州复信，附来致温处道函稿一纸。发潘耐安信、王玫伯信，交邮局。

廿九日，丁酉　　晴

移住东花厅。汪莘伯、张梅安回省。毛植山赴东莞查案。张安帅调抚河南。

二　月

初一日，戊戌　　阴

发祥字三号家信，附王致贺函稿。

初二日，己亥　　晴，暖极，穿单衣

初三日，庚子　　阴，稍凉

初四日，辛丑　　阴寒

戏法中美女脱衣术，不外用阴起石一物，阳起石色红，阴起石色黑，细如发丝，药店有之。其须即莫如闹羊花也。

汉口大茶商韦尚文字紫封，与上海天顺祥东家陈润夫封翁皆与提台交好。

初五日，壬寅　　阴

吴翰香自省回，带来正月分薪银乙封，除扣正月公份银一两九

钱四分四厘,计实银五十四两八钱九分。

初六日,癸卯　　阴

提台寿辰,公送筵席宴饮,夜观烟火。

初七日,甲辰　　阴

发黄百龄信,附正月薪银乙封,托李昆圃带省转交。发饶水村大令信,交邮局。

初八日,乙巳　　雨

提台回省,沈、汪、李、黄同行。去岁在瓯以是日登舟,计离家恰一年矣。

初九日,丙午　　晴

饭后偕杨、周二君出东门一走。

初十日,丁未　　晴

第三局巡警员苏巡捕招饮,同座为幸、颜、杨、吴、陈等。

十一日,戊申　　晴

包封来王玫伯回信一封及书四册,内附正月廿七第二号家书,知正月十二之函廿六已到,又正月廿六秦锦涛游戏书则十二去函尚未到,仍说捐官一事。

十二日,己酉　　晴

清晨诣观音殿拈香。

十三日,庚戌　　晴

阅堪舆书竟日。

十四日,辛亥　　晴

黄昏,与幸、颜、杨各人出城散步。两夜月色均不甚佳。

十五日,壬子　　晴

廖、刘二大令自省来。邮到本月初八潘耐安上海信,云仍住盆汤弄宁波路南新街耕兴里口四百五号益源洋货店。

　　粤　　双二百,单四百,合八十元。

　　扁　　双卅,单卅,半卅,合十一元五角。

　　带　　双二,单卅,合三元四角。

　　十月廿八记。

十一月

廿一日,甲寅　　晴

诣王玫伯。督帅、提帅同往巡阅炮台,并诣虎门。刘子占大令来,未晤。

廿二日,乙卯　　晴

奉到督札,委充文案差使,月薪乙百廿两。诣黄百龄一谈。夜发祥字四十一号家信及耐安信。

廿三日,丙辰　　晴

谒藩台、广府,均未见。是日司、道、府群至督署祝寿。午刻约刘子占、程炳卿、程莲舫、王玫伯高升楼小饮。玫伯未至,刘子占荐一家丁孙福来,姑用之。夜忽发冷,眠不安枕。

廿四日,丁巳　　晴

大委顿,竟日偃卧。黄百龄来,云京信尚无眉目。程莲舫大令来。

廿五日,戊午　　晴

人稍清醒,仍倦甚。刘子占来。

廿六日,己未　　晴

诣李公馆一走。晤汪、黄各人。

廿七日,庚申　　　晴

下午督帅回辕。夜诣提台一坐。

廿八日,辛酉　　　晴

督帅是日不见客,诣提台一坐。

廿九日,壬戌　　　晴

诣督辕谢委,伺至十二句半钟,以见客多,未见。刘子占来,毛丰山来。

十二月

初一日,癸亥　　　晴

诣督辕,闻不见客。拜支应委员苏君琳字奎文,诣提台一转。

初二日,甲子　　　晴

衙参,传谕不必见。即日入署,午后检点征装,三句钟时移入督署。拜沈星桥封翁及各同事,多未面。付厨房伙食四元。

初三日,乙丑　　　微雨

同事邓君熙之、易君杏农、徐次泉观察均来答拜。傍晚拜沈凤楼观察、章君介眉。

初四日,丙寅　　　微雨

俞君荷生来答拜。是日督帅奉到赐寿物件,四句钟时恭迎于辕门外。各官集贺,随班叩祝。夜宴各宾掾。发祥字四十二号家书及耐安书,又发虎门幸、刘、洪三函,均付邮。

初五日,丁卯　　　阴

偶逗日光。阅报,见御史李炳华上疏,请禁吸纸卷烟、赌麻雀牌,不可谓非朝阳之鸣凤矣。夜草台州秦、陈两函。

初六日，戊辰　　晴

邮局来洪式文覆函并家书四封，吉字卅五、六、七、八号，知汇洋十七收到，十三日酉时添一女孙，取名仙官，大小平安。又上月十九日日本东京回信一封。诣李提台，渠是日赴西樵。夜大雨。

初七日，己巳　　晴

遣阿才赴虎门取箱簏，有一函致杨汝南。发祥字四十三号家书，内附王统领、范大令两信，交邮局。夜作九鸣侄孙信及章一山信。

初八日，庚午　　晴

诣王玫伯，未晤。老帅传见，派定专任农工商务稿，会办营务稿，兼管什件稿。下午虎门物件悉数装回，带来幸、杨二公复信，俞景伯来信各一函。发九鸣侄孙、章一山、孙镇台、沈镜澄、秦锦涛、陈蓝桥各信，付邮。王玫伯即日回浙，为子授室，送以贺仪四元。夜闻周四公子由天津道升长芦运司。

初九日，辛未　　阴

清晨，诣玫伯，闻其奉委赴东洋考察学务，托觅法律词典一册，又乙巳年全年《国粹报》。又付以两元，托购稻香村茶食寄温。归署，雨作。徐次泉观察云，北洋新刻《约章纂要》，老帅定刷两百部，不久可到。上海点石斋亦有售本，每部价银七两。

上海四马路华英大药房朱似兰，台州人，玫伯交好，可以转寄信件，玫伯开正初十外必到沪。闻章一山已奏派译学馆监督。

初十日，壬申　　晴

发河南抚院张安帅信，祥字四十四号家信，付邮。

十一日，癸酉　　晴

由虎门递来上月廿六日家信，惊悉慈闱于十六日发旧恙，廿二日丑刻弃世，廿六大殓。阅信痛不欲生，以在幕中种种不便，不得不转为隐忍。随发电报,并发一信,双挂号付邮,告以开年即归,身在差次,不能成服,不孝之罪,上通于天,事出无可奈何也。又得陈叔咸同日所发书。招商局致远船本日开,玫伯已行。年内未必有船开,度日如年,何以捱到开岁?老帅来谈。

十二日,甲戌　　晴,暖甚

又发一瓯信。邮局来本月初五日家书,系接到廿二去信者。又来初四、初五日耐安两信,一系接到廿二去信,一系接到瓯信者。李公馆送来汪莘伯自虎门函,为书箱事,即答之。

十三日,乙亥　　晴,暖甚,穿夹衣

诣五行堂取罗盘,尚未毕工。

十四日,丙子　　阴,午刻雨,大雷雨如注

虎门寄来上月廿九东京九鸣侄孙来信。夜老帅来谈。

十五日,丁丑　　雨,雷电交作,天气稍寒

十六日,戊寅　　雨

发不列号家信及耐安信,问半山、佛日山购地事,均付邮。昨日发李军门一函,交公馆寄虎。

十七日,己卯　　阴,下午微雨,寒甚

广东官纸局纸张可用水笔,以双门底陈富元为行时。

十八日,庚辰　　阴寒,时漏日光

十九日,辛巳　　阴寒

午刻封印。五行堂定制纪氏罗经两盘。

二十日,壬午　　晴

清晨诣李提台,甫就枕,未之见。与黄、沈、汪、黄诸公略谈。邓熙之学博嘉缉以《扁善斋诗文》刊本三册见示,佳篇颇多。

廿一日,癸未　　晴,天气和暖

廿二日,甲申　　晴

阅《啖蔗录》四册竟,满屋撒钱,一串穿起,洵有用之书矣。言峦头者,莫简易于此。

廿三日,乙酉　　阴

是日立春。午后诣李军门处一走,以银百两、杨汝南一函交提台收存,有便寄虎。盖上月借支薪水如数缴还也,合票洋乙百卅九元。由邮局发杨信。

廿四日,丙戌　　阴

马嵬坡在兴平县西十二里,毕秋帆开府关中时为杨妃修墓,墓旁作屋三楹,并种松柏花木。募一老姬司祠中洒扫、香火。客来游览者,烹茗以献。室中悬一匾,曰"断云夕照"。楹帖一联,集唐句云:"莺花尚恋霓裳影;环佩空归月夜魂。"

乾州城外数里,武则天陵在焉。石人石马巍然尚存,而殿宇倾颓,仅存墓址,荒烟蔓草,触目苍凉。凭吊人来,辄增惆怅。

廿五日,丁亥　　阴

邮局来十六日所发四十号、四十一号家书两封,并王统领函。刘子蕃来谈。傍晚同诣刘子占处夜饭,同座七八人,均官场中人,无一认识者。

廿六日,戊子　　阴

诣李军门处一走,带回公牍稿两件,属呈老帅。得南澳孙镇台信。

廿七日,己丑　　阴

老帅谕,派兼办洋务牍稿。开发本署各项年赏,共十五元九角。夜大雨。

廿八日,庚寅　　晴

诣刘子蕃一坐。夜老帅属将照会英领事稿及外部来电交李军门一阅,适军门赴饮未回,交与黄百龄。

廿九日,辛卯　　　晴

清晨李提台招往面谈,酌删稿中两三句,并代拟覆外部电,转呈帅阅。提辕文案一差已委,知府沈之乾现拟添设保商营。

三十日,壬辰　　　阴,天气暖甚

邮局来十九日章一山太史覆函,云已奏派译学馆监督。又沈镜澄南宁回信。李军门在老帅处,招往商改电稿。下午偕徐、邓、王、徐四人出街一走。夜二鼓就寝。

光绪三十三年丁未(1907)

正　月

初一日,癸巳　　元旦。阴,偶逗日光

初二日,甲午　　阴

诣李军门,在彼午饭。

初三日,乙未　　晴

覆阅《地理大成》,叶于水法大有见地,其所注以《灵城精义》为最佳也。诸公来者,无一熟人,悉谢之。

初四日,丙申　　阴寒

刘谦益大令来。夜西北风厉。

初五日,丁酉　　阴寒

午后出街一走,在石竹斋购笔两三种,英光阁即在对门。夜五更雨。

初六日,戊戌　　雨,天甚寒

上海毛春塘羊毫笔颇有名。

初七日,己亥　　阴,寒甚

午后诣刘子占大令,未晤,谦益大令亦不在家。江分教则棠偕一友来。同事易杏农传一痔疾单方,据云甚验,姑试于左:

用蓖麻油或烂捣蓖麻子搽头发顶心,须臾即痛止肛收,内外痔

兼治，无损于发。方极简易，云李勉林督部所传。

叶氏《地理大成》甚有发明，于水法所得最多，皆可施用。其山洋水城图当照式绘一大册以供玩索，立向定局亦便用。

全书烦重，须先看理气三诀。此册熟，馀无难事。《六经注》以《灵城精义》为最佳。

发家信一封，告以月半后起程，不列号。

初八日，庚子　　阴雨，寒甚，瑟缩如鸦

初九日，辛丑　　阴，寒风厉

诣李军门略谈。诣青龙里，适程莲舫已赴馆，因诣馆与之一谈。新任番禺刘次白大令庆镗招饮，辞之。

初十日，壬寅　　阴寒

午后诣刘谦益，未晤。诣沈季文，亦未面。

十一日，癸卯　　阴寒

出大东门拜铜元局总办方观察政。邮局来腊月廿九九鸣侄孙日本来书。双门底最末一家书坊有《白香山集》，索价八角；《人子须知》十册，索价一元二。第二家有《地理大成》，李氏本，尚是旧刻，索价一元二，给以七角，不肯售。内有《撼龙疑龙经》、《青囊天玉经》、《四弹子》等，而无《奥语》。又《图书奥义》一册，索八角。书系广州城内龙藏街大经堂刻，同治二年姚承舆序。皆河洛卦爻之说，似江氏精蕴，非要笈也。又有《辨正直解章注》一部，板稍明白，索八角。《砂水要诀》只七册，大板，洪氏《比雅》两册，索三角。夜诣沈季文。

十二日，甲辰　　阴

诣双门底，购回《地理大全》八册、《辨正直解》六册、沈六圃《地学》两册、《比雅》两册，共洋二元乙角。《大全》非李国木本，而所收各种中《四弹子》齐全，又有《雪心赋》、《赤霆经》，聊资翻阅。《图书

奥义》无甚用处，附刻与姚正甫往复书数篇颇佳。《择吉会要》六册，即姚所撰，无甚精义。

姚历举换星不同者凡十六家，所引书名有《辨正求真》、《地理指迷》，不知为何人撰。又举用换星法扦葬而获祸者十馀人，皆道咸间事。书中无一字及纪氏、端木氏与张、叶诸氏。

十三日，乙巳　　阴

诣李提台一走，今日赴虎门也。午后在旧书坊购书三种，《辨正求真》亦得一部，道光间澄海蔡本江岷山所撰，自谓得秘诀，能补蒋氏换星学之未备。又四明释如玉澈莹者著《地理直指原真》六卷，专讲三合水法，图说明白，而驳斥净阴阳为非，以为误始于前明万历时徐继善、继述兄弟，而徐试可沿之云云，亦知一而不知二者也。幕讲宗派徐试可，即辑《天机会元》者，二徐有《人子须知》。《天机会元》光绪初年翻刻，极恶劣。

又《玉尺经补注》两册，名曰《地理孝思集》，皖人舒凤仪著。

十四日，丙午　　阴寒

在府学东街购来旧书两种，《辨正求真》四册，补正蒋氏者不少，较胜《辨正翼》。

十五日，丁未　　阴

邮局来耐安初七上海书。购来《地理点睛》两小册，系批点《辨正》与《法窍》两种者，兹仅及半，尚非完书。又《风水》一书两册，论挟星与点睛相合。又《金锁秘》四册，托《易》自尊，与《辨正疏》相似，而矜夸诡僻，无甚可观。三家皆宗蒋氏。《金锁秘》最尊《辨正》，最斥《法窍》。叶氏、张氏以及前明各氏之宗双山三合左右旋净阴阳者皆在所辟。与蒋并称之骧江郑西载，不知为何人。易杏农云，湖南迷信堪舆已极，又云，督帅亦深喜之。《地理传真》十六本，崇正辟谬,均不悉何人撰。

十六日,戊申　　阴雨

孙玉堂自南澳来省,招往一谈,即在义华居夜饭。

十七日,己酉　　阴寒

瑟缩竟日。

十八日,庚戌　　阴,午后偶放晴光,俄又阴暗

诣孙玉堂,又同诣方八少子怡,未面。至义华居夜饭,同座有南澳同知端木尹,江宁人;督练处委员陶大令,广西人,及王君济川。

十九日,辛亥　　阴

是日开印。

二十日,壬子　　晴

天寒如旧。午后诣菁华斋,又在儒雅堂购书一种。南澳同知端木藩字叔藩者来,其祖名埰者,以善颜书,颇为时人所重。孙玉堂来,偕往出街一走,夜饭后归。上海大英洋每元兑角子十乙个零三十文。逢春二弄李雪琴为伊相识。

廿一日,癸丑　　晴

冒风小病。得张安帅回信。

廿二日,甲寅　　阴

感冒未愈,殊不爽适。夜,王、孙二人约往一谈。

廿三日,乙卯　　晴

诣李提台一坐。与黄谷仁晤谈。

廿四日,丙辰　　晴,暖甚

廿五日,丁巳　　晴

上街购书两三种。

廿六日,戊午　　晴

上街兑换大洋。

廿七日,己未　　晴

诣李提台,又诣汪莘伯。午后诣双门底买物。

廿八日,庚申　　阴

发不列号家信及耐安信。府学东街第二家书坊有萧山人王绍兰《管子地员篇注》四册,胡燏芬校刻,光绪十六年张幼樵序而行之,索价八角。又有《周礼注疏》一部。歙县叶滋荣字小蓉注《天玉经》、《青囊序》各一册,多遵纪临川、端木青田法而不表其所出。渠为澄海蔡麟士门徒,传蔡岷山之学,而所注亦有与师法出入处。其人官广东州同,同治八年浙西余恩镳序之。蔡麟士名绍宗,著《峦头心法》两册,咸丰四年中州张嘉晋跋尾。张官达州州判,蔡之弟子也。

粤士喜谈堪舆,最著者为澄海县东湖乡之蔡本江字岷山,撰《辨正求真》四卷四册,驳正蒋氏。书刻于咸丰初年,嘉应州李采卿太史载熙序,歙县叶滋荣小蓉跋。其学传第四子麟士及诸子,叶滋荣及李太史之子李学恒字莲舫者皆受业门下。今坊刻本为光绪壬辰家藏《衍义》一篇至要,未刻。麟士名绍宗,撰《峦头心法图诀》两卷两册,咸丰四年甲寅刊行,有中州张嘉晋锡侯跋,官连州州判,其弟子也。叶小蓉注《天玉经》二卷,第二子懋能校订,同治八年己巳刻,浙西余恩镳序。又注《青囊序》二卷,同治二年甲子刻,梁肇煌序,关培钧跋。关系弟子。尚有《奥语》、《宝照》各注,未刻。叶官增城典史。

番禺县人古彝芬撰有《地理入门》、《地理传薪》、《开山斧》三种,均未见。所见者《堪舆法戒录》一种,无足观。又欲于《大成》、《大全》所收古书外辑《大观》一部,则其收藏之夥可想矣,须一访其人。

此外,粤人撰述颇多。

张宗道,明初人,即陈友亮之军师。其书为章淮树观察注解,所谓《地理全书解》是也,不可不一览。周景一《山洋指迷》、《平洋指迷》亦好。

廿九日，辛酉　　晴

检点什物。

二　月

初一日，壬戌　　阴

面与督帅请假两月，回浙一行。发九鸣侄孙东京信。善后局来本月份薪水。收发委员陈叔良大令交洋廿元，属买衣料。阿才是日去。

初二日，癸亥　　阴，天气转冷

诣李军门一谈。以什物箱两口、小木箱乙口寄存李公馆。以公份二元三角交还李昆甫。

初三日，甲子　　阴寒

御重裘，如在江浙。在广泰来栈写定广大船票，计洋十八元。

初四日，乙丑　　阴雨，寒甚

清晨诣李提台处辞行，并诣英光阁购取什物。刘谦益大令送来药酒两瓶、罐头水果两瓶、咸鱼两罐、潮扇两把，扇子璧还。邓熙之送兰腿乙个。

初五日，丙寅　　阴

午刻出靖海门，由广泰来栈上广大船，船舱竟未买定，加以九元买一坑床开铺，吃亏已极。与石君春圃、程君作人同舟。石[①]为程起雷之犹子，乃兄字仙舫，比现司臬署刑名；石系广府刑席，为浙抚电招赴杭者也。

---

① "石"，疑为"程"。

初六日，丁卯　　晴

关务处委员徐君、巡警局提调毕少西、坐办周□□、厘捐局提调柴琴堂均因送人登舟获晤。夜潮开船。

初七日，戊辰　　晴

清晨抵香港，泊船。

初八日，己巳　　晴

泊船不动，上下人杂，失去马褂两件，眼镜乙付，价值三十馀元。五句钟时开行。

初九日，庚午　　晴

风平浪静。

初十日，辛未　　晴

入夜微雨，天寒。

十一日，壬申　　阴

风浪稍大。

十二日，癸酉　　阴

风浪稍颠簸，偃卧不能吃饭。雨作。

十三日，甲戌　　阴

八句钟时抵上海，入三洋泾桥泰安栈，石、程及一甬人冯君同住。晤石春圃两子，均以孝廉回杭应试入都者。发耐安信。

十四日，乙亥　　雨，寒甚

诣三马路华英大药房访台人朱似兰，未晤。

十五日，丙子　　阴

朱似兰来答拜，约明日招饮，辞而未许。夜萧伯康大令来谈，伊以事久在沪，闻朱言而见顾也。略谈台事，已捐过府班矣。

十六日，丁丑　　雨

下午闻海定船已进口。夜朱君遣人来招，却之。

十七日,戊寅　　阴

午后上海定船。夜四句钟开行。

十八日,己卯　　晴

午刻抵宁波泊船,夜半后始开。

十九日,庚辰　　晴

四句钟时抵温州口泊船。

二十日,辛巳　　阴

九句钟时抵瓯江,稍顷,寓中遣价阿保等来接,立刻入城,到家已十点钟矣。至先慈灵前一哭。合家大小皆无恙。下午何、陈、黄、程、杨诸君来。

廿一日,壬午　　阴

午刻出三角门,至护国岭厝所奠哭。

廿二日,癸未　　阴

召裁缝赶制衣服,并定做靴帽。送各人土产物件。

廿三日,甲申　　雨

海定开行。诣何、陈、黄、李、程、杨。

廿四日,乙酉　　雨。清明

诣各处谢吊,均未晤,仅晤李希程。

廿五日,丙戌　　阴

袁厚斋大令来,不见已廿馀年矣。普济船入口。

廿六日,丁亥　　阴

发耐安信,双挂号。

廿七日,戊子　　阴

李希程来,闻普济进口。

廿八日,己丑　　晴

检出林太冲及各地书一阅。

廿九日,庚寅　　晴

范咏和大令自江西来接眷,送以土物两件。普济开行。

三十日,辛卯　　晴

谒道台,谈良久。府、县两处均未晤。王统领来,昨日自瑞安回郡也。

三　月

初一日,壬辰　　阴

拜王统领,送以礼物四色。诣范大令,闻封翁及眷口已至,出城拜之。道、府来答拜,送以食品两件。范封翁明日要来寓一谈,并饭,亟亟预备。闻海定到。邮局来二月十九日本信。

初二日,癸巳　　晴

是日为先慈诵经。下午范氏乔梓来,夜饭后去。放焰口至三更后始散。邮局来耐安及念慈二月十八信及宁绸裌料。

初三日,甲午　　阴

清晨诣谢秋圃。午刻王统领处便饭,同座为永嘉尉程庚香及伊署教习二人,一江宁勾毅字仲英,一镇海大觷巡检杨谷堂裕通管事人施鼎甫。下午诣袁厚斋一坐。诣海定送范封翁及咏和大令行。发陈南桥、姚次言信,附讣文。

初四日,乙未　　雨

海定清晨开行。夜袁厚斋来。

初五日,丙申　　阴雨

诣县署、捕署及前永嘉令,均未晤。为天寿堂事,以函致县,附抱禀一纸,借票五张。

初六日,丁酉　　雨

得李直绳军门本日来电,谓督帅促回粤东。永嘉令来答拜。

初七日,戊戌　　雨

覆李提台电,告以月半准行。阅范氏《乾坤法窍》,其罗经解独尊三卦而一切抹杀,虽纳甲净阴阳亦在所辟,偏执过甚,所以来纪氏之指摘。然于三卦阐发无遗,能举蒋氏所未言之而悉言之。所不足者,换星耳。其谓二十四山之红黑即九星之阴阳,顺逆分行即所谓换,亦殊简妙。其痛辟天定卦、地母、天父、五鬼、翻星、翻卦等说,盖与叶氏为难,不及辅星,似未见张氏书。元运之说亦简略,应补以林太冲说。

穿山七十二龙坐穴,透地六十龙格龙,其说甚明白。平分盈缩,六十龙皆在所斥。此最纠纷之说,而览之了然。

范氏仇视双山三合特甚,矢口毒詈更甚于蒋。所以纪氏深恶而痛绝之,屏不与争。其父杀人报仇,其子必且行劫,范寅旭之谓也。尹一勺谓元空正运章具大学问,林太冲之易悟,许□□之点睛,于法窍多所纠正,应参观之。坊本许书三小册,仅原刻三之一,不足观。

蒋专辟刘,范专辟叶,纪与端木又专纠蒋射之的也。

二十四山分三卦,每卦八神九星,照卦换排,廉贞居中不动,如此无不吻合。管见所及,姑以存参。

下午,孙中承发房持县批来阅。

初八日,己亥　　阴

内子五十生辰,知好中有送礼道贺者,辞不获已。午后领阿珠及何、陈二君之子女诣大街至洋货店购物,并出南门一走。夜,程、杨、陈、何诸人在寓便酌,黄未至。二更后雨。

阅《天香室地书》内《理气真诠》一册,于蒋氏术三卦换星之法尽明,与余所见吻合。所未及者,北斗七星打劫一说耳。得秦游戎复函。

初九日,庚子　　阴

午后拜永嘉令,未面。诣经厅一谈。下午访黄子芬,未知住处,子平好手也。夜雨。黄贵自台州来,专差之信未寄到。

初十日,辛丑　　阴

清晨出街一走。袁新裁以黄子芬在署,遣人来招,即诣谈。座客二三,为大臀巡检杨君、泰顺钱谷高怀瑾,稍顷黄君至,所看各人八字无不中,言下直断休咎,于此道甚熟也。下午拜晤丁象明大令。程、杨二君来谈。夜,作孙、秦、姚三函及九鸣侄孙函,渠现住东京本乡汤岛六丁目二十九番地伏见馆。江西同乡会事务所在麹町区饭田町五丁目十一番地。凡不知住址之信件,寄该处可转达,但稽缓耳。九鸣充会长。

廿乙元二角,丙午闰四月卅日期。郑杏亭、邱楚卿。

十五元九角,丙午年十一月十一日期。郑杏亭。

乙百十五元,丙午十二月廿八日期。天寿堂。

五十六元三角,丁未二月廿四期。天寿堂。

廿二元,丁未四月卅日期。天寿堂。

共票五纸,二百三十元〇四角。

三月初四日遣家人王升递禀,初五批:

候饬差谕令,邱楚卿如数迅速偿还,如敢抗延,带讯押进。粘票五纸附。

浙江巡防二十四队右队二排第三棚正什长蓝翎守备衔拔补千总易德超。

十一日,壬寅　　阴

午刻袁心裁来索五品功牌。县差四名持票来,初十所标也。夜至李希程饭,同座为杨笠夫大令、叶文侯大澂、王统领、电报局员施鼎甫、杨敏夫及彭某。

海定轮舟清晨入口,买定官舱。

十二日,癸卯　　晴

清晨诣王统领、程、杨处一谈。拜杨、叶二君。至经署午饭。同坐为高、傅二幕,杨、叶、杨诸君。拜高、傅、黄、陈、何,与黄、何略谈,馀均未遇。杨、叶来答拜。以功牌一纸送袁心栽。

高怀瑾字钰钦,江苏人,住云和,现司泰顺钱谷,与内子为姨表兄弟行。

十三日,甲辰　　晴

王统领偕程、杨二友来送行。高钰钦来,杨敏夫来,陈、何、黄诸人来,李希程来,袁新栽来。

丁大令差执帖家人来。夜二更,上海定船,彭儿、阿珠均送上船。陈叔咸亦在彼,月色大佳。

十四日,乙巳　　晴

黎明展轮,稍形晕浪,竟日偃卧不食。

十五日,丙午　　阴雾

停轮镇海口外,午刻开,五打钟至甬江。以《南游记》一册赠同船叶文侯贰尹,即辰溪大令子,杨笠夫大令婿也。

十六日,丁未　　晴

清晨开船,平风静浪。傍晚抵沪,泊船浦东,因未登岸。

十七日,戊申　　阴,微雨

驳船至金利源马头,至名利栈路约半里许。诣三洋泾桥泰安栈及荣华栈探问,潘耐安未到。两客栈相距甚近。

十八日,己酉　　雨

写就家书,投本栈邮政箱。闻李永基说海定现赴芜湖,不赴温州,须普济两三日到再走。代陈叔良购得衣料两件。

十九日,庚戌　　晴

午后诣各书坊觅书数十种,均未得。仅得周景一《山洋指迷》四册,板极恶劣。胡国桢《慎庵罗经解定》四册,皆墨守旧法而多发明。又绍兴新出铅字本一部。胡不知何地何时人,无序跋及刻书年月,而书式尚系坊本之陈旧者。于楷端士《地理录要》四册,亦是蒋、范门下人,而所采颇佳,为堪舆中善本。板印漫漶,然尚可观。于,秀水人,其辈行在纪氏、端木氏之间。所收郑熊西戟《蕉江问答》及《条注》为他刻所无。郑署骥江,不知何县。蒋杜陵换星法起例见于此编。沈尧封《女科辑要》两册。

又有蜀人王道亨《罗经透解》四册,纸板之恶劣不堪寓目,置勿购。著孙逼至各书坊及城内访购数书,均无一获。

二十日,辛亥　　晴

买定广大船票。

廿一日,壬子　　阴

发耐安信及家信各一械,交名利栈接水人李承基,属其带瓯。午刻上广大船。

廿二日,癸丑　　阴

侵晨开船,风不甚大而眩晕竟日,偃卧不能食[①]。

廿六日,丁巳　　雨

巳刻抵香港,停轮,四句钟时始开。

廿七日,戊午　　阴,天气蒸闷

十句钟时抵广州,至泰安栈小憩。午刻入城,到署后大雨如注。

---

① 底本原缺廿三、廿四、廿五日。

督帅宴客，傍晚始见，甚慰悦，谓盼望良殷。入夜来谈，旋出手谕，属核铁路、电报、新军、旧军、绿营、巡警各稿，以沈观察桐即日赴北洋也。送温州土产四色，收二色。

廿八日，己未　　晴

清晨诣李军门，恳其代辞铁路公牍事，送以土产四种。送邓熙老被面乙卷。与易杏农互易住房，亦帅意也。发瓯电。夜写第一号家信，以广大明日开也。

李默斋《辟径集》一册，为粤地风水要书。李系明人。又钟丽圃亦有书数种，均须一览。

廿九日，庚申　　晴

以家书付邮。以青田石章一对送徐志芸，由徐处取来《约章成案汇览》一部，系点石斋缩印本，然字不甚小，尚可看也。以土产四色送刘子占大令，收二色。

四　月

初一日，辛酉　　晴

督帅重下一单，属专任巡防营、绿营稿件，盖即吴君绍华一席也。铁路稿亦卸脱。来本月及上月分薪水两封。诣卫边街购椅两张。

初二日，壬戌　　晴

诣李军门，晤黄百龄，出示都门冯润田回信一械，二月廿三日到粤，为保案事，殊刁难。发章一山、孙玉堂信。徐志芸以笔两枝见赠。

初三日，癸亥　　晴，时而飞雨

发杨汝南、洪式文信，付邮。夜四更大雨。闻桐城张祖彝字笛仙刻图章绝佳。江苏候补知县孙士雄管带卫队，字起勋。

初四日，甲子　　晴

清晨诣刘子占大令一谈。招李军门处诸同事小饮，均以有事未到。午后大雨。邮局来九鸣侄孙自日本东京本乡汤岛六丁目二十九番地来信。

初五日，乙丑　　雨，旋晴

刘子占来答拜。午刻电局诸君为徐次泉观察饯行，招同陪坐。

初六日，丙寅　　晴

邮局来上月廿八耐安上海来函，云即日来粤。发第二号家书及陈、程、杨各函，付邮。连日热闷，如在伏天。

初七日，丁卯　　晴

诣黄百龄，未面。诣俞荷生略坐。发澄海令何少秋信，付邮，托访蔡本江《辨正求真》未刻稿。何名炳修，闽人。

初八日，戊辰　　晴

清晨诣正南街黄百龄寓次，交还京信一封，面托一切。午后上街购来《辟径集》一册。邮局来沈镜澄三月廿六南宁来函。

初九日，己巳　　晴，旋阴欲雨

邮局来三月廿八日元二号家书两封，内附耐安初七、初九、十一、十三信四函，谭文卿回信一函。普济船廿八始到瓯，电信与上海各信同日到。

上海英界盆汤弄宁波路南新街耕兴里口四百五号门牌益源洋货号内杭人褚怀清，即耐安之甥。

宁波路老天保栈、五福弄口开泰栈，均与益源相距咫尺，每日房伙两百八十文，地方、床铺较名利、荣华栈好多，上轮水口亦便。

初十日，庚午　　晴

发第三号家书及致袁心栽函，复沈镜澄函，均付邮。闻耐安已到,住东升栈。夜诣耐安一谈。雨。

十一日,辛未　　晴

清晨诣耐安,偕来署一走,取来糟蛋、杭粉。下午耐又来。邮局来笋豆一罐,瓯江所寄也。汉口所出网篮极佳。忽雨忽晴。

十二日,壬申　　晴雨不定,天气郁蒸

午刻耐安来,又取来茶叶、玫瑰、菊花各件。发第四①号家书,付邮。

十三日,癸酉　　晴

耐安来商改履历。发河南抚院函,付邮。

十四日,甲戌　　晴

午刻闻李提台自惠州回省。夜以糟蛋两罐送刘子占大令。

十五日,乙亥　　晴

闻饶平土匪戕官,派李提台带兵去。入夜诣李一谈,并过耐安。徐次泉观察行。

十六日,丙子　　晴

清晨诣汪莘伯。得孙大少汕头回信。俞处交来澄海令回信。

十七日,丁丑　　晴

下午偕耐安至高升楼小饮。

十八日,戊寅　　晴

清晨阅电报,督帅开缺,岑公来粤。诣黄百龄,未面。夜裴岱云太守来。诣刘子占大令,略坐。发第四号家书,付邮。

十九日,己卯　　晴

午刻发汕头电。夜诣裴处,遇黄。

────────────

① "四",疑为"三"。

二十日,庚辰　晴

清晨诣黄百龄。

廿一日,辛巳　晴

清晨同人拍照。闻岑宫保本日出京。发果密电致汕头。刘子占来一函,即答之。

夜五更雨。邮局昨日来十三日家书,以前各函均未收到。发第五号信。

以竹盘乙个送裴岱云,石章一对送沈星桥。

廿二日,壬午　晴

刘谦益大令来,偕诣卫队一坐。诣耐安。下午雨。

廿三日,癸未　晴,午后大雨

夜诣黄百龄。大雨。

廿四日,甲申　晴

诣刘子占。

廿五日,乙酉　雨

诣黄百龄。

廿六日,丙戌　晴,天气稍凉

邮局来本月十六日九鸣侄孙自日本东京府下巢鸭宏文寄宿舍来信,云现入宏文另开之高等师范预备班,明年西历三月可以直入高等师范,再四年毕业。住寄宿舍南寮八号。明年中历正月后仍须由牛込区河田町振武学校徐深代收。

廿七日,丁亥　晴

王玫伯之戚周启沣来,云玫月内可到。上海英四马路高升栈隔壁有一永宁公栈,系朱似兰股开,台州官绅往来多在此处,每日房饭二角八分,颇清洁,码头亦便。朱似兰即朱宝珊之侄,其于台沪往来之永利轮船亦有股也。夜,诣提台一谈。

廿八日,戊子　　晴

以第六号家信付邮。

逢春栈住一湖北人谢以成,传邓梦觉地理知本之学,又藏叶某《辨正略解》,招贴访友。

廿九日,己丑　　晴

夜诣李提台一坐。

三十日,庚寅　　忽雨忽晴

以白菊花、玫瑰花八瓶送章君。

五　月

初一日,辛卯　　晴

傍晚偕邓熙老、徐志芸至沈星桥寓所,夜饭未开席即回。

初二日,壬辰　　晴

清晨诣李军门一坐。邮局来上月廿二日吉字四号信,内附彭、黄两信,此间所发各信甫接两械。

初三日,癸巳　　晴

督帅以名条交藩台。夜沈季文招饮,同坐七八人。

初四日,甲午　　晴

清晨谒见藩台。午后上街购觅什物。诣李提台一谈。

初五日,乙未　　晴

端阳佳节。寂寥已甚。

初六日,丙申　　晴,两日热极不可当

清晨上街购物两三种,傍晚诣天平街一走。

初七日,丁酉　　晴

清晨诣源丰润汇大英洋三百元。苂字不列号信乙封寄温州,计汇水廿九元。

初八日,戊戌　　晴

发第七号家信,付邮。午后,耐安来。

初九日,己亥　　晴,连日炎暑如焚

初十日,庚子　　晴

赴港接差各人傍晚均回。又接办公件。

十一日,辛丑　　阴

清晨诣李提台一谈。

十二日,壬寅　　晴

连日耳朵作痛,烦闷不耐。翻《船山诗集》自遣。邮局来五月初一日吉字五号家书。

十三日,癸卯　　晴

清晨诣李提台。午间阅《南方报》登载初七日谕旨:瞿鸿礽开缺回籍,法部左丞余肇康革职。一切竟如《国事报》累日所言。耳心红肿作痛,系属胆经有热,用生黄连泡水候冷,滴入数次即愈。或用顶好银朱吹入亦妙。

十四日,甲辰　　雨,旋止,日出

十五日,乙巳　　雨

连日耳痛,心烦,殊不自在。

十六日,丙午　　晴

得沈镜澄初八函,即答之。

十七日,丁未　　晴

清晨诣李提台一坐,为耐安说项。发第八号家书,付邮。

十八日,戊申　　晴

午刻耐安谒提台后来。

十九日,己酉　　晴

清晨诣双门底购书三种。王玫伯自东洋回,来拜,未面。下午耐安约玫至琼林馆小饮。入夜闻电音藩司护院,匆匆回署赶办各件。刘子占来两信,答以一函。明日十句钟交接。

二十日,庚戌　　晴

清晨诣新任护院,未见。大雨一阵。午后周玉帅启行,出城一送。程作人来。

廿一日,辛亥　　晴

刘子占来。新任臬司龚仙舟来传新督命,各员一概照旧任事。

廿二日,壬子　　晴,时而雨作,天气炎热

发第九号家书,付邮。夜由李公馆送来本月十三日第六号。

廿三日,癸丑　　晴雨间作

护院加札委办文案,即往谒见。沈、刘、俞是晚赴港。

廿四日,甲寅　　晴雨间作

耐安来,以茶叶四瓶送王玫伯。夜诣刘粤农一坐。耐安借去票洋十元。

廿五日,乙卯　　晴雨间作

新添同事朱绂字仲搏、邹国观利宾来署。傍晚偕沈、刘、俞、陶同见护院,并晤余君子箴。

由李公馆送来本月十三日第六号家信,又念慈两函。夜写就第十号信,明日付邮。

廿六日,丙辰　　晴

是日起,各人赴徽署办公。诣李提台一坐。发第十号信。

廿七日，丁巳　　晴

八句钟赴幕，夜九句钟归。

廿八日，戊午　　晴

闻皖抚恩铭为警察学堂会办道员徐锡麟枪毙，并毙顾、松二委员及巡捕。以是日临堂大考也。外官制宣布。

廿九日，己未

清晨诣李提台，正欲赴虎门，略谈数语，邮局来五月十七吉字七号信。

六　月

初一日，庚申　　晴，连日暑热不可当

初二日，辛酉　　晴

日来偷闲阅剑南诗，其工炼有突过昔人处而极自然，惜乎未窥全豹也。

初三日，壬戌　　晴

以一函致粤农。

初四日，癸亥　　晴

上海回来大小委员四人，即照岑宫保来函派差。

初五日，甲子　　晴

奉护院札。

初六日，乙丑　　晴

阅《古诗源》一过，不披此集已三十年矣。读旧书如遇故人，信哉！

初七日，丙寅　　晴

清晨诣李提台一转。邮局来五月廿三吉字八号家书，汇款尚未

到。念慈移寓临平镇中茅桥河南西首弄内。

初八日,丁卯　　雨

请感冒假三天。发第十一号家书,付邮。午后偕耐安至玫伯谈至夜始归。李提调署北海镇,以秦炳直署提篆。

初九日,戊辰　　雨

刘谦益来,偕诣李提台处一转。午后于玫寓取回箱篚各件。夜答候刘大令。又诣沈季文,不遇。

初十日,己巳　　晴

清晨诣汪莘伯一坐。购书箱乙对。过耐安一转。下午诣广州未遇。

发第十二号家信,付邮。

十一日,庚午　　晴

夜,诣李提台一坐。

十二日,辛未　　晴

午后拜两协,与潘荆桥略谈。并诣耐安,渠借去十元。

十三日,壬申　　晴

清晨销假入幕。广府到署答拜,未面。玫伯来函。

十四日,癸酉　　阴,下午雨

闻邓熙老谈李提台事。

十五日,甲戌　　阴,午后雨一阵

光绪三十四年戊申(1908)

十一月

十二日,甲午　　晴

陈介石来送行。刘谦益送路菜四色来,收二色。午刻与提台辞行。李良轩来,即刻起程。偕李至油栏门外洪荣利行一坐。三点钟后,用小艇上金山夜渡。李光等押行李到久,仝玉亭在船候送。五句钟开船,十二点钟到香港,入名利栈。

十三日,乙未　　晴

出街一走,言语不通,道路不熟,殊乏味。

十四日,丙申　　阴

竟日未出。入夜风雨交作。

十五日,丁酉　　风雨

清晨李良轩至,云提台饬其同行。稍顷卓巡捕亦至。八句钟时上海檀船,坐统舱。与李、卓等占数尺地,极拥挤湿暗,无可奈何。风雨,大雾,停泊不开。夜略开十馀里又停。

十六日。戊戌　　风雨不止

停船,至夜始开,颠簸而晕,茶水不至,饭粥皆劣,又乏菜蔬,殊苦。

十七日,己亥　　雨止

七句钟时抵汕头,无马头,用驳船入广泰来栈。汕地挑夫上船抢挑货物,形同剧盗,为各埠所无。滥崇极多,非严定章程不可。入栈小憩。偕李、卓上街午饭,饭后诣岭东报馆,晤主笔杨大令季岳名沅。又诣升平街合顺行晤孙少岩及孙寿山及镇署巡捕黄千总,三人恰从揭阳到汕,云孙军门所派刘差弁十二由潮起身至省伺接,在彼一饭。三句钟上火车,仍与李、卓等同行。五句钟时抵潮郡,由西门入城,至镇署已傍晚矣。晤孙镇军及杨研农及孙鼎初,孙即少岩之弟,福建候补县丞,现充镇署收发。玉堂先一日赴汕,在汕竟不相闻。孙叠三亦回揭阳,均出意表。自港到汕到潮三四日,颇倦怠,寝榻不适意,睡不安。

十八日,庚子　　晴

清晨偕杨、孙于镇署周围一看,屋宇颇宏敞,惜已就敝,而陈设太简劣。李良轩住东首关帝庙,并诣谈片刻。午后中军游击梁东魁字星标,鹤山人,来拜。又湖南人已革游击王昌龄字子丹来见。下午刘差弁自省回,呈缴孙镇军原信乙件,内附玉堂复潘南安一信。

由汕到郡路一百一二十里,火车一点半钟可到,中途停车五六次,为庵埠、美华、彩市、浮洋、枫溪等处。二等舱每人八角,行李三十斤外须给水脚。

十九日,辛丑　　阴

发潘耐安信及四十五号家信,付邮。傍晚孙大少回署。

二十日,壬寅　　晴

午后偕孙、杨出东过湘子桥,诣韩公祠一看。祠在山上,颇宏敞,惜无坐处,亦无一人。祠左有一船厅,有一亭,亦无椅桌。祠内有碑数座,未及审视。桥亦中断,济以浮桥。两旁皆小店铺,极迫仄秽恶。叶少南来,怡和庄管事人也。夜孙公乔梓分席宴客。

廿一日,癸卯　　晴,两日天暖,穿夹衣

午后偕孙大少答诣怡和庄萧某。李游戎约往夜饭。澄海参将

卞赓字虞卿来,海州人,李游戎委总稽查。

廿二日,甲辰 阴,旋晴

是日,官场释缟素,大行皇帝尊为德宗景皇帝。揭阳人林少初千总来见,卞参将来。

廿三日,乙巳 晴

清晨出南门诣灵感安济圣王庙即青龙王庙拈香。神为王亢,蜀汉时永昌郡守,土人言其灵应多至十数事,香火极盛。庙临河,风景颇佳。至李游戎处午饭。夜,镇军设宴。

廿四日,丙午 阴

发李军门禀信及复廖本培信,附回小书一册。又复褚九云、同玉亭信,寄陈介石信,均付邮。夜雨。昨日添派卢少帆充收发。以银百两及洋七元五角还卓巡捕讫。

廿五日,丁未 雨,天气稍冷

发第四十六号家书。孙、李二公谈及前连平州王屋长宁、孙平康乐激变受辱各事,可胜愤恨。一苏州人,一江西人,均近二年内事也。罗定州州判王某,仙居人,家规极乱,伊妻则甚美也。

廿六日,戊申 雨竟日,夜不止

孙大少赴汕请饷。潮阳营游击、十五营营官赵月修,山东人,来见,因押解匪犯来郡也。

廿七日,己酉 雨,天稍冷

卞赓复来,赵月修亦来。孙大少傍晚回署。

廿八日,庚戌

午后谒道、府,拜海阳县,均见面。官运局廖公,同乡也,独不见。

廿九日,辛亥 晴

清晨偕李游戎诣宋顺之大令、道台、海阳令、廖太守,均来答拜。

下午诣金山一览，眼界殊佳，屋宇亦不劣，惜为中学堂所占，游踪罕至焉。偕杨、卢二人诣货捐局员陆桂初大令。是日长至。

十二月

初一日，壬子　　晴

陆桂初大令来。邮局来廿九日耐安信、褚九云信及柳州府公文乙件，报六纸。夜偕杨、李出街一走。

初二日，癸丑　　晴

发李提台信，又发潘、褚两信。孙镇台夜赴黄冈，撤第九营赵祖泽，委都司林堂。

初三日，甲寅　　晴

晚车偕孙大少赴汕头，定更后到，住怡记，即在德记隔壁。有书记方史臣招呼，即赴联芳酒楼卢少帆之招，坐客八九十，花枝十馀朵，四鼓始归。邮局来廿六日第卅乙号家书。

初四日，乙卯　　晴

偕方、高二人诣嚏哼唎外国药房医脚气，购来药水一瓶、药膏一罐，去洋四元。又至街上一走。夜应曾光亮、沈旭芝之招，四鼓散。

初五日，丙辰　　晴

中车回郡，与陆桂如、卢少帆偕。镇台亦已回署。晚车，玉堂亦回。购棉湖柑乙担，交卓巡捕带省送李军门。邮局来初一日陈介石复函。

白油皮炖酒檫洗为脚气秘方，又以薏芒米、川牛膝、猪肉炖甲鱼吃亦妙，记此待试。

初六日，丁巳　　晴

发四十七号家书，付邮。镇台赴揭阳，杨、卢二人同去。

初七日,戊午 晴

午后偕李巡查、卓哨弁、孙大少至黄笠芗泽霖家一坐,出所藏字画见示,收藏颇多。闻其妻某氏绝美。孙叠三、方荩臣来郡。

初八日,己未 晴

约孙、方、宋三人午饭,李未至。饭后偕孙、方三人至西湖山一游,即送至车站而回。黄笠芗来,未遇。叠云汕头有一林姓医生颇佳,下次约之同来。邮局来张文生函。

初九日,庚申 晴

孙、宋中车赴汕。帐房回署。

初十日,辛酉 晴

访得校场邻居踪迹。夜为陇西拉赴社学巷林姓家一坐。

十一日,壬戌 晴

陇西交券来。孙大少回署。邮局来初五日耐安信,初七日李军门复信,又仝玉亭信。夜赴陈惠臣之招,至义井巷陈祠一饮,李游戎及陈把总鸾飞在座。陈居饶居□□乡,距郡卅馀里,即鸾飞叔也。有德学堂体操教习王翼王年二十馀,虎门毕业生也。

十二日,癸亥 晴

下午高千总自汕来。

十三日,甲子 晴

下午诣郑厝巷柯巡捕之招,花枝照眼,颇形欢畅。赵祖泽来。

十四日,乙丑 阴

李桂芳来。偕陈千总出街购来相片数纸。中车,玉堂偕宋大令赴汕。下午李桂芳、陈千总等同出街一走。夜偕李游戎在某寓招联玉一谈。

十五日,丙寅 雨、阴

拟赴汕头不果。督院批回,所请多照行。

十六日,丁卯　　阴

偕李游戎、陈千总中车赴汕,寓米行街厚德行。夜陈惠臣招往绛仙茶园观剧,李月农桂芳亦同去,晤孙、高二人,戏未看完,即诣萃芳酒楼,席散,诣商秀后街一坐,归已四鼓矣。

十七日,戊辰　　晴

孙叠三、方尽臣来走钘,向孙大少借支薪水五十元。七兑。午后福顺班花旦饶平人江宝玉来访,李游戎因而来见,男装,人颇轩爽。偕伊及李、李、陈、陈至某寓一饭,夜即招饮于联芳楼,颇欢洽。本拟观剧,因事中止。旋大雨。玉堂回郡。

十八日,己巳　　晴

上街购买衣料,并诣洋医处看腿疾。是日江宝玉、林细英订姊妹盟,李游戎为之写帖,亦雅事也。晚车偕李回郡,至车站而孙镇军亦到,遂同归。归而叠三、曾光亮在署。二更又赴柯、卢二人之招,盖为孙大少设也,名花五六枝。

邮局来初八日家书及褚、马各函。

陈惠臣名鼎元,往来南洋,伊兄子丹廪生常居香港南北行街广泰隆。

十九日,庚午　　晴

是日封印。孙、曾二人中车回汕。发第四十八号家书,付邮,附衣单唤裁缝裁衣九件。发耐安信。

二十日,辛未　　晴

李游戎来。虎门毕业生刘震字雨田来见,住韩山下。午后上街买衣料、帽子。夜偕李诣联玉处一谈。

廿一日,壬申　　阴

又裁衣两件。郑哨弁豫德来。卓巡捕自省回,带来十月初七日不列号家书一封，十一月初四日九鸣侄孙日本来信，十一月初六、初九章一山京师来信两封，云《畿辅丛书》有零购，已为购得颜李书一分廿四册。邮局来十二月初七日九鸣侄孙日本来函，又泰升侄孙由台江学校寄来《天机会元》一部。

廿二日，癸酉　　阴，稍寒

发章一山信。邮局来初九日第卅三号家书，云十九日潮州所发第一信未到。午后诣陈氏祠，二更后归。至光美斋定做夹袜五双。

廿三日，甲戌　　阴寒

玉堂、叠三自汕来，明日为孙公生辰，同人公送一席。夜偕孙、杨、卢至桂香处一坐。

廿四日，乙亥　　晴

感冒风寒，小不快意。

廿五日，丙子　　晴

孙、孙、杨、卢四人赴汕。午后诣联玉一转。邮局来十七日三十四号家信，又耐安、念慈、李石府各信。夜发密谕，派卓巡捕至棉湖查事，并出一示。

廿六日，丁丑　　阴

发第四十九号家书。夜诣郑厝巷召桂，坐甫定而江怡红亦到，殊不意也。

廿七日，戊寅　　晴

清晨诣义井巷，怡红未行。下午复诣谈。夜偕诣郑厝巷，桂亦至，三更后归。闻方国桢事，经手人杨阿五，发起人哨弁陈运启，盖凤湖乡事也。曾光亮来，次晨回汕。

廿八日，己卯　　晴

阅杨、鹿供单，所供甚明。

廿九日,庚辰　　阴

第七营管带方国桢已逃。午刻本府到署提讯杨阿五,宋委员同问。李游戎回郡。桂送年礼,未收。莲来一函问讯。

三十日,辛巳　　阴

拟定电稿。

宣统元年己酉(1909)

正 月

初一日,壬午。元旦　　阴,旋晴,天气殊佳

以国恤,谢绝应酬。阅《心理学》数叶。午后同人出街一走。

初二日,癸未　　晴

午后同人诣宋顺之大令,并出街一游。夜闻江宝玉自饶平来,至柯宅一谈。

初三日,甲申　　晴

午后偕李游戎至桂香家一坐。晚饭后至陈祠。

初四日,乙酉　　晴

午后偕孙老三诣陈祠宴客,李、柯二人在坐。孙、杨二人赴汕。

初五日,丙戌　　晴

清晨诣关帝庙。午后诣陈祠。江君以晚车赴汕。夜督电至,方案一切照办。

初六日,丁亥　　晴

陈介三鹏招饮于陈祠,虎门讲武学堂毕业也。同坐为李、柯、谢及花枝四五。讲武学生郑锐来见,字剑峰,年轻而温雅。

初七日,戊子　　阴

发升字第一号家书,又发耐安及仝玉田函,均付邮。邮局来腊

月廿六日家书。

初八日，己丑

清晨偕黄巡捕由汕赴揭，下午五点钟到。夜孙寿山、孙鼎初来谈。

初九日，庚寅　　晴

清晨诣寿生、鼎初两处一转。午刻黄龙芳招饮，同坐有林君厚、何子英二绅。下午诣揭令何绍秋一谈。夜宴于孙鼎初寓，即在彼下榻。何公招饮，却之。

初十日，辛卯　　晴

清晨偕鼎初乘早渡行，黄、孙二人送至轮船。午刻抵汕，稍憩，即附三车回郡。孙与杨同集，孙、卢二人尚在汕。连日伤风，颇不快。卞参戎、李游戎来谈。镇台招饮，不能陪。闻江宝玉来郡。

十一日，壬辰　　阴，微雨

午后诣陈祠，晤江，派陈仆送江回汕。夜镇署宴卞、赵等，强勉一陪卓、翁、谢三弁。

十二日，癸巳　　晴

咳嗽大作。夜陈介三招饮，不终席即回。

十三日，甲午　　晴

邮局来正月初五日章一山京师信，潘念慈杭州信，云移居候潮门。

十四日，乙未　　阴

夜诣陈祠，李、柯二人亦至。

十五日，丙申　　阴。上元佳节

发升字二号家书及章编修一山书，付邮。邮局来初十日潘耐安信。

十六日,丁酉　　阴

江来柯寓,午后诣彼一坐。

十七日,戊戌　　阴

傍晚陈介三来,在李游戎处夜饭。雨。

十八日,己亥　　雨

夜赴玉泉庵,方某招饮也。发李军门信,双挂号付邮。千总胡友士来署。

十九日,庚子　　阴雨

午后诣陈祠,介三招饮也,二鼓后回署。孙少亦自汕归。是日委胡友士充第七营营官,委稿未盖章。

二十日,辛丑　　阴

三四日来天气甚寒。闻潮郡花捐承定乙万乙千八百三十元。午后诣陈祠,招莲君一谈,二鼓后归。

廿一日,壬寅　　晴,旋阴

午后偕李游戎诣工艺厂,买来白斜纹布两匹。下午贺松海自温来,得初六日第一号家信及衣一箱,参须、薯干、花生等物。夜怡和庄萧少南招饮玉泉庵,皆署中同人,花枝四朵,有一绝佳。

廿二日,癸卯　　晴

发升字三号家书,付邮。是日镇署女眷赴揭阳。午后诣陈祠,夜始归,时陈惠人在彼也。邮局来十七日耐安信。

廿三日,甲辰　　阴

二车赴汕,与柯巡捕相遇。夜看戏归,住合顺。

廿四日,乙巳　　阴

二车回郡,冒风,不适。下午痢疾大作,自是偃卧床蓐,呼医问药,直至廿九始已。

廿七日邮到新正十六日第二号家信①。

二　月

初一日，辛亥　　晴

稍能起坐，吃饭半碗。未刻遵制剃发。

初二日，壬子　　阴

发陈介石、褚九云、马彝初三械。又发不列号家书一函。托陈介石由源丰润汇大洋四百元回瓯。另发升字四号家书，又发潘耐安书。以上六封均付邮。夜雨作。帐房交来冬、腊、正三个月薪水，除扣借支，馀款乙百乙元零。盖每两扣部平六钱也。发孙寿山信，寄揭阳蔗行。

初三日，癸丑　　阴，时而雨作

是日南门外校场演戏，四台并演，盖青龙会之第一日也。夜有灯会。复延蔡姓医生来开一方。夜窗兀坐，成小诗四首。

初四日，甲寅　　晴

购来万字香炉一个，又元青湖绉袍料乙件。旋阴。闻林细英来郡，未获一访。春寒料峭，竟著重裘。

初五日，乙卯　　阴寒

成诗三首。阅《吴梅村集》，感慨系之。发陈介老函，送以鲍鱼四罐，茶叶两匣，内附章味三一函及点铜香鼎乙个，盖送章夫人画润者。以上交巡捕谢千总手。又发王玫伯函，附书价廿元取广雅局书，交刘差弁手。是日为青龙会极盛之日。

---

① 底本原缺廿五、廿六、廿八、廿九日。

初六日,丙辰 阴,微雨

镇台晋省。发李军门信,交谢千总带去。午后诣怡和庄汇大洋四百元回温,票洋四百卅元合大洋四百元,据称并不另加汇费,由管事人萧少南经手。由邮政局发升字五号家书。

初七日,丁巳 阴雨

午后,诣陈祠,而陈介三在彼,招妓二人,谈至夜归。邮局来元月廿四、廿九高字三、四号家书。

初八日,戊午 雨

午后诣陈祠,寂无一人,即回署。

初九日,己未 雨

是日为玄天上帝会,各署及大街均演剧张灯。午后诣陈祠,莲已先到,谈数刻散。下午后雨阵大作,入夜不已。

初十日,庚申 阴

介三叔侄约赴乡间看戏,以天雨,人亦不甚爽快未行。邮局来褚、马二君复函,云介石尚未到。林堂来,字蕴之。

十一日,辛酉 晴

清晨诣陈老四。夜赴玉泉庵饮,林营官之招也。花枝五六,多从羊城新来。夜雨达旦。

十二日,壬戌 雨

发升字六号家信,付邮。奉运司初八札,西江缉私委李崇儒。即发陈介石、褚九云两函,请其克日移交关防,均双挂号邮寄。

十三日,癸亥 阴

发耐安、念慈两函,双挂号邮寄。又发章一山函。又双挂号发李大令崇儒函,寄督署。邮局来本月初十耐安函。夜偕杨、孙出街。

十四日,甲子　　　晴,旋阴,雨一阵

孙叠三来,谈及孙寿山事。中车回汕,杨研农亦去。与洪巡捕谈及邱溪乡张宗煌君登与李姓为地构讼,经伊调处了案一事颇详。此案谢礼五千元,叠二千,玉三千。玉引见,另送二千两;沈道一万。海阳县顾永懋欲索三千而未得。上年孙因造屋,借洋五千。此人为铁路廿五万之大股东。

上次八月各汛换防,共得乙千七百五十元,又溢二百元归经手人,皆大少主事。时幕客姚俊卿英欲照章分二成,大少不允。言之至再,始分百元,皆洪巡捕一手。

邮局来初七日高字五号家书,又初三日章一山函及书单。发双挂号升字七号家书。

是日为余生辰,李良轩游戎治馔相招,以胃弱不能多啖。下午复集社学巷雪香书屋,盛筵款洽。洪巡捕在彼,尚有本地人四五,多不识面。花枝五六,而铺巷两美均到。大雨三四阵,三鼓始归。

十五日,乙丑　　　阴雨

清晨在关帝庙晤陈千总,昨夜始回。邮局来十一日陈介石复函,云洋款于初十日汇讫,贴水卅二元,每百八元,存廿五元。下午雨急天寒。李游戎招饮茗丰酒楼,却之。

十六日,丙寅　　　阴晴不定

清晨以单、夹军衣两件送李游戎,旧棉袍乙件、洋式衫裤两套、快靴乙双送外委黄得胜。陈千总亦到,谈及昨夜宴游事。夜诣陈祠,寂无一人。刘捷升将王玫伯信退回。

十七日,丁卯　　　阴

杨研农二车自汕回。发章一山、王玫伯、潘耐安函。镇台三车回。夜,为黄君云舟招饮日华馆,陈伯宜茂生及李、陈皆在座,三鼓

归。以湖绉棉袍一件送陈千总。

十八日，戊辰　阴

发孙叠三信，发李提台、潘耐安信。孙大少三车回署。夜赴陈祠，以陈介三饯行并执赘也。李、黄、柯等均集。

十九日，己巳　晴，天气陡暖而蒸闷

曾光亮耀熙早车自汕来，二车去，不知何事。孙大少三车去。邮局来十六日褚九云信，即复十二日去信者，云移交文书已饬缮。夜偕杨研农至英聚巷一走。大雨竟夕。

二十日，庚午　晴

陈老四、陈惠臣各来一函。嘱卓巡捕向广泰来探明船期。午后在关帝庙晤陈老四，云吴游击祥光欲相见，因同至吴祠少坐。夜约同人饮玉泉庵。孙大少由汕来电，云候饷不得。回，雨又作。

廿一日，辛未　阴雾

阅《浙江日报》十数纸，倦甚。夜杨、孙二人招饮玉泉庵。

廿二日，壬申　寒，大雨一二阵

邮局来十八日耐安信，即答此间十二所去一函者。以青田石精刻扣带头乙个送杨研农。孙大少三车回。夜招饮玉泉庵。雨阵不止。

廿三日，癸酉　雨，时逗日光

发潘、陈、褚三函，付邮。帐房找清本月薪水，另送程仪乙百元。孙公夜筵招饮，以先赴陈伯宜茂才寿清之招却之。以端砚一方送陈君，群花满座，三鼓后归。

廿四日，甲戌　晴

与孙公辞行。诣怡和庄，汇洋回瓯。在瑞原庄购香云纱。派陈贤书送行李，水路赴汕。夜，集玉泉庵，归已四更。

廿五日，乙亥　阴

清晨和陈伯宜诗五首。在关帝庙饭，饭后乘二车起程。李游

戎、陈千总、陈介三、陈伯宜及仙花词史皆至车站相送。下午抵汕，住广泰来。诣怡记、合顺一坐。夜孙叠三、方史臣来。昨日邮局来仝玉亭一函，附裕昌原汇票五十元一纸，交柯巡捕代取，须三日后付洋。发杨研农信。

廿六日，丙子　　阴

以票洋百元、本地洋四十元、毫子七十九两钱交合顺兑换英洋二百卅八元。孙、方二人约往新联升晚饭。曾光亮亦至，并约夜集联芳园，却之不可，一句钟始归。发陈伯宜信，附七律一首。

廿七日，丁丑　　阴

方史臣来，云叠三赴郡，晚车回。孙寿山自揭来，带来何绍秋大令一函及物件四色。由郡交来廿二日耐安函，即发一信，告以船名、行期。发电回瓯。发同玉亭回信，付邮。孙、杨二人二车来，夜集万美斋。

廿八日，戊寅　　阴

写就何大令回信。交寿山。下午上同升轮船。孙、杨、高、孙、方诸人皆上船送行。同舱一孙姓桂山字虎臣，京都人，嘉应游击白君之戚，住崇文门内顶银胡同路北内大门。夜四点钟展轮。

廿九日，己卯　　雨而兼风

船行颠簸。

三十日，庚辰　　风雨

呕吐不食，大不快，合船皆然。

闰二月

初一日，辛巳　　风稍平

可进食，啜粥二次。

初二日,壬午　　阴

十点钟时抵上海。小雨,入三洋泾桥泰安栈,旋大雨。闻丰顺船本日即开,三句钟上船。船上遇黄君傥夫,由广州来,回瑞安。夜四鼓开行。

初三日,癸未　　晴,略有风浪

五句钟抵甬江停泊,夜四鼓开行。

初四日,甲申　　晴

风平浪静,傍晚,泊温州口外。

初五日,乙丑　　晴

十句钟时抵双门马头,须臾,彭儿率家人来接,即刻入城。到家,闻秦锦涛回右营本任,明日接篆。何寿安、陈叔咸先后来。秦婿来。

初六日,丙戌　　阴

送各处人事。程文焕来。邮局来章一山二月廿四信,盖永宁船入口也。小雨。

初七日,丁亥　　晴

屈氏昆仲来。梅督带差帖来,据云即日出差也。购衣料,属裁缝制袍子。步行诣何、陈两处一谈,何住全方巷。屈密之,屈应洛,朱希六。发潘念慈信,又萧少南文雄信,分寄杭州、潮州。

初八日,戊子　　阴

房东孟小鹤鸣皋,商务局董。同居戴松波瑞涛,纸店生理,孟之戚也。下午雨,屈大少送菜点来。

初九日,己丑　　阴

清晨诣各庙拈香。拜秦游戎。程、杨二人来。下午答诣程、杨,并晤章君吉士。上海、天津大客栈如佛照楼能为人包运行李,给单为据，到日照收。黄中府来。

初十日，庚寅　晴

清晨拜客十处，府学、中府、经厅三处晤面。午后出三角门，至护国岭老太太殡宫祭奠。出城约三里始到，中间经过妙果禅寺，将军庙，大小桥三道，庙在大桥边。岭高十馀丈，坟客名小妹。章、李、秦、冯、陈、王均来答拜，袁亦来。广济入口，自天津来。

十一日，辛卯　阴

朱眉山广文来答拜。

十二日，壬辰　阴

缮就赵镇台、谭文卿二函。检理书籍，剔出一百四十馀部发店寄售。夜，雨。

十三日，癸巳　阴，小雨

何寿安来。以《医门法律》一书赠朱广文。永宁自甬入口。

十四日，甲午　阴，微雨

派贺松海清晨赍送信件赴栝，并觅一平阳人叶升来代。彭、冯二人来，陈叔咸夫妇同来，并送菜点。

十五日，乙未　雨竟日

又检书籈。京城西河沿通源金店店东董俊三、顾伯方二人，接待者顾君也。据陈寿生大令云，较恒裕冯润田为少公道。伊另花百金，作为已入学治馆速成毕业，不必考试。每月十五截止，廿四验到，验到后即考，考后验放，下月廿一给凭。到京须在初六七为妙，迟则诸事忙迫。

京城通用英洋，每元兑公法平作七钱，买物作七钱四五分，汇银入京，不如英洋合算。

十六日，丙申　晴，西北风厉

清晨诣朱广文一坐，渠于医学颇究心，似不甚研古书也。未刻，赴秦游戎之招,同坐皆四营将备。中军黄佐卿游戎传一脚气方,谓用鲜车前草连根带叶煎汤洗之,即有腐烂疮口亦用此捣烂敷患处,总以水出为度,水出愈多愈妙。据云曾经亲试,愈后至今不发。又徐守戎说一方,云用艾绒煎汤频洗亦佳。何寿安来。

十七日,丁酉　　晴

午后拜客数家,接晤者只一处。朱希六偕郭博古斋店东交来《水心文集》一部。屈密之送来《雁山志》一部,《卓忠毅公碑》一张。

十八日,戊戌　　阴

午后,章、程、杨、李四人来。

十九日,己亥　　晴

检晒衣箧。徐守备俊来答拜。未晤之。延吴姓医生诊视脚疾。

二十日,庚子　　晴

普济进口。秦游戎来。写就李军门、王玫伯、陈介石、褚九云各信,付邮。朱广文来。得陈兰桥回信。

廿一日,辛丑　　晴

怡和、百川通汇款三笔均到。诣陈孟聪,以道府在堂给凭,未晤及。发方史臣、孙叠山函,寄汕头德安街怡和洋行。又发杨研农、孙大少、陈少南、孙寿山各函。陈叔咸、何寿安来。陈孟聪及黄仲荃来。黄为师范学堂监督。孟聪交来介老手函一封,并牙章一方,李委员回文一件,云馀款八十四元交义善源汇寄。王鹤亭来,云即日赴甬。夜写就王镇军函。阅报,云本月十二日百官班见摄政王于文华殿,皆穿朝服。

廿二日,壬寅　　晴

清晨诣王鹤亭,托交王荫长镇军函,并皮褥、丝罗各一件。诣程、杨、章一坐,在彼午饭。饭后偕程、杨出街一走。归,晤一周姓字宝宣者,前充杨西帅哨弁也。谈及西帅家世及随从各文武存殁苦乐情形,为之一叹。杨景皋亦谈及海门近状,云余宏亮镇台之子字仑冈者,妻左氏已随人逃,妾某、某均作皮肉生涯,其事至不可问。王尚清即石泉者,在扬开妓寮。嘉兴城内无娼妓,而私窝多至三百馀家,以抹牌为名,实即勾栏也。抹牌抽头极轻,每分二角半合成一元即可。桃花岭有土妓数百人,登门荐寝,行旅便之。温城客栈大小有百馀家,花客栈亦不少。客至,由店中人导之冶游,或出外住宿,或召之栈中,均无不可。宁波江北岸客栈只永义公、荣华栈两家,后一家较好,每日三百文。海门轮船局可以住客,但须与船上说明。

廿三日,癸卯　　　晴

午后拜客六七处,晤秦、袁及黄君仲荃。黄,乐清孝廉,分发云南州同,以《台江骊唱·天南鸿爪集》一册见惠。盖在闽与其叔菊襟州同鼎瑞、友朱味温鹏唱和作也。其祖昆南先生与江殁叔交好,并藏有先子《卓峰草堂诗集》,故诗笔颇健。陈孟聪偕黄傥夫来寓,未晤。陈怀,黄公起,黄式苏仲荃。夜陈叔咸来。

廿四日,甲辰　　　阴

清晨答诣黄傥夫,以路错回寓,而黄、陈二人在寓相候。约渠夜饮,均以事辞。朱广文、章吉士、李鼎臣、程文焕、杨景皋、周宝宣、孟少鹤、秦荫涛夜集寓所。二更后雨。袁经厅来。

廿五日,乙巳　　　阴

午刻陈叔咸招饮,同座皆候补人。申刻招秦、黄、朱、王、袁、陈诸公来饮,三鼓散。永宁昨日到,明日开。

廿六日,丙午　　　晴

午后诣会丰官银号,晤管事人施笠山,询汇京公砝平足纹价值,每百两须乙百四十三元二角,京平足纹少乙元。东成、厚生两家,由房东孟少鹤问得，每百两须洋乙百四十八元及乙百四十八元五角，其不同如此。闻袁经厅说恒裕碗店店东吴湘帆精风鉴，一往拜之，未面。诣何寿安处一坐。

廿七日，丁未　　晴

清晨贺松海回，带来赵镇台回信及洋乙百元，并派一什长同来。又谭文卿回信一函，莲子一小篓。松事前途不答，怪极。赵公托查荫生考取贵胄学堂章程，并买枣儿、槟榔。何、陈二人来谈。复赵、谭二信。

廿八日，戊申　　晴

处州兵丁回栝。熊大令来拜，未晤。午刻赴经署饮，同座为秦、朱、朱、郑、熊、谢六人。闻许幼亭之兄小亭能符水治病，席散，偕谢秋圃走往前街访之。据云系湿气，立用药水擦之，手捏诀，口诵咒，连擦三次，云三日可以全愈，姑试之。回寓而县学朱仲声中树、郑筱云一夔两广文来拜。夜，又赴府学饮，同座为黄、秦及招商局总办谢仲笙。朱、郑二君席间邑谈命理、地理各事，朱云三元不如三合，蒋说不验。又云曾见一书曰《掷圃集》，两册，上册为各种神符，奇门中五遁诀均在内，下册为剑术。无刻本，馀姚则尚有传钞本。又在蜀遇一人，能八阵法，据云传自陕西，陕西男妇解者颇多，渭河米商习此者更多。其法：如遇船有事阻不行时，将米起岸，乱堆数堆，上用草盖，偷儿颗粒亦移不动，不须人看守；如遇同道人，则略不相犯。即武侯八阵也。亦有专书，木牛流马各法统在书内，武侯所用盖十之一二也。京城小米可购。夜，雨。朱广文为看八字，云最妙名字须有火旁，拟改名炳寰，字蔚文，取义至佳，俟到京日请改。《阳宅大成》第四册《宅谱指要》有论宗祠三十条，极佳，须另抄出。经生家所未有，不意于术士得之。

廿九日,己酉　　晴

清晨率彭儿诣许医士一谈。于书坊购得《直指原真》一部,亦三合家所不可少也之作也。千顷堂有《唐荆川集》六册、《墨林今话》六册、鄂局板《公羊》四册,均好,以索价太昂未购。午后,答拜郑、朱两广文。程文焕来。

陈子丹步墀,香港乾泰隆。工诗,有《绣诗楼集》。

陈惠臣鼎元,汕头乾泰隆。陈步鸾子。

陈介三鹏,饶平县属隆都乡。

陈少南鸾飞,潮郡义井巷陈厝祠。

孙叠三雄标,汕头怡记,揭阳经费局。

孙寿三有堃,揭阳城内蔗行,保安局绅。

汕头德安街:德记,怡记。

升平街:合顺。

通津街:乾泰隆。

潮郡旗杆巷寄梧山房陈伯宜。

义井巷陈厝祠陈少南。

郑厝巷柯月三。

三　月

初一日,庚戌　　雨

午后诣许小亭,并诣郑绍平。黄仲荃送还诗稿一册,并附近作一纸来。袁心裁来。夜雨未已。翻阅《直指原真》,截断众流,专谈三合,于本法可谓穷极奥窔。参以临川纪氏书,入用有馀矣。然不足为谈蒋法者道也。

初二日,辛亥　　雨

祥记庄交来陈介石汇函乙封,即由义善源所汇之八十四元一款也。遣彭儿诣秦游戎处询洋款事。

初三日,壬子　　阴,微雨

房东孟筱鹤招游仙岩,八点钟出小南门登舟,用小轮拖带。到者仅吕文起观察及厚生庄东张某及同居戴松波及彭儿数人。水程五十馀里,抵岸,先至圣寿禅寺,后至梅雨潭。飞瀑劈空,山石巉削,景颇奇异,不亚青田之石门洞。憩赏数刻,回舟宴饮。船至甘涸禅院桥边候轮,盖郡境与瑞安分界处也。归寓,尚未上灯。得古诗一篇,七绝四篇。黄游戎来拜,何寿安来,均未晤。夜秦荫涛来。

初四日,癸丑　　晴

以昨诗函致黄仲荃,渠偕陈孟聪明日招饮。午后诣泰丰官银号汇银,以洋二千乙百四十八元合京公砝足纹乙千五百两正,由京都梅市街源丰润号取,见票迟两日。该票系四十四号。上海盆汤弄相近之信大庄、杭州裕通信记庄皆与泰丰一家。管事人施笠山,绍兴人;陆慧卿,无锡人。温州银号,客帮以泰丰、本帮以祥记字号为佳。由祥记取回汇款,给以收条。发陈介石、章一山信。陈叔咸来,何、秦二人来。永宁初二日清晨出口,丰顺同日进口。

初五日,甲寅　　晴

清晨答拜黄游戎并送行。拜吕文起观察、梅统带,皆未面。答拜陈铭三孝廉汤,并拜乃兄陈读三都戎。又诣新中府冯子贤处道喜,冯未晤。午后梅统领来。发李军门、潘耐安、章一山信。黄仲荃、陈孟聪招饮于福春园,同坐为乐清余筱泉太史朝绅、陈君经郛、陈君子万、池君云山诸位。浙抚与直督昆仲为世交,其所信任者为董、靳诸公。

初六日,乙卯　　微雨

土药局员吴通判际恩字仲桓者来拜。贴邻陈子万孝廉寿宸来谈。城守营都司陈读三浩来拜。何寿安来。丰顺船明晨开。

初七日,丙辰　　　清晨大雨一阵,旋止

拜谢、梅、陈、吴四客。谢名志镛,字仲笙,慈溪人,招商局总办。下午谢来答拜。

镜面散,每瓶二角半。上海盆汤弄新桥南首人寿医室,北新街即北无锡路石库门内。双料每瓶半元,每料六瓶,二元五角。海狗肾壮阳广嗣金丹,盆汤弄新桥南塊崔氏瓣香庐医室。

《会典事例》、《光绪朝东华录》、重印大字《廿四史》、《万国历史汇编》,皆上海出。

台州海门直走上海者有三船,走宁波者两船,走温州者一船。三公司三船为普济、广宁、宝华。今年四月以后走温州者为宝华,每年一轮。

台人朱似兰住上海三马路华英大药房,与人伙开一客栈,专寓台人。

孙桂山字虎臣,京城人,嘉应游击白君之戚,住崇文门内顶银胡同路北内大门。

通源金店在西河沿,店东董俊三、顾伯方二人,接待者,顾君也。恒裕金店冯润田。

阅报,知孝钦显皇后内库所储之金银数:金乙千二百万两正,银九万万九千万两。本月十二日德宗景皇帝、十三日孝钦显皇后梓宫启行。

初八日,丁巳　　　阴,微雨,天气蒸闷

吕文起观察来答拜。诣朱广文一谈。王积澍送来王镇军复信一函,云属梅统带拨洋乙百元见假。

抚州会馆在顺治门外香炉营头条胡同。宜黄会馆在崇文门外

阎王庙街,颇颓坏。邑人吴剑秋外部寓抚州馆。邮局前日来九鸣从孙日本信及怡和庄复信。

初九日,戊午　　雨,寒

何寿安来。或谓近年新政已预见于烧饼歌中,"宣统"二字亦见歌内。此说闻之袁经厅,俟考。覆阅纪氏《地理末学》一过,斥蒋氏三元伪法之误,杜陵复起,亦应心折。此说误,即无一不误矣。

初十日,己未　　阴寒

午后诣郑、朱二广文。闻陶石泉大令回寓,即往拜之。伊兄名绪长字省三,在法部,住兵马司后街。鸿元金店系存江西印结处。

十一日,庚申　　晴

清晨诣资福山一看。未刻梅统带招饮,同坐为谢仲笙、熊、江诸人。闻丰顺今日自沪开行,十三可到。王积澍来,交来王款及梅款。夜,杨、王二君来,偕同大街一走。城守营署前近鼓楼处陈源来官客栈,东阳春对门公兴栈。

十二日,辛酉　　阴晴不定

诣秦锦涛一谈。午后又由泰丰官号汇京平松银二百两于京城源丰润,系地字四十二号票。鸿元金店在方廊头条胡同。陶石泉来答拜。黄仲荃来。

上海佛照楼客栈在四马路第一楼后,由轮船马头至栈约三里,上下栈小车每次二百六十文,东洋车三四十文。戴生昌轮船局在铁马路。无锡快拖船包铺三元,包房舱五元,中舱八元。饭每餐卅五文。小轮每格乙元二角,饭二百,酒二百。先抵杭州拱宸桥,稍停开至新码头,由码马雇驳船进城,抵茅竹埠,在万安桥。再挑入客店;或由新码头径挑入客店亦可。由客店至新码头桥四百四十文,挑二百四十文。此前数年章程,今不尽同。

十三日，壬戌　　雨

竟日不出，亦无客来。发王荫长信，寄甬江。丰顺船傍晚入口，本日礼拜，十六日开。

到京拟易名耀寰，字午垣。

参茸海狗肾扶阳种子衍庆丸，双料每两二元，单料减半。又衍庆酒，每瓶四元，小瓶二元。固精封髓暖肾膏药，每张乙元。妇科续嗣第一降生丹，每料一斤八元，半料四元。京都天宝斋制，上海二马路西鼎新里第二家。

严复译孟德斯鸠《法意》，前三册共一元，四册五角，五、六册各六角。《名学浅说》，六角。

十四日，癸亥　　晴

检点行装。陈叔咸来。

十五日，甲子　　阴

何寿安来。发九鸣侄孙信，寄日本，嘱查法政学堂章程。朱广文来。

十六日，乙丑　　晴

清晨诣何、秦、梅、陈各处一走。又诣朱广文。夜二鼓，上丰顺轮船，时适雨阵初过。

十七日，丙寅　　晴

立夏节。清晨八句钟时展轮，风平浪静。夜五鼓停泊镇海口外。

十八日，丁卯　　晴

八句钟时复开，十一句钟抵甬，停轮。同船之左小崖大令忠勋托查废员开单事，陶石泉大令托带乃兄信函及瓯绸。一句钟后开行。

十九日，戊辰　　晴

八句钟抵上海，住荣华栈，系太古马头二洋泾桥南首法大马路。

二十日,己巳　　晴

清晨偕周芝兰出街购物数件。

精印大字本连史纸《缀白裘》十二册二套,价三元。上海棋盘街集成图书公司、天津文美斋预备立宪公会出版书八种,表一种:《地方自治纲要》,四角;《地方行政制度》,三角;《公民必读》初、二编,均一角五;《日本宪法详解》,四角;《选举法要论》,四角;《咨议局章程讲义》,二角五;《预备立宪公会报》,三角四分;《城镇乡地方自治宣讲书》,一角五;又《表》,三分。集成图书局:《古今图书集成》乙千六百廿八本,规元四百两;《刑案汇览》四十本,贮以景匣,八元;《驳案汇编》十二本,一元二;铅版大字本《随园全集》五十本,贮以景匣,八元;《花镜秘书》六册,四角;《海上花列传》三角;《明季南北略》十册,一元五;《明季稗史汇编》六册,三角;十二本大字《康熙字典》,加布套,三元;初拓《三希堂法帖》三十二大册,贮以水南木锦箱一具,价洋八元;石印《西清古鉴》廿四本,一十元六,用水南木景匣加一元。均见三月廿日《申报》第二纸。

崔氏瓣香庐医室所制药品颇多。

廿一日,庚午　　晴

由本栈包定直送京师西河沿东升客寓计洋廿三元,写定包票,交来盛京船房舱票两张,接水人赵义臣,天津人。发潘耐安函。写就家书,附网篮一个、如意油十瓶、书四册交周芝兰明日带瓯。

廿二日,辛未　　晴

午饭后登舟,四句钟时开行。船上人货充斥。

廿三日,壬申　　晴

微有风浪,尚不觉苦。

廿四日,癸酉　　晴

午前至威海卫,略一停轮。下午至燕台,停泊良久。

廿五日,甲戌　　　晴

十句钟时至塘沽卸米,泊良久。四句钟始开。夜泊大沽口。

廿六日,乙亥　　　晴

九句钟开,三点钟抵天津,入泉盛栈,距火车头甚近。

廿七日,丙子　　　晴

八句钟搭快车,十一句钟零抵京,由前门过崇文门。开箱查验,以瓯绸被面及锡器税洋九角。一句钟时至西河沿东升客栈,住第九号。稍憩,雇东洋车,诣施家胡同源丰润管事人宁波俞月轩订明取银日子。诣后孙公园台州馆拜章一山检讨及乃弟,均他出未晤。闻李石府孝廉早间至章处相询,知其尚在都,即往樱桃斜街贵州馆拜之,亦未晤。闻即移入东四牌楼三条胡同铁宝臣尚书宅内教读。

《新编大清新法令》廿册四函,六元。分十三类,始自辛丑,迄于戊申。天津商务印书馆在河北大胡同。又寄售《改正天津市街地图》每幅八角。《改正北京市街地图》六角。此二图甚要。

夜饭后李石府来,云已移住铁宅,现充贵胄学堂国文教员,月薪二百馀元,亦佳席也,中分中、东、西三堂。二更初章一山来,谈至十二点钟始去。盖阔别已八年矣。

廿八日,丁丑　　　晴

八点钟时送各物件八色与一山,均收。另以两色送乃侄中子。午刻发家书,又发广东电函。晡时,移入元号房内。以一函致石府。

廿九日,戊寅　　　晴

章中子来,云昨已与朱君晓云见面,渠补授八品警官,行将入署。下午诣琉璃厂一走,风起尘飞,不及遍观。旧书亦不多,所欲购者皆无有。有武进余思怡《罗经差》一册,铅字本,及魏青江《地理答问》四册,均好。《册府元龟》有二三部,大板《随园全集》亦有一部。

汲古本《词苑英华》一函八本，板不甚佳，索价卅两，可谓胡闹。

四 月

初一日，己卯　　晴

八句钟诣章一山，见赠新刻文稿一册，又其同馆高潜子诗一册，又《畿辅丛书》本颜李各种十许册，约夜间吃水角子。午后谒郭春榆少宗伯，遇彭子才参将河清，拜何见石比部。稍顷，彭君来。傍晚诣一山，并偕诣邮传部部曹王啸农，未晤。见石约初三至云山别墅宴饮。彭子才来。

初二日，庚辰　　晴

送郭侍郎礼八色，收四色。送何见石六色，收二色。见石旋来答拜。午后以一函致中子。夜，中子偕朱晓耘熙亮来，云须二三日后京察事毕，始能商量办法，当将执照一纸携去。考功司满掌印钟岳住小甜水井，朱住外城巡警总厅卫生处。周玉泉参戎来。

初三日，辛巳　　晴

九句钟谒郭道台，未晤。拜王部曹，谈良久。一山函来，属拟信稿。午后诣彼不遇，以信稿付之。四句钟赴云山别墅何见石法部之招，同席九人，二章京，馀皆法部中人。

初四日，壬午　　晴

清晨章一山来。午后拜喻志韶编修，未晤，送以土物六色。答拜李石府，云乃郎孔支已到，住法华寺。拜朱晓耘录事。至青厂黄岩馆拜俞棣生、朱劫生部曹，王毅侯中翰，王即玫伯子也。

初五日，癸未　　晴

由一山处交来九鸣从孙一信，又陈介石一函，内附致徐班侯侍御定超、孙仲瑜部曹宝瑄各一函。午后李石府来。下午同出一走,并在大观楼小饮而归。夜一山太史来,属为高编修潜子诗钞题辞。三鼓就枕,枕上成五律一首。

初六日,甲申　　　晴

以一函致李石府。午后诣顺治门内绒线胡同东闫马庄拜张仲照内阁志潜,未晤,即幼樵学士子也。诣崇文门外校场五条胡同温州会馆拜徐班侯侍御定超,晤谈良久。夜,诣中子,坐片刻。一山归,谈至三更。是日,风大天寒。王毅侯中翰、喻志韶编修来答拜。

初七日,乙酉　　　晴

午后诣朱晓耘,未晤。俞棣生来答拜,云即赴粤西。岑宫保住上海三板仓,距马路甚远,约在博客露一带。夜章中子来,云与朱晓耘接洽,须银二百卅两及小结一纸,呈一纸。

初八日,丙戌　　　晴

清晨诣一山,并晤中子商量小结一事。二句钟诣晓耘,坐定,中子亦至,当交以呈稿一件,上年所给收银付存乙件。旋由源丰润提款,即以京公砝足纹银票贰百三十两一纸面交晓耘,据云明日即办。另存公砝足纹银票两纸,一纸乙千两正,一纸两百七十两正。又京松平二百两十九票,皆该号票也。经手人甘省斋,绍兴籍。章中子即以是日到警署警官任,与朱同事也。夜诣醉琼林赴章一山太史之招,同座八九人,多渠同馆,首席即郭啸麓观察也。小结一纸已为取得。

初九日,丁亥　　　晴

函致朱君,复函云本日即办。午后朱劼丞来答拜。以粤东土产四色送徐班侯侍御。夜一山来。发家书,附九鸣函,付邮。

初十日,戊子　　　晴

清晨诣吏部,而朱君未到署。午后诣巡警总厅,经朱君交来司务厅收条一纸,云已办稿。郭侍郎、徐侍御均来答拜。喻编修来谈。彭子才来。董子常直刺铭来,云与汪道源上月十三到京,本日验放。李石府函约明日小饮。夜修赵爵帅函。

十一日,己丑 晴

清晨以一函致朱晓耘。午后拜郭观察,未面。诣何见石谈。下午李石府来,约赴惠丰堂饮。同座十人,与宗君雅堂、岳君仙禽谈最洽。王君季香,鄂人,博雅强记,为南皮所赏识,未甚谈。章一山居首座,席散,又诣一山处邕谈至一句钟。

石虎云,三子丸常服补益:兔丝子、蛇床子、金樱子。又云,琐琐葡萄极壮阳,揉碎擦腰,阳立举。

十二日,庚寅 晴,天气热甚,寒暑针升至九十度

清晨诣报房胡同法华寺拜岳仙禽翙,又诣东单牌楼羊尾巴胡同拜忠雅丞度支部文,均谈良久。归寓而李石府至。下午李约赴韩家潭复和堂一游。岳君来答拜。

十三日,辛卯 晴

天燥,失音一日。朱晓耘遣一葛姓长班来。章一山来函,约明日至广和居小饮,盖郭啸麓观察属其代招也。

十四日,壬辰 晴

十一句钟诣广和居,同座四五人:章、史、顾及郭之叔子植。夜诣一山。

十五日,癸巳 晴

清晨诣朱晓耘。夜长班送验到单来。

十六日,甲午 晴

七句钟时赴吏部,候至十句钟始验到,朱晓耘及乃郎韵生均晤及。午后彭子才来,询及捐请封典事,伊云珠宝市天和金店丁少山

专办,可托云云。邮局来初八日家书,上月廿八一函已收到,亦云速矣。内附九鸣一信。夜诣一山谈。

十七日,乙未　　　晴

发家书。下午赴福州新馆,应郭侍郎之招。同座九人,多闽籍。肴颇腴,饱啖而归。

十八日,丙申　　　阴,清晨微雨,稍凉

诣珠宝市公和金店询问捐封章程。下午诣琉璃厂。又诣京话报馆拜萧伯康大令,未晤。忠雅丞文来答拜,未面。

十九日,丁酉　　　阴,天凉,御棉衣

诣朱晓耘一坐。午后一山来,出示王啸农信,云决定温州局面。

二十日,戊戌　　　阴

清晨谒啸麓观察,面云以海关、海防事见委,并嘱兼任他事。诣王啸农,未晤。诣一山略谈。午后为代撰送行诗二首。发家信。朱晓耘来,云查结官吴某索费事。

廿一日,己亥　　　阴

清晨诣喻编修一谈。诣张仲炘,未晤。下午朱晓耘来,云查结官费须先送,当交以松平银二十两。

廿二日,庚子　　　晴

清晨诣一山,在彼午饭。饭后同游陶然亭。竟日清谈,归寓得诗一首。

廿三日,辛丑　　　晴

诣朱晓耘,晤孙海臣,即毅侯镇军之孙也,以荫生来引见者。发赵镇军及左小崖大令忠勋函,付邮。午后雷雨一阵。彭子才来,朱晓耘来。

廿四日,壬寅　　　晴

赋《都门漫感》八律,录致一山。一山书来,嘱代题滇南袁树五京

卿嘉谷《卧雪堂诗草》，并赠诗一册。为拟四绝句。汪道源大令宗洙来。

廿五日，癸卯　　　阴晴不定

出门一走。午后答诣汪大令，伊明日行。邮局来四月十八日家书，即复第二函者。并附潘信及报一段。李石府来。云南有二种草，一名"合情"，一名"离情"，服之，其性质随之为离合，亦媚药也。据云《本草纲目》载。

廿六日，甲辰　　　阴雨，天寒

以源丰润公硃足纹二百七十两换京松银二百八十二两四钱二分，每百两申四两六钱。李石府来。

廿七日，乙巳　　　晴

早饭后至西直门外农事试验场一游，往返约卅馀里。归途雷作而微雨。连日《北京日报》登刊广西中学监督曹林具呈学部，缕陈学务弊窦，语极切至，惜文字未佳。曹，湖北举人。又本日报纸登有杨小欧痛斥广东清乡弊政一则，归咎提督李准，语亦不诬。又报登江北大旱，山西旱而且疫，殊可虑也。萧伯康来，云上海所开客栈名全安，在二洋泾桥，即在泰安隔壁。

廿八日，丙午　　　晴

清晨答诣彭参戎。午后诣朱晓耘，未遇。夜诣一山，云郭观察明午起程。何见石来。

廿九日，丁未　　　晴

马参将德新来拜，未面。午后一山来，盖出城送行也。石印大本《大清会典》四箱，价三百两光景，不可不备。《各国立约始末记》三十卷廿二册，三十二年商务印书馆铅字大本，系苏抚陆元鼎编定，自叙历举各本，以湖南所刻《分类辑要》为最逊。按，此本尚在袁宫保本之先。《通商各国条约》两函廿三册，外务部官本，每国一册也。

三十日,戊申　　　晴

清晨诣朱晓耘,未晤。

广西候补道粤人刘士骥由美洲回国,在羊城公馆于四月初九日被人用刀刺死,凶手逃逸。十六日三点钟广东顺德县犯人反监,除截回外,据报逃脱四十馀名。县令厉式全撤任留缉,沈瑞忠代理。四月十一日,福建福宁府智守太太生辰,各官宴饮博赌,突有畲民钟起蒂作乱,持刀在府署头门口以及各街自十二点钟起至三点钟止刺死男女十四人,刺而将死者十馀人,受伤者二十馀人。文武衙门近在咫尺,至四点钟霞浦县叶令始坐小轿出而巡视,已而智太守、萧镇台亦出,防城姚文彪、协台陈辰并不出。是日协署亦设麻雀局云。闻禀报以该逆为疯,死者减为八名,伤者六人,馀皆掩而不言。顺德县属黄麻十一日晚出匪劫案,匪徒毙勇二名,重伤二名,劫当铺五家,赃五万馀,掳男女十八人。皖豫交界蝗出。以上均见本日《北京日报》。农工商部造具《注册公司一览表》进呈,分已开、未开、停办三项。闻已开者矿业公司约五百馀家,未开者三百馀家,停办者二百馀家。其他商业实业公司约四百馀家。北京储蓄银行附设大清总银行内,凡活期零星存款照章周年四厘行息,定期存款周息五厘,整笔存项期限较久者利息尚可另议。北京西交民巷。

海军处王大臣咨查军港应备形势:一、须在各路海疆要隘,援应便利者;一、水度较深,便于头等战舰、巡洋舰行驶出入者;一、内港面积宽敞,足容战舰多艘停泊回旋者;一、入口山势可筑炮台,以陆辅水者;一、内港须四面绕山,不虞风浪者;一、内港须有馀地,可筑船坞以资修理者;一、有淡水可供饮料者。此外,屯煤、操场、药库等,均须有合宜馀地建设。以上形势具备,即合建设军港。即有欠缺一二而不甚握要者,亦可设法变通。

　　电气种植之成效，英人乐治氏近日试验电气种植之法，极有成效。其法：电线用杆竖起，布置田中，所需发动力极微，仅以二马力之气机一具，将小电机推动，已足令十八英亩之田尽成膄地，禾苗生长甚速，且较寻常约高四寸至八寸，收成之效较寻常约多百分之四十。因其质较美，故购价亦较高百分之七云。

　　东督锡良奏裁奉天左右参赞梁如浩、候选道钱能训，奉旨：依议。折内有"大官太多，新政所病"语。现拟增设外务、邮传、民政各科给事中。候补京堂杨度被某御史参其"居心叵测，游学东洋，倡兴异说"。广西龙州讲武学堂总办、补用道吴元泽以上年奉命赴东洋，携带日妇被控，部议革职。鄂省办理三怡倒案之认真，上年十月间，汉口镇怡生和、怡和兴、怡和利三钱庄同时倒闭，亏欠中国官款、商款及洋款共二百馀万两，店东安徽候补道黄家玮、黄宗岳、江苏候补道黄家瑜、湖南候补道黄懋桢一并革职，归案严追。

　　武昌法政学堂官班学生因于上堂时精神多有不振，日教员野村氏深滋不怿，遂用粉笔在黑板上书云"诸生或游于华胥之界，或连续呵欠，此何兆乎？或曰：'此太平之兆也。'或曰：'此亡国之兆也'"数语，下堂而去，因之大起风潮。

　　直隶河间蓟州亢旱，饥民道毙者多，兼又疫症流行。夜葛长班送红单来，云初五验放，初四演礼。

五　月

初一日，己酉　　晴

　　清晨函致章一山，并附送件。午后诣同仁堂购药数种：阳起石，每两乙两；阴起石，每两三两；虫草，每两八百文；紫梢花，每两六十文;茸片二种,一每两四十两,一廿五两。

发家信,邮温。夜,长班来,云初五验放改为初十。

初二日,庚戌　　阴

初一日《北京日报》内有粤省通信一条,叙刘士骥被刺事甚详。甘肃三年不雨,奇荒,人相食。由筹赈公所电,京官及甘督、江督、江藩乞赈,云麦每石涨至三十六七两,白米只卖五六两,稻草涨至每斤三十七八文,向来只卖三几文。皖北盱眙县境东西两滩各堡晴久生蝗,蔓延已六七十里,麦苗伤尽。霍邱县沿东乡三流集等镇亦有蝗蝻。日本陆军留学监督周树模之随员刘振清亏款三万潜逃,已饬拿。

粤汉铁路借款,初商之英,因价不合,乃转与德借。英人出而抗争,乃合英、法、德三国共承办。此款将签押矣,美国出而欲占一分,故合同尚未签押。农工商部饬各省仿江南设商务裁判官。

粤川铁路借款,原拟向英国专借,张相以英在长江大占优胜,特加德、法两国以杀其势。午后诣琉璃厂一走。有益斋看定夏味堂《拾雅》一部,价一两。荣禄堂有仿宋《大观本草》一部,廿本四函,光绪三十年刻,柯奉时序,极佳,索价廿四两。某店有元刻本一部,棉纸印,亦廿本,价亦同。又有《埤雅》一部,四本,价二两。又有武进邹氏《本草疏证》八册。

夜诣一山,未晤。雷雨。

初三日,辛亥　　晴

清晨诣朱晓耘一坐。午刻诣松筠庵,盖徐班侯侍御宴客也。两席,廿馀人,温州三人。晤王雨亭协戎书选,伊上年投效东三省,在总翼长甘肃提督张勋营下。张,南昌人,近年崛起之将领,据云局面甚阔,人才亦佳,于内廷线索尤灵通。王云,李成绮充度支司科员,月八十金,上年十一月胸口肿烂而死,所挟之妓亦在彼也。雷作而雨不大。归寓,便道购得新刻本《疑雨集》,殊快慰。李石府来,所谈皆狎邪事,无一言可取,不料此君至京一至于此。邮局来上月廿七日家书,已接到十七日信。又来廿四日陶石泉自甬来函,为左小崖事。

初四日,壬子　　晴

清晨诣一山略坐。诣高升店拜王雨亭,未面,旋来答拜。四月十八日广东南海县监犯互相斗杀,刀伤数名,刺毙一名,全监如遭大变。福建汀州永定各县三点会匪滋事,屡与官兵打仗。浙江严州遂安乡民暴动,县令钟灵禀省派兵。

香炉营胡同购京都编社附售之《拜鸳楼四种》及《疑雨集》。尚有三四种未出书,京师商务印书馆、上海有正书局均有之。王雨亭来,约诣致美斋小饮。值节下暂停,各家皆然。拜鸳楼所刻《板桥杂记》为未完本,然与《说铃》中所收又不同,上海国粹报馆所刻闻足三卷,须一览之。

初五日,癸丑　　晴。端午节

邸舍岑寂,馆人治具相邀。下午大雷雨一阵。李石府来。

初六日,甲寅　　晴

发左小崖信,付邮。午后,雨。诣朱晓耘略坐。诣章一山,未晤。彭子才来。王参将谈及闽省狎妓章程,洪山桥船上者价最廉,夜合资只两元,酒饭点心随意设置;南台价稍高,每住必三夜,谓之三铺,需数十元。城内外私窠极多,由卖花姬等媒介,凡旅店、寓馆皆可招来,并有官场中人。厦门则更盛,尼庵尤便。至于南词清唱,其规例与外省同。李石府谈及京师各妓分南北班,南班初次茶围给洋两元,二次、三次不再给,三次后须抹牌;北班每次茶围均须一元,相得即抹牌。抹牌需费十六元,凡客人叫局,主人须出车价,一共约花二十元。抹牌后即可住夜,上品者抹牌二三次始可住夜,需八元、妓女、主家各三元,仆从二元。遇年节,均开销八元,全归男女仆及掌柜。凡遇移居、开张等事,狎客必须抹牌一局以壮门面。次等妓女不须牌局即住夜。妓呼所欢为老斗,有金斗、银斗、米斗、熨斗、旗杆斗诸名色,最高者北斗,盖只花钱而不住宿也。熨斗指引见人员,虽热而易过,比喻极切。沿禁城一带往往有空车,车门向壁,守以车夫,如伺人者。年少胆大者流径登车,与车夫说明几日须归,即随之去,侯门主第、永巷长门,不问所之。到则贮之密室中,日夕流连,如《聊斋》所云"入天宫者,无不惫欱始出"。其出入必以昏暮,门径亦迂曲不可认。

初七日,乙卯　　晴

闻闽省书吏中有一种人工于洗字,用药水渍洗,反覆磨勘,了无痕迹,每字需洋三角。如此,则弊窦易滋,不可不防,记之。葛长班夜间送红条来。

初八日,丙辰　　晴

清晨诣一山,卧未起。旋致以函,附横幅、对子乞书。陕甘总督升允缕陈立宪利弊,并请开缺。廷旨谓其迹近负气,准其开缺。直隶安肃县袁、赵二人因选举起风潮,激成械斗,县城为之关闭。京师各学堂教员议开保案,在堂三年者以寻常劳绩论,四年为异常□□,大丧人员,保案闻有二百馀员。京师新立算学研究社。由沪赴闽,船价七元,贱时六元,贵亦不过八元。船大只到罗星塔,距马尾七八里。由马尾至尚书庙道四十馀里,雇小舟价四五百文。若由水部门进城,船价略同而路较迂折。如遇长门及他路小轮过马尾时,附船至尚书庙道每人六十文,较便。由道头轿行雇轿入城抵客店约二百数十文,挑夫百馀文。野轿虽便宜而不可靠。雇小舟至水部,亦有白面在船者。马尾岸上有小客店，如进城赶不及，可住一夜。城内客店多在西门街、渡鸡口及督署相近之半边街。有一种卖蜜枣女人，穿房入户，即私娼也。可与狎，留宿则不便，以店主人要抽头也。其卖水果者，即谚所云"扁担靠"，而不人人皆然。甘肃妇女皆不洗浴，以缺水故，然亦不臭秽。以上皆王参戎说。

初九日，丁巳　　晴

内阁中书彭树荣以学务弛懈条陈学部，请添派学外监督。英商欲以五千磅借与中国，不用抵押，不干预内政，只图利息。

初十日，戊午　　微雨

以代纂《皇朝食货志》关税、海关两门稿本及书五部、原稿二件送交一山，系渠所托也。发九鸣从孙信，寄日本东京，属其暑假来瓯一转。又发陈介石、王玫伯二信，寄广东。下午一山来，云刘幼云监督欲阅《嫠纬篇》。

十一日，己未　　晴，午后雨

直督杨士骧出缺，那相桐署理。江督端方调补粤督，张人骏调两江。东抚袁海观署两广，京堂孙宝琦署东抚。夜诣一山，未面。

十二日，庚申　　阴

番禺贡生朱晋经呈指广东学务积弊，语多琐屑，未甚中肯。惟议甄别教员，每年正月须考试一次，其说颇善。杨督送冰炭敬，每分百金者约百馀分，殁后官场悼伤者多。据一山云，岂只此数，每年所送总在十万以外，前民政部侍郎赵秉钧一人每月即送二千两矣，现闻亏空三百馀万。夜诣一山略坐。

十三日，辛酉　　晴

闻同寓裘芷矼说，红灵丹可以止晕浪，只须服一二分便效。俄人运大帮军火至哈密滨一带存储，侦察日人在东三省举动最为精密。江督延英人孟司氏办南京警察。日本人调查浙江各处详情,杭州大雨水灾,钱唐江顿涨一丈有馀。诸暨县城平地水深两丈,日来雨尚未止。于式枚奏考察普鲁士地方行政制度折。

十四日,壬戌　阴

清晨七句钟赴吏部演礼,俟至九句钟始毕,计上大挑一百十九员。长班之父葛翁年六十,在考功司数十年,公事极熟。据云浙江凭限五十五天,风雨限则三个月。给凭可先可后,杂班员与照例分发员不同,不拘定逢一也。户部上兑每月初十,一月只一期,十二经实收,连换照共须十二三天。吏部书办各费化私为公之后,名曰公费,由收支处经理,有总办,有提调。每月十五日截款,三十日分款,自堂官至录事、笔帖式均有所得:掌印、掌稿月可得三百馀金,录事十金,按大小股份派。有刻本章程,须觅一览。各部书办之未裁者,只户、礼两部。凡忠孝带,须大小荷包四个俱全始合用。湖北先旱后水,民情极苦。离署文、离省文。学部奏准以缪荃孙办图书事宜,严复编辑教科书、词典,均在该部丞参上行走。

十五日,癸亥　阴

黎明出门,赴东华门内吏部朝房祗候,至九句钟始齐集排班,至内阁验放。凡一百十九员,未到者十员。散后便拜钟掌印岳,未晤。拜忠雅丞,谈良久。雨作,回寓。

午后发电信回温,并作家书及潘耐安书,付邮。又拜朱、郭、何、陶、吴、章六处。朱匆匆一晤,赠以廿金。郭侍郎谈良久。吴已移居。陶未见,将乃弟函件交讫。章一山谈片刻,时已不早,即回寓。

十六日,甲子　阴

清晨送钟掌印礼物八色,收四色。送忠雅丞六色,收三色。送岳仙禽四色,收二色。同寓孙楚白允珨,桐城人,东洋毕业生,充川省师范及高等学堂教员,来京办分发。据云赴日本东京由沪附船至横滨须七天,再坐火车至东京约一日。轮船三等舱十二元,二等加倍。学生每年用度须四百元,合日洋三百五十元。东洋如中国邮传部所办各事皆用女官,美国理民之官亦有以妇人充者。移奖须同姓同省方许,盖今年新章也。浙江萧山有民变之虑,水灾甚急。

十七日,乙丑　　　阴雨

七句钟拜孙仲瑜邮部,王书衡推事、朱艾卿宗丞、徐班侯侍御,王、徐晤,馀未晤。午后拜吴剑秋外部、刘幼云监督,适大雨如注,均未晤。答拜周玉泉父子。长班送红条来,云二十谢恩,当日即可领凭,各款开销悉已领去。诣天和金店丁少山,未晤。本日《北京日报》有津浦道台戴绿顶一条,极刻毒。津浦铁路总办李德顺被各代表攻退,其私人李莲溪以候补道包办工程,原名李涵清,前在胶州湾之台东镇开窑子。又有某道台在南京市上曾卖腊鸭。邮政保险信新章,凡挂号邮件,于上下封口处黏贴"验明无损"字样。申刻一山招饮会芳园,出示王书衡抚丞函及所赠书两种。

十八日,丙寅　　　阴雨

葛长班来,属查捐封事,十六奉旨照例发往。巳刻至万福居,忠雅丞主政招饮,同席八九人。席散,同诣中和园观剧,因小叫天登场,坐客为满。回寓,已上灯矣。

十九日,丁卯　　　晴

发家书、九鸣、耐安各书,付邮。午后得初九日家信,系接四月廿六一函之回信。

下午诣源丰润,将该号京公砝足银票乙千两拆五百四十三两公砝票一张,另汇英洋五百元,合公砝三百六十两回温州,馀公砝九十七两,合京足银九十九两五钱二分付清。系甘省斋经手,据云本日英洋买公砝,每百两合洋乙百四十二元八角,出入差五厘,汇水每百元两元。计京字贰百零陆号汇票一纸,温州泰丰庄京公砝足银票一纸,京字八百九十号,盛九,五月十九日。该号掌柜严小秋,江苏人。

二十日,戊辰　　晴

清晨七句钟诣礼部,伺至十点钟谢恩、画押、领照,随诣吏部领凭,十二点钟回寓。礼字第五百六十九号礼部执照乙纸,填本日。东字二十七号吏部执照乙纸,填五月十八日,此即文凭,限五十五天。

何见石来,未晤。发家信。忠部郎、高编修均来答拜。刘监督差拜。范咏和大令来,云到京已月馀。下午,诣珠宝市公和金店,交公砝足银五百四十三两正,托捐四品顶戴花翎及四品封典,并交履历一纸。掌柜丁少山浩不在店,即交与刘卫泉,付来收据一纸。丁君系布经历商会总协理。送郭侍郎酒席一桌。

廿一日,己巳　　晴

清晨拜客,岳、李、喻及吴剑秋外部锜,皆晤,并晤乃兄可诚,其胞弟伯琴现任奉天提法司。午刻回寓,饭后复拜客,晤王啸农邮部鸿竞,余如朱宗丞、刘京卿均未晤。王嗜填词,自命颇高,文孝廉某所刻《词源校注》,渠亦同纂。据云文现在苏,喜收字画,四壁皆满。夜,诣同丰堂,应陶省三法部之招,同座八九人,多同乡。云印结尚有明年一年,并展限亦满,满即停止。岳仙禽云杭州府署刑名关某,仁和人,久在直隶臬署,人颇持正。又云贵州人杨德懋,举人,知县,现在浙江,年少能任事。夜雨一阵。高编修、王推丞均来拜。朱晓耘来,出示左小崖信,并取去履历。

廿二日,庚午　　阴,天气郁闷

吴可诚镳来,云宜黄在京者尚有内阁程午琴忠谳,即程澄臣弟,又许秉良法部德烜二人。张军门勋住东华门内南河沿,现充东三省总翼长。诣皮货店看皮统数件。答拜范咏和大令,并晤乃翁,盖昨日甫到也。夜诣一山略谈。云南皮乞假两日拟说帖,为德宗升祔一事,主与穆宗异昭穆,以摄政王意如是,是以南皮主之。各衙门先多主同昭穆,嗣又改从异昭穆。礼部则以具奏在先,不能复改。

昨王啸农谈及沈仲复中丞所得梁敬叔观察之《华山碑》已归江督端午桥,何其速欤! 吴芝瑛女史工书,小万柳堂摹本杂临诸家,悉以董笔出之,如掩其名,莫不以为香光也,其人在沪。岳仙禽来,谈及李石府事,言甚切至,善为所轻久矣。喻志韶编修招饮,却之。同丰堂所制嫩姜片炒鸭、蒜瓣炖黄鳝两品,味俱佳。

廿三日,辛未　　晴

吴剑秋、范封翁均来答拜。下午宴客嵩阳别业,到者徐侍御、王京卿、高编修、章检讨、何法部、朱录事、岳处士、李孝廉,到而即去者王啸农邮部,未到者忠雅丞度支部、喻志韶编修。故协办大学士翁同龢经端方奏准开复原官。湖北大水。

廿四日,壬申　　晴

清晨出街买杏仁、果脯等。午后李石府来,略坐。入城购帽子一顶。出城,大雨,诣一山处辞行。又诣何见石一谈。诣郭侍郎,已他出。王啸农招饮,却之,交来所写篆一把。王书衡抚丞送来书六册。湖南人孙海祺来。

廿五日,癸酉　　晴

王推丞、何部曹均来送行。由喻编修处取来致杭州守卓芝楠太尊一函。午刻,诣天和店阅看翎顶,实收两纸,系江南赈捐局宁字贰万〇千〇百贰十贰叁①号,填宣统元年正月二十日,说明俟换照后赶六月半寄瓯。

以京市足银九十九两换英洋乙百三十六元五角,七二钱兑。为章一山拟诗二律,盖寿善化协揆六十双庆也。下午入城赴吴剑秋外部之招,迟至十句钟始回。座皆乡人,其妻弟徐子栽、中表谢连先均同寓,均同县。徐在张军门勋处,谢为诒孙司马之侄,系民政部录事。章一山来送行,未面及。剑秋谈及瞿、袁二公之为人,所论似允。以礼物四色送吴。

廿六日,甲戌　　晴

清晨由郭宅取来颜、董两函,又从一山处取来陆、汤两函。喻志韶遣其本家来送行,云晚车赴津。范咏和大令来,云徐殿臣住华光巷。汤蛰仙住上海虹口垃圾桥贻德里。一山来送行,谈良久。东升店写定包单,包送上海,一切共洋廿三元,先付七元,到上海找清十六元。火车二、三等各一,轮船官、中舱各一。夜,拟赴一山谈,以头痛不果出。

廿七日,乙亥　　晴

七句钟启程,抵车站尚早。稍顷,何见石送乃弟萱夫及乃郎回台,登车略谈数语。八钟开车,十一钟抵津,入泉盛栈。闻太古公司顺天船明日开,即由该店写定包票,同去人戴有坤。一句钟即上船,天气闷热,官舱迫仄。是早在火车受风,头晕颇苦。何萱夫亦同船,并有一鲍姓黄岩人现署宁波右营游击同走。

廿八日,丙子　　晴

黎明开船,至塘沽装煤,停一句钟。

①　"贰叁"疑有一衍。

廿九日, 丁丑　　晴

颇有风浪。至烟台, 停二三钟上下客、货。晕卧, 竟日不起不食。同舟有一女客, 南人而操北音, 年廿许, 貌颜秀极, 能干、善词令, 所谈不可增减一字, 听之忘疲, 得诗一章。娶妇如此, 亦可慰矣, 特未知其姓氏。渠同行男女幼孩共四人, 由津入烟台。

六　月

初一日, 戊寅　　晴

风浪如昨, 竟日偃卧。

初二日, 己卯　　晴

风浪如昨。夜泊吴淞口外六十里。

初三日, 庚辰　　晴

风息, 六句钟行, 八钟零抵沪, 入荣华栈。闻丰顺明日下午开, 殊凑巧矣。据接水人周芝兰云, 黄道晋省, 郭道尚未履任。

"大名鼎鼎斗山齐, 伴食中书日又西。春尽湘江江水绿, 鹧鸪啼罢子规啼。"此李西涯子讥乃翁诗也, 见《七修类稿》, 久忘, 忽忆得, 录于此。拟定全诗《自序》腹稿, 诗集仍名《知昨非斋》。傍晚闻丰顺夜间开行, 匆匆登舟, 五鼓展轮。

初四日, 辛巳　　晴

傍晚抵甬停泊, 五鼓开行。

初五日, 壬午　　晴

六句钟时抵温州口门停泊。

初六日, 癸未　　晴, 热甚

十一点钟抵温郡, 彭儿率叶升出城, 即刻入寓。知初三日添一男孙,大可喜也。何寿安来。

初七日,甲申　　　晴,暑热日甚

陈叔咸、秦游戎来。在寓休息竟日。

初八日,乙酉　　　晴

诣朱广文、秦、陈、何各处一走。程、杨、王等先后来。

初九日,丙戌　　　晴

屈虞臣来。出门谒本府吴博泉,并拜永嘉令,均未晤。诣郑绍屏一坐,并诣曾家花园,遇陈老三。诣袁心栽,又诣县学,未晤。诣程、杨一谈。诣林鲁卿大令,未面。陈介石来,云明日回瑞安,下期轮船赴省,盖充当选议团也。拜吕文起观察及介老,均未晤。下午便服诣介一谈。连日送礼物十馀分。发章一山函。丰顺十二点钟开行。宝华抵埠。

初十日,丁亥　　　晴

袁、朱来谈,吕来答拜,熊来答拜。谒本府,谈良久。又拜熊大令,未面。郑广文来。

十一日,戊子　　　晴,黎明时大雨一阵

十二日,己丑　　　晴

新任郭道台及黄道台乘普济于巳刻到,当诣行馆谒见。发出印纸,开写简明履历。夜诣秦游戎一谈。归途,雨作。

十三日,庚寅　　　晴

林鲁卿来答拜,未面。巳刻郭道台接篆,诣贺,均未见。禀见黄道台,亦未见。下午郭道收发员陈甘卿招往一谈,并见郭道面谈,委差一事,与在都时原议尽反。夜月色颇佳。诣林、朱两处一谈。

永嘉钱粮每亩征七分五或八分,额征四万。每两征钱二千五百文,平馀一千,各项开支及新政提款均在内。洋价每元作九百卅,比

市价乙千〇卅减一百文，此项约乙万馀。兵米征折谷每石四千六百文发本，谷随时价上落，兼征温州卫屯粮九千馀两，大有好处。现师范学堂禀拨此款五千充费，抚台已批，司道核议，粮道于此中亦有例规也。

十四日，辛卯　　晴

清晨谒黄道，并拜金幕及吴二府，均未晤。下午何、陈二人来。发赵镇军信，附寄槟榔、墨匣、镜袋、阿胶、果脯等物，交船埠头，饬船户带栝。发章一山信，付邮。

十五日，壬辰　　晴，热极，扇不停挥

略检书籍，疲倦不堪。夜拟定江督贺任禀稿。秦、陈二人先后来。

十六日，癸巳　　晴

陈甘卿来。写就陈介石函，明日派叶升送瑞安锁埠。出街购来藤床、藤椅各一张，诗笺数十纸。夜，何寿安来。

十七日，甲午　　晴

清晨遣叶升赴瑞安。丰顺进口，宝华出口。傍晚，叶升回，得介老回信一纸。

《申报》：初一日，两浙水灾详情。初三日，浙江咨议局经费；豫省奏报四月初九日省垣大火灾；浙江劝业道提倡实业之计画；乌程、德清灾民哄署劫绅情形；清谈；外部奏定出使报告章程。初四日，怀宁县绅公禀，县令王树棠因钱债细故亲责实缺县丞丁峻川手心五百下，又因房产细故擅将候选县丞韩柏华掌颊八百下；德清闹荒请兵。初五日，于式枚复上一折，力诋咨议局及宪政编查馆，已见各报，摄政王大怒，各枢臣均不谓然，伦贝子反对尤力。初六日，钟仑又代父鸣冤；江西省城、浔埠筹设各级审判检察厅。初八日，闽省展办铁路随粮捐,每两、每石征二百文;清谈三则,佳。初九日,论粤汉借款当归罪于粤路股东;州县赔累之呼吁;无锡官契改归劝学所经理;湖北警员须具不嗜嫖赌切结;常州拿赌反被捉赌;德清、乌程闹荒之实闻。初十日,那相平反大冤狱;开州知州章焘因富商闫姓家被劫诬盗为奸事,奏参章焘及原审官、现任河南府知府李兆珍一并革职,而主持此案之幕友任介人独漏网;筹办南洋工科大学,张謇呈文甚佳;江督奏徐州各属举办清乡。十一日,度支部奏整顿各省田房税契抵补洋、土药税厘折;学生不愿就闲散之职;部司务也。军机处传考供事表面之认真。十二日,中葡勘界委员第一次谈判纪略;度支部咨覆限制银行办法。极要。

新出《上海指南》一册,一百廿页,首附图十六幅,价五角。

《浙江日报》初二日所登上谕三则:诸暨水灾,论涛、洵两贝勒宜令就学。初五日,鄂学司札,为监举孝廉方正事;鲁抚电;诸暨绅士水利议三条,均佳;傅寿彝威逼人命案。初六日,宁波象山升科陋规竟作新政之用;黄岩盐仲拨归学堂,每元五分,专抽买主,见劝学所总董柯镇岷等禀;宁藩批示;各县会禀。初七日,闲评一则。初九日,所登上谕两道;川督奏盐源县知县王之弼被控系革党,方查办,竟带印逃走,现正严缉;嘉兴府署发审委员陆锦烜宅内赌麻雀,与巡警滋闹,禀请撤差。初十日,京城禁止叉麻雀,严定罚金。

十二日《申报》:清谈三四则;宪政编查馆咨开各属董事会职务权限:一、地方经费预算案之预备,一、管理地方之公共事物,一、国费委办之事,一、依据法律决行之事,按,第四条权限太不分明;浙江十一府保路会于五月初九日开会,发起人为金华蒋乐山、萧山黄肯夫,略谓汪不出邮浙亡云云;湘省水灾。

十八日,乙未　　晴

缮就张安帅另禀,邮递上海。何寿安偕莆田人陈祖谋字雅堂来,即陈宗器孙也。云吴云笙捐过道班,尚未捐省,住县署前县街,张抚曾扬任内曾来浙办理统捐数月,张去即归。下午拜道署帐房郭步銮,并晤陈甘卿。夜以一函致陈。以上干支错一日。

十九日,丙申　　晴

陈甘卿来。午后何寿安来,为书扇二柄。夜雨一阵即止。郑绍平来。

二十日,丁酉　　晴

发赵镇台信,付邮。何寿安来。黄仲荃来,送以京城土物六色,收书及墨匣。

廿一日,戊戌　　晴

阅念慈致硕卿十二日信,知乃翁上月廿九回杭,初六起患痰火症,口不能言,特发一函慰问之。陈甘卿来。

廿二日,己亥　　晴,热极

清晨诣道台禀辞,公出未晤。答拜陈叔咸、陈雅堂、黄仲荃。以潘信付邮。

《申报》十三日:度支部酌加田房税契章程。十五日,粤督奏覆整顿赌饷折;甘督升允痛诋新政折。十六日,商务馆书目十一种。十七日,鲁抚统筹法政学堂画一办法折。十八日,汪抚奏设审判厅折;清谈一则;袁中丞奏准以知县沈同芳注销知县改授编修衔。下午,黄仲荃、陈孟聪来,陈介石来。夜答诣介石。

廿三日,庚子　　立秋。晴,热极

清晨谒道台,面谕留办统计及文案内稿事,谈良久。宝华黎明开行,介石赴杭。

廿四日,辛丑　　晴

日光如火,汗下如雨,为交秋第一天。

瑞安人唐素元大令龤墀来拜，盖陈介石之弟子也。汀州人赖某来。诣朱广文一坐。午后何寿安来。夜答拜唐君，未面。诣陈甘卿一坐，云咨委文件今日饬房送稿。

廿五日，壬寅　　晴

热极，较昨日尤甚，寒暑表升至九十八度。下午陈甘卿来。金芸台□□来答拜。夜，诣师范学堂饮，盖唐君叔元所招也。坐客五六人，皆绅衿。雷雨一阵，雨不甚大。

廿六日，癸卯　　晴

午后雷雨一阵，雨不甚大。闽人陈鸿英字漪竹者来拜，即冰盟之侄也，寓郭道台处。

廿七日，甲辰　　晴

陈老三来。午后奉道台札，委统计处兼新政文案差。何寿安来。宝华入口。邮局来孙寿山初十日信，又来十三日京师天和金店丁小山信并衔翎、度支部部照两纸，均填六月初九日。

廿八日，乙巳　　晴

清晨谒道台谢委，并晤陈甘卿。答拜陈漪竹，未面。谒本府、二府，均未面，与三府略谈。又拜经厅及吴、路两局员，府署各员均未晤。又拜吕文起。复天和金店信，发章一山信。是日午刻，公宴新旧任道台于四明公所。未申间大雨如注。吕来答拜，郑绍平及伊甥陈训经字章平即现办海防者来拜，均未面。

廿九日，丙午　　晴

清晨宝华出口，丰顺进口。拜客十馀处，见者为本府、金幕、余编修、招商电报局员及郑、陈、周绅等，未见者盐总办余及后垟局秦、分府员郑、陈绅经敷、陈绅子万、戴绅丹坪、林主政某、黄绅果臣。邮局来廿六日赵镇台回信，物件均受到。发谭文卿、高钰卿信，付邮。

高祝三来答拜,未晤。高钰卿之子稚龄名学愚来见。陈漪竹来,未晤。

三十日,丁未　　晴

硕卿赴瑞安。清晨拜客数处,只在陈甘卿处一坐。晤陈漪竹、陈章平二人。又至林鲁生处略坐。杨、吴、朱三处未见,高已行。甘卿即沈积甫之婿,其岳母住杭州上羊市街湾井弄内,年已六十矣。

郭海容名曾钧,其第五弟名曾煜字亦廉,现在杭州候补知县,住十五奎巷。绅士周熙海仲明、分府员郑煌寅初来答拜,均未晤。郑庆豫字□□来拜,即绍平子,译学馆毕业生,未晤。

写就王玫伯及九鸣侄孙两信。陈甘卿交来董信一函。下午硕卿回寓。

城、镇、乡

府、厅、州、县治城厢地方为城,市镇、村庄、屯集等人口满五万以上为镇,人口不满五万者为乡。

城镇:议事会。议长一名、副长一名。董事会。总董一名,董事一名至三名。

乡:议事会。同上。乡董。乡董一名,乡佐一名。区董。

均任设文牍、庶务等员。

居民,选民。

浙江调查局:藩署二门内,与厘饷局对门。

浙江咨议局筹办处:吉祥巷。

浙江全省议员招待所:太平桥乐家湾。

浙江财政局。

浙江藏书楼:大方伯,费系书记收发。

浙江官报局:扇子巷。

岑宫保:住金洞桥许彝斋屋。

朱小南观察:住管驿后。

刘品山:杭府钱谷,住金洞桥。

汤蛰仙:住方谷园。

陆春江:住严衙弄。

陈仲恕、叔通:住金洞桥,仲办抚署新政文案。

季久孚:住抚宁巷,抚兵房。

季省三:住五魁弄,藩库房。

俞凤笙:住祠堂巷。

余丽生:住藩署二门内,通信由司前同顺泰纸店。

陆岳翁:江苏泰兴县小西门城内陆家湾。

秦姑太:江苏常熟县城内槐柳巷费公馆。

秦仲翔名兴祚:江苏无锡县城内虹桥下鱼线巷。

嵇铁梅:杭州望江门内上羊市街。

潘耐安:杭州候潮门内直街第二朝南石库墙门内。

九鸣侄孙:日本东京小石川大冢洼町二四高等师范清国学生寄宿舍。

高钰卿:处州云和县城内高寓。

姚次言:处州城内槐花树下。

张志澂:广西南宁府城内绵花村。

范咏和:江西九江西门外大街洪春号收下,转寄瑞昌县范家铺永大泉店。

范振生名铎庭:上海梵王渡约翰大学堂。

何寿安:温州城内全坊巷。

三角门外护国岭上，出三角门约五六里，遇将军庙桥即见此山，管枢人陈细妹住此山下。

平等者何？中也，西也，东也。黄、白、红、墨、棱也。儒也，墨也，佛也，道也，回也，欧也，凡类此者皆是也。自由者何？中用中法，西用西法。君主也，民主也，公和也。儒用儒教，墨用墨教也，凡类此者皆是也。中人与西人交，用西人之俗体、西人自由之说而勉强与之为自由。西人与中人交，用中人之俗体、中人不自由之说而勉强与之为不自由。如西俗男女相见，握手、接吻必不可少，则中男见西女用西法，西男见中女则用中法。且中俗男女不相见，既用中法，即不应见，各遵其法，各行其是。即以其人之道，反治其人之身，则平等、自由之说立破。如此，亦即所谓"不侵犯各人自由权"也。

府、县知事。府、县会。府县参事会。

郡长。郡会。郡参事会。

市长。市会。市参事会。市助役。收入役。

町村长。町村会。町村助役。收入役。

区长。区会。

按：参事会为总名，所有府、县会员，市会员，府、县知事，市长，町村长皆包括在内。

七　月

初一日，戊申　　　晴，热闷已极

清晨诣朱眉山广文一坐。由金幕处借来《统计公牍》一阅。梅统带来拜，未面。送以京城什物六件，收三件。丰顺明晨出口，黄道动身。来答拜者六七人。

初二日，己酉　　晴

清晨拜客数处，只郑广文、梅统领两处晤面，郑、屈、黄、陈及商务总会均未晤。余道台来答拜。巳午间雨作。午后以卷宗送还金芸台。

初三日，庚戌　　晴

陈子周大令宗器以催地丁来拜，又道署书记陈参军赞唐字□□来拜，二公皆闽人也。未申间大雷电，雨阵奔注。雨后赴梅统领处饮，同坐为郑莲蕃小京官、新瑞安县、朱三府文。夜归，阅念慈致石儿信，知乃翁于上月廿二作古，为之痛绝。宝华进口。

初四日，辛亥　　晴，旋阴

清晨答拜陈大令、陈玉陶、陈甘卿、屈虞臣，谒余观察，拜陈经敷，均晤谈，二府未面。午后，雨。陈章平来。陈甘卿交来洋信一缄三十五元，又食品乙篮，林鲁卿交来食物一件，陈玉陶交来信乙械，均属带省。朱广文来谈。发念慈信，付邮。以什物两种送章吉士。夜三鼓内子痧闭，大不快，服藿香丸及清快丸三粒。愈不能支，颇现危象，五鼓后始稍宁。

初五日，壬子　　晴，时有雨点

秦游戎、陈叔咸先后来。延朱广文为内子诊脉开方。午后梅统领交来上海四马路东华里台州公所朱似兰函，又杭州车驾桥庆和堂客栈抚辕武巡捕、叶德明函各一件。宝华出口。余绅来答拜。

初六日，癸丑　　晴

陈甘卿来，黄仲荃来。后垟局员秦来答拜。午后雨。下午诣高祝山处一坐。

初七日，甲寅　　晴

房东是日放焰口。下午诣黄仲荃，拜道署钱席梁九龄。旋赴屈虞臣处饮，同座为金芸台、文三府、庄君乙青及陈某。闻庄君说杨古酝大令现在上海商会充总文案，年八十一，精力不衰。温俗称妇人之稍有身分者曰"孺人"，大孺人、二孺人依其次第，犹台州之称"老安人"也。然每去"人"字，单称"老安"，又系以其夫之名，曰"某某老安"，即不可解矣。台俗妇女多有傍山人，盖私夫也，称道不甚讳。温州闺女未出阁者称"院主"，亦以一、二排行呼之。

永嘉人林锦堂字霞裳者持徐班侯侍御荐函来见，盖六月十三日京中所发也。

初八日，乙卯　　晴

午刻赴彭副戎在中之招，并答诣林君，同座谢、郑、陈、陈诸人。申刻大雨。诣梅统领及何公馆一谈。黄仲荃送来物件四色，收石章一方，书二册，盖孙仲容所刻之《周书斠补》、《九旗古谊述》也。邮局来初五日谭文卿复函。

初九日，丙辰　　晴

诣朱广文一谈。午后何寿安来。雨一阵即止。丰顺、宝华同进口。接耐安讣文。夜林鲁生大令来，托带锡器入省。

初十日，丁巳　　晴

买定丰顺房舱。午后章吉士来，托带省城周、李两处洋信共乙百〇四元。夜二更雷雨大作，霹雳惊人。

十一日，戊午　　晴

清晨屈虞臣来送行，云嘉兴车站在东门外，东门内及北门外均有客店。下午，陈章平、陈叔咸均来托带洋信，陈毓陶又托带司房余丽生洋信四元。发李提督信，又复陈兰桥信。傍晚薛楷字式恪自瑞安来，即与彭儿同赴东洋者。入夜彭儿登舟，二鼓后亦出城。

十二日，己未　　晴

五更开行，秦小涛、庄乙青均同舟，殊不寂寞。庄云余丽生即禹门子，萧山人也，办事结实，许为转托。庄住柳翠井巷，据云清河坊爵禄客店系藩署某号房所开，地方适中可住，消息灵便。夜二鼓泊镇海口外。

十三日，庚申　　晴

清晨抵甬江，午后开，二更泊吴淞口外。两日风平浪静。

十四日，辛酉　　晴

清晨入口，住三洋泾桥泰安栈。与陈介石遇，盖自省赴粤也，住吉升楼，云杭人拟举其充议长。是日赴钱江会馆，偕铁路股东二百馀人公留汤蛰仙，汤先一日赴杭。下午秦小涛招饮大庆楼，同座有师范教习王冰兰，亦瑞安人也。席散，诸人偕彭儿观剧，独自先回。答诣介石，不遇。

十五日，壬戌　　晴

秦小涛赴杭。彭儿偕式恪诣虹口正金银行买来汇票一纸，又于大英公司买来特别三等舱船票乙纸，云十七开赴横滨。作褚九云信，托介老带粤。午后雨不大，旋止。介老来，交来致汤蛰仙、陈仲恕、叔通三缄。汤在杭州大方伯，陈在金洞桥，叔居咨议局，仲充院幕，皆蓝洲大令子也。汤到沪，住老垃圾桥贻德利公司。

十六日，癸亥　　晴

诣朱似兰处，渠赴苏未回，与其戚王廉卿略谈，谈及前署黄岩令汪芙生冤杀丁、年两案事，令人发指。陈介石来，因约同薛楷、率彭儿至大庆楼午饭。介下午乘广利赴粤。彭儿及式恪晡时上英公司船，以船系明日十点钟开，仍回寓。发家信，付邮，以丰顺即日开也。

十七日，甲子　　晴

九点钟彭儿偕式恪并瑞安许某同登舟，许即竹酉子也。欧阳彦谟字定之亦昨午后到，赶不及同行。十点钟至铁大桥大东公司买房舱赴杭,一点钟开。微雨数点。

十八日,乙丑 晴

清晨抵拱宸桥,午刻抵清河坊爵禄客店。饭后诣柳翠井巷晤庄乙青,云与余丽生未接洽。因诣俞凤笙,面谈禀到及台、温二事,即将吏、礼凭照二纸,履历一纸交其办理。丽生住藩署内,其通信则由司前同顺泰纸店。

十九日,丙寅 晴

潘婿来。午后为陈甘卿送洋信,亲交渠老太之手收。诣潘宅一坐。借邓宅轿子回寓。小雨数点。代人分交府署及忠孝巷林寓物件。陶石泉来,未晤。发家信,付邮。发刘子秀观察信,双挂号寄粤。

二十日,丁卯 晴

是日禀到。诣杭府、藩台、劝业道、臬台,均未见。诣陆春江中丞,未晤。诣金谷园汤蛰仙京卿,谈片刻。带来各信均已投讫。潘婿交来所写履历二分。下午诣陶石泉,未面。俞凤笙来,云禀件已缮,明日可递。分交十五奎巷洋信。林君煌来,托带一函并篓乙只回温交陈毓陶,可谓不近人情之至。余丽生来,取去陈君洋信。

廿一日,戊辰 晴

清晨谒藩宪及陆中丞。拜彭笠桥大令、嵇双华少尉金弧,未晤,晤其子笛梅、铁梅二人。铁系秦氏婿,现在高等学堂;笛系伊兄,以府经过班知县。拜季久孚,未晤,晤季省三。谒黄子畬观察,未见。并拜费屺云大令,亦未见。午后诣俞凤笙,已他出。缴凭禀件缮就,本日发递,以二十日为禀到之日。昨日,由潘宅收到章一山初一日来信,系复第一函者。抚台回署。下午,雨。

廿二日,己巳 晴

清晨谒抚宪,同班十一人,七员三绅,午刻始散。藩宪来答拜。

仁和令苏、彭大令及嵇少尉、季久孚禹昌均来答拜。

昨日《浙江日报》等审判研究所开学，臬司李□训词一篇，以中国乏才，由于学守古训，陋缪已极。海军经费，湖北先行，认定开办费八十万，分四年缴，常年费十万。见电音，度支部认开办费五百万。奉、鄂、粤、闽、江督均加海军大臣衔。海军处咨请测绘海图，自东三省安东、鸭绿江迄广东钦、琼，凡海口四十馀处，分设各局，限五年一律办竣。本日报内法部复大理院文一通，极要。

下午诣萧伯康大令，未见。诣潘宅一坐，亲家太太季氏出见，举止娴雅，所言酸楚可怜。诣陶石泉大令一谈，归，已曛黑矣。

廿三日,庚午　　晴

清晨谒杭府卓太尊。拜晤费子赞、徐殿臣。答拜沈品章，并见其母，谈片刻。劝业道及王廉臣司马、杨太守、徐大令均未面。陈胹崖、高予卿观察亦未见。午后陈胹崖来，季久孚、庄乙青来。发温州家信及彭儿信，又发陈甘卿信，均付邮。胹岩谈阴阳宅辟蒋氏，遵纪氏，其占断土中物用奇门，据云百发百中，一无失误。其言西四命人住衙署只须住东边房，自然门向皆在西方，此为拨砂法，言颇有理。下盘定中宫总以香火堂正栋下为主地，而用石灰量画十字，安盘其上，再行四面牵线自准，天井当中不可安盘。阳宅用《斗临经·八宅》及魏氏《大成》，亦不用蒋法。用奇门即用三元，纪氏有《九宫纂要》，未刊，秘本，须钞。《董公选》据云非原书，不知冲，命宫冲太岁，用之害人。恽中丞刻此书，渠曾谏阻不从，《诹吉便览》佳。

司幄衔颐和园八品苑副永麟上书，摄政王复，即捐躯。经京畿道御史崇兴奏，奉谕旨"交部从优议恤"。见本月廿一日上谕，原书见廿三日《浙江日报》。

廿四日,辛未　　阴,天气骤凉

午后诣陈胹崖，并送以京都物件四色。奇门克应专看符头一说,据云极验。克应门类,即《大全一得》所载各条是也,然须参看六壬。又云破人风水极易,用盘较准龙穴方向后,再用旧罗经如法安之,另用铁锯一把,于罗经前切入土内勿动,其脉即断。又云"奇门"二字,门用天盘,奇用地盘,不可误用。此老虽五代家传,经验不少,究之读书不多,法门亦杂,惟墨守纪氏书为不谬耳。杜陵真诀渺乎未窥,凡宗蒋各家均不能言其得失,端木国瑚元文据云甚好,其所以好处,亦道不出,可知其于宗蒋、辟蒋两派多未究心矣。既用奇门,又兼六壬演禽,所以嫌其杂。

本日《浙江日报》内有宪政馆议覆于式枚一折,须细阅。

廿五日,壬申　　晴

清晨诣陶石泉,未晤。购小书三种。陆中丞来答拜,劝业道来谢寿。下午徐游戏富春字树棠者来,借洋两元去。

廿六日,癸酉　　阴

陈脯崖送来茶叶、月饼、栗子,即以转送潘宅。竟日未出。

廿七日,甲戌　　阴

清晨何仲英别驾来,谈片刻。午后以瓯江土物六色送陆春江,未收。出街一走,梅花碑汲古斋有金陵陶胥来原刻本《命度盘说》三册,道光三年刊本,纸板精工,为近数十年官私各刻所未有,索价六元,太贵,未购。上册《命盘附说》,中册《江苏北极出地命宫度表》,三册《算表》,无甚奥秘。下午陈脯崖来,沈品璋来。吴世德来,交来陈甘卿一函。夜,遣松海至潘宅。

廿八日,乙亥　　晴

清晨出街一走,看定旧刻大板《本草纲目》乙部五十二册,殿版《授时通考》一部四函四十册。仁和许增迈孙《榆园丛刻》廿册约廿馀种,索价五元六角。校本《词律》十二册。仁和魏锡曾稼孙《积语堂集》十四册，《题跋》一，《碑录》十一，《诗存》、《文存》各一，光绪癸未年刊于羊城，在粤未见，破碎之学，无甚紧要。午后，费子赞贰尹来，偕至粹芳茶话，坐定，而秦小涛、王冰素二人亦至，谈许久散。楚人李静斋来，取去陈叔咸所寄洋函。陶石泉来，约至聚丰园小饮，谈及温州洋广局近年情形及李希程翁婿往事，海关、海防大概光景。夜缮就章一山信。

廿九日，丙子　　晴

清晨《探报》：洵贝子初二可抵杭，住西湖刘庄。以章信付邮。谒抚院禀辞赴温，藩台、劝业道均未见。拜客一日，见者为何仲英、刘品山、高观察，同乡包、夏、戴三处均未面。诣潘宅一坐，商定初四乘早车行。又答诣吴世德、庄乙青，拜调查局统计科科长王葵若大令。抚署号房周国宗字熙臣来，取去梅统领所寄洋信，此人住抚宁巷。

八　月

初一日，丁丑　　阴

清晨出街买茶叶、藕粉、月饼各件。以杂物四色送刘品山，收一色。何仲英送来月饼、茶叶两色。下午刘品山来，交来致金芸台一函。念慈交来彭儿廿二日自日本东京来信，云廿一到彼，沿途风浪不作，眠食如常。现住神田迟猿乐町十九番地鸥凤馆，即九鸣所住客栈也。九鸣即须入校，仅与同乡两欧阳君同寓。先学日语，继入经纬学堂，再入法政。

初二日，戊寅　　晴，热闷不可耐

刘品山送来菜点，即转送潘亲家太太。夏太守来谈。午后拜陈仲恕兄弟,未晤。诣官书坊,购各种章程、例册。诣潘宅,一坐即归。亲家太太送来路菜六色。诣俞凤生,送润笔廿元。夜庄乙青来,云初五起身。王葵若送来《调查局章程》三册。邵楚白大令来,吴世德来。

初三日,己卯 晴,郁蒸而热

念慈来,给以四洋,偕至大街购物。午后以费子赞一函交邮局,以陈介石一函交邮局,寄秦小涛转交。检点行装。

初四日,庚辰 晴

五句钟出城,至清泰门火车站。六句钟而黻卿大女及念慈婿亦至,稍候,买票登车,七句半钟开行,念慈回去。一句半钟抵沪,车行不稳,颇不快意。由南市雇马车至泰安栈,比行李到,已傍晚矣。

初五日,辛巳 晴

清晨郭道台及官亲、幕友四五人晋省,乘丰顺来,同寓泰安栈。吕文起观察及伊戚叶步瀛大令、孟少鹤优贡均至。与诸人一谈,郭公盖为擢署提学司一事入省面辞也。晚间,约赴雅叙园小饮。饮毕观剧,三鼓回寓。

初六日,壬午 晴,天气蒸闷

郭公早车赴杭。午刻雨。夜招吕、叶、孟、蓝小饮。

初七日,癸未 晴

旅舍闷坐竟日。

初八日,甲申 阴

清晨上丰顺船即雨,自是时雨时晴,热闷异常。

初九日,乙酉 忽雨忽晴

夜四更开行。

初十日,丙戌 大雨数阵

傍晚泊甬江,四更开。

十一日,丁亥　　雨阵间作,时逗日光

稍有风浪。二更泊温州口外。

十二日,戊子　　晴

七句半钟抵马头,到家已十句钟矣,颇倦。邮局来彭儿自日本东京神田区猿乐町十九番地鸥凤馆第二号信,中历八月初四日即西历九月十七日所发。详言人情风土,大为悬虑。即作函,促其内渡。分送各处物件。何、陈、屈诸君来,陈甘卿来。

十三日,己丑　　晴

清晨谒本府、镇台,拜首县、府学路小谷,均晤。余道台、经粮厅未晤。午后,拜梅、熊、屈、陈、何、袁、郑、陈、郑,晤者何、熊、郑三人。发黄悦夫唁函,附洋两元,交利济医学堂转寄。余道台来答拜。夜间,写就念慈信。

十四日,庚寅　　晴

午后诣道署钱谷、收发、帐房一谈。以寄念慈洋信十元交陈叔咸,转托吴别驾带杭。诣林鲁生。下午熊、林两大令及电报局员郑诵华来,本府来答拜。

十五日,辛卯　　晴。中秋节

未出门。陈叔咸来,屈老二偕袁经厅子及侄来。丰顺明晨开。

十六日,壬辰　　晴,天气甚热

八句钟时出东门,在宝华轮局接差。十一钟时道台乘宝华到,新裕船亦到。诣郑少平处贺喜。夜道宪来函,属拟奏稿,系抚宪所托而转以见委也。邮局来初八日彭儿明信片一纸,又九鸣信一函。夜,大雨。

十七日,癸巳　　阴

清晨谒道宪,属移入署,与陈甘卿略谈。下午诣朱广文一坐。

发彭儿信，促其即归。

十八日，甲午　　晴

邓小峰嵯尹来。朱广文来，云六月廿八宴会事，林德格控院批司委查，已见初十日《申报》。十句钟时携笔研至道署，在署午饭即回。闻甘卿云，须赴玉环会审，案件已办稿，议员三人，则仆与文三府、江贰尹也。邮局来李水提羊城复书。答拜新科拔贡郑君。诣屈贰尹一坐。

十九日，乙未　　晴

梁九龄来，屈虞臣来。诣陈经敷大令，即入署，下午回。

二十日，丙申　　晴

清晨入署，调查局来《财政统计表》八十八张。下午回寓，诣高祝三略坐。赖可传来。

廿一日，丁酉　　晴，旋阴

诣庄乙青一谈。入署，奉委充当省城议案审查会审查委员，与三府文定生慧偕。下午回寓，利济医学堂唐君阎字澄之者来，为拨给米石漏海罚款事。

廿二日，戊戌　　阴，稍寒

清晨道署贺寿，未见。奉札委赴玉环会审胡姜麒、郭雨青互控一案。午后，宝华入口。拜三府，未见。诣周仲明，亦未晤。下午见道宪禀辞，又至太尊处一谈。夜在署饮。邮局来八月十三日彭儿东京信一封，又明信片一纸，又俞凤笙司房寄来分道藩札一件，其缴凭批回尚未来。朱广文以诗函来。

廿三日，己亥　　晴

清晨和朱眉山七古一首。诣陈叔咸一坐，又诣陈经敷一坐。复彭儿信，付邮。午后登宝华船，四句钟开行，八句钟抵坎门，港阔风狂，浪大舟小，上岸时颇危险。借榻盐廒，廒中司事王少卿，杭州人。

廿四日，庚子　　晴，西北风

清晨起程，陆行卅里，至玉环平坦大路。拜史谏初司马书，即住署中。署据山腰，屋多人少，尚宽敞。晤刑钱陶右诗，绍兴人，收发、帐房李鉴卿，常州人。下午出街一走。由西城至东城约三里，风气朴野，无可游观。夜史公招饮，同座为学博蔡、巡司匡、警察徐熙缉之及署中友。

廿五日，辛丑　　晴

午后拜客，晤蔡、匡二公，劝学所董事陈某未面。夜枕得诗三四首。雨。史公赴三盘。

廿六日，壬寅　　晴

午间史公回署，云风大，另附轮船去。阅志书三四册，尚可取。偕李、陶二公出西门二里许观瀑，上有洞曰"仙人"，路陡峻，未能往。得七绝两章。

署内用款，年约乙万馀，搏节之，可馀三千元。好处在渔团及冬钓，渔团已归本府，冬钓向有船四百号，现只百四十号，约可得八千元。此外平馀六百千仓谷，盐廒亦有所入。廒友束廿元，刑名兼钱谷为一席半，束五十六元。门丁三人。学务、警务年须三千馀元，现尚缺一千馀。警察、巡官只廿二元，巡士廿四名。每年解司四千馀两，府署办公经费六百千，大概如是。大市镇为楚门，为赴太平县大路。由楚门赴太平陆行一日，再水行一日，即至海门。由厅赴郡，如不乘轮，须由乐清。中间须换海船三次，陆行一次，极形不便，且多匪盗。

廿七日，癸卯　　阴

午刻闻提到案内人证数名，以原告胡姜麟等未到，偕史公坐堂，略问数语,未便审断。夜拟就会禀稿,饬缮。二更起程,三鼓后抵坎门,仍宿盐廒。雨。

廿八日,甲辰　　阴

清晨偕廒友王少卿至教场头一走,往返约八九里,中过一岭一海峡。十一句钟,宝华到埠,即登舟。遇吴、沈两人自杭来温。一句钟开行,四点多钟抵郡,比入城,已黄昏矣。

廿九日,乙巳　　晴,天气热闷,所谓"桂花蒸"也

谒府、道,在署午饭,饭后即归。诣朱广文,未面。杨俊卿、文三府、屈老二来。朱广文来,偕赴县署饮。雨作。接汤蛰仙京卿杭电,促即入省。林大令招饮,却之。《浙江日报》论六月廿八公宴事淋漓尽致。十二日。

坎门渔税由本地绅民向来承办者领旗办理,分三期缴款。每船规洋廿五元,内廿三元折英洋十六元缴道,馀两元为经手所得。委员约五百元入款,司事两名,月薪各十元。另有三百元出息,为司巡均分。闽船已领有护照,每船只缴十二元。坎门海关包缴约七百元,常关以平阳为大。玉环厅冬钓及盐厘向由廒友经办,每船纳课四十八千,冬钓费在外。现有船二百馀只,约七八千元。廒友前有入款千馀元,现稍减。向章不给薪水,一切归友自备,而费则照缴,以其别有出息也。现闻月给廿元,一切归官。据云如此办法,官必吃亏,以权在司巡手中也。玉环城中及各嶴民人食盐按口配售,皆官所定,其款即归署中公用。官之入款,此亦一宗。以上皆杨俊卿说,伊经办多年,于西门厘税情形尤熟。玉环厅坎门冬钓费六千元系包定,向来一底一面,近稍减。

三十日,丙午　　阴

清晨入署,复汤公电,以电报呈道台一阅。下午诣梅统领,说定

念慈局面。诣秦游戎、文三府一谈。师范学生林姓兄弟二人来谒，未见。夜写就彭儿及九鸣信。雨作。黄傥夫来。

九　月

初一日，丁未　　雨

清晨诣路小谷，未面。诣经厅一坐。下午诣杨俊卿，未晤。答拜黄傥夫、周仲明，均未晤。夜，接陈介石杭州初一电，云咨议局请任书记长，促即赴省。

初二日，戊申　　阴

发陈介石复电。是日房东孟小鹤优贡开贺，为陪客半日。杨俊卿来，属其调查两事。中学生刘、陈二君来，未晤。屈密之、屈应洛、朱希陆。双门内小夹巷杨远峰、大峰两弟兄种花满屋，兼好吟咏，亦瓯人别调也。林格德原名壬，字朔泉，平阳人，与孟小鹤同学。梅佐羹即控孙仲容者，现充自治研究会书记。

初三日，己酉　　晴，天气蒸闷

诣陈叔咸，询委查营基事，知农桑学堂堂长施泽震禀拨营地，租洋及前议兴办振武学堂经费补助该校，奉院批查，本府委伊查复。在道署晤一号巡船哨弁粤人李胜，谈及坎门鱼税、冬钓及渔团各事，均甚熟悉。云玉环厅冬钓每船缴费五十二元，有照有牌者减半。盐廒司事出息岁有三千，除用可得千馀。坎门冬钓，领旗者款归道台，不领旗者归委员，即所谓贴捕，约三四百元。另有贩曹二三百千，归巡丁。每渔船一只岁出玉环厅冬钓费五十二元、府署、渔团费十元、十二元，又坎门渔税二十四元，约共九十元。渔团归土人包办，解省七千元，开支各局二千元，本府得千馀元。总局委员月薪廿四元，司事六元,巡丁五元。二司四巡有船两只,为收捐解款之用,不司缉捕。下午诣熊、郑、郑三处,均未晤。

夜接彭儿本日上海来电,知自东洋归,住泰安栈候丰顺。邓小佣、陈孟聪来,未面。

初四日,庚戌　　晴

答诣邓小蓉。在署午饭,即回。宝华到。邮局来八月廿日彭儿明信片,又廿四日来信,系接到八月十二日去信所发者。章一山八月廿二复信,内附致日本公使馆夏内阁履平一函。藏经笺,草灵丹。陈孟聪来。

初五日,辛亥　　阴,天气热闷异常

清晨谒本府、道宪禀辞,诣三府。午后诣吕观察,未晤。闻秦游戎升署象山协台,吴太尊属带督练处汤观察函、幛。

初六日,壬子　　阴

高祝三、高钰卿来。渔团额征乙万元,除开支外,解司约六千六七百元。永、瑞、平、乐、玉设局五,又设分局归本地人包办,设船两艘司稽查。船弁月十二元,船勇每名五元,委员廿四元,司事六元,巡丁五元,大概如此开支。盈馀及包捐规例,本府可得千数百元。以上高祝山说。处属各苦缺,新津贴已停给,旧津贴亦难保。除丽、龙、缙三县外,无不赔累者,洋价长,提款多故也。以上高钰卿说。午后,拜客数处。晤者秦、吕、何三处。文三府来,道署送来夫马费五十元。陈甘卿托带洋信五十元。阅报,见苏抚、浙藩议案均佳。答晤陈孟聪,知介石得正议长,出手书一纸,尚系廿七所发。诣吕观察。道台海防所入,岁约三万,可得万数千元,办公经费五千元。

初七日,癸丑　　阴

清晨杨俊卿来。午刻诣道署,道宪面交《议案》一册。下午陈甘

卿交来寄沈宅洋信一封，又道台致财政局员李少白大令一函，《福字密电》一册。吕观察交来致杭道启约一函。本府交来致陈介石函，又收发员王耕九夜间交来吕文起致黄仲荃一函。

初八日，甲寅　　阴雨

八句钟上丰顺船，十一钟开。

初九日，乙卯　　阴雨

午刻抵甬停泊。

初十日，丙辰　　阴

黎明开行，连日晕浪，颇苦。夜抵沪，遣松海至泰安栈招彭儿，闻已行矣，所问不确切。

十一日，丁巳　　晴

清晨诣泰安栈，阅簿，知彭儿初三到，初五行，系附平安轮走海门回瓯。即上招商小轮，一句钟开行。

十二日，戊午　　晴

午刻抵杭，寓过军桥荣庆堂。下午遣松海至五魁弄季宅，询悉念慈及亲家母往乡间，数日后方归。夜差片至陈、黄两处，陈住凌司后镇海馆，黄住太平桥岳家湾。介石旋来，云书记长事已变局。汤蛰老赴沪，留字见示。雨彻旦。面交吴太守信。

十三日，己未　　雨阵叠作

十句钟时，汤蛰老招饮湖上小刘庄，并遣舆来，即赴之。座客六七，皆不识面。席散，谈及近事，属拟折稿。回寓，恰遇黄仲荃来，面交吴太尊信及屈君名条，谈良久。知介老又来。发家信及陈甘卿信。

十四日，庚申　　雨

清晨诣介老，坐定而仲荃亦至，谈片刻。诣汤蛰老、郭亦廉大令。遣松海送洋信至太庙巷陈公馆，又分致府署托交函件。翻阅各报竟日。诣抚院，晤文巡捕陈公坦，面交路小谷信。

十五日，辛酉　　雨

清晨汤京卿来答拜。诣抚署，适止笤，未得上谒，以《议案》一册托巡捕孙君代呈。诣藩署、杭府一转，晤刘品山，谈片刻。诣陶石泉大令，并晤同寓范咏和、刘云章两大令。范甫至自都门，刘亦同乡。诣季省三，未晤。

十六日，壬戌　　雨止

谒抚院，以辞笤未见。陶、刘两大令来。饭后，拜陈、黄、何、黄子祥、郑绛生诸公，均未晤。是日为咨议局会期也。范咏和大令来。闻潘太太回寓，即往晤之。彼亦遣毛毛来招。夜为范大令致一函于谭文卿，并诣渠一谈，并晤陶、刘二公。

双挂号发陶、刘一信，寄金陵。写就家书。抚宪传于明日二句钟赴官报局会议。

十七日，癸亥　　晴

清晨谒抚院，谕赴会讨论。陈子周大令来。以家书付邮。午后，诣抚院参事员梁式唐大令建章一拜。旋至金钗袋巷官报局会议，到者廿三四人，皆不相识。由梁君交来《议案》十一册，并借阅《审查会章程》。二句钟至四句钟散。拜财政局委员李少白大令茂莲略谈片刻，以其忙甚也。拜邵楚白大令，未晤。秦小涛来，不相值。

十八日，甲子　　阴

午前阅报。午后邵楚白来谈。诣潘太太，闻赴金华将军庙。由毛毛交来家书一缄，系彭儿到温十一日所发也。至抚院前大街大来店定鞋子。郑绛生大令礼融来答拜，未晤。邵楚白大令来。夜雨。

十九日，乙丑　　雨

清晨谒藩台略谈三四语。谒董、高二道，均未见。拜夏太守、陈参军,均晤谈。又拜万分转、王司马、徐殿臣,均未晤。陈介石招往商事,夜一诣之,并晤黄仲荃及王、刘二议员,平阳、青田人也。是日,抚院饬赴咨议局会议,云可去可不去,以徽章尚未发出未赴会。发家书及九鸣书。

廿日,丙寅　　雨竟日

郭亦廉、黄子祥、王鸣九来。

廿一日,丁卯　　雨

汤京卿来,刘祝群议员耀东来。

廿二日,戊辰　　阴

午后诣范大令一坐。文定生别驾来,带来郭道台手函一封,又十四日所发家信一封,皮背心乙件。诣潘太太,未晤。下午,潘太太送来蹄子、螃蟹两品,十七日家书一封,云念慈于十六到温。随诣彼一谈。夜以蟹四只送范大令。

廿三日,己巳　　晴

清晨拜谷、王、沈三大令,均未面。俞司房、秦大少、黄、刘二议员,陈议长均略谈。答拜文别驾、王大令,均未晤。夏太尊来。发郭道台禀信及家信,付邮。

《生殖器之研究》,男子之部二册,女子之部二册共二元二角。男女之研究二册。附售《男女之秘密》一册,六角。送《宣统二年官商快》①一册。上海广益书局、鸿文书局。

廿四日,庚午　　晴

清晨诣梁参事,未晤。发章一山信。午后拜客,晤陆春江中丞、文定生别驾,其劝业道谷九峰大令钟秀、王葵臣大令丕照、沈思齐大令

---

① "《宣统二年官商快》",疑即"《庚戌年官商快览》"。

惟贤均未晤。又诣费子赞,亦不遇。

廿五日,辛未　阴雨

午后刘品山来,费老匕来。夜汤京卿来,渠明早启程北上。抚宪传饬,翌日一钟时赴咨议局会议。

廿六日,壬申　阴

清晨诣梁式如大令假得徽章。午后赴咨议局,委员到者十有八人。是日议员到者八十一人。议及电争资政院未复应续电事,又议抚院批改规则事及删除规则三条事。提议《浙江试办农田水利案》,删"试办"及"浙江"等字,皆无大关系。秩序颇形紊乱,言词尤为庞杂。归寓,已黄昏矣。潘太太来招,饭后诣谈良久。李少白、徐殿丞来答拜。

廿七日,癸酉　阴

发王荫长统领函,双挂号去。诣官报局,晤书记陈子钊,取回《议案》十一册,邮寄温州。并发道台一函,发王玫伯函,均付邮。下午陈介石来。雨。

廿八日,甲戌　阴,微雨

发徐班侯侍御复函,双挂号;发章一山检讨函,均有要谈。刘品山以王兰泉司寇及九青小像属题,九青不知何许人。

由陈介石送来议案一包。下午,王鸣九来,谈及台守启公家事,大可骇笑。云其女公子所私之洪生即传经堂后人,屡招入署,事发后,启许为捐道员,以女嫁之。以洪所聘张氏女不允,未即成议。女赠洪百金,约至沪成婚。洪既行,女意中变,盖又有属意人也。闻所私者先有伊寡嫂之弟某及署中帐房纪某,纪并私其嫂,启亦深悉,且举以告人。启与其媳之母私,兼乱其媳,启妾争风诟詈,无人不闻。有仆犯事,启坐堂皇,欲答之。仆数其秽迹,历历如绘。启不复答,发县管押。不逾月,为作函荐往温州,洵奇谈。蹉务改章,议提府署入款五千五百元。缘府署岁有盐厘洋水八千元,府局用三千元。现局中无委员,因此两款各提其半。同昌号则岁加包厘五千元,裁缉巡经费、帖费等三千,委员七人薪水、各友节规乙千七百馀元,案已交运司议。本府去此五千五百外,岁入如各县办公费、厘局洋水、渔团出息及盐厘余剩尚有二万馀元。渔团虽由黄楚卿包办,任事者为何蔼生,获利甚丰,亦有提归官办之说。

廿九日,乙亥　　　阴

午后谒见劝业道,答拜黄炎,诣文别驾,均未晤。下午包封议案廿二件交梅统领差弁带呈道署,又附家信及议案一总封托带。邵大令来,未遇。发陈甘卿信。

三十日,丙子　　　晴

清晨黄仲荃来,谈及曾广钟赴温查案,并拟议海防款事。诣梁式堂,未面。文别驾来。午后由梁处交来徽章,即以其一转交文君。登吴山,情景少有不同,不到此近廿年矣。邮局来廿三日家信,系接杭州第一函之回信。附来屈老二一函,即送黄仲荃一阅,取得回条。发陈甘卿信。

十　月

初一日,丁丑　　　晴

发家信,附回黄君回条。劝业道来答拜,属午后往见。饭后诣彼面谈瓯江一事。便诣李少白、郑幼农一谈。发郭观察信,付邮。

初二日,戊寅　　　阴

秦大少来,李少白来,未面。邮局来王统领复函

初三日,己卯 阴

清晨出街买纸、墨等,并定刷印格纸。午后诣咨议局,到者廿馀人。邮局来廿八家书,内附九鸣信。又来陈毓陶信及抄来清折章程各件,李少白来一函。

初四日,庚辰 晴

发家信,附回王统领复信。午后奉传赴咨议局。文别驾来。

初五日,辛巳 晴

诣王志鹤一转。午后赴咨议局,并答诣邵楚白。以函致李少白。发陈毓陶复信。

初六日,壬午 晴

由梁参议交来《咨议局筹办处报告书》三册,《选区图》二册。奉传赴咨议局。

初七日,癸未 晴

清晨黄仲荃来。李少白交来洋款五十元,即郭道台属拨者。午后赴咨议局。散后,便诣何肃堂一坐,归已定更后矣。督练公所谋略科科员、乐清人吴万里澄字□□来拜,现入都赴陆军军官学堂。陆子登来。

初八日,甲申 晴

发家信及陈毓陶函。文定生别驾来洋乙百元,系借用。午后诣刘品山,未晤。诣徐殿臣处一谈。商务馆购书乙部。发章一山函。

初九日,乙酉 晴

清晨答诣督练处吴君,索来《浙江兵力调查表》一册,极简括,又图三种,亦好。该公所所刊各种图表及《巡防队章程》均须觅览。午后出街一走。陈介石来。是日院署二钟开会议,厅、司、道及委员皆到会。阅《部颁财政统计表式举要解说》一册,极善,皆公牍中之佳本。

初十日,丙戌　　晴

发家书。潘毛毛来,陈介石来。

十一日,丁亥　　雨,天暖

竟日不出。陈介石来。夜西北风作。

十二日,戊子　　晴,冷极

清晨出街购皮马褂一件。午后诣季宅,又购回风毛及各什物。邮局来郭道台复函两封,又初五、初八家书两封。随发陈毓陶函及家书,告以十五六动身。

十三日,己丑　　晴,寒威未解

发家信,附报纸两段。午后出门购买什件。王宝槐来。邮到章一山初六日挂号信。陈介石交来议案一束,所缺尚多。

十四日,庚寅　　晴,寒甚

发章一山信,双挂号。午后诣文别驾略谈。拜客数处,均未面。陈介石来,亦不相值。

十五日,辛卯　　晴,寒冷

差人诣各署禀辞。江、浙《咨议局规则》均刊入八月底、九月初《申报》,谅《东方杂志》亦必登也。

十六日,壬辰　　晴

清晨出城至车站略候,八点钟开车,一点钟到沪,入泰安栈。

十七日,癸巳　　晴

诣朱似兰,闻已赴杭。下午平安船进口。

十八日,甲午　　晴

清晨上平安船。稍顷,王宝槐亦至。下午开行。

十九日,乙未　　晴

八句钟时至穿山,停轮半时。下午至定海,停两时许始开。

二十日,丙申　　晴

八句钟时抵海门,即遇宝华船。

廿一日,丁酉　　晴

在海门停一日,夜始展轮。

廿二日,戊戌　　晴

午刻抵温州,到寓已一句钟矣。送书籍、议案及橘子、白菜等与道台。

廿三日,己亥　　晴

清晨谒道宪,拜永嘉令,本府偕统领赴乐清。午后拜客数处,晤者吕观察、朱老师、袁经厅、陶石泉大令。

廿四日,庚子　　晴

午后拜客数处,晤者余编修。屈虞臣来。

廿五日,辛丑　　晴

诣署看定房屋,分给诗钟题目。

廿六日,壬寅　　晴

清晨入署,诗钟缴卷。郑广文来。

廿七日,癸卯　　晴

诗钟放榜。与梁、金二幕一谈。

廿八日,甲辰　　晴

秦锦涛来辞行,赴象山协新任。

廿九日,乙巳　　阴,微雨

诣秦游戎送行。拜镇台,又诣督销局,未晤。答诣屈虞臣,亦未面。

三十日,丙午　　晴,旋阴,天少寒

诣署竟日。

十一月

初一日,丁未 晴

未入署。

初二日,戊申

入署。夜赴吕文起观察之招,座中有委员、曾太守及朱、郑二广文,徐、沈、黄、顾诸君。

初三日,己酉 晴

曾季澂太守来拜,未晤。在署竟日。

初四日,庚戌 晴

谒曾太守。夜赴冯中府之招,在坐为平、瑞两协,吕、吴、朱、郑、刘诸公。叶步瀛大令来拜。

初五日,辛亥 晴

拜客数处,晤者为陈、黄、叶诸公,徐、郑、沈皆未晤。

初六日,壬子 晴

黄仲荃、朱味温同来,杨俊卿来。午后诣曾太守、吴二府一谈。冯中军来拜。

初七日,癸丑 晴

王哨弁来。午后谒本府,拜梅统领。冯中军来,未晤。丰润出口。郭步銮、杨啸渔来,未面。

初八日,甲寅 晴

下午朱广文来。复临平许逸云孝廉扬书,许为潘念慈之舅。念慈来时带有信函,至是答之。

初九日,乙卯 晴

在署竟日。发唱诗钟。晤黄仲荃。答候朱教习,未面。

初十日,丙辰　晴

长至节。午后诣署,夜饭后回。梅统领、吴太守来拜。道札委查徐陈冕失窃案。

十一日,丁巳　晴

清晨拜师范监学增生徐陈冕字骧卿,右营署游戎刘震祥字仙槎,城守营都戎陈浩字读三,中军冯斌元字子贤,永嘉捕厅万楷臣及伊大令。午后陈都司来答拜,未面。

十二日,戊午　晴

在寓竟日。午后徐骧卿来。

十三日,己未　晴

入署。和观察诗一首,并以一首柬陈香雪大令。丰顺船到,陈甘卿回瓯。发李少白信。

十四日,庚申　晴

郑广文来。诣陈甘卿公馆。诣三府一谈。午后以洋百元送还三府。马君辅字吉多者来,未晤。林鲁卿昨日来,借去《剑南诗抄》八册。

十五日,辛酉　晴

下午偕蓝、董、郭诸人小饮福聚楼,得见对门朱昌盛丝绵店女儿,约廿岁,已字某厨子,传为瓯江第一,实不然也。文、赖二人来。

十六日,壬戌　晴

拜徐班侯侍御。诣刘游戎,示以禀复之件,即报送道署销差。做诗钟竟日,二更始归。是日饬念慈附丰顺船回杭,发许逸云孝廉,告以梗概。

十七日,癸亥　晴

诣梅统领。晤江文光,盖昨晚由台来瓯。诣何寿安一谈。黄仲荃来。夜徐骥卿来。

十八日,甲子　　晴,连日暖甚,如三月天

在署半日。下午诣路小谷一坐。早间诣黄仲荃、袁经厅、文三府。五更雷作而雨。

十九日,乙丑　　晴

诣徐祠行吊,即归。在寓竟日。

二十日,丙寅　　阴,天气稍寒,旋下雪花

诣署,发诗钟卷。送梁九龄祝分两元。诣外国医院一诊腿疾。

廿一日,丁卯　　晴,天冷

在寓竟日。何寿安来,云后日赴梧州查仓谷,叶升同去。拟就陆、汤信稿。

廿二日,戊辰　　晴

在寓为先慈三年忌辰诵经一日,道署招饮,却之。陈甘卿来,未面。

廿三日,己巳　　晴

清晨杨俊卿来,黄仲荃来。诣陈甘卿一坐,即诣署。夜得仲荃信,即答之。

廿四日,庚午　　晴

宝华开,双挂号发陆中丞、汤学使两函。又发章一山、王统领两函。梅统领赴乐清。

廿五日,辛未　　晴

诣署。午后,诣黄仲荃,知回乐清。诣朱广文,又诣马吉多,均未面。

廿六日,壬申　　晴

闻梅统领已由乐清回,匪已四散。发诗钟案,迟至二鼓方归。

廿七日,癸酉　　阴

午后拜徐班侯侍御、梅统领、电报局员及陈董事逸臣,梅未见,以道台在座也。青田局员瞿大令子桓鸿瀖来拜,未面。

廿八日,甲戌　　阴

清晨答拜青田局员,未晤。

廿九日,乙亥　　阴

清晨诣署。午后徐侍御送来致学使一函。夜雨。陈孟聪来。

十二月

初一日,丙子　　雨,旋止

诣署。午后偕陈、陈、杨同诣林鲁卿,并诣郑家。夜赴朱广文饮,同坐七人。电报局员来,未面。陈甘卿来。

初二日,丁丑　　阴

清晨诣署,黄仲荃来,陈逸臣来,均未相值。答候陈甘卿,未面及。文定生未起,与袁经厅一谈。回寓,后仍诣署,发唱诗钟。

初三日,戊寅　　雨

清晨诣署,作诗钟。夜赴师范学堂饮,主人为黄、徐、刘、徐四人,徐、余、吕三绅均在坐。郭观察交来致袁学使一函。

初四日,己卯　　晴,旋阴

诣署竟日。

初五日,庚辰　　晴,旋阴

诣徐班老。在署作诗钟,二鼓后归。程、杨二人来,未晤。宝华进口。得章一山上月廿日复书。是日以徐、郭寄袁两函付邮。

初六日,辛巳　　阴

诣署。午后诣统领营中一坐。小雨。

初七日,壬午 阴

发秦协戎回信,作一书寄次女。复九鸣侄孙信,寄日本东京小石川大冢洼町高等师范学校。雪作,片刻即止,冷甚。

初八日,癸未 阴寒,御重裘

诣署。

初九日,甲申 阴,寒威稍解

诣署。

初十日,乙酉 阴雨

诣吕宅道喜,即入署。

十一日,丙戌 阴

诣署竟日。发诗钟唱,二更归。

十二日,丁亥 阴寒

发陈蓝桥复信。邮局来初三日汤蛰老复函。夜雪。

十三日,戊子 阴

诣署。

十四日,己丑 阴

诣经厅、三府小坐,即入署。董仲秩传一血崩秘方,患此者,用鸡一只破开,乘热盖阴户上,立止,据云神验无比。血得热而止,极奇。朱广文来,云耳中作响,药治难效,用乌骨鸡清炖,吃二三只即愈,但须全只吃尽。

十五日,庚寅 晴

诣署。下午陈叔咸来。发陈蓝桥信,寄台州。

十六日,辛卯 晴

诣署,作诗钟竟日。夜宴,三鼓归,以董君仲秩回闽,收发邵某新至,观察饯之也。

十七日，壬辰 晴

丰顺开。发陈介石函。诣署竟日。何寿安自梧州差旋，来谈。得李少白大令复函。

十八日，癸巳 晴，暖甚

国学扶轮社刻《香艳丛书》，第一集四卷凡廿乙种。新收发邵君来，统领来。

十九日，甲午 晴，暖甚

午刻封印，衙参未见。午后诣署，发唱诗钟。二更归。诣郑绍平新屋。

二十日，乙未 晴，冷

答诣梅统领、邵收发、陈、何二公。下午郭、杨二公来。

廿一日，丙申 阴寒，旋晴

清晨诣外国医院。由师范学堂送来褚九云初十日信，并诗一册，盖船上所发也。

廿二日，丁酉 阴

诣署。是日谢年。

廿三日戊戌 阴，寒甚

在寓竟日。

廿四日，己亥 阴

是日迎春。下午谒本府。

廿五日，庚子 晴

清晨诣陈介石，并晤孟聪、仲荃。午后拜徐班老，未面。陈、黄三君来，未相值。陈介老致抚院函，即日发。

廿六日，辛丑 晴

清晨诣徐班老送行，略谈片刻。午后诣陈介老，则已赴瑞安矣。

是日立春。

廿七日,壬寅　　晴

诣路小谷,未晤。在署半日。

廿八日,癸卯　　阴

在署唱诗钟卷,二更归,约明日再战。

廿九日,甲辰　　晴

清晨诣署作诗钟四唱,二鼓始散。人数渐少,不甚热闹。陈甘卿自坎门回。

三十日,乙巳　　晴

岁除。料量什事,竟日未出。夜至三鼓后就寝,向不守岁也。得《除夕写怀》七律一篇。阅唐诗二册。

宣统二年庚戌(1910)

正 月

初一日,丙午。元旦　阴

黎明起,盥沐,天地、祖先上香。九句钟,偕陈甘卿诣署,便衣谒道宪,晤各同人。奉饬不拜年,不参衙,然亦有冠服昂然至者,各行其是可也。略坐即回。陈、何二人来,馀客悉投刺而已。成《元旦即事》七律两章。阅《纪慎斋集》一卷,更触新知。诣甘卿处一谈。

初二日,丁未　晴

天色大佳。拜客十馀处,皆答昨晨亲来者。只陈、何二处一坐。午后入署,寂无一人,即归。

初三日,戊申　晴

王帮带来。署中郭、郭、陈、陈、杨、陈六人来,同诣甘卿,又同诣马、郑二处。至署午饭,饭后归。

初四日,己酉　晴

诣署一转。

初五日,庚戌　阴

诣署一转。午刻,赴统领处饮。是日来拜者又不一人,邵幼赞亦来,均未晤。陈介老来。

初六日,辛亥　阴

诣府署,并拜客十馀家,均未晤。诣郑绍平处拜寿,诣陈甘卿处一坐。答拜介老,未面。

初七日,壬子　　　晴

清晨入署,作诗钟竟日。三鼓归,诣朱广文一谈。吕文起观察、郑绍平少尹招饮,均未赴。

初八日,癸丑　　　雨

西门海关司事吴晴川招饮,未赴。是日太平寺烧香者云集,称盛会也。诣甘卿一谈。夜,为道台拟中学堂毕业训词一通。闻日本人滋闹事。

初九日,甲寅　　　晴

清晨诣署。午刻赴徐木初部郎之招,同座为吴太尊,梅统领,吕、余二绅、叶、瞿二大令及木初之兄端甫。下午赴章喆士之招,皆署中同人及海关司事魏某。宝华船到。吕观察所购之小轮名"洪福",专走虹桥、坎门一带内洋,初八开行。公司名曰"东益"。

初十日,乙卯　　　晴,旋阴

清晨诣署,午后回寓。夜赴文别驾处饮,同坐为金、秦二幕,瞿、林、屈、陈诸公。借来《浙江审订咨议局议案录》甲、乙、丙、丁、戊五册,附《批答质问书》一册,宣布者十七案,咨送宪政编查馆者十一案。据瞿大令谈,院署梁、沈二员反对事。雨。陈介石及孟聪来。是日为中学堂第二次毕业。议案系浙江官纸局本。

十一日,丙辰　　　阴

闻大关委员于昨夜殂。陈、陈二人赴梧州。下午答拜陈介老叔侄,均未面。闻邵收发接关差。夜道台来一函,为委查日本人滋闹事。

十二日,丁巳　　　雨,寒甚,霰雪杂下

诣甘卿小坐。即入署面辞奉委一事。下午雪益大,寒甚。陈甘

卿乃弟心培来见，谈及洪福轮上重下轻，系江船，非海船，颇危险。

十三日，戊午　　雨

竟日未出。朱广文来。吕观察来，以农业学堂文件面交吕公。夜公宴诸绅于府学，到者为余、陈、吕、陈、叶、孟诸人，徐氏昆仲及周绅未到。

十四日，己未　　晴

清晨诣陈介石及邵幼赞，邵新接办海关也。诣署，午后归。

十五日，庚申　　阴，微雨

上元佳节。诣署。丰顺、宝华先后进口。上海日本总领事派巡官阳基清治来瓯查办日人滋闹一事。道台属与洋务员熊令同办交涉。午后谒太尊，拜首县，面商一切。夜间县中送信，云已借定自治公所，十七日三句钟开谈。拜吕观察，又未晤。道台所致杭府卓太尊一函已取来。

十六日，辛酉　　雨

清晨诣署。午刻日人来，改于本日三点钟开谈。遂约熊大令至自治公所，吕观察、伊大令先后到。少顷，阳基清治带同日人中谷德造及一本地人同来。巡官及巡警总董周绅亦至，由吕公邀一能通东语之王慈夫者来，所谈始较洽。日人仅任查访，不任办理，一切诿之领事，而言语尚和平。订伊令明日至医院验明该家丁伤痕。议散已晚，复入署，适道台出门，即回寓。黄仲荃来拜。

十七日，壬戌　　雨

清晨答拜黄仲荃，谈片刻，即诣署，下午归。连日彭、陈、江、林招饮，均却之。学部编定初等小学教科书九十馀册，已见奏章。法人讥日本人男子生即具间谍性质，女子生即具娼妓性质，谓战胜中、俄胥用是术。日本某学堂教员谓初以中国为睡狮，不知其为睡豚。

而各国人则谓日人为狗,所以不遽瓜分中国者,以有狗在也。二则均见正月《神州日报》。

十八日,癸亥　　雨

丰顺清晨开,普济入口,买得官舱。为彭儿及朱仲衡世兄德舆赴杭报考中学堂,诣朱广文一谈,即入署。午后诣三府,道贺新委兼理二府也。郭步銮曾坡赴如皋,阖署及海关、海防各人皆饯赠,上船送行,畏之甚于道台矣。署内各挂名差使及温溪保甲均裁撤,为节省经费也。乐清高君心朴昨夜来,未晤。渠附船赴粤,闻陈孟聪亦去。闽人沈子忠来,即陈甘卿内侄。

十九日,甲子　　雨

清晨彭儿上普济船,因本日未开,下午回寓,二更始登舟。道署招饮,未赴,是日开印也。阅纪氏《地理末学》、杨曾《水法》二书,触悟较多,于本原亦能见及,蒋说之诡不辨自明。不谈是学则已,如犹讲此,则舍此编无不陷入迷途矣。二书必相需,至是凡五过目。郝氏《心镜》一册亦可参看,勿以其笔墨之拙而轻之,笔墨之工,无出杜陵、太鹤两家之右者,徒为害人之术,虽工何益?且愈工愈误人矣。

二十日,乙丑　　晴

八句钟时,轮船开行。午刻吴太尊招饮,同座为叶、金、林、冯、熊、王诸人。夜,又雨。闻日本人回沪。

廿一日,丙寅　　雨

清晨拜吕观察,未晤。即入署。闻宝华进口。又闻陈介石尚未赴杭。高密郝孟延字松坪所著《地理心传》二册,为光绪乙酉前温处道苑菜池秋舫所刊。苑为郝甥,其书专主三合,有足取者。北人质实,不似南人之浮伪也。

廿二日,丁卯　　阴

吕观察来,交来文件两种。午后诣署。夜赴伊大令之招,同座为瞿、朱、郑、江、荆诸人。吴万里澄组群、刘赞文项宣来拜,均未晤及。吴太尊借去《广艺舟双楫》两册。

廿三日,戊辰　　晴

清晨答拜吴君,则已附宝华行矣。诣署,闻瑞安县四十九都因拔烟聚众抗官,彼此开枪。午后诣梅统领及黄仲荃一坐,闻陈介石昨夜到郡,今晨登舟。

廿四日,己巳　　晴

清晨答拜刘君赞文,即前广东方言学堂教员,现充温州中学堂庶务员,谈及旧腊抚院委员周姓密查事。

廿五日,庚午　　晴

清晨答拜杨、郭二人。均未晤。入署,道台出京师本《钦定章程汇纂》见示,属拟《贫民习艺所章程》,意在仿办也。书凡五册,亦多挂漏。三府来答拜。

廿六日,辛未　　晴

丰顺进口,得彭儿廿二沪上明信片,云住泰安栈,拟即日附快车赴杭。拜伊大令、江贰尹,均下乡。诣署。午后拜徐班侯侍御,未晤。瑞安厘局委员孙秋苏少尹承宗来拜。

廿七日,壬申　　晴

清晨晤徐班侯,又晤朱广文。午后回寓,平阳王志澂理孚、青田刘祝群耀东来拜,未晤。二君皆咨议局议员也。宝华船进口。又答拜孙委员,未面。杨俊卿来,托其看屋。发陈介石函,双挂号去。邮局来杭州潘婿一函。夜三鼓,本府传明晨议事。答拜刘、王二君,未面。

廿八日,癸酉　　晴

清晨谒本府,同见者五员,派往各县查开出入款项,云即日办札。旋诣署,闻宁波兵官吕、谢二员带兵三百名坐超武到瓯。午后回寓,梅统领来。发陈介石信,连昨共去两函。

廿九日,甲戌　　晴

清晨诣署,午后归。梅统带来,陈甘卿昆仲来,陈叔咸来。诣朱广文开一方。

二　月

初一日,乙亥　　晴

清晨诣署,午后归。夜得道台函,属拟永嘉高等小学毕业训词,当夜草就送去。

初二日,丙子　　阴寒

七句钟出城伺送本府赴瑞,即入署。午后回寓。金幕来。下午奉太尊札,委会同商务、财政两绅调调查永嘉陋规。

初三日,丁丑　　晴

以上甲子讹一日。

清晨,拜吕观察,未晤。拜经厅及余编修,均晤。入署。午后,拜伊大令。永靖小轮驾弁张某来拜。

初四日,戊寅　　晴暖

清晨诣自治局晤吕绅,即入署作诗钟竟日,夜始归。是日宝华到。邮局来彭儿廿三夕信,云暂住凝海巷彭公馆,即朱眉山之婿也。来潘念慈廿六信,正月十四二女象山信。

初五日,己卯　　晴,妍暖

清晨作彭儿、念婿及二女各复书。发陈介石函。

初六日,庚辰　　晴

诣署。午后陈香雪招饮大吉羊,未入席即归。郑、朱二广文来,未晤。普济入口。

初七日，辛巳　　晴，旋阴

清晨诣郑广文，遇袁经厅及杭人丁修甫中翰在彼。诣署。下午公宴香雪于郑宅，盖陈毓陶所承办也。

初八日，壬午　　晴

清晨入署，作诗钟竟日。陈香雪大令出《留别诗》七律四章，同人皆和之。并在且园拍照。又绘《瓯江送别图》题诗其上。丁修甫立诚来拜，未面。

初九日，癸未　　晴

清晨入署。午后同人复宴香雪于郑宅，未偕往。下午回寓，得初五日彭儿信，云考列备取第一名，已迁居大方伯中学堂隔壁寄宿舍内。得陈介石复函，含糊其词，所事恐非其所能也。

初十日，甲申　　晴，暖甚

答拜丁修甫，谈良久，云谭复堂藏弄之碑版、书籍均散佚。张问梅大令之著作仅刻词集两册，其眷在闽。许彝斋娱园并未售人，杜小舫校本《词律》板已归许，刻附《丛书》。

阅《神州报》，记御史江春霖劾庆邸各折甚详，谓苏抚宝棻、陕抚恩寿、东抚孙宝琦皆其亲家，晋藩志森为其侄婿，浙江运司衡吉为其邸内旧人，直督陈夔龙则其干女婿，皖抚朱家宝之子朱纶则其子载振之干儿。邮尚徐世昌为袁世凯所荐，江督张人骏、赣抚冯汝骙则世凯之戚，缘世凯以附之，农工商部侍郎杨士琦、署邮传部侍郎沈云沛为之画策云云。语极切至，因此罢职，回原衙门。台中多为上疏请留，皆未邀允。给事中忠廉等一折尤为得体。有无名氏题诗于广和居酒楼云："公然满汉一家人，干女干儿一色新。也当朱陈通嫁娶，本来云贵是乡亲。莺声呖呖呼爷日，豚子依依念母辰。一种风情谁识得,问君何苦究前因?"又和作一首云:"一堂两世作干爷,喜气重重出一家。照例自然称格格,王府女公子称格格。请安应不唤爸爸。滇俗。岐王宅里开新样,江令归来有旧衙。儿自弄璋翁弄瓦,寄生草对寄生花。"都人士争相传诵。二月初五报。

汤蛰仙学使参学务,奖励留学生太苦。其实东洋留学生自称贤人,西洋留学生自称圣人;贤之至则无父,圣之至则无君,流毒所及,实可寒心云云。汤请开缺一折尤佳,其精语有云:"他人所恃以整顿学务者,唯恐不输入新知识以做官;臣愚,所恃以整顿学务者,唯恐不保存旧道德以做人。乌可先自戾其宗旨以为幸进者导耶"云云。难乎其为提学司矣。衡吉购洪宝宝送庆邸第二子,未知与杨翠喜何如。蒋式惺,赵启霖,江春霖。

高、初两等小学应用教科书多已由部编发,其坊间善本亦已由部审定,书目载学部官报暨本省教育会官报。见浙学司《统一教科书札文》。

《湘绮楼全集》石印十二册,定价二元,预约半价,文八卷,诗十四卷,笺启八卷,共三十卷。上海棋盘街平和里国学扶轮社告白。见二月初一日《天铎报》。该社近出《魏默深集》与年内所出之《龚定庵集》均可藏。上海鸿文小说进步社所出《新官场现形记》四册,一元;《新官场风流案》之一、二两册,四角五分;《新官场笑话》之一、二两册,五角;《财色界之三蠹》一册,二角;《新笑林广记》一册,二角五分;《男女之秘密》一册,二角;《新旧社会怪现状》一册,三角。

附售秘本旧小说六种:陈定生三种《随笔》附《点将录》,二角五;《续离骚》、《鸳鸯镜》合刻,三角;《妖乱志》,二角五分;《大狱记》,二角五分;足本《陶庵梦忆》,三角五分;《浮生六记》三角。六种价七折。

十一日,乙酉　　晴

清晨高氏子来,云乃翁钰卿已殁于甬。黄仲荃来,辞行入省。

入署,陈毓陶招香雪诸人饮市楼。夜,又赴陈甘卿及马、林三君之招。闻县狱诸犯破扉而佚者卅七人,截获十人,闭各城门大索,香雪以是不果登舟。丁修甫以《樊山集》廿四册见借,并属题乃叔松生先生著书图。发彭儿复信。

十二日,丙戌　　阴,微雨

沈君绩甫来,不见已十馀年矣。诣署,知香雪改于夜间附普济行。阅《樊山集》竟日,词意清新加以诔丽,近时作手罕出其右。特才大手滑,好为叠韵,动至数十和,又喜回文,喜咏物,因难见巧,古人所无。湘绮、樊山,楚中二妙,虽善毁者不能不称其工矣。批牍尤为前无古人,俪体格不求高,而才气淋漓,驱遣群籍,亦难抗手。自谓五古不效三谢,此说极好。

十三日,丁亥　　阴,微雨

诣杨俊卿处一坐,即入署。路小谷自省回,带来抚院所发《议案》一部。

十四日,戊子　　晴

清晨杨君来。午后答诣沈君。偕陈甘卿诣马吉多,未面。诣三府处一谈。归时脱衣感冒。

十五日,己丑　　阴

清晨诣署,作诗钟竟日。三更始归,大委顿。

十六日,庚寅　　晴

请假二天,偃卧竟日。黄贵自台州来,略询台事。邮局来彭儿初九、十二两函及二女初九函。

十七日,辛卯　　晴,旋阴

清晨稍爽适,写就彭儿及二女复信,并答陈介石信。

乾隆间,金坛于文襄当国时,学士文人多奔竞其门下,恃为捷径。某太史为人愚钝,苦乏文采,不足以动于,乃使其妻拜于妾为义母,情好甚密。未几于死,梁瑶峰以吏部尚书秉政,某又令其妻拜梁为义父,以求援系,且以珊瑚朝珠为贽。纪晓岚作诗讥之曰:"昔曾相府拜干娘,今日干爷又姓梁。赫奕门楣新吏部,凄凉门馆旧中堂。君如有意应怜妾,奴岂无颜只为郎。百八牟尼亲手捧,探来犹带乳花香。"盖某固探花也。某见纪诗,惭甚,告病归,殆犹愈于今之小人无忌惮者。

神州国光社精刊各种遗书:顾氏《日知录》、《三馀》;《吴梅村文集》;钱牧斋《初学》、《有学》、《全集》初刻本有《文集》;又《列朝诗集》;又《杜诗笺》;金圣叹《贯华堂汇稿》;《刘静修全集》;程梦阳《偈庵集》;《吴越所见书画录》;《江邨消夏录》;《澹生堂书目》;闽陈氏《带经堂书目》。

十八日,壬辰 晴

以杭、甬各函付邮,宝华则已开行。午刻闻本府自瑞安回署。袁经厅来,未晤。梁九龄来。

十九日,癸巳 阴

销假,谒太尊。诣署,则诸公已为头陀寺之游,因成一诗。下午答拜路小谷,未面。派叶升明早赴瑞安送礼,以陈介石嫁女也。

二十日,甲午 阴

清晨答诣袁经厅,即入署,与道宪谈及永、瑞各事。下午回寓。夜四鼓内子肝气大痛,几殆。

廿一日,乙未 阴

清晨诣郑宅行吊、陪客。下午送殡至三角门外。叶升回来。

廿二日,丙申 阴寒

清晨诣署,闻道台云瑞安令拟晋省,回日交卸。如此则上忙了矣，无论何人均不能接，遂决意覆之。陈毓陶、程文焕已荐人来。邮局来十七日彭儿信，十三日潘太太信。

廿三日，丁酉　阴，小雨

复彭儿信，告以辞瑞安缺事。邮局来九鸣东京信。复潘太太信，复泰兴岳翁信，附丸药一罐；发张一山信，均交邮局。下午诣高祝三一谈。即诣署，道宪面谈会衔电省请代瑞安事。夜本府传见，亦为此事。

廿四日，戊戌　阴雨

清晨派黄贵赴瑞安。午刻诣署。答拜丁中翰，未面。陈老三来，未面。朱大少来。

廿五日，己亥　雨

清晨黄贵回来。诣署一转。答诣陈叔咸。袁心裁来。下午由泰丰汇洋卅元寄彭儿，又由邮局发一函，言汇款及瑞缺事。何寿安来，云北邀款到，月初晋省。

廿六日，庚子　雨

清晨诣署，午后回。夜二鼓，道宪函送省电来阅，荐梁、陈二友。发陈介石信。

廿七日，辛丑　阴

清明节。清晨谒本府，言及缺分匀摊办法，甚以为然。谓派江县丞偕乐清余令会同商议。拜收发王、刑名秦，秦未晤。入署谒道宪，并谈一切。同人中荐条纷纷。午后诣熊大令，未面。夜梁九龄招饮。袁心裁来，荐屈虞臣及他二三人。瑞安朱令在郡多日，昨忽赴县。陈叔咸荐伊乃弟。袁心裁来，荐屈虞臣。

廿八日，壬寅　雨

清晨诣署。午后本府传见，谈朱令事，嘱明日至经厅会商。即晤袁心裁,约明日二句钟到彼。得陈介老回信。邮局来秦锦涛函,索逋。师范馆徐、刘、郭三人来,未晤。夜写就彭儿信。三府函荐家丁二名,各处荐者纷纷。

廿九日,癸卯　　晴

午后诣余编修处贺喜。答拜师范馆三人。诣经厅,少顷,余、朱二大令至,谈议片刻。散,诣道署一转。高祝三来,未晤。

三十日,甲辰　　阴

清晨诣高祝三。诣署,与道宪谈一切。午后答诣屈虞臣,未面。孟小鹤荐人托事。陈叔咸来。傍晚雨,入夜渐大。

三　月

初一日,乙巳　　晴

清晨袁心裁来,云朱令本日回署。下午五句钟府署委札至。午刻赴余编修处饮,同座为道、府,丁、陈二绅,并入洞房看新娘。

初二日,丙午　　晴

清晨答拜周绅仲明,已赴瑞安。道、府会衔委札亦至,诣府署谢委,并拜幕客。诣道署谢委。下午答拜程文焕,未面。赴屈虞臣之招,同座为金、秦、文、程、袁诸君。诣陈叔咸,未晤,渠来亦不相值。瑞安拔贡余思勉□□来拜,未晤。

初三日,丁未　　晴

清晨普济入口。答拜余拔贡,已回瑞安。诣伊大令、林大令一谈。答诣王蔷初,未晤。下午诣咸道,未见。金芸台来,程、杨二君来,二府、太尊来。夜得陈介石信,即入署与道台面谈。

初四日,戊申　　晴

诣咸道,未见。介石、仲荃同来,屈虞臣亦来。江贰尹、陈叔咸来,陈季孚自台州来。夜诣经厅。陈经敷以其先德啸沧先生小像属题。夜诣仲、介二处一谈。伊大令来。邮局来廿七日彭儿所发第八次信。

初五日,己酉　晴

答拜各人之来贺者。诣陈绅、梅统领及幕客一谈。诣署片刻,即赴县署饮,同席为金、梁、秦、徐、高、王、陈等。下午梅统领来。诣署,又诣经署。梅与太尊说定朱令征粮数目,局面少定。诣叔咸昆季。夜叔咸来,为秦事也。派黄贵明晨送红谕赴瑞安,择初八巳时接篆。写就秦游戎复信,又彭儿信,送局稍迟,不及附轮寄去。

初六日,庚戌　晴

清晨拜梅统领,许为调人。午后梅来答拜,云与本府商定朱令上忙征一万,嘱即禀辞。因派黄贵及新来金福、万福等送红谕及物件、执事先去。下午诣瞿子桓大令,少顷,统领亦至,林鲁卿、陈叔咸均在座,谈及是事。即谒府、道辞行。夜梅送信来,云局已翻变。瞿大令来,不相值。

初七日,辛亥　晴

瑞安亲兵、门房、轿夫等来,外荐各家人尽来。郭伊富来,云朱桐尽翻前议,欲征万五千元,特来通知。即往询梅统领,避不见。入署谒道台,晤诸友,陈明辞缺不去实情,道台允之。午刻宴金、梁、秦、王、马、陈、屈诸人于松鹤楼。席散回寓。梁九龄来,云道台已函致本府,遂即赶缮单禀,恳请销委,分递两署。是日县署房科总头呈送《须知册》来,略与一谈。发信召黄贵等回。夜梁九龄来招,未赴。

初八日,壬子　晴,暖甚

清晨入署,与道宪谈良久,知经厅昨夜三鼓见道台,求接署事及本府商量袁、江二人事。饭后至瞿大令处一谈,陈氏昆仲亦至。是日陈设诰轴告荐祖先。夜雨。

初九日，癸丑　　晴

清晨写信四封，一寄彭儿，一寄陈介石，皆挂号；一答秦游戎，一答姚次言。午后答拜来客数处。晤双穗场黄君峒泉，江西人。下午章吉士来，盖为人作谍也。连日来客甚杂，不复记。道台以诗一章见赠，即和之。以书箱三十一只、书橱一只、信箱乙个寄存府学朱眉山广文处。

初十日，甲寅　　晴

清晨黄贵等自瑞安回。入署，闻瑞缺委经厅王收发接代袁篆。午后诣丁修甫一谈。宝华进口，夜得彭儿八、九、十号邮信，知汇款已到。又得揭阳孙寿山信，系二月廿三所发。发彭儿信及潘念慈信，明日付邮。

十一日，乙卯　　晴

清晨入署，与陈毓陶言定一切。诣瑞安厘局委员孙君秋苏，未晤。阅报，见所登《温州禁烟扰民始末记》，详记府县索贿事，亦可谓淋漓尽致矣。

十二日，丙辰　　阴

清晨入署，午后回寓。瞿大令来，未遇。省委查烟员吴翔麟来，亦不相值。夜赴林、瞿、陈三君之招，同席为孙、路及本地人王龟之，即石坛巷房东也。邮局来上月廿九日二女来信。为毓陶作函致介石。

十三日，丁巳　　阴

清晨普济进口。诣署一转，偕同人至杏花邨新开酒楼午饭。是日为拦街福出会之日。以陈介石信交毓陶带省。复二女信，付邮。午后回寓，夜三鼓毓陶送省电来，商派何寿安赴瑞事。

十四日，戊午　　阴

清晨诣署，与道宪商定密札事。道台本定明日赴省，现改期十八乘宝华行。午后诣陈老三及黄仲荃，均未面。陈老四来，朱、沈二人来。发彭儿及念婿信，告以寿安、大女改期下班动身。

十五日，己未　　晴

清晨偕何寿安搭小轮赴瑞安。午刻到，住南门边林三庆客店。饭后拜绅士李炳光漱枚、王岳崧少木，均晤。拜唐□□①辅墀、陈侠醉石，未晤。陈介石之子名同素度来见。夜诣捕厅、粮厅，与粮厅文荫宗孟鱼谈良久。三更捕厅邹守明来见。

十六日，庚申　　阴

清晨拜孙诒械季芄、黄曾锴暾顾二绅，均未见。少顷，李、孙、黄、王四人先后来谈。文粮厅来，所查之事略有端倪，乡民所言较城绅为确切也。四十七都贡生王坦开来一单，即各乡出钱数目。夜雨。

十七日，辛酉　　阴

清晨先附小轮回郡，午刻到。回寓饭毕，即入署面与道宪谈及一切。巡警道昨日由台州到，因往一谒，值醉卧，未见。夜又入署。黄贵附船回台。

十八日，壬戌　　晴

清晨登宝华轮送道宪晋省。拜伊大令，未晤。晤文三府、陈叔咸。吕观察送来鲥鱼一尾，颇佳。伊大令来，亦不相值。陈甘卿来。阅《神州报》，十二、三等日又登本府在瑞安事及《乐清禁烟十日记》。寄黄贵信，由海门大关王圭卿师爷代收专递杜渎场，发电则海门电局可以转送。黄贵即燕宾。

---

① "□□"，疑为"叔玉"，见下文。

十九日,癸亥　　晴

发泰兴陆岳翁回信,阻其荐人。诣瞿大令,未晤。入署,午饭后答拜唐叔玉大令辅墀、陈素度同,均未面。二人由瑞安来,曾至寓也。下午陈甘卿来谈。夜雨。

二十日,甲子　　阴

清晨诣伊大令,即入署。饭后诣唐、吕二处,均未晤。为何略改手折,昨午已由瑞回郡也。黄、徐、刘来。

廿一日,乙丑　　晴

在寓竟日,未入署。覆阅《南北史捃华》一过,与《朱氏识小录》互有短长。

廿二日,丙寅　　晴

在寓竟日。午刻宝华入口。邮局来十三、十五日彭儿信,本月所发四函一未邮到,闷闷。又章一山十四京信,内附郭信。夜雨。

廿三日,丁卯　　阴

发彭儿及念慈信,告以行期。《香艳丛书》第一、二集已出版,三集目录已出,每集四册,价乙元,出至十集为度。上海棋盘街平和里国学扶轮社又出《古今说部丛书》十集六十册,价十六元,预定者皆减半。下午五句钟,何寿安及大女动身,搭宝华行,派松海伺送至沪。《神州日报》所登《乐清禁烟十日记》情形如绘。又十九日报内有日本报记北京党案一则,亦颇详悉。夜雨又作。普济入口。

廿四日,戊辰　　阴,微雨

诣朱广文。诣署。饭后旋邮局来十五日彭儿信,由瑞安退回者。又来十三日马彝初自杭信,盖已就师范教员。梅统领来,未面。复章一山书。

廿五日,己巳　　阴

发彭儿信及答马彝初函,付邮。夜得潘电。省调查员詹泰钟字偶凡，台州人，来拜。

廿六日，庚午　　阴

清晨答诣黄仲荃。午后答诣梅统领，未面。瑞安绅士李炳光漱枚来。延医士金善卿为三女诊脉。答诣詹君，未晤。

廿七日，辛未　　阴

清晨答诣李漱枚，未晤。竟日在寓。

廿八日，壬申　　晴，暖甚

黄仲荃来。陈甘卿来，云已撤局。邮局来廿二彭儿信，云去信接到十五日。

"天子一张口，宰相两行泪。文官三只手，武官四条腿。"南宋谚语。

廿九日，癸酉　　晴

在寓竟日。邮局来廿四日陈介石沪信。雨。

四　月

初一日，甲戌　　阴

清晨诣署，闻省电，饬以查璇代瑞安。午后回寓，陈甘卿来。

初二日，乙亥　　晴，暖甚

在寓竟日。

初三日，丙子　　晴

诣师范学校。是日为简易科毕业也。闻院司来电，温属各县洋价皆作乙千。夜雨。

初四日，丁丑　　晴

新代瑞安令查鳌来拜，未面。诣署一转，饭后归。温防第二营右哨哨勇叶荣桂即阿庆。

初五日,戊寅　　雨

八句钟出东门至轮船局伺接道台,十二钟后始到,散后随即回寓。邮局来廿九彭儿信两函,知大女、何寿安于是日午刻安抵杭垣,大女入季宅,寿安住爵禄栈。又来寿安廿九日信,二女廿九日便差丁阿三带来信,又潘太太廿八日邮信。夜雨甚大。朱希陆来。昨日视学员袁子羽偕本地二人来。袁,天台人。斥逐贺松海去。

初六日,己卯　　阴寒,御绵衣

清晨朱、郑二广文先后来。诣署,饭后回。答诣袁子羽,已赴栝州。陈季孚来。发彭儿及何寿安函,付邮。

初七日,庚辰　　晴

发陈介石信,又发黄贵信,又发章一山信。诣陈甘卿一谈。梅统领来,未晤。朱大少偕往看屋。

初八日,辛巳　　阴寒

清晨答诣郑广文。诣署。饭后诣梅统领一谈。傍晚县署送来《开报陋规禀折》稿件,即函送余筱璇太史阅。

初九日,壬午　　晴

在寓竟日。复阅《智囊补》一书,多可采。

初十日,癸未　　阴,旋晴

清晨诣署,道台出示院宪密电,饬查署中军冯元彬赌案。午后回寓。晚间诣陈甘卿一坐。

十一日,甲申　　雨,天骤寒

清晨诣高祝三、陈小铭、陈、刘、徐各处一坐。屈虞臣未面。镇署稿房现以金松初为最专权,盖镇台到任时革陈用金也。奉道宪密札,赴瑞安查案。蓝漪矩来,未遇。

十二日,乙酉　晴

清晨入署,面辞瑞安之行,一再商恳不许。午后回寓,发彭儿及何寿安信,又缮就象山信。陈、徐二都司来,未面及。下午诣梅统领、黄监督,均未面。

十三日,丙戌　晴

附早轮赴瑞安,一句钟到,仍寓林三庆客栈。诣文、唐二处及禁烟分所。

十四日,丁亥　晴

海关司事兼办渔团陈显扬名之来见。诣唐叔玉大令一谈。午后文贰尹来。孙仲恺大令诒泽来,孙系渠田学使第三子,颇工书。云仲容之《墨子间诂》现将付刊,已校对矣,《周礼正义》经黄、梁二公刻于鄂垣,闻已开工,此二书非刻本不足藏矣。所查案件略有端绪。闻梁九龄已抵县署。

十五日,戊子　晴

附午轮回郡,六句钟到。拟就禀稿。

十六日,己丑　晴

清晨入署销差,为拟电禀一通。下午诣陈甘卿处,蓝漪矩亦在彼。黄仲荃来,未面。

十七日,庚寅　晴

宝华入口。发彭儿信,付邮。黄仲荃来。午后诣郑、林二处送行。答拜冯多,未晤。入署,知密电已发,略有更易。陈老四、三先后来,老三附轮入省,并赴江宁,郭步銮亦于此次去。邮局来初七、初八彭儿信两械,又初七日二女象山函,又十二日台州黄贵函。即答彭儿信,又答黄贵信。信局来唐叔玉大令函,渠住县城浦后。

十八日,辛卯　阴

清晨,以杭、台各信付邮。入署半日。

十九日，壬辰　阴

清晨诣陈甘卿一谈。午后出西门至太平寺一玩，毫无足观。诣飞霞洞，不到此已二十八年矣，楼宇上年邑绅重修。答诣黄仲荃，雨作即归。承以《国风报》数册见示，本年正月沪上所出，亦尚可取。夜雨甚。

二十日，癸巳　晴

清晨入署，午后归。沪上新印各书，多可取。

廿一日，甲午　晴

清晨入署，闻分科治事，稿已促办。

廿二日，乙未　晴

袁经厅来。诣署，便至府前顺康鞋店定鞋。下午回寓，得黄仲荃赠诗，即次韵答之。道台入款，最巨为海防捐项，每年约二万元，分旺淡月，此时正旺。五十里外常关包款盈馀每月八百馀元，新关则监督薪水及一成罚款，闻税务司应得之一成并未领，悉归道台。存款利息六厘五毫，六归官，五归帐房，现在存款尚有万金。刑钱束脩、伙食等每席每月八十六元六角六分，刑名兼关务岁入陋规三百多元，节敬现在新章停送。

廿三日，丙申　晴

在寓竟日。宝华到埠，得彭儿十五日信及十六日明信片，章一山十四日信，又黄贵廿日信。

改定币制，已见十六日谕旨。国币单位定名曰"圆"，暂就银为本位，以一圆为主币，重库平七钱二分，另以五角、二角五分、一角三种银币及五分镍币，二分、一分、五厘、一厘四种铜币为辅币。圆、角、分、厘各以十进，赋税课厘必用制币，交纳放款亦然。新币发行，地方所有生银及从前铸造各项银、铜圆准其暂照市价行用，由部饬币厂、银行逐渐收换，并酌定期停止。

廿四日，丁酉　　晴

在寓竟日。发彭儿信。答唐叔玉大令函，寄瑞安浦后。黄仲荃叠韵见赠，即和之。

廿五日，戊戌　　晴

清晨诣邵大令新居，又答拜包守备，均未晤。冯中府来，谈及控案及左营守备、千总案。诣署半日。归，诣陈甘卿。重读《两当轩诗》，唾壶欲碎。《樊山集》才力相敌，然黄以诗寓性情而才藻供其驱遣，樊以诗露才藻而性情藉以发舒，所造正自不同。又"哀艳"两字，惟两当诗、饮水词足以当之。为邵代作七律二首。

廿六日，己亥　　晴

朱广文来，以《三福联吟》一册索序。普济到，邮局来廿一日彭儿信，十七日潘念慈信，云移居大马弄中金金①弄。是日伤风失音，竟日未出。闻陈毓陶回署。晚间陈甘卿来。

廿七日，庚子　　晴

撰就《三福联吟》骈文一序交去。发彭儿信，属其买笔墨。

廿八日，辛丑　　晴

黄仲荃来。下午陈甘卿来，云已撤差。大雨一阵。

新定币制，每元库平七钱二分，半元三钱六分，两元②共一两〇八分，作银乙两，外观似赢银八分。其实每元杂铜一成，去银七分二厘，只六钱四分八厘；半元去银三分六厘，只三钱二分四厘。乙元半共合实银九钱七分二厘，作银一两，尚不足二分八厘。七钱二分者，所谓总重量也，六钱四分八厘者，所谓纯重量也。

---

① "金金"，疑为"金鱼"，见十二月初二日。
② "元"，误，疑为"枚"。

廿九日,壬寅　　晴

清晨诣署,还陈、邵两处代垫公分。下午雨作。信丰轮船到埠,闻来装茶者。

五　月

初一日,癸卯　　阴,天凉

在寓竟日。下午陈、蓝二人来。学部会计司主事周松孙景涛,闽人,即蓝漪矩之师。闻人极爽直,住京城顺治门外老墙根路北。

初二日,甲辰　　雨,天凉

在寓竟日。为观察书纨扇。

初三日,乙巳　　阴,天凉

清晨诣署。午后天暖,诣余绅、黄绅、熊大令、陈季孚,黄、熊二人未见。下午大雨如注。闻报馆访事者为苏人席善夫,住中法大药房。海关每月送金芸台洋廿六元。

初四日,丙午　　雨

在寓竟日。夜陈甘卿来。

初五日,丁未　　阴

端午节。清晨诣府、道署,在署作诗钟竟日。写金泥扇,不上墨,将笔先蘸洋胰皂,再蘸墨,即可信笔挥洒矣,磨墨可用油烟、松烟参和。

荷花须逐年翻种,取老藕,留新藕,如此则花盛。若不翻种,次年花叶皆瘦,三年全萎,不可不知。海关进口司事杨伯畴,即李希程之内侄,与吕文起亦有瓜葛。

初六日,戊申　　晴

在寓竟日。何寿安自杭归。邮局来初二日彭儿信,念慈、大女信，廿七日二女信。午后发彭儿回信。诣陈甘卿一坐。蓝漪矩来辞行，甘卿亦来。

初七日，己酉 晴，连日炎热不可当

清晨诣署送蓝漪矩行。午后回寓，缮就郭海容直刺函，交陈甘卿带津，盖十年不通问矣。渠住天津金家窑胡家胡同，现充运署驻津文案。绅士周仲明、调查员詹偶凡来。

初八日，庚戌 晴

处州赵镇台晋省，遣人来寓，即上宝华船送行，相别已六年矣。并送蓝、陈二公。梅统领来拜，未晤。道台所管渔渡税凡三处：一东门，包缴乙百①三百元，一双门，缴款未查，一蒲洲，缴款七百元。每处一司、一巡，凡过渡船中所载物件，只收捐不给票，虽零碎而积少成多，事权皆在巡丁。闻蒲洲此项生意年约十二三万元，东门有四十万元。按此数，则所缴并不为多，司巡出息颇佳也。发杭州、象山回信。

初九日，辛亥 晴，热甚

清晨诣署，午后归。与劳少麟茂才谈杭州官场事，有足资炯戒者，杂录于后：

前东防同知叶治辉，由仁和县升任，以贪积赀数十万。任用一家丁陈馥，差役沈本，各有十万金。沈之子拜叶为干爹，以亲戚往来，现开久大钱庄；陈则以款项现押仁和署，曾打藤条五千下而一文不缴。叶之去官以塘工积弊，事发于杭辛斋。杭与借洋四百不还，发其私于增抚院，适增帅阅塘，辛导其以小舟行，工程破绽悉露。叶迎谒时，亲献燕窝点心一碗，抚院抵之地，谓："塘上款皆为汝吃此物

---

① "百"，疑为"千"。

吃尽矣,我何吃为?"叶被诟责,归即吐血。闻将参劾籍产,即吞金死。死后,其妾与媳为妒奸争风赴院击鼓告状,随即嫁人。其子名培初,素患疯,每每窜匿枢丛中,经日谓有人索命,旋自缢死。当叶在任时,其妾往往以金钱诱致少年入署奸宿,遇貌美者,每人赠二百元一次,有剃发匠高某之子前后得二万金。身后几无一文,人财两空,秽迹四布无如此者,言之殊泚笔墨也。

又候补知府刘鹤笙为聂缉椝所劾,愤极,与同党高英,毕、奎两道各出数千金,凑足二万两,贿绅士樊恭煦通王文韶,借铜元案去其官。时樊绅内召,王正在军机,故得如愿。铜元案聂抚与翁藩各得数十万。候补道许贞幹与刘最狎,刘姬妾五六,丑声大著;许则专渔男色,属员亦不免焉。刘甚豪侈,岁用万金。当其任嘉兴时,每年所入将十万,盖极盛时也。高之子某在皖为聂所参,高亦几几罹网。毕现已开复回浙。吴学庄系前抚张曾扬由鄂挈之来浙,颇信任,为伊所谮冤参者多人。后因绍兴查案得巨贿为张所知,绝不与通,其贪愎久已著名。以上皆劳说。

劳为俞阶青编修陛云中表弟,为郭道台太太之表叔也。俞编修娶杭州许氏,与现任军机吴郁生联襟,与直督陈小石为姑侄联襟也。陈之太太行四,皆称许四姑奶奶,自幼寄曲园膝下。陈又曲园弟子。俞编修与那中堂换帖。

初十日,壬子　　晴

在寓竟日,为道台撰增中丞寿文。邮局来初五日彭儿信。

十一日,癸丑　　晴

诣署竟日。

十二日,甲寅　　晴

在寓改定寿序,送稿入署。陈毓陶借去《文选集评》一部十六册。奉札赴瑞安查武进士林桂芳案。发彭儿信。

十三日, 乙卯　　晴

入署竟日。闻陈俊三谈奉天民政司张元奇之为人, 陈□□谈前浙江候补道许贞榦及现任杭府卓孝复故事及陈宝琛、张曾扬之交情, 劳少麟谈杭州清泰旅馆情事, 竟日始归。陈、章二人来。许之复官由于郭曾炘、奎俊, 卓之免参由于陈宝琛, 其冰山则陈璧也。俞陛云与袁学司经济特科同年。

十四日, 丙辰　　晴

清晨答诣周仲明, 并诣梅良卿佐羹, 询陈士彬士。即入署, 与劳少麟谈伊表兄俞编修之为人, 云先娶彭氏, 继娶许氏及姜某氏, 女二人, 均娴吟咏, 子十一岁, 已诵毕《十三经》, 下笔千言, 曲园孙曾固应如是。又谈曲老晚节及他事颇详。江南编译局即图书馆, 现改为通志局, 归编修总办。渠原系督署总文案, 月二百金, 不办事, 兼南洋商务顾问官, 月一百金, 与端、陈两督均世交至戚。下午答诣章吉士, 未晤。署内新委监印兼核对员桂彦良字俪斋, 江西人, 未见, 盖江南候补佐什邵收发所援引者也。闻邓熙之已于去秋作古, 为之泫然。

十五日, 丁巳　　晴

在寓竟日。高、董二人来。

十六日, 戊午　　晴

大南门外二堡生员陈士彬字秀卿来见。发彭儿信。

十七日, 己未　　晴, 热极

清晨赴瑞安, 午刻到。下午移入县署, 住花厅后。廨宇荒凉, 蛙声鼎沸, 殊可厌。属查大令差提郑云目。

十八日, 庚申　　晴, 热极

海关司事陈名之来, 借来《县志》一阅, 嘉庆十四年三次所修。

十九日,辛酉　　晴

清晨拜客数处。下午唐、王、李诸绅来谈。孙绅仲恺来书三册,《墨子间诂》尚未出书。

二十日,壬戌　　晴

发邵收发函。午后闻郑云目已逃匿。陈世兄同来,旋往答拜,晤陈醉石。

廿一日,癸亥　　晴

清晨回郡,午刻到。邮局昨来五月十一日彭儿信。

廿二日,甲子　　晴

清晨诣署,见道宪销差。是日亲讯营中蔡千总控案,已得端倪。傍晚归,夜雨一阵,雷作。梁九龄谈及增抚院历史及董道交谊,云与现任法部尚书廷杰颇厚,廷精于例案,为那相至戚,人甚方板。增帅与现充浙江官报局总办陈道合办东洋豆子生意,以本年价贵货少,所定之豆不能付,须亏百万,大虑缪辒,特派王道丰镐借交涉案至沪相商,因以交涉司一缺酬劳。章恩寿办刑名系周玉帅及某督抚所荐,碍于情面,姑相招致,主宾冰炭,公事能不使知。钱谷王某即为旧友某之子,颇挈洽。此间申报馆访事人南尚衣。

廿三日,乙丑　　晴

在寓竟日。章吉士来。

廿四日,丙寅　　晴

清晨诣署,拟定禀复稿。闻劳少麟谈邵收发。又发电南京招冯、绳二人。复春香信,寄镇海西门保太号转交王朗生裕炳。答拜章吉士,未面。得彭儿十六日信。

廿五日,丁卯　　晴

清晨偕严同春瓯绸店东严步瀛至城隍庙右边巷内姚宅看屋。

即诣署,道台谈及平阳西门两局事及发京信事。郭于野曾基廿四到署。

廿六日,戊辰　　晴

清晨诣署,郭于野谈及度支部委员陈主事蔚文、范郎中绍来瓯查案,并索观道署案卷,抄去禀稿一分,道台谈及审案事。

廿七日,己巳　　晴

梅统领来,郑广文来,托郑代定公事桌一张,价颇贵。诣隔壁瞿宅拜寿,伊太太五十称觞也。赵镇台来统温处防军,梅降为帮统。

廿八日,庚午　　晴

清晨诣署,闻前瑞安令朱桐革职,盖甄别案也。共三十馀员,江文光永不叙用。道台面云,京信已发,其分科治事单已出,分四科:总务科长邵玮,科员章喆、桂彦良、杨允斌;关征科长为鄙人,科员陈训经、梁继恒;统计科长梁寿臧,科员陈赞唐;民刑科长金灏,科员桂彦良。单出哗然,杨、劳二人尤为不服,闻皆邵玮一人主之。

廿九日,辛未　　晴

清晨道台招往审案,即廪生严钟治、左营千总蔡树勋、守备王立善互控之案。奉院宪饬道提讯者也。此为第三次覆讯,既奉委,不得已会同文、熊二员问一堂。答诣梅统领。得彭儿廿一信。

三十日,壬申　　晴

午刻宝华到。得彭儿廿一信,云廿九动身。

六　月

初一日,癸酉　　晴

清晨入署,为改拟堂谕。吕文起来拜,未晤。夜热极。

初二日，甲戌　　晴

答诣吕文起，未晤。即入署，又欲委瑞安查事，力辞之。傍晚大雨一阵。

初三日，乙亥　　晴

达官晬辰，竟日在寓。黄仲荃来，云咨议局无暑假。道札委查梅统领、蓝旗官被控赌案。

初四日，丙子　　晴

清晨诣梅统领，即入署。陈俊三谈及灵昆关口情形及魏吉士经手包款规例，西门、东门、渔渡巡丁出息颇详。

初五日，丁丑　　晴

清晨入署，道台面询梅事，属即禀复，又属本日审冯中军案。又为核定蔡、王案详稿。午刻新丰船入口，彭儿回寓。新任统领赵又新镇军亦到，遣人来招。傍晚，讯案讯毕。诣赵，承面约办理文案。裁兵委员萧、余二太守亦到。

初六日，戊寅　　晴

清晨入署，拟定电稿。是日作诗钟。下午雨，以小不适，傍晚即回。赵镇台及林鲁生大令来拜。杨小渔嘱为说项，陈毓陶亦以乃弟名条属交。

初七日，己卯　　晴

清晨朱广文来。诣赵统领处道贺，是日接事也。即诣署，为核改冯中军案详稿。下午诣曾园，适统领已出，与其诸公子及陶君竺庵剧谈，夜饭后回寓。处州赵漪斋广文身后，其家已成勾栏。妻某氏已亡，大女嫁后复归母家，二女嫁金鼎铭，即此次甄别案内所谓"帷簿不修"者，三女即前与梅姓涉讼，现在上海。二、三貌美，大者已近四十矣。陶前在督销余道处，于鹾务言之颇详，云出息三款为洋水、篰费、津贴,此例规也。此外则有不报解之盐款两三处,商人控余侵吞公项即此也。嵯行十家,以青田人徐寿九为董事,权力甚大,能挟制道台。徐自开木行,境况甚佳。现在黄道以卖差为大宗入款,据云无差不卖,办法与前又不同,而洋价则作乙千矣。温州江氏四姊妹以第四者身价为高,已适人,第二者即沈子栽之子妇也。盐局友最好之席面为陡门,次则新马道。两处陡门月有验费五十元,新马道三十元,专过乐清之盐。盐篰有大小之分,大者每篰二百四十斤,小者一百廿斤,而乐清小篰独二百斤,销盐较多,所以十家盐行断断争论。帐友岁入约三千金,更在各席之上,与道署帐房相仿佛矣。

初八日,庚辰　　晴

清晨诣署,下午诣曾园,受暑,人甚不快,强拟数稿。赵统领来,未面。吕观察亦来。

初九日,辛巳　　晴

清晨诣且园、曾园,答诣吕,亦未面。

初十日,壬午　　晴

清晨诣曾园,定明日赴栝。即诣且园,面谈并请假半月。知分科办事禀已批回,又裁民刑一科,问题大难,一切皆帐房及桂科员等商量办法,下走不便置词。为拟定梅统领赌案禀稿,下午回寓。连日为程文焕商定局面。

十一日,癸未　　晴

料检征装,三句钟时,赵统领著人促行,即出城登舟,程、陶二君亦至。四句钟,赵公上船,即解维。夜,雨作篷漏,幞被尽湿。

十二日,甲申　　雨

天凉,舟行不甚快。过青田,停泊良久,雨大,不能登岸。

十三日,乙酉　　雨时作时止,风色不定

过石门洞,未停泊。

十四日,丙戌　　晴

舟行纡钝,中间忽得南风,遂于五句钟时抵厦河。即由行春门入城,至镇署,比上灯,赵统领亦到。稍顷,大雨如注。行李到已二鼓矣,倦极而眠不酣。

十五日,丁亥　　晴,热极

发家书,付邮。中军游击王得美来见。午后人甚不爽。夜属陶君竺庵开方服药。

十六日,戊子　　晴,热甚

在署竟日。夜偕程、陶二君出街一走。

十七日,己丑　　晴,热极不可当

清晨拜客三处,均未晤。答拜王游戎,谈片刻。午后德生布店东许翰墀翊卿来。绍兴人陶在宽,字七标,所制陶公柜极其巧便,在出品陈列所无出其右。曾经奏赏主事,不就职,其人盖亦诡僻也。香云纱嫌其色红,用茶叶浓汁浸之便黑。夜来香花以金陵为最佳,可辟臭虫。发家书,付邮。夜二更后月色甚佳。偕程、陶二人诣土妓香云及铁算盘彩云各处一走。又诣赵家,见其姊,未见其妹,名下固自不同。归,已三更。

十八日,庚寅　　晴

邮局来十四日家书,云赵升于十一日五句钟到,赶不及上船。王中军来。午后偕程、陶及赵氏昆仲登烟雨楼,成诗一章。两游皆暑天,恨未睹春三烟雨空蒙境也。一更后,即就寝。

十九日,辛卯　　晴,下午雷作而不雨

夜偕程、陶至香云处,又至赵家,三鼓归。

二十日，壬辰　　晴

交专足带一信赴瓯。是日考试，书识未到。夜偕程、陶至仙娥家略坐，其人咯血多时，病柳欹斜，风态自足。闻最度曲①，惜未能一动歌喉也。又至香云处，正值吞云吐雾，剧谈至三更。归，月已高矣。

廿一日，癸巳　　晴

竟日未出。得绝句八首。

廿二日，甲午　　晴

赵氏昆季约游三岩洞，出北门即通惠门三里许即至。晴久，瀑布甚微，四句钟时始回。夜，偕程、陶至湘云处剧谈、听曲，三更后归。湘云朱姓，颇厌倦风尘。是日，镇军专发一函致道台，商留鄙人暂缓回瓯事。闻温标十五日点名不成，大众鼓噪。

廿三日，乙未　　晴

发家书，付邮。午后商定程文焕先行回瓯领放五月份饷，赶初二来署。写就道台一禀及家书一封，托其带交，夜饭后登舟。

廿四日，丙申　　阴

清晨邮局来十八日家信，云九鸣侄孙十七日到瓯，又云及镇署十五点名事，与此间所闻同。道署海防裁撤，已见院批准行。发家信，付邮。午后雨竟夜。

廿五日，丁酉　　阴，旋晴

是日会同考试稿清各书。发省电，为请拨恩饷事。又发瓯电，为挑哨事。邮局来廿一家信及九鸣信。又来梁幕信，云分科人员衔名已详报，所派系统计科科长，渠与金幕仍旧席。

廿六日，戊戌　　晴

发家书及答九鸣书，又答梁幕函，付邮。下午出街一走。诣仙

---

① "最"字下疑有脱字。

娥家,听曲一出。

廿七日,己亥　　晴

在署竟日。

廿八日,庚子　　晴

邮局来廿三家书。又来陈毓陶信,云分科派定,廿一举行。金、梁二君幕修由各员薪水摊扣,科长月扣廿两,科员十两,此真特别矣。即答一函。偶阅有妫血胤《清秘史》一册,上海陆沉书社印行,悖逆支离,使人狂惑。如其说是,"忠孝"二字皆非忠孝,且成为不忠不孝矣,奈何听其流传? 夜偕数人至仙娥家度曲弹琵,所长毕献。置之津沪,亦必秀出班行。惜乎埋没于山歌啁哳中也。又别招二人,殊不寂寞。归,已四鼓矣。

廿九日,辛丑　　晴,午后雨,入夜雨甚

发长电,具报挑配另募及饷项各事。

七　月

初一日,壬寅　　阴,时逗日光,午后雨

是日为绿营消灭日期,亦本朝二百六十年来一大事也。下午雨甚,彻夜不已。藩台来电,允将正饷、恩饷由温州银行划拨,如此,无甚难题矣。

初二日,癸卯　　晴

是日派右营守备陈紫松司令部执事官。李有贵赴瓯领饷,便带家信一封,又陈毓陶一函。

初三日,甲辰　　微雨,旋晴

邮局来廿七日家信,即复。程君带去函者,院电准募百二十人,

所请皆允。下午程文焕到。夜偕陶、程至湘、仙二处一谈，三鼓回署。上海四马路西国药房出售美中趣药水，每瓶两元。中有象皮套，套入阳具之根，药性发作，酣战不倦。然妇人不易支，慎重用之。用后将象皮套洗净，仍贮瓶中。风流如意袋，每个一角。固本片，每瓶一元半，系服品，每瓶可服二次，参茸所制，亦极效而较稳。交接时防毒气，只须口含川椒七粒，雄黄少许，毒气尽解，不至沾染，极为简便。若事后服清宁丸一二钱，俾浊气尽从小便出，则更妥矣。清宁丸以杭州庆馀堂为佳。初患杨梅者，如以硫磺升丹熏鼻孔，使吐粘涎，可以立愈，然再发即成结毒，鼻必烂脱矣。上海幺二宿夜，初次六元，后酌给。拱宸桥幺二初夜四元半，以后每夜三元半，所加之一元，因初次须装干食也。长三一见面即住夜，须廿二元，十二元酒食，十元下脚；或谓只须十四元，一切在内。

初四日，乙巳　　　晴，旋阴

初五日，丙午　　　晴

发司令部薪水，计书记官月俸四十元。夜偕程、杨至湘处一谈，四更归。

初六日，丁未　　　晴，下午雨

诣仙处，约诸人小饮、听曲，并招二人陪席，三鼓回署。有人传一方，云吞生鸦片，用硼砂少许，约十馀文，水调服，吐尽即愈。用开水凉后服更妥。西洋药粉，白者涌吐，红者理内，亦用水调服，取效尤速。白果一物，凡妊娠者误服之，生子即易惊风，戒之！

初七日，戊申　　　晴，旋阴

午后偕程、杨出街一走，所诣六处，以赵老大为最。下午雨，即止。

初八日，己酉　　　晴

午后小集烟雨楼。夜，偕程及马诣仙处，又偕仙诣某处，遇湘，坐久,回至仙处,并诣铁处。

初九日,庚戌　　晴

八钟时起身回瓯,陶君以事同行,各买小舟。下午微雨。日未落,已过青田。

初十日,辛亥　　晴

清晨到家,彭儿已于初六行矣。午后谒道宪谈一切,奉统计科科长札。陈叔咸来,陶、徐来。

十一日,壬子　　阴

清晨入署上办事厅。午后大雨。晚间预祝道宪太夫人寿。陶竺安来商量借款。梅帮统来。

十二日,癸丑　　晴

入署,作诗钟竟日,二鼓归。陶偕杨君祥甫来,杨即景周太守子也。发赵统领信。邵幼赞甫于是日到。得彭儿杭州初九信。

十三日,甲寅　　晴

清晨入署,午后请假半日,拜梅、熊、章、郑、朱诸君,梅、熊未晤,梅是日赴乐清。代何寿安覆乐协苏浩然一函。复秦锦涛函。

十四日,乙卯　　晴

清晨入署,午后有督练处水道调查员乐清人吴承恩字子明者自处州来见。闻陈介石赴杭。

十五日,丙辰　　晴

清晨入署。普济、宝华同时开行。五句钟后,诣木杓巷,未晤。少顷,陈季孚来,托其缮履历册。

十六日,丁巳　　晴

发赵统领及程文焕函。清晨入署,午后覆讯冯斌元案,至晡始散,仍无实供。夜诣瞿大令一谈。

十七日,戊午　晴

是日星期,未入署。发赵统领信,覆陈甘卿信。黄仲荃来,乐清外委陈鸿飞来谒,即黄所荐也。下午大雨。补阅报纸廿馀张。邮局寄快信,另有合同邮票,每张一角,以其半粘贴,半为执据,较寻常快多。

十八日,己未　晴

清晨入署。午后大雷雨。

十九日,庚申　晴

清晨入署,审案竟日,仍无端倪。邮局来彭儿十五日函。夜陈鸿胜持黄仲荃信来,为作一函寄赵统领,交陈面投。午后雨。

二十日,辛酉　晴

清晨入署。偶阅《浙江日报》,有一纸记处州事甚详确。谓已革丽水县顾曾沐涤香烟赌不事事,委权于刑名施承美叔嘉、钱谷范亲训誉臣、收发闻人鹤年鸣九。闻人与前任镇台文某之媳奸合,施、范则轮宿某氏家,因呼某氏宅为"师范学堂",又说事、过钱皆在彼处,又呼曰"犯事衙门",皆同音也。某氏即赵漪哉广文涟之长女,风韵甚佳,梧州翘楚也。见七月十二日报。十四日报登抚院奏参温州府吴学庄禁烟不力,受朱桐朦蔽,摘顶撤任片稿。得赵统领十七日所发专足信,即答之。答诣黄仲荃,未面。

廿一日,壬戌　晴

清晨入署,覆议冯游击、金稿工等。艾罗补脑汁及公邦药水壮阳有效,每打十二瓶,价三十馀元。据云两种久服,如不泄,必致阳具肿烂,泄则否。傍晚处州马差弁来,以信给之。诣屈虞臣,未面。

廿二日,癸亥　晴

清晨入署,闻永、瑞二令及西门局员均到,以普济进口也。缮就履历事实册四本,详送道署听候考验转送,此新章也。

廿三日,甲子　　晴

清晨入署。发彭儿信及答陈南桥信。

廿四日,乙丑　　晴

星期。缮就章一山信。新永嘉令及状元桥局员均来拜。

廿五日,丙寅　　晴

清晨答拜陶、吴二人。未晤。即入署。以章信付邮。夜雨一阵。

廿六日,丁卯　　晴

检一书柜,所储书尽为虫蚀,殊可恨。清晨入署,闻劳少麟谈及近日江浙大老中之帏簿不修者以盛宫保、王相国为最。王之冢媳蒋月云貌美工书,与僧慧月通,为造一普寺以居之。丑声四布,经相国电当道拿押县署,递解湖南原籍。蒋固少寡者也,王宅上下私生儿不知凡几,清吟巷更夫每送一儿至育婴堂得洋两元,以此,该栅夫出息为通城冠。相国晚年续娶之夫人陆氏,为江苏候补某道之女,貌亦不劣。娶后年馀,相国捐馆,现为家产涉讼,屡控于抚院者,即其人也。闻王氏财产不及百万,多数在湖北,杭州仅质铺几家而已,宅中女眷与沐庵尼极昵。

廿七日,戊辰　　晴

清晨入署。

廿八日,己巳　　晴

清晨入署。下午赴二府处饮宴。

廿九日,庚午　　晴

请假一天。风雨间作。为道台撰中等农业训词一篇。由府学借来《永嘉县志》一阅,《志》为光绪八年张令宝琳重修,体例较《府志》为善,其记山水尤详,经籍一门亦备。《府志》系同治四年重刻乾隆五十二年本,中又掺入同治六年事,则非旧本面目矣,板尤漶漫。《处州府志》同治八年修,颇佳。由邮局寄洋一元至沪,购汪东亭《教外心法》。

三十日,辛未　　晴

清晨入署。连日秋热不可当。

八　月

初一日,壬申　　阴

星期。下午诣高祝三一坐。

初二日,癸酉　　晴

清晨入署,发彭儿信。下午闻赵统领到,诣彼一谈。

初三日,甲戌　　晴

清晨出双门,至海防分局茅竹公所迎接新本府,午刻未到。散回,诣统领处一转。是日镇署发欠饷,以克扣大哗。发二女信。

初四日,乙亥　　晴,天凉

清晨又出城,十一钟时,本府到,迎谒于公所。旋至曾园公馆呈履历,即诣署,五句钟时诣营,二鼓回寓。

初五日,丙子　　晴,天又热

清晨诣署,午后赴营,删定禀稿并另拟禀稿乙件。

初六日,丁丑　　晴,热

清晨诣署,午后赴营。劳少麟谈及东洋有一种春方名为红□娘,男女可服,颇效,男服五分,女须服七分。京都某城外某庙出售一种似酒非酒,似油非油之药水,以小瓶贮之,取抹阳具、阴户,立刻发作,极效极佳。又一种膏药亦妙,大小随意剪贴,以战事之久暂定所贴之大小,两种皆好。上海所出之风流如意袋,每打十二个,乙元,只能避毒,不能快意,嫌隔膜也。如意圈则佳,每个可用三次,价乙角,四马路戴春霖香店有之。或云服膏粱酒二两,以虾干二两下之,极得力。

初七日,戊寅 晴热

黎明诣曾园,以新本府接印也。即诣署。午后回寓,旋诣营,夜饭后归。邮局来彭儿廿二信及念慈信,盖海门抵埠。王[①]贵自台州来,云该船大于宝华。有本地数人来见,多不相识,亦未晤面。

初八日,己卯 晴,热甚

发彭儿及大女信,付邮。赴营。下午陶君招饮杏花邨。乐清协苏克敦浩然在营一晤。

初九日,庚辰 晴,热极

清晨诣署。午后赴营,答诣梅帮统。

初十日,辛巳 晴,热极不可当

诣府学拜寿,即诣署。午后赴营。下午大雨,入夜不已。

十一日,壬午 阴雨,天凉

清晨诣署,午后回寓。夜至朱广文处饮,闻平阳某乡土匪毁学堂事。

十二日,癸未 阴

清晨诣署,午后回寓。邮局来汪东亭复函及《教外心法》一册,殊佳,能贯通诸书而示以窾綮。

十三日,甲申 晴,天气甚凉

清晨诣署,并诣吴太尊,未见。午后赴营。夜统领宴冯太尊等,

① "王",疑为"黄"。

为之陪客。

十四日,乙酉　　晴,秋热又作

清晨诣署,午后赴营。黄贵是夜回台。郭、郭、董三人同日到署。

十五日,丙戌　　晴,热甚

清晨出门,午刻至营便饭,统领以恙未出。陈氏、屈氏昆仲来,黄仲荃、刘凤轩来,黄明日赴省。

十六日,丁亥　　晴,热甚

清晨答诣黄仲荃,未面,即入署。午后赴营。前任吴本府上船,合府人员无一人送者。夜大雨。复阅汪氏《性命要旨》四篇,卓然可传。

十七日,戊子　　雨竟日

清晨诣署,午后赴营。

十八日,己丑　　雨,两日稍凉

清晨诣署,午后赴营。潘汪氏所刻《道统大成》中多要帙,惜无暇研究。

十九日,庚寅　　阴,旋逗日光,稍热

清晨诣署,午后赴营。

二十日,辛卯　　晴,秋热又作

清晨诣署。午后拜客几处,洋广局李、军装局王均见面。海门船进口,邮局来初十彭儿信,初九二女信及秦协戎信,索债甚急。

廿一日,壬辰　　晴

清晨诣署,发彭儿、二女、秦协及黄贵信,分寄杭、甬、台,均付邮。以封翁明日寿放假一天。夜,预祝饮宴。

廿二日,癸巳　　晴

放假,做诗钟竟日。

廿三日,甲午　　晴

清晨诣署,午后赴营。夜至梁君宝田处祝寿宴饮,有花枝三四,不甚佳也。

廿四日,乙未　　阴

清晨诣署,午后赴营。发省电,并催办分防地段文移。

廿五日,丙申　　阴,偶见日光

清晨诣署,午后赴营。乐清劝学所绅士朱鹏来见。

廿六日,丁酉　　晴

清晨入署,午后赴营。

廿七日,戊戌　　晴

清晨入署。傍晚预祝观察生辰,二更归。

廿八日,己亥　　晴

清晨拜客几处,与屈虞臣略谈。诣康乐坊西医院一看腿疾。程君约往杏花邨午饭,盖为赵氏昆仲饯行也。席间,陶竺安谈及金芸台历史,云金初就某令馆,因召妓入斋,为居停所窥斥去。其师沈某自是不为荐事,归里教蒙童者三四年,复乞哀师母,适沈抱病,遂拉入抚署代馆。沈死,金即真崧、廖、刘、聂四任十年为金最得意时,当金在幕,绍兴府、县差役不敢入江家溇。嗣因演剧与诸暨文武考生龃龉,为其所殴,甚至辱及女眷,自是气焰稍衰。张曾扬抚浙,薄其为人,遂出署矣。其门徒多至数十百人,贽敬至少百元,盖不为学业,为声气也。程云,学刑钱者,有抄本《文牍格式》四册,盖即彼中相传之秘本也,抄得此册,人人皆能办。伊戚某未学幕而累就巨席,即此册力也。

总务科长邵玮委兼坎门鱼税,税课科员陈训经丁艰,梁宝田赴兰溪,刑名金芸台赴嘉兴。章一山来函,云丧其长子,作书慰问,交赵仲楫带京。

廿九日，庚子　　晴

星期。清晨至金三益购衣料，即赴营，闻陶竺安贿卖中哨哨弁傅某五十元事，事由执事官发之。午后诣马君吉多处一坐。绅界及道、府电请添营被。骏院电商，饬帮统驻瑞安。

九　月

初一日，辛丑　　晴

清晨诣署。午刻院电至，以道台升署提学司，以恽瑾叔观察毓珂来署道篆，冯太尊护理。下午赴营。

初二日，壬寅　　晴

清晨诣署，商定移交分科各员办法。午后诣陈、林、陈三处一谈。诣府署，未见。邮局来廿七彭儿信。下午赴营。

初三日，癸卯　　晴

清晨诣署。发彭儿信。午后赴营。夜刘次饶监督、刘凤轩监学来寓，谈及匪事。

初四日，甲辰　　晴

清晨诣署，与林、陈定初七日公饯观察及同行诸公。午后赴营。晚间答拜二刘及平阳厘局委员吴君。并赴县署饮，同坐为赵、梅、文、章、二吴。大关委员月入百数元，盖常关薪水五十元，新关三十元，出口分四成，约得此数，援办例规及逐年更易司巡陋规不在内。海防委员月得百元光景，以出口所分较少，例规无涉。各司事月薪皆十二元，其大宗入款皆在出口内分派，各有定章。

初五日，乙巳　　晴

清晨诣署，午后赴营。杭垣织造马弄有妓阿甄，为冯太守所昵，月给七十元,现尚给五十元。

初六日,丙午　　晴

清晨诣署,午后赴营,闻台州太平匪警。

初七日,丁未　　晴

星期。下午诣署,偕林、陈公饯郭公及同行诸公。

初八日,戊申　　晴

清晨诣署,午后赴营。普济进口,邮局来初一日二女信,云初二三起身回杭,住白衙巷。又来八月廿八日九鸣自日本信,住东京小石川大冢洼町二四高师清国学生寄宿舍。

初九日,己酉　　晴

十钟时至师范学堂,盖三学堂合开欢送会送道台也。官绅界至者七八人,颂词颇切当,鼓掌者不绝声。是日成七律四首呈郭观察。

初十日,庚戌　　晴

清晨诣署,午后赴营。

十一日,辛亥　　晴

清晨诣署送行,为熊大令说项,委一总务科代办科员。十钟时交印,旋诣府署谒贺。下午四钟出城候送,傍晚,观察始登舟,上船一送,并送同行诸公,回寓已二更矣。

十二日,壬子　　晴

九钟时谒护道,云照旧任事。并晤邓、秦、王、石诸公,帐房顾公未面及。下午邓小佣来寓询问一切,云明日齐集道署商量各事。

十三日,癸丑　　晴

清晨诣习艺所晤劳、杨二君一谈,拜陈、郭二君,未晤。诣道署金、梁二幕小坐。诣三府,坐定,而林鲁生亦至,云顷闻邓小佣说无须上厅办事,与昨说相反,往拜亦不相值。午后赴营。答诣中学堂二刘君,诣马君一坐。

十四日,甲寅　晴

清晨诣瞿大令一谈。本府来答拜。午后赴营。海门进口,黄贵专差来一信,并代买小婢一口送来,即照给洋款,写回信,交原人项林带回。

十五日,乙卯　晴

发彭儿及九鸣信,分寄杭州、日本。陈毓陶来,云明日赴坎门。

十六日,丙辰　阴,微雨

清晨赴营,午后拜客数处,王、杨、董、徐等皆晤面,知杨、梁二人尚未赴杭,陈亦未行。夜雨。

十七日,丁巳　雨

清晨赴营,瑞安丞文孟鱼贰尹寄来瑞绅洪博卿广文炳文《栋园杂著》、《周甲赠言录》各一册。洪撰录之书甚多,工音律,能制器,传奇颇脍炙人口,年六十馀,过瑞时恨未一面也,即答一函。邮局来陈甘卿函,现在杭州。为头陀寺住持撰柱联一付云:"留此身为异日头陀,浩劫可容依净土;有我佛示梵天眉宇,宿生曾记到灵山。"又为赵撰句云:"大众同参欢喜禅,休问他菩萨低眉、金刚努目;此间自辟庄严境,更何异昏衢慧烛、火宅慈云。"

十八日,戊午　阴

清晨赴营。午后雨,诣陈、林、梁三处一谈。

十九日,己未　晴

清晨诣营。刘次饶来寓,未晤。以师范教员刘冠山景晨《三十述怀诗》属和,不得已,为和四首。普济入口。夜雨。

二十日,庚申　晴

清晨赴营。午后梁、华二幕来,杨小渔来,朱广文来。发郭提学信,复陈甘卿信,均付邮。传都戎赴省领军装,以家书及食品二件属带。夜雨。海门入口。

廿一日,辛酉 雨

清晨赴营。午后出门至聚门斋笔店定笔。梁、林二人来。诣郭、陈一坐。

廿二日,壬戌 晴

清晨入营。

廿三日,癸亥 晴

阅朱竹垞《静志居诗话》,极佳,应与钱牧斋《列朝诗选》参观。午后出门一走。

廿四日,甲子 晴

乐清人吴承恩子楣频频来颟,又托刘次饶函为说项。清晨赴营。午后诣郑、陈、梁、吕各处,与梁略谈。下午雨。

廿五日,乙丑 阴

陈显扬来,谈及渔团、海关事。杨伯畴来,此君即李希程妻侄,现在海关及救烟局,颇习医,云学之陈子山虬,即著《蛰庐丛书》之人也。据称同门数十人,得传者只两三人,治喉症与吴姓医士同法。赴营,吕来答拜。杨住三官殿后卷素巷。

廿六日,丙寅 晴

清晨赴营,陈毓陶来,偕诣瞿大令,未晤。

廿七日,丁卯 晴

马、瞿二君先后来。诣吕观察处拜寿。午后答拜梅、杨二君,均未面。夜,诣吕宅宴。

廿八日,戊辰 晴

在营竟日。

廿九日,己巳　　晴

清晨出城接新道台,十钟时到,随班迎伺至署。接见凡五人,皆本署科员也,极形谦挹。午后赴营。夜雨。

三十日,庚午　　阴

午后诣金、梁、陈各处,均未晤。梅帮统奉院电赴乐清,赵统领亦定出防之议。夜雨。

十　月

初一日,辛未　　阴

九钟时,诣道署贺接篆,均未见。诣林、郑二处。赴营。午后发彭儿信,付邮。瑞安文二尹孟鱼又来一函。

初二日,壬申　　晴

清晨诣陈毓陶,偕同人谒道台,云即日下札,接办原席。邮局来廿七日彭儿信,廿四日二女信,廿六日潘婿信。下午赴营。

初三日,癸酉　　阴

清晨赴营。午后诣申报馆及瞿宅。夜奉道台札委,仍办统计科科长。

初四日,甲戌　　阴

清晨衙参谢委,未见。与冯贰尹熙生一晤,说定初六上厅。午后赴营。

初五日,乙亥　　晴

星期。午后诣五马街口两江同乡会,到者寥寥。赴营一转。

初六日,丙子　　阴

九钟时诣署,与周大令象九、冯贰尹等接洽,照常上厅,陈、林二君同集。午饭后散,赴营。

初七日,丁丑　　晴

清晨诣署,午后赴营。夜雨。

初八日,戊寅　　阴

清晨诣署,并诣陶大令一转。道台以本日兼办督销局。午刻赴营,知镇海谢得胜一营与第五营对调。夜,营中得院文,赵统率两营驻处州,帮统率三营驻温州,一如外间所闻。置将如弈棋,足为太息,然自误也。为拟禀稿一通,四鼓就寝。

初九日,己卯　　晴,稍寒

发彭儿信,又发郭提学禀及邵幼赞信。赵统午刻出防。

初十日,庚辰　　晴

清晨林鲁生来。午后赴营。

十一日,辛巳　　晴

诣朱广文一谈。普济进口。阅各报,知国会定于宣统五年实行开院,已奉初三日谕旨,亦吾华千古未有之盛事也。拟集国会各项奏折、公牍、私家论撰、外人评议、报馆风闻为一编,命曰《国会公案》。永嘉人梅佐羹字廉卿,廪生,江西从九,现充劝学所及自治所文案;黄宰中,字畴九,生员,现充商会文案;皆小有才而极不安分,把持公事,声名最劣,绅界畏之。又洋布公所董事黄崇宪,字幹臣,举人,福建州同,大赌棍。以上皆广文所云。下午,广文邀往小南门叶家看菊花,花多至百四五十种,可云巨观。主人叶荄士,年六十外,家丰腴,人颇风雅,闻藏书颇多,为永邑人士最,略谈片刻散。统领回郡。

十二日,壬午　　晴

清晨赴营。午后诣同乡会。发章一山信,付邮。发陈介石信,交赵统领带省。朱广文以永嘉王景羲所著《墨商》四卷两册见示，本年九月新出本也。王为瑞安孙氏校刊《墨子间诂》，见于后序，此二书均不可少。《天铎报》颇佳，可看。

金屋神仙，兰苕翡翠；玉堂眷属，莳菉鸳鸯。

萼绿神仙；牡丹富贵。

春城夏国，生长和气；伯歌季舞，坐立欢门。

十三日，癸未 晴

劳少麟来。午刻赴营，统领晋省，夜饭后登舟，陶竺庵及四少同去。诣瞿子桓大令处预祝。

十四日，甲申 晴

诣瞿处拜寿，在彼竟日。梅帮统清晨由乐清赶回。

破屋数间，中有花国；双峰并秀，高据诗城。

十五日，乙酉 晴

清晨诣营，为瑞安洪博卿广文撰《花信楼全集序》一篇。海门进口。发邵幼赞信，双挂号去。

十六日，丙戌 阴，天气稍冷

午后答拜数客，多未晤。夜赴道署饮，同坐为金、梁、章、周、冯，盖为金饯行也。

十七日，丁亥 晴

午后诣陈毓陶一谈，即赴营。

十八日，戊子 晴，连日甚寒

发瑞安粮厅文孟鱼信，以《序文》属其转交。下午诣城北杨园看菊花，亦不亚于叶宅。四壁多投赠倡和诗笺，主人杨远峰、澹峰昆仲颇能诗。得彭儿十二日信。

十九日，己丑 晴，天又转暖

成七古一章赠杨园主人，又得八绝。黄仲荃来，未面及。

二十日,庚寅 阴

海门进口。午后答诣黄仲荃。夜微雨。

廿一日,辛卯 雨

发彭儿、大女、二女及秦游戎各信。洪尧羹锦聪自瑞安来谒,并携文孟鱼信,即博卿广文之第二子也。云欲赴杭取回花信楼各种及伊所编兵学书。

廿二日,壬辰 晴

又得广文来函,盖为《集序》作谢也。陈子范孝廉以《续游杨园》诗见示,并索观拙作,当录一纸兼和答之。

廿三日,癸巳 晴

答诣洪尧羹,复博卿广文函及文贰尹函。普济入口。得彭儿明信片一纸。是日公祝吕绅寿,瞿大令承办,以微恙未赴。夜雨。

廿四日,甲午 雨

下午赴营。

廿五日,乙未 阴

清晨代道宪诣戒烟公所,官界两三人,绅界三五人,殊无意味。闻吕绅云,嘉宁轮船明日开班。下午雨。夜谢管带□□自镇海率两哨来,至寓一见。洪广文来信,又寄《文集》六册来。

廿六日,丙申 雨

发洪广文回信,并附《粤游草》一册去。洪尧羹附普济赴省,为草一函致赵统领。海门入口。得步銮函。

廿七日,丁酉 晴,天暖甚

发黄贵信,询仙居事。陈子范以诗四绝来。

廿八日,戊戌 雨,暖甚

商会调查员黄鞠驼宰中以诗见束,辄答和之。邵幼赞来。下午陈毓陶来。

廿九日,己亥　　晴,暖甚

清晨谒道宪。答拜邵、章、章,未晤。洪博卿广文又寄诗册四本来。夜成七古一章柬之。五更雨。

三十日,庚子　　雨

以诗寄洪广文,并还其文稿六册。黄鞠驼来,夜程文焕来,言陶信事。

十一月

初一日,辛丑　　雨,天寒,御裘

在寓竟日。

初二日,壬寅　　雨

清晨诣邵、劳两处一谈,赴营。邵乘广济,明晨开。邮局来十月十九九鸣信。

初三日,癸卯　　雨

缮就郭提学禀,答步銮信,又发彭儿信。洪广文来一信,附诗两纸:一和韵,一索和旧作。

初四日,甲辰　　阴寒

以郭函等付邮。普济进口。赵统领回瓯,改驻青田,馀如前议。海门出口。和洪广①一诗,并寄缴来稿四册;发文粮厅函,均交信局去。《公报》廿五、六、七三天登有周庆云上盐政书《变盐法平议》一篇,力驳李雯“就场征税”之说为不可行,而以划一引斤、划一税课、

---

①　“广”下疑脱“文”字。

划一耗斤与包皮为改良办法，而复归重于售价，颇明切，应与张謇之议参观。张氏卫国恤民，化枭弭盗；变盐法议主李雯"就场征税"说而兼顾国课、民食、商资。一详淮盐，一详浙盐，皆可采录。见于十月廿五六七八日《公报》。

初五日，乙巳　　雨

清晨答拜包、黄等，均未面。赴营，午饭后回寓。诣隔壁一谈，陈章平自杭来，详谈一切。乐清人吴组臣来。

初六日，丙午　　雨

发郭步銮函，附一单。午后诣林鲁生一谈。答诣陈章平，未面，吴组臣亦未见。

初七日，丁未　　雨

诣营，洪广文寄示《芙蓉孽》院本。陈南桥来一函。

初八日，戊申　　阴

诣营，海门进口。午后诣陈章平，未面，旋来。邮局来廿八日彭儿信。瑞安粮厅来一函。

初九日，己酉　　雨

发彭儿信，答陈南桥信。以《芙蓉孽》乐府寄还洪广文。夜，赴吕观察饮，客廿馀人。林鲁生住杭州三桥趾灵寿巷。初三日上谕，设海军部、陆军部大臣、副大臣，裁尚、侍、丞、参各官。

初十日，庚戌　　阴寒

在营竟日。答诣黄傚夫，谈悉方言学堂风潮事。

十一日，辛亥　　阴，雪作

洪广文寄来乃郎兵学书五册，并以《粤游草》一册寄还。下午诣林鲁生，梅、章及诸公先后至，凡两席。闻本府亦归。

十二日，壬子　　雨，风，冷甚，御重裘

在寓竟日。

十三日,癸丑 阴

赴营,午后归。

十四日,甲寅 晴

清晨答诣周绅仲明,又诣叶步瀛,出所藏字画见示,谈良久。诣营,发彭儿信,交海门去。

十五日,乙卯 晴

清晨诣陈毓陶一谈。普济进口,得彭儿十一日信。叶大令来,未面。

十六日,丙辰 晴

清晨诣林鲁生送行,诣营。午后诣郑、陈,与章平一谈。叶大令来,又未面。

十七日,丁巳 晴

清晨赴营。午后答诣陈叔咸,借来孙□□①《永嘉闻见录》□②卷两册,陶文毅《蜀輶日记》四卷两册一阅。陶熟于史事,于舆地沿革尤精,时及形家言,盖有得杨曾学者。孙所记甚平平,无甚可采。夜雨。道宪札委玉环提案。杨俊臣又来见。

十八日,戊午 雨

清晨农业学堂堂长施震泽静澜来见。谒道台,拜文三府、袁经厅,均未晤。以一函致杨。下午学署邵幼赞来电,嘱赴省,即复一电。宁波江北岸书画研究社有绍兴人蒋东初充北门局、洋广局司事,极精于该两局之务,委员不用伊,捐款即不起色,其人广交游,岁入千金尚不敷。接十二日二女杭州信。

十九日,己未 雨竟日不止

陈章平来,云亦奉委玉环提款查案,约廿一同去。洪广文又寄

---

① "□□",疑为"同元"。

② "□",疑为"二"。

书四册及图一张。

二十日,己巳　　阴

为洪尧阶题小照一绝,此等应酬诗极可厌。海门进口。诣叶大令,承以鸡颖藤花笔见赠。

廿一日,辛酉　　晴

清晨诣习艺所商看布匹。诣营一转。赵统定廿五赴青田。以东洋本《高青邱全集》赠叶。

廿二日,壬戌　　晴

清晨上海门船,十钟开行,陈君亦至。下午四钟抵坎门,即下榻海防局。

廿三日,癸亥　　晴

十钟起程,一句钟至玉环厅署,拜晤官、幕。傍晚陈章平亦到。是日晤吴巡司、熊哨官。

廿四日,甲子　　晴

吴、熊来,绅士陈保厘来。夜成司马招饮,同坐有刘道台委员两人,一陈绍槎平湖,诸暨人,一王凤乔济臣,兰溪①,皆从台州来者。

廿五日,乙丑　　晴

十句钟时起程,两点钟抵坎门,所提各人证共七名均至。夜陈毓陶招饮。

廿六日,丙寅　　晴

八钟时,海门船到,十一钟开行。四钟到郡,随谒道宪销差,并请赴省措赀假。

廿七日,丁卯　　晴

清晨诣营一转,知赵统领廿五赴青田。为黄天禄事发一信致统

---

①　"溪"下疑脱"人"字。

领,专差去。陈章平来,借去《宣统新法令》五册。下午徐雨霖、黄仲荃、梁九龄来。夜二鼓上普济船,赵升随行。

廿八日,戊辰 晴

六句钟开船。夜因雾停泊。

廿九日,己巳 晴

天明开,四句钟泊甬江,傍晚又开。

三十日,庚午 晴

十句钟抵沪,十二钟二十分开车,五钟四十分抵杭,已上灯矣。寓龙舌嘴鼎升客店。

十二月

初一日,辛未 晴

午后诣学署。下午见啸宪,谈良久。随为作左峰一函,属明日投递。与桂、凌二君一谈。邵、杨、郭诸公皆外出。夜彭儿来寓。

初二日,壬申 晴

清晨谒藩宪。在官厅晤范咏和大令。拜陈、徐、陈、郭诸公,只徐一见。午后诣金鱼弄潘婿处一坐。诣范大令未遇,渠来亦不相值。夜入学署见啸宪面告一切。邵、杨、郭、凌诸公皆外出。又诣范处一谈。邵、杨、郭来寓,相左。徐殿臣熊在宁波江北岸海关总务处。

初三日,癸酉 晴

清晨谒抚宪,拜陈、郭二大令,未面。拜刘大令,并晤陶石泉大令,谈良久。陈、郭二公来,未遇。邵、杨、郭三公来。彭儿来,秦锦涛乔梓来,并饮聚丰园。

初四日,甲戌 晴

清晨入署见学台,知温州府撤换许邓起枢。陈次耕来答拜,旋

偕邵、杨、郭、桂诸公招饮聚丰园。下午夏太守,刘、陶二大令来。夜
诣秦处一谈。

初五日,乙亥　　阴寒

发温州家信。发江督禀,快班去。

初六日,丙子　　晴

清晨诣梅花碑一走。午后诣学署,林鲁生来。

初七日,丁丑　　晴

清晨诣学署,见学使。下午诣陶石泉一坐。陈次耕来,未面,傍
晚复来,云学台荐梁九龄事。彭儿来。夜诣陈甘卿处略谈。

初八日,戊寅　　晴

清晨谒藩台毕,即诣学署,闻袁学使到,明日接印。金芸台来,
熊大令亦由温到省。

初九日,己卯　　雨

清晨诣学署一转。午刻约弼宸、步銮、啸渔、幼蓉、绳斋、次耕、
俪泉、芸台、鲁生聚丰园小饮,亦廉及凌君未至。夜步銮来,同诣次
耕一坐。发江宁电。

初十日,庚辰　　雨

鲁生阅诸公午刻饮聚丰,李少白约晚饮,均原订诸君也。席散,
诣图书馆见郭宪。

十一日,辛巳　　雨

午后诣徐班侯,未面及。下午彭儿来,季某来。

十二日,壬午　　晴

清晨诣徐班侯,未面;诣郭宪略谈。午后彭儿来,云十四先行,
以朱老二不能候也。又诣徐,不相遇。答诣李少白大令。以函致师
范馆。念慈夜来,言及外间传说嵊县事。陈甘卿来。

十三日,癸未　晴

诣郭可士一坐。彭儿及朱仲衡来,云明晨早车准走。午后又诣徐,则已赴沪矣。拜钱唐高子勋大令,陈次耕在座。略谈数语,知郭亦廉事已揭晓。谒新任温州府,拜前永嘉令,均未见。答拜熊,亦未值。傍晚,彭儿来。夜,得念慈函,即走与面谈。审判改十五开庭。发家信。诣李少白。

十四日,甲申　雪

彭儿偕朱老二乘早车赴沪。以函致贺郭亦廉。在寓竟日。夜念慈来,云所事已妥。许邓来答拜。

十五日,乙酉　晴

午后拜季、郭、陈、许邓,均未晤。晤郭观察、邵楚白太守、李少白来谈,温州府改委李前泮。得彭儿明信片,云昨晚附嘉宁船行。夜诣潘宅。

十六日,丙戌　晴

清晨诣俞凤笙、金芸台,偕念慈饭聚丰园。诣陈甘卿,茗话粹芳楼。秦氏乔梓来,未遇。

十七日,丁亥　阴

清晨出街,购得重刻本元人谢应芳《辨惑篇》五卷二册,蔡逢年《处分则例图要》二册,此书刻于同治乙丑,极易翻阅,与《名法指掌》皆为至简至要之笈。石印《战法学》、《警察新法》各一册,亦好。坊中有旧刊本《山洋指迷》、《风水一书》两种各四册,颇爽目。大板《字汇①标韵》两册,极好。《七经序录》四册,字小行密,然亦可看,惜纸张劣耳。午后微雨。诣秦处略谈。诣图书馆,寂无一人。归寓,投

---

① "汇",应为"类",见下文十九日日记。

以一函。浙江官书局于十五日移居图书馆隔壁,见本日《公报》。肉桂研末,以饭团成丸,其药性可久留胃府,比煎饮为妙,此法良佳。

十八日,戊子　　微雨

在寓竟日。傍晚陈甘卿来。是日郭观察起程。

十九日,己丑　　阴

清晨上街购来旧板《山洋指迷》四册,重刻大板《字类标韵》二册,乾隆间姚氏《阳宅集成》八册,出魏清江之后,颇可取。彭氏《宋四六选》原版十二册,索价太高。海宁周氏《孟子四考》两巨册,分逸文、异本、古注出处、时事四门,颇精核。西人艾儒略《性理精义》两册。午后约俞、秦三人诣粹芳茗话。诣大女处一转。

二十日,庚寅　　晴

清晨早车赴沪,三点半钟到,住荣华栈。

廿一日,辛卯　　晴

午刻上普济轮,人极拥挤。夜间金芸台亦到,三点钟开行。

廿二日,壬辰　　晴

下六点钟抵宁波停泊。

廿三日,癸巳　　晴

五鼓开,二更泊温州口外。

廿四日,甲午　　晴

七点钟到埠,稍停,彭儿上船,随即进城,距出门时已廿六天矣。午后谒道府,并诣营,与赵统一谈。程文焕来。诣陈章民一坐。

廿五日,乙未　　晴

清晨拜客数处。晤黄仲荃,云陈介石已入粤督幕,前有函交书记某带温,因在省,遂将原信退回。谒刘道台。午后发介石信,又答黄佐卿副戎信,黄信为冯金控案来托。朱广文来,董仲飚来。杭州鼎升堂主人徐文伯,绍兴人。普济船茶房刘宝山。上海三马路昼锦里王乔松起课极灵,扬州人。国学扶轮社出本《大清律》最好,胜于商务馆本《中国法规大全》,各项章程悉备。杭州珠宝巷日升昌西号,赵统所往来。除批云云,印发挂发牌示外。

廿六日,丙申 阴

清晨诣营。午后诣席善夫一谈。以洋十二元还劳小林,布价也。

三公司轮船,以二轮由宁波开镇海、舟山、石浦、海门,以一轮由海门开坎门、温州,五日一班。宁波二轮,甬开一、三、六、八,台开三、五、八、十;温州一轮,瓯开逢二、逢七,台开逢四、逢九,见海门、永宁、宝华三公司广告。由沪开甬,尚有平安、可贵等小轮。

廿七日,丁酉 晴

清晨诣劳少林、叶步瀛,谒刘观察,拜吕、瞿诸公。午后赴营,诣朱眉山。夜雨。

廿八日,戊戌 阴雨

清晨诣金芸台略坐,诣郭、陈、董及答诣玉环厅成,均未面。赵统招往夜饭,刘观察之帐友石君和在座,诸暨人,为刘所信用者。

廿九日,己亥 阴

岁除。刘观察六句钟登舟,不及送。

宣统三年辛亥（1911）

正　月

初一日，庚子。元旦　　雨

五鼓起，盥漱毕，出门拜客、参衙，沿俗套也。十钟时集道署，一哄而散。来客登名门簿，不复记。

元旦古少佳诗，唐贤如贾至、王维早朝唱和诸篇率多疵累，近人集内偶有此题，然才力终屩，不过裁对较工而已。暇当录成一帙。

初二日，辛丑　　雨

清晨拜客十馀处。

钱塘王又槐荫庭，乾隆中叶法家老手，著有《刑钱必览》、《钱谷备要》、《政治集要》三书，风行海内。《政治集要》所载门类为六部限图、中枢限图、刺字类纂、考成章程、申详成规、题咨事件三流表、办案要略、秋审条款各种，均极要。书罕见，元和张廷骧有之。光绪癸未，浙局所刊《入幕须知》五种附刻《办案要略》一种在内，其原书当觅览也。

《洗冤录集证》多有王氏说。沈耕于之《名法指掌》、邵春涛之《读法图存》、蔡逢年之《处分则例图要》三种皆一体例，蔡书成于同治乙丑，略有增删。又有《律例便览》，皆省精力之书也。《六部处分则例》、《中枢政考》、《军流道里表》、《秋审比较条款》皆官书，繁重。

刘帘舫《读律心得》一卷，绝佳。《读律佩觿》，不知撰人。

金芸台来。夜雨彻曙。

初三日，壬寅　　雨竟日，寒甚

汪龙庄《学治臆说》、《佐治药言》说鬼神报应者六事，皆凿凿可据。论幕友与东人及地方皆非有缘不能相聚，属吏之于上官亦然。袁随园论友朋亦主一"缘"字。汪久于幕而劝人勿习幕，尝为官而劝人勿做官，与曾文正戒子弟勿掌兵皆阅历有得之言。

张廷骧，字翰伯，同治间直隶名幕。五种先刊于直隶，续刻于浙江，当时李文忠公幕客最著名者为景翰青。

夜雨达旦。

初四日，癸卯　　雨

杨园主人送来红梅一枝并诗数篇，感君来意，次韵答之。

初五日，甲辰　　雨止，放晴

清晨拜客几家。下午诣朱广文一谈。

初六日，乙巳　　晴

官府迎春。诣叶、陈、郑及郑广文一谈。

初七日，丙午　　晴，甚冷

五鼓起，接春。午后诣营，并诣同乡会一转。

初八日，丁未　　阴，时逗日光

阅旧腊《申报》二十纸，颇倦。东三省第四次国会请愿书痛切呼号如许，而竟不为动，为之奈何。议新官制，锡涛帅会衔一电极佳。

叶步瀛大令来谈，借去《续艺舟双楫》两册。

俞理初先生《癸巳存稿》、《类稿》两种外，尚有《剩稿》一厚册，即抽出之《积精篇》。因所纪男色、女色语太淫亵未刊，潘伯寅司空及王逸梧祭酒皆有藏本。

汪双池《全集》中医书一种极佳,由浅入深,使人易解。两说皆叶所云。汪书十馀年前刻于杭州纲盐局,即安徽会馆。

初九日,戊申　　晴

午后诣杨园看梅花。诣金芸台一坐。

初十日,己酉　　晴

清晨答诣黄悦夫,已旋瑞安。瞿大令招饮,未赴。诣营一转。海门船到埠。

十一日,庚戌　　晴

清晨来《申报》三纸。读十二月二十五日上谕,著将《新刑律》总则、分则暨暂行章程先为颁布,以备实行,俟明年资政院开会,仍可提议修正,具奏请旨;并著按照《新刑律》编辑判决例及施行细则,以为将来实行之预备。二十八日上谕,宣统三年预算总案如确系浮滥之款,应极力削减;若实有窒碍难行之处,准由京外各衙门将实用不敷各款缮呈详细表册,叙明确当理由,径行具奏,候旨办理。会奏议决京外各官公费标准一片,著俟编订官俸章程时候旨施行。

午后诣梁九龄,未晤。

十二日,辛亥　　晴

清晨陈、梁二人来。诣营。午后诣梁,未面。借来旧腊报纸三种,残缺不全。上海有正书局石印各种碑帖、手迹、名画皆佳,售价亦有折扣。又《神州国光集》、《国朝名画外集》、《点石斋丛画》、《吴有如画宝》等,多可取。

十三日,壬子　　晴

玉环成司马、师范黄监督来拜。下午答拜,均未晤。夜赴县署饮,约十许人。郭道台、李本府同乘普济来,十四晚可到。

鹦鹉深杯,高朋四坐;鸳鸯雅什,君子万年。

金屋神仙,兰苕翡翠;玉堂眷属,莆菉鸳鸯。两联嫁娶皆可用。

曾见陆中堂为人书:"萼绿神仙;牡丹富贵。""中天明月樽前满;异国名香海上来。"

拟选故事之益人神智兼资典实者三千条,命曰《精骑三千集》;就计氏《唐诗纪事》、厉氏《宋诗纪事》、陆氏《续宋诗纪事》选出三五百篇绝句为《本事诗》,仿《瀛奎律髓》分类法选七绝。

十四日,癸丑　　雨

午刻普济进口,郭道、李府皆到,即至署及行馆一谒。夜雨彻旦。

十五日,甲寅　　雨

清晨衙参,均未晤。恽道台来辞行。由赵仲楫交来章一山信一函,《康熙政要》一帙,来诗二律殊瑰丽。午后无事,答以一缄,附录近作十首寄之。

十六日,乙卯　　雨

清晨谒恽道台送行,未晤。诣营,偕赵氏昆仲饮市楼。李太守来拜。答章一山书,附诗十馀首去。

十七日,丙辰　　雨止

辰刻道台、巳刻本府接印,诣贺,并诣吕宅道喜。下午出城登舟送恽道毕,至吕宅饮,甫入席,道宪招陪徐班侯侍御饮,徐亦赴省。

十八日,丁巳　　晴,西风甚厉

诣营一饭,即归。夜三鼓奉札委办洋务。

十九日,戊午　　晴

清晨诣道、府,均未见。答拜施、黄二绅,与黄略谈,云有诗册乞序,正在抄誊,因录元旦四律示之。为道宪拟一牌示稿。邮局来正月十四日费子赞杭州信,并诗三首。熊寓交来熊大令一信。下午诣署。夜饮后归。

二十日，己未　　晴，天寒

诣营午饭。饭后诣中学堂，晤刘次饶、刘凤轩。住珠冠巷。答诣高心朴。海门进口。黄仲荃以《百二十峰草堂诗录》一册索序，为题二绝。

廿一日，庚申　　晴，冷

诣营，饭后诣署。

上海棋盘街新学会社农业书三十馀种。国粹馆在四马路惠福里。国学保存会校印书籍，最要者为钱牧斋手抄校《李义山集》，张皋闻自写定《墨子经说解》。《实地考验测星全书》，三元六角，上海科学书局。民立报馆所编《国势要览》将出书。

廿二日，辛酉　　阴

早间出城送冯本府，彭儿亦偕朱老二附海门轮起程。下午诣署。是日分科开厅，照前上班。金、梁、叶三人同来。

廿三日，壬戌　　晴

诣署。下午诣营。黄仲荃乃叔□①州司马鼎瑞来拜。

廿四日，癸亥　　晴

清晨答拜黄司马，即诣署。夜饮赵统领处，闻丽水、嵊县皆委人。

廿五日，甲子　　晴

发徐班侯侍御、陈介石议长函。诣府署、道署。午刻饮师范学堂，黄仲荃叔侄所招也。下午诣营一转。海门进口。夜得彭儿自椒江来信，云候平安船，廿五开行。邮局来廿日潘婿信，即答之。

廿六日，乙丑　　阴寒

诣署。午后诣营。以《越缦堂集》两册借黄仲荃，黄亦以《广雅

---

① "□"，疑为"漳平"。

堂诗集》、《湘绮楼集》、《散原精舍诗》见借。

廿七日，丙寅　　雨，冷甚

普济入口。黄仲荃来，以《墨子间诂》八册见赠。诣署，下午诣营。

廿八日，丁卯　　晴

写就彭儿信及答费、熊二信。午后诣营一转。温州商会入款，一为注册费，年约二千馀元，一为出口柑子，每件抽费五分，由招商局代收。诣府帐房傅作舟。

廿九日，戊辰　　晴

诣署。以《广艺舟双楫》两册赠叶大令，午后叶来谈。壬子日逢破必大水，云此说屡验，今年五月中有此日，记查，亦叶所说。

王壬秋《墨子校注》两卷，似有刊本，《序》见《湘绮楼集》，云同时曹耀湘、殷家隽诸人亦有成书，皆须物色。王集《论语训序》有十蔽之疑，《庄子注序》、《墨子校注序》、《老子注序》、《代丰春秋例表序》、《六书讨源序》皆要。

三十日，己巳　　晴

广济出口，海门入口。以王、陈、张三家诗文集还黄仲荃。

从邵幼赞借来长白继莲畦中丞《昌忍斋丛说》、《左庵词话》四册一览，《词话》颇佳，录出十馀条。《历朝诗约选》九十三卷，廿馀册，刘海峰选本，光绪丁酉刻行。板宽字肥，颇便老眼，特未知所摭何如。自汉迄明，附以《海峰诗集》。《报律》登于正月廿七日《申报》。

二　月

初一日，庚午　　晴

清晨衙参，未见。答拜茶捐局员，午后诣瞿大令，均未见面。答诣郑广文。

初二日,辛未　　晴

清晨诣署,以书还邵、黄二君。午后诣营,适院电到。

初三日,壬申　　晴

清晨诣署。午后诣营,拟就覆抚院电。编定近诗为《瓯江集》,约百六十篇。

初四日,癸酉　　晴

清晨诣署,午后诣营。黄傥夫来,未晤及。夜诣朱广文,为三女开来一方。又借印,领洋务薪水。

初五日,甲戌　　微雨,天暖

诣营。午后答拜黄、吴二君,吴未面。诣秦仲玉一坐。为赵统拟就院电一纸。与徐寿九略谈,伊弟子林玉生善画春宫,颇有名,册页每幅半元,住曾园前面。

海门进口,邮局来廿八、廿九、三十彭儿沪杭来信,云廿八抵杭,即日开课。写就复函,并写一信寄青田转寄阿庆,伊名叶振池,由青田船料地方寄高河久成南货店转交棋杆内,殊周折。

《墨子间诂》校勘极精,拟照此点窜浙、鄂官本以便诵读。

初六日,乙亥　　阴雨

发家书,又发叶振池信。支来府署洋务薪水四十元。

院电,属赵统领解司书生杨国庆、王德顺、徐某三人赴省质讯,盖傅栋详所攀也。徐名家恽,即寿久子。赵统领约金芸台至营商量是事,夜,为拟一电稿。邮局取来杭州所寄包裹乙个。

初七日,丙子　　晴

清晨诣署,午刻诣营,旋又诣署。

初八日,丁丑　　阴雨

清晨诣署,午刻诣营。李幼梅观察之外孙唐某工刻图章。道宪致藩台函初七付邮,挂号。

《申报》正月初九、初十两日登有各级审判检察厅经费表及说明书颇明白,宣统三年约需二百八十二万八千有奇。浙江高等厅一,地方厅三,初级厅五,需十五万三千乙百七十九两。照章,高等厅需四十七员,每年并闰应支二万八千五百二十二两;地方厅需九十一员,并闰年支三万〇七百八十四两,分厅皆减十之二;初级厅需二十员,并闰年支六千四百六十一两。厅丞月薪二百八十两,为最多,书记生十两,为最少。

初九日,戊寅　　雨

诣营。普济进口。邮局来初五日彭儿信。

初十日,己卯　　雨

清晨发彭儿信及陈、徐二函。诣署并诣营。

上海所刻及石印各种旧书,以国学扶轮社为第一,国粹报馆、有正书局、扫叶山房次之。新书则莫备于商务馆,新小说别有专售处。

十一日,庚辰　　晴

清晨诣署。午后诣营。陈兰桥自台州来,称八秩觞。

十二日,辛巳　　晴

清晨答拜陈兰老。旋诣署,作诗钟竟日。审判厅陈、王二君来拜,皆闽人也。

十三日,壬午　　晴,热甚

清晨诣署,诣营。下午诣陈宅预祝。夜归,雨作。

十四日,癸未　　雨

清晨,诣陈宅祝寿,陪客竟日,归,已三鼓。

十五日,甲申　　阴雨,冷

清晨诣署,诣营。是晚赵统领偕丁总办赴青田。海门入口。

南门叶德昌主人叶某家藏字画书籍颇多，人亦风雅，与种菊花之叶某为兄弟。其家有教读某，亦同姓，年七十馀，精数学及堪舆。余筱璇太史识其人。

阅初十《民立报》，云伊犁全境被俄人占踞，将军已逃，新疆巡抚有电至京云云。

十六日，乙酉　　雨

发彭儿信。诣署，诣营。午后答诣马吉多。赵统领本日午后始赴青田。夜雨达旦。黄悦夫来。

十七日，丙戌　　雨

在寓竟日。夜赴瞿宅饮，同座十二人。子桓大令有手录楹联一帙，须借钞。

十八日，丁亥　　雨

答陈孟聪函，寄瑞安木桥头。诣署，诣营。第二营管带秀司马昌来拜。夜，偕程、陶等辈出街一走。

十九日，戊子　　晴

清晨答拜秀司马。诣营一转。邮局来彭儿十二、十三两信。信局来瑞安文贰尹信并洪广文咏菊诗录一帙，即答一函，洪住瑞邑柏树下。赵统回寓。

二十日，己丑　　阴

清晨诣署。午刻约陈兰老乔梓、瞿、叶二大令饮市楼。天又雨。海门、普济同入门。李小奇自杭来。下午诣朱广文一坐。

廿一日，庚寅　　雨

发彭儿及二女信。午后陈叔咸来，云送乃翁赴海门并赴省。瞿大令云，仁和沈思齐大令曾合九人刻新政书一部，约一小箱，章程多可依据，须觅一阅。延朱广文为三女诊病。

廿二日，辛卯　　晴

清晨诣劳少林，答诣王大令□□，均未面。诣署，诣营。赵统率司书生等附普济入省。陈兰桥父子附海门去，林鲁生大令附普济去，皆为茧捐也。午后诣朱广文，酌改一方。

纪氏《唐诗纪事》、厉氏《宋诗纪事》、陆氏《续宋诗纪事》、张氏《词林纪事》四种皆合览，既精诗学，复熟典故，为词章家所不可无，记此，幸勿忘之。

廿三日，壬辰　　晴

清晨诣署，阅报多种。饭后诣叶大令，同至陈列所一看，出售之货无多，叶所制木箱一担，出门、居家颇便，须仿制。其他挖底之木箱及衣箱架兼充箱套亦便。炉灰易活者为锡箔灰，比梧桐叶灰更妙。下午诣营。

阅《浙江公报》，登吴藩卖缺卖差，由门丁居贵经手，事恐非无因。《中外报》登《京师百怪录》，外部侍郎曹汝霖以爱妾二人交欢二贝子，为美人计之最工者。

镜展春山，扇团秋月，词联谢絮，笔梦江花；鸿案如宾，鹿车似友，雀屏兆喜，鸾镜呈祥。重一镜字，应改。

残石摹丞相臣斯字；名山续司马子长文。

廿四日，癸巳　　晴

清晨诣署，即诣营。

廿五日，甲午　　晴

清晨诣署，即诣营。得瑞安文贰尹信。海门入口。

廿六日，乙未　　晴

午刻入署，作诗钟，三鼓始散。杭州法政学堂寄来第一期讲义十册。是日房东二子娶妇，颇喧杂。

廿七日，丙申　　晴

午刻诣营。邵幼赞招饮，未赴，以乃翁六十寿宴客也。

廿八日，丁酉　　晴

清晨诣署，拟就永嘉自治会开幕训词。午刻诣营。诣瞿仲怡，以杨秉英名条交之。

廿九日，戊戌　　晴，天骤暖

诣署，诣营。午后延朱广文为三女诊病。

三　月

初一日，己亥　　晴，暖极

清晨诣署，诣营。邮局来廿三日彭儿信，廿六陈介石复函。黄仲荃送回《越缦堂集》二册。

《秘本推背图》及《烧饼歌》，上海新出精印本，见《民立报》广白。胡文忠奏调户部司官阎敬铭折，有"气貌不飏，心雄万夫"语。

以函致仲荃。夜陈孟聪自瑞安来，云明晨晋省。

初二日，庚子　　阴，微雨

清晨诣署，即诣营。午后雨。

初三日，辛丑　　雨，天寒

发彭儿信，复泰兴信，均付邮。诣经厅行吊。诣署，诣营。

将法政讲义拆开，另编成帙，以便观览。无一不出自东洋译本，堂堂大国官立之学堂，无一自定之教科书，习此以供洋佣，岂不可叹！邮局又来第二学期讲义两册。

初四日，壬寅　　阴

以讲义拆开另订。诣营，阅司书生杨、王寄程、陶函，详叙督练处讯问傅案情形。

初五日,癸卯　阴

普济开,海门到。清晨诣署,诣营。邮局来廿六日二女信,上月廿四日九鸣信。

初六日,甲辰　晴

答瑞安丞文孟鱼书。发上海东亚公司书。药局信,李嬷与伊子小奇附海门船起身回杭,给以川赀四元,又写一信交小奇带呈彭儿。

《暖姝室杂纂》:《志例》一卷,《论文论诗论字》三卷,《读书记》三卷,《目录略》一卷,《拟编丛书目录》一卷,《堪舆说捃》二卷,《医药丹诀》二卷,《遁甲古义》四卷,《伊吕遗文》二卷,《四库目录提要摘本》二卷,《近儒说纂》二卷,《时务摘略》二卷,《知昨非斋诗录》四卷、《文》一卷附,《范子辑本》二卷,《管韩要删》八卷,《三续本事诗词三百篇》,《小子学诗》。

我本楚狂人,五岳寻仙不辞远;地犹鄹氏邑,万方多难此登临。——某宫保题太山联。

初七日,乙巳　阴

普济、海门先后开。诣署,诣营。诣二府,未见。夜微雨。发恽道台贺禀。

初八日,丙午　阴雨

清明节,固应尔。午后答拜西门局员,未面。诣二府,为高氏昆仲交条托荐云和馆事。高学愚稚舲、高钧锦甫,即高钰卿之子,于我为表内侄也。又发瑞安海关杨俊臣秉英回信。三女气痛又大发。

初九日,丁未　晴

清晨诣署,诣营。

绍兴人陶在宽,字七标,通洋学,工制器。曾以七巧图式制木器一箱,散开为床、桌、厨、柜等十馀种,收合则成一担,巧不可阶。以举人得郎中,现年五十馀,住杭垣彩霞岭,为绍兴旅杭同乡会会长,不复出仕。其夫人某氏,工书,无子。

初十日,戊申　晴

清晨诣署,诣营。朱老师来诊病,并延刘医。夜熊哨弁来。海门入口。

十一日,己酉　雨

仍延朱广文。午后晴。三女气痛稍轻,至五更复剧。

十二日,庚戌　雨

清晨延陶竺庵来诊,并于道署乞得吉林参两枝。午后持方商之朱广文,加二味,即服陶方。请假三日。瑞安丞来一缄,详谈烟事。

十三日,辛亥　晴

延朱、陶二君来,各开一方。午后叶大令约诣南门叶宅看花、品字画,未赴。

阅《张宗道地理书》两册,七分峦头,三分理气,示人以确不可易之要诀,字字著实,言言透宗。形家之书足施于用,不为英雄欺人,莫妙于此编矣。全书五种,乾隆间桐城章淮树观察为之作解,姚姬传太史鼐序而行之。屡觅未得,当遍求之。此二册系从羊城书肆购来,中有录章氏语,未必全也。理气虽寥寥数言,而应有者尽有,其悠谬者皆辟之。所未及者,元运之说耳。杨、曾之后,此书与纪氏《末学》同为至宝。若蒋氏术,别成一派,听人诵习可也。

十四日,壬子　阴、旋晴

诣瞿大令一谈,为杨某馆事也。叶大令来。仍延陶竺庵来诊。李本府偕梅帮统赴瑞安。

十五日,癸丑　阴

刘观察由台州到,诣飞霞洞行馆一见。赵统领乘德裕船归,普济亦到,邮局来初三日彭儿信,海门船亦入口。夜积谷山大放山灯,闻四十年未有此举。陶竺安来,云刘道台已赴瑞。

十六日,甲寅　　晴

清晨诣署销假。

阅初九、初十《民立报》,登载英、法两使臣电告政府,各国瓜分中国,即日以兵力实行。摄政王得报,叹泣而已。此事各报多登,独《申报》未登,奇哉!

诣营一转,发彭儿信。仍延陶君来诊。瞿大令来,并赠半夏些子。奉天测量科员焦某盗卖地图案,仅监禁廿年。诣郑广文。

十七日,乙卯　　晴,旋阴

诣署,诣营。陶来。下午诣朱广文。

十八日,丙辰　　阴雨

诣营一转。午后诣署,作诗钟。三更始归。

十九日,丁巳　　晴

诣营,午后回寓。得杨俊臣信,即答之。覆阅《加藤弘之讲演集》,语语如吾所欲出,问题既要,解决尤佳,与《天则百话》皆不可不读者也。尚有《物竞论》、《政治进化论》,未见。

二十日,戊午　　晴

清晨诣署,诣营。偕程、陶出街购药品。邮局来十五日彭儿信。又泰兴来一信,云陆外舅于本月十四日十一句钟捐馆。阅报。知焦滇于初四日正法。

廿一日,己未　　晴

清晨诣署,诣营。发彭儿信,发瑞安丞信。

廿二日,庚申　　晴

清晨诣署,诣营。

廿三日,辛酉　　晴,骤暖

清晨诣营。午后偕程、陶诣飞霞洞。拜石君轩未晤。闻本府回郡,帮统同回。

廿四日,壬戌　　晴,暖甚

清晨诣署,诣营。闻刘道台回郡。

廿五日,癸亥　　晴

谒刘道台,未晤,晤本府及李道台。闻瑞安禁烟委员汪经历锡祺于廿四日在三十四都六科地方被掳,该处距马屿十里。午后诣署,寂无一人,与金幕略谈。诣叶、秦、高,均未晤。传闻汪委员被杀,夜间知是实,系瑞安金令来郡请兵也。傍晚,程文焕来。

廿六日,甲子　　晴

清晨诣署,诣营。刘道台主调处州队伍,当拟就省电。刘来答拜。发陈介石信。夜三更,程文焕来,云又欲调第三营队伍,李、梅尚未去瑞,因候省电也。

廿七日,乙丑　　晴

清晨诣署,诣营。午后院覆电,责成刘、梅二人专办瑞事,大加声斥。刘、李、梅下午同赴瑞。陆子登来,未晤,盖就丽水席也。李道来答拜。

廿八日,丙寅　　晴

发彭儿信。诣署,诣营。发泰兴信,另发洋信一缄,均付邮。闻瑞人麇集六科未散。三公皆住县城,尚不敢至马屿。汪委被戕是实,死状极惨。

廿九日,丁卯　　阴寒

前日单衣尚嫌暖,昨日下午风起,骤凉,今日遂重绵矣。

夜梦读一书,凡三种:一名《支遁集》;一名《三标》,皆形家言,

《三标》专论三，为御制；一忘其名。

叶大令来，朱广文来。拟定交涉司移文及洋务委员会札稿，先行电复。

三十日，戊辰　　晴

清晨诣署，诣营。瑞安杳无消息。

邮局来廿四日彭儿信，廿三日潘念慈信，廿四日黄仲荃信。以瑞安人金鸿烈字声远者托荐法政学堂。

四　月

初一日，己巳　　晴

诣署，诣营。

初二日，庚午　　阴

清晨诣叶大令，偕诣秦仲玉，同至叶家看屋。微雨，诣营。午后诣朱广文改方。成勤孙司马来谈。王大令来，未晤。陶然即竺庵，昨夜离营，盖就前路右协飞划营书记长也，扎湖郡。营官王某，兰溪人。

初三日，辛未　　阴

清晨答诣成司马、王大令。诣署，诣营。雨作。

初四日，壬申　　阴

清晨得瑞安丞来书。诣署，辞脱瑞安查案差使。诣秦，未面。诣叶一谈，为房屋事。下午秦、叶二人来，未晤及。

昨阅电抄，知粤垣有匪攻击督署，伤毙多兵，经官军抵御始退。无怪乎各大吏惴惴，皆谋拥兵自卫也。系上月廿九事，卫队管带金振邦立时殒命。

初五日，癸酉　　晴

清晨诣署，诣营。诣叶大令。阅报，知帝京法政学堂开办临时法官养成所，于五月初一日开学，十八月毕业，广告登于初一《申报》。创办者为孟昭常等八人，用意颇佳。毕业之后，有准应法官考试之资格。

初六日，甲戌　　晴

发彭儿信及答黄仲荃书。诣署，诣营。午后诣西溪司荆理诠陶大令一谈。答诣新旧捕厅，未面。夜诣朱广文。雨作。

初七日，乙亥　　阴，微雨

诣营，邮局来初二日彭儿信。雷太太移住宁波城内府西呼童巷，其子明德年已十五岁，据伊侄婿汪某所说。汪充此间差弁，名粮在第四营护目。夜雨。

初八日，丙子　　雨

清晨诣新河街应道观吕祖殿为三女求方。诣署，阅《民报》，初一至初四刊广东龙事极详，论断亦佳。诣营一转。以信一函、茶叶、肉松各一瓶托赵二少带省交彭儿。内发彭儿信及雷太太信，邮寄杭、甬。

初九日，丁丑　　雨

午刻诣署，发唱诗钟，二鼓归。

闻冯箴斋谈西门局年翔振历史颇详。此君原名翔振，曾任都统。庚子年守某城，首先开门迎日军，都人欲杀之。逃出京，改称今名，捐县丞，到浙保知县。以抚院老太太干儿子，遂得是差。又谈顾保泰、严幼垲二事尤悉。顾年七十馀，候补佐杂，无子，有一妻、一寡媳、一寡女、一未嫁女。故仁和令叶治辉之寡媳亦在其家，貌美年轻。年妻拜顾妻为干娘，因得往来。顾住杭州东都司卫，现充西门局司事。严因海关案破产者,住县学前,家有一母一妻,三女均未许人,貌皆美,又工书画,能抚琴。年妻又拜伊母为干娘,一如顾姓。严现充西门局帐房兼总查。两姓皆江苏名族,顾为前分府温州顾子宾鸿之弟;严为前馀杭令、今为某寺方丈严仲英之子,前办海关,家赀甚裕,现大窘促。又闻现充温州中学堂英文教习顾即荩臣即顾鸿子,家有一妻二妾,均少艳,常有学生到家叉麻雀。又前分府员王奎纶之女已许字前青田令黄某之子,因贫未娶。现梁九龄谋娶而为苏人所干涉。以上皆冯说,并云年事得之吴二府。

初十日,戊寅　　雨

竟日未出门。发黄仲荃函,告以金某事就绪。

十一日,己卯　　阴

清晨诣署,诣营。午后回寓。

十二日,庚辰　　晴

清晨诣署,诣署①。阅电抄,知内阁、弼德院官制大略已于初十日谕旨颁布:总理庆王,协理那、徐二相,均兼充宪政编查馆大臣;此外,外务、民政、度支、学务、陆军、海军、司法、农工商、邮传、理藩,国务大臣十人;旧设之内阁军机处、会议政务处一并裁撤;吏、礼两部不齿及,翰林院官制须厘订,不裁可知;内阁官制十九条,办事暂行章程十四条;弼德院总、协理陆、荣二相。铁路干路收为官有,宣统三年以前各省商办公司一律取消。见十一日上谕。十一、十二两夜均不得眠。

十三日,辛巳　　晴,郁蒸殊甚

清晨出门,势似欲雨。诣营一转,午后回。

──────────

①　"署",疑为"营"。

十四日,壬午 阴雨

诣营一转即回。

十五日,癸未 阴

清晨诣署,诣营。午后诣马吉多、瞿芷枢一谈。夜雨。

十六日,甲申 雨

清晨诣金锁匙巷李宅看屋,后门在王①府巷,屋颇合住。下午延胡医润生来诊。胡,瑞安人,陈志山虬之弟子,马与瞿所荐者也。邵幼赞来。诣营一转。《京师存古学堂章程》登于初八至十二《申报》内。内阁、弼德院上谕均颁布。邮局来初八日二女信及初六日泰兴回信。

十七日,乙酉 晴

清晨诣署。诣金锁匙巷谢宅,未面。诣营一转。午后省委王钦山太守嶔来拜,为赈捐事。发大女、二女信,付邮。邮局来初八彭儿信。

十八日,丙戌 晴

清晨谒王太守,未面。诣署。诣谢秋圃,同往看屋两处。诣营,午后回。延胡医士。发彭儿信。

十九日,丁亥 阴雨

午后诣飞霞洞石君轩处一谈。诣胡润之、劳少麟、刘次饶,劳未面。

二十日,戊子 晴

清晨诣营拜统领五十寿,未见。诣署,又诣营。下午雨。屈老二来,刘次饶来,未面。

---

① "王",疑为"黄",黄府巷在信河街东侧,今尚存,巷南面原有金锁匙巷。

廿一日,己丑 雨

九句钟时,三女厥晕,幸即救回。竟日未出。

廿二日,庚寅 雨

改延甜水巷张声波医生来诊,所说与胡润之大略相同。永宁船自台州入口,三公司船今年轮到该船也。邮局来十六日彭儿信,十四日徐班侯侍御回信。雨竟日,夜不止。

廿三日,辛卯 阴雨

发彭儿信。在寓竟日未出。

廿四日,壬辰 晴

诣署,诣谢秋圃,诣营。午刻道署交来致薇垣一函,并以扇叶嘱书。发彭儿信。夜四更,三女病象极险,米汤不能下咽,气促汗出,举家惊惶。

廿五日,癸巳 雨

于道署借来五十元,并请假三日。九句钟时,三女气促,汗微出,痰微响,不能言。延医不及,即于二句钟未刻去世。天乎?命也?夫复何言。夜三句钟入殓。瓯俗,凡殇逝者不停柩,即刻出厝,随乡入乡,只得依之。遂厝于三角门外见中①桥山下殡所。看坟人郑锡标,与城内元丰桥边张聚源棺材店中表。事毕,天已大明。

是日署中同人公饯金芸台于曾家花园,观察在坐,盖金奉新鹾使委充总务科副科长,即晋省也。

廿六日,甲午 雨

发彭儿信。

廿七日,乙未 雨连日

在寓未出。

---

① "见中",疑为"将军",温州方言"见中桥"与"将军桥"读音完全相同。

廿八日,丙申　　晴

清晨诣程文焕,未面。诣署,诣营,诣府帐房。二句钟时,又诣署,日本驻沪副领事浮田乡次及田中庄太郎由甬游历来瓯,随同道台接待,谈许久去,约初一日答拜。诣劳少麟,未面。

廿九日,丁酉　　雨

诣营一转。

五　月

初一日,戊戌　　雨

清晨诣署,十句钟随同道宪至东门三井烟叶公司答拜日本副领事。回署,发唱诗钟,下午五句钟散。

初二日,己亥　　晴

清晨九句钟,偕同日领诣各学堂、审判厅、自治公所参观。二句钟回寓,五句钟,邵幼赞来。又诣日领一谈,伊本晚附普济船,明早开行回沪。是日为三女头七之期,召僧诵经,放盂兰焰口。发彭儿信,付邮。

初三日,庚子　　晴

清晨诣署,诣营。午后回寓。

集放翁句:"饱见少年轻宿士,始知老子是陈人。"又集门对:"长安似弈;馀事作诗。"又撰联云:"驹摇霸国;蜗寄吟庐。"又集陶、谢句:"结庐在人境;卑位代躬耕,归客遂海隅。守拙归田园。""老骥伏枥;流莺比邻。""郁为时栋;如登春台。"

初四日,辛丑　　晴

清晨诣署,诣营午饭。交一条与李管带。

初五日,壬寅　　晴

端午节。诣署,诣营一转即归。忽然头部眩运①,汗出良久,刮痧遍身,始稍止。

初六日,癸卯　　晴

清晨诣署,诣营。闻王哨弁谈瑞安事。下午大雨如注。

初七日,甲辰　　晴

诣营一转。发彭儿信。覆阅《辨正直指》,悟得换星真诀,心目为之一开。

初八日,乙巳　　晴

清晨诣署,十句钟时,发唱诗钟。是日为陈沩卿、王讷庵二人公宴道台及诸公也。午后大雨雹。

初九日,丙午　　晴

腹疾,未出门。邮局来初二、初三彭儿两信,已接到此间廿六去信矣。文孟鱼、郑小云来谈。下午大雨。

初十日,丁未　　晴

清晨诣署,闻邵云院司信已发。诣营。午后回。

十一日,戊申　　阴

发彭儿信。答诣杨景虞、王都戎。诣署,诣营。午后回。

十二日,己酉　　晴

清晨诣署,诣营。午后回。

十三日,庚戌　　阴

清晨诣署,闻瑞安昨日全城罢市。诣三府略谈。诣营,午后回。闻禁烟公所董事梅、陈二人已由县移押审判厅,总董陈经敷辞职

---

① "运",应为"晕"。

批准。

十四日,辛亥　晴

清晨诣署,诣营。下午又看叶宅屋。小雨。

十五日,壬子　阴

清晨诣署,诣营。午后回。

闻青田端木国瑚子孙居瑞安,因其女嫁瑞邑某氏,故移家于彼。孙某入泮,现有曾孙某。太鹤本身则葬于湖州仁王山,去郡城十馀里。其在青田者皆族人。其女及媳皆能诗,《府志》采之。相传湖南瞿协揆之祖坟为端木先生所定,及瞿之任浙学政也,封翁嘱其访端木氏之后,由是孙某得游庠。闻易冢所埋《周易指》稿本已为伊婿取去。

邮局来彭儿初八信。下午雨彻宵不止。

端木太鹤女嫁瑞安许姓、曾官提督某家。其媳宗氏,会稽宗稷辰涤楼女。

十六日,癸丑　雨

清晨诣署,诣营。午后回。连日覆阅《辨正直解》,又有所得。自见是书,至是凡四过矣,几欲贯串全编。《辨正解疑》及姚炳奎《辨正正解》两种、徐氏《天机元学》一种均须觅之。徐字鹿苑,上虞人,道光间江西知县。蒋杜陵于堪舆学,当群言淆乱之时,能心契杨曾,于理气尽扫诸家而用玄空,于克择尽扫诸家而用天星,见解之超,卓出千古。无怪目空一切,自命不凡,文字之佳更无论矣。

十七日,甲寅　阴雨

在寓竟日。邮局来初八日章一山信,讹传叙补玉环厅。来十一日潘念慈信,所言多未解。

十八日,乙卯　阴

清晨诣署,诣营。午后天气蒸闷已极,旋大雨。

十九日，丙辰　　晴

文经厅来。诣营一转。

《青囊天玉宝照》之外，如《遍地钳》、《金口诀》、《归厚录》、《天元五歌》、《古镜歌》各种，应钞为一帙并览。欧阳氏《风水》一书中多可采，如《换星》、《阳宅》各卷均可单行。凡读《辨正直解》而不解者，以欧书及许氏《地理点睛》两种合看，无不迎刃矣。

刘道前日自瑞安回，今早赴海门。

青田韩湘岩大令锡胙《滑疑集》八卷四册，文笔古奥，多可取，其人略早于端木太鹤。板藏府署，与叶子奇《草木子》及《府志》皆前太守潘绍诒同治年间刻本，与太鹤各书皆栝州不可不购之件也。

二十日，丁巳　　晴

清晨诣署，诣营。下午陈老四自平阳来，谈及宾东决裂事。黄仲荃来。夜二更，得杭州俞司房、刘坐省电，云委署瑞安，已挂牌。

廿一日，戊午　　晴

清晨诣营，诣署，复诣营。劳少麟来。下午雨又作。入夜得彭儿电，亦云瑞缺事。发海门电。

廿二日，己未　　雨

徐木初部曹来。午后诣署，各人皆赴南门外看龙舟。谒道宪，一谈委缺事。诣经厅及陈季孚一坐。馀拜客数处，均不面。夜得黄贵回电。

廿三日，庚申　　雨

发章一山、陈介石函，寄京。发金芸台、俞凤笙信及彭儿信，寄杭。又发黄贵信，寄台。梁、黄来。

廿四日，辛酉　　阴

清晨答拜瑞安绅士黄端卿曾铠。诣署，诣营。午后郑广文来。

雨止日出,天气郁闷。普济开行。

廿五日,壬戌　　　晴

清晨诣劳少林。诣署,诣营。与秀管事遇,略谈片刻。

廿六日,癸亥　　　晴

清晨诣署,闻道台谈及瑞安项、贾二绅为金大令上禀事。诣黄仲荃,诣营。傍晚至隔壁瞿宅预祝。

廿七日,甲子　　　晴

清晨至瞿宅拜寿兼为陪客。午后回寓。

廿八日,乙丑　　　晴

清晨拜客数处。诣署,诣营。午后雨作。

廿九日,丙寅　　　晴

清晨诣署,发唱诗钟。下午回,雨作。由道署送来委札,系廿三日省垣所发。邮局来廿三日彭儿信,云初一起身回瓯。永宁船到,初二早开。

六　月

初一日,丁卯　　　阴

清晨谒府道,拜幕宾,并诣商会一走。是日因米贵,城内外一律罢市,流氓辈哄入周绅宅滋闹。经本府弹压,出示平粜,并将周宅仓谷封储,势颇汹汹。

潘台电道,传述院谕,促赴新任。

闻定米价五十文一升,民间嫌贵。

初二日,戊辰　　　阴

清晨拜客三五处。诣署,诣营。各店均未开,商会竟无办法。

普济入口,邮局来二女廿六日信,又泰兴信。

初三日,己巳　　阴雨

清晨诣署,过高等审判厅,见聚有百馀人,知为索犯,因昨日梅送一人,陶送两人在押也。瓯江水师管带文某奉委往劝,百姓误以为帮统,群殴,逃回。少顷诣营,知赵统已赴审判厅,闻道台亦去。旋闻秦庭长被百姓拥出双门,欲投于河,经府、县步行追救抬回。众至千人,不散,经商会诸人到场力劝,要求种种均答应,道、府、县会印出示"升米四十,既往不咎"八字贴出,众始散去,时已黄昏矣。夜,诣道、府署,奉府委,明晨会绅查东南隅富户囤谷。

初四日,庚午　　晴

清晨诣商会,久之而府、县各委、各董始至。饭后偕高梦九、黄泽民、王雨初三董出街,傍晚归。夜诣营,核定电稿。是日各铺开张。

初五日,辛未　　雨

清晨诣府学、平粜局,又诣商会。王雨初未来,偕高、黄二人出小南门、大南门外各户一查,归寓已五句钟矣。夜诣道署商定平粜办法。

藩台电,又催赴任。道台以"暂留助理平粜"电院司,此电明日发。

初六日,壬申　　晴

偕高、黄二绅在城内查囤户十馀处,午后毕。彭儿乘永宁船到。下午开具各户清单。

初七日,癸酉　　阴

清晨谒本府销差,以清单送商会。诣道署一转。下午雨。陈章平来。夜奉道台札,委东南隅平粜差。府钱谷钱君来。

初八日,甲戌　　阴雨

清晨到官米局,晤高祝三、高梦九二员绅,少顷,戴丹屏亦至,午刻毕。诣署一转,诣县署。

初九日,乙亥　　阴雨

清晨到局,午后诣营。夜又诣营,以上河乡聚众闹米事,赵统领至道署与府、县会商调队事,为拟电稿,三更归。

初十日,丙子　　晴

清晨到局。午后诣署,并拜客两三处,多未面。下午诣营,新任三府武崧山别驾交来范咏和一函。

十一日,丁丑　　晴,天热

清晨到局。午刻诣曾园公饯文定生通守。饭毕,雷雨亟,归。昨日黄仲荃、高心朴同来,未晤。黄侗夫来。夜诣营一转。

十二日,戊寅　　晴

清晨诣平粜局,闻高梦九谈陈经敷、梅佐羹案,林式言、王龟卿历史。林署莆田,为钱粮事被江春霖奏革。王系温州府库书,经王琛责手心。戴丹屏谈徐班老诸子行为,长江西候补知县,最横,次湖北候补知县,三即木初名象先,邮部主事。又谈余筱璇,家资不过二百馀亩田,房屋数处。吕文起家赀亦不过十馀万。午后,诣经厅及各处一走。

夜诣二府署饮,同席徐、谢、文、瞿、陶、李、年等。

回寓,而内子气壅痰结,大为危险。立延闽人刘蔚生来诊,云系痰疾,须先化痰,后苏气,与胡慎之小异。当夜服初煎而气结未解。是日屈虞臣约伊同乡瑞安丞严君来诊,立方未服。

邮局来初二日章一山信,并寄回陈信。又初八日金芸台复信,内附家信。是日三女七满撤灵。

十三日,己卯　　晴

请假两日,仍延刘医。夜延羽士六人建醮许愿,至一句钟始毕。

是日普济入口。官米局加入户口平粜,道府均亲临。午后,大雨一阵,旋止。

十四日,庚辰 阴,微雨

范咏和大令自省赴栝,过此一谈。渠代理处州同知,兼办合郡契税差使。发金芸台信及二女信,付邮。仍延刘医。

十五日,辛巳 晴

太尊招饮,却之。傍晚诣隔壁与瞿芷桓一谈。渠本班晋省谢委馀杭缺。延胡医,服药不甚投。

十六日,壬午 晴

清晨以函致胡医,改来一方,未敢服。刘医所开之方亦不妥。

十七日,癸未 晴

清晨朱广文来开一方,服之少舒。云胡、刘昨开两方皆不可用。自十二夜起,内子症候大剧,日夕坐卧数十起,不能片刻就枕。医生言人人殊。郭、董、黄、谢诸君来。文别驾、瞿大令均赴杭。

十八日,甲申 晴

延南门外蟪河林蓉塘来诊,董事戴丹屏、高梦九所荐也。廪贡生,以儒而医,人殊朴讷。云内子之证系冲、任二脉之病,降气、祛痰皆不能效,语颇有见。服其一方,诸恙仍旧,加以气坠,而胸膈略见宽舒。

诣官米局、道署、防营一转。永宁入口。

十九日,乙酉 晴

清晨于应道观求仙方,仍延林医。诣官米局一看。夜刘子翔□□来拜。

二十日,丙戌 晴

清晨诣官米局。午后亲诣应道观拈香。诣署,与道宪面谈刘君子翔事及米事。诣营一转。文经厅以瑞安飞云楼①题壁诗廿首印纸见示,不知出何人手。是日未延医。夜雨作。

廿一日,丁亥　　雨兼风

清晨内子晕厥一次,延朱广文来开一方。又延林君来诊,皆谓脉象较好。午后又厥一次,的系肝风,服林君方后稍觉平宁。入夜无他,唯胸膈不时作恶难过。梁宝田来。

廿二日,戊子　　风雨交作,即温所谓"风痴"

诣官米局。午后马吉多来。检点箱簏。入夜风雨益狂。

廿三日,己丑　　大风

暴雨如注,自天明至五句钟止始停,门前河水平岸。是日,仍延林医来诊。

廿四日,庚寅　　晴

诣官米局。午后诣马吉多、招商局、道署、刘子翔、防营。发九鸣信,寄日本东京小石川区大冢洼町高等师范。

廿五日,辛卯　　雨

诣官米局。延林医。午后雨止。下午陈叔咸自杭归,来谈。诣周仲明,属招李小枚来郡,伊荐妻弟张秉彝。

廿六日,壬辰　　晴

诣官米局。程文焕来,偕赴营一走。午后诣李小丹、陈叔咸、道署。

法部筹画各级审判厅提前办法,并预备本年实行筹备事宜并清单。法部奏定直省提法司署及审判厅画一经费简章,附表九种。法部奏酌拟临时法官养成所暨附设监狱专修科,原奏章程共三册。宪

① "楼",应为"阁",原名话桑楼,在瑞安小东门两面河,为文人吟诵宴集名胜,中共瑞安特支就在此成立,今已毁。

政编查馆修正逐年筹备事宜清单暨原奏按语。

廿七日,癸巳　　晴

诣官米局。午后偕员、董谒本府,又诣道署。诣营一转。诣经厅,未面。诣周仲明。

廿八日,甲午　　晴

诣官米局。午后诣营。刘、高二人来。

廿九日,乙未　　晴

诣官米局。午后诣署,答拜刘、高。是日道署得电抄,知郭封翁简授典礼院副掌院,贺客纷集。夜,藩台电道府,又催到任瑞安。李漱梅来面谈库房事。诣周仲明,托其设法。

三十日,丙申　　晴

清晨,诣邵幼赞,商量电复。谒太尊,谈良久。许为会电暂留,至中旬赴任。诣官米局。黄倜夫来,未晤。永宁进口,得黄贵廿九信,即答一函。姚次言来函自荐。道台亲来谢步,其所荐刘升亦来见。周仲明来。

闰六月

初一日,丁酉　　晴

清晨答拜黄傀夫。诣署,与道宪缕谈捐赀充办禁烟事。黄仲荃、刘凤宣来,未晤。下午,偕邵幼赞诣大清分银行,而张一屏已外出,未接晤。杨园主人杨淡风来,不相值,以楹帖索书,并代池君仲霖乞书,送来池诗一大篇,颇有才气。又发黄贵一函。销平粜局差。

初二日,戊戌　　晴

清晨诣张一屏成谦,坐定,邵幼赞亦至,谈片刻。张允函召瑞安程库房来。诣黄仲荃、周仲明一坐。邮局来高稚舲、高锦甫昆仲各一信,即答之。高住云和县中西街。

旧纸不受墨,以樟脑些子十文即可研墨使入纸;泥金笺用洋皂水蘸墨写,不怕油。两者均未试,云甚验,记此。

初三日,己亥　　晴

清晨诣署,诣经厅、府学,均未面。诣营。下午诣朱广文一谈。夜热极。屈虞臣来。

初四日,庚子　　晴

黄仲荃以诗稿来,并荐一家丁黄钗。张一屏来,云蔡某由乐回瑞,开一简单。程某尚未回信。陈叔咸、杨啸渔来。下午雷雨。

初五日,辛丑　　晴

清晨黄仲荃偕郭啸梧凤辉来。诣营。午刻回寓,陈孟聪怀自杭来,谈片刻。邮局来九鸣信,云暑假回里。程文焕来,商拟禀稿。

初六日,壬寅　　晴

午前王辅臣、瞿仲怡、朱广文来谈。诣营,酌定函件。下午雨一阵。诣署,拜新到各客。答拜查大令,谈良久。诣张一屏,未面。黄贵来一信。邮局来金芸台卅日信,云商请平阳姚季清代瑞安馆,附致姚信及家信各一缄,家信随即交去。

初七日,癸卯　　晴

清晨缮就姚季清函并金函,保险寄平阳。又答金芸台一函,详叙各事。又由彭儿发信,挂号寄云和高锦甫,均付邮。周仲明来,杨小渔来,云诗局定十二日。午后诣营。夜诣署,谒道台。诣连升栈。

初八日,甲辰　　晴

清晨发陈介石函,双挂号去。屈虞臣来。午刻诣飞霞洞饮,同坐为周、张、钱、黄、高诸绅及高委员。张益平出示瑞安程胥回信,人竟不来。查大令来，王辅臣来。夜梁九龄来谈黑牡丹戴得意事。诣邵幼赞，商量拨款事。

初九日，乙巳　　晴

清晨诣县署，未面。诣中学堂、道署，与梁宝田一谈。诣府账房一谈。

诣二府，未面。诣营一转。诣王辅臣处，谈借款事。答诣梅帮统，谈禁烟事，途次雨作。普济午刻开，陶、金二令晋省。下午，程文焕来。夜又雨，雨后诣程略谈数语即归，以正叉麻雀也。嘱赵升写信瑞安工房，代为租屋一所。

初十日，丙午　　晴

清晨诣周仲明，未面。诣署，与梁宝田一谈，与杨啸渔商定十二之局。诣营一转。午后程文焕来，梁宝田来。得姚季清回信，不肯代馆。即电达金芸台。文孟鱼来，出示洪、李各函。夜周仲明来，送征收张灿三秉彝关书及聘金，即周之妻弟也。购来千顷堂书数种，并定购大本现行律一部。瑞绅唐叔玉大令来函，荐家丁两人，以额满复之。与朱希陆面谈祥记事。瑞安库书薛松如、蔡纯池、程星帆。